Die Macht *Guy Claxton*
der Selbsttäuschung

Die Macht der Selbsttäuschung

Guy Claxton

Der gesunde Menschenverstand und
andere Irrtümer

Aus dem Englischen von
Stephan Schuhmacher

Piper
München Zürich

Die Originalausgabe erschien 1994 unter dem Titel
»Noises from the Darkroom – The Science and Mystery
of the Mind« bei HarperCollins / Aquarian, London.

ISBN 3-492-03814-X
© 1994 Guy Claxton
Alle Rechte der deutschen Ausgabe:
© 1997 Piper Verlag GmbH, München
Satz: Uwe Steffen, München
Druck und Bindung: Clausen & Bosse, Leck
Printed in Germany

Inhalt

IV. Die Wiedergewinnung des Unbewußten

Vorwort

Der menschliche Geist* ist auf zwei ganz unterschiedliche Weisen geheimnisvoll. Erstens versteht man noch nicht so recht, wie er eigentlich funktioniert. In dieses Geheimnis einzudringen, ist eine Aufgabe der Naturwissenschaft, und in Laboratorien und Hörsälen auf der ganzen Welt widmet man sich dieser Aufgabe mit Feuereifer und und gelangt zu faszinierenden Ergebnissen. Es ist eines der Ziele dieses Buches, eine leserfreundliche Synthese dieser Forschungsarbeit und einige neue Beiträge dazu zu leisten. Für die sogenannte Kognitionswissenschaft ist das Mysterium des Geistes nur ein vorübergehender Nebel des Nichtbegreifens, den präzise Experimente und kluge Theorien schließlich lichten werden.

Der Geist ist jedoch ein Mysterium noch auf eine zweite, viel profundere und nicht aufzuklärende Weise – wobei die Definition von »geheimnisvoll« diesmal nicht eine wissenschaftliche, sondern eine religiöse ist. Wenn wir Gott einmal unversehens streifen, darin stimmen die großen spirituellen Traditionen der Welt überein, so ist dies eine Begegnung der zutiefst geheimnisvollen Art. Je klarer wir sehen, desto augenfälliger wird uns, daß da im innersten Kern der menschlichen Erfahrung ein unaussprechliches, unfaßbares Etwas ist, großartiger als alles, was der menschliche Geist prinzipiell jemals erfassen könnte. »Der Friede Gottes ist höher als alle Vernunft« und »Gottes Wege sind unerforschlich« – und das nicht etwa, weil wir nur noch nicht genügend Daten über den Allmächtigen gesammelt haben, sondern weil ER/SIE/ES von Grund auf und seiner/ihrer Natur nach geheimnisvoll ist. Und dieses Geheimnis, so sagen uns die Erforscher des Mystischen, ist nicht irgendwo »weit

---

* Mit »Geist« wird hier und im gesamten Buch der englische Begriff »*mind*« übersetzt, der die Gesamtheit aller »mentalen« Fähigkeiten und deren Integration bezeichnet. Handelt es sich um die rationalen Fähigkeiten des Geistes, spricht der Autor von »*brainmind*«, was mit »Gehirn-Geist« übersetzt wird (Anm. d. Übers.).

weg« oder »dort droben«, sondern ist präsent und uns in jedem Augenblick unserer weltlichen Existenz zugänglich. Daher besteht das umfassendere Ziel dieses Buches darin, die beiden Bedeutungen von »geheimnisvoll« zusammenzubringen und aufzuzeigen, wie die wissenschaftliche Klärung der Frage, was es heißt, ein menschliches Wesen zu sein, auch erfordert, daß wir des unsichtbaren Urgesteins eingedenk sind, auf dem wir gründen. Denn unser modernes intuitives Verständnis unserer eigenen Psyche ist auf diesem Auge blind, und diese Nichtbeachtung ist nicht nur von akademischer Relevanz, sondern eine Frage von existentieller persönlicher, ja globaler Bedeutung.

Um es ganz prosaisch auszudrücken: Die Welt ist aus den Fugen, weil der menschliche Geist aus den Fugen ist. Die Wurzeln unserer Probleme sind nicht technologischer, politischer oder wirtschaftlicher, sondern psychischer und spiritueller Art. Und der Geist ist aus den Fugen, weil er sich selbst mißversteht. Wir verschmutzen die Atmosphäre und ruinieren die Erde, weil bei uns totale Verwirrung herrscht hinsichtlich der Frage, wer und was wir sind. Wegen unserer schiefen und völlig unzureichenden Beziehung zu unserer eigenen Psyche leben wir in einer Welt, in der einige Menschen guten Weizen felderweise unterpflügen, während andere Menschen verhungern, in der einige Menschen sich zu Morden bekennen, die andere begangen haben. Jede Kultur lebt innerhalb eines unsichtbaren Mythos, und ein Kernbestandteil dieses Mythos, sein unsichtbarster Teil, betrifft die menschliche Natur. Unsere Kultur hat einen besonders verheerenden Geistmythos entwickelt, und solange dieser unbewußt und unhinterfragt bleibt, werden wir weiter an dem Ast sägen, auf dem wir sitzen, und uns gegenseitig weh tun.

Ein Symptom der Krankheit des Geistes ist, daß er alles tun wird, jede erdenkliche Option zu erforschen – ausgenommen die richtige. Er wird endlos neue Gedanken produzieren, doch tut er sich außerordentlich schwer damit, »Das, was denkt« unter die Lupe zu nehmen. Das fundamentale strategische Problem unserer Zeit besteht darin, wie man einzelne Denker in ausreichender Zahl und Geschwindigkeit dazu bringen kann, die Entmythologisierung zu betreiben – Gehirnwäsche in dem Sinne, daß unsere falschen

Vorstellungen fasertief ausgewaschen werden. Wenn die Kognitionswissenschaft rational denkenden Menschen demonstrieren kann, wie und warum sie ihr eigenes Geheimnis ausgemerzt haben und um welchen Preis, wenn sie unsere Ohren öffnen kann für die Stimmen aus dem Off und uns danach fragen läßt, was sie wohl bedeuten, dann wird sie sich als wirklich wertvoll und nicht bloß als interessant erweisen.

Die Wissenschaften, auf die wir uns dabei stützen müssen, sind die Biologie und die Psychologie. Vor zwanzig Jahren wurde der Dialog zwischen Naturwissenschaft und Religion durch das Erscheinen von Fritjof Capras Klassiker »Das Tao der Physik« neu belebt. Seither hat es viele Versuche gegeben, die Grundmysterien des menschlichen Geistes und Bewußtseins unter Rückgriff auf die faszinierenden Konzepte der Kosmologie und Teilchenphysik zu erklären. Doch diese Erklärungsversuche, so hat sich inzwischen herausgestellt, liefern zwar aufregende Metaphern und Analogien, doch keine wirklichen Erklärungen. Wie bedeutungsvoll sie auch für die Welt der Atomkerne sein mag – Heisenbergs »Unschärferelation« sagt uns nichts von Bedeutung über die emergenten Eigenschaften von Gehirn und Geist, genausowenig wie das Studium von Lebererkrankungen im Prinzip die Nürnberger Parteitage erklären kann. Spiritualität ist ein Phänomen des *ganzen* Menschen in seiner Einbettung in die biologische und soziale Welt. Und deshalb müssen wir von den Gestaden der Gehirnforschung, der Evolutionsbiologie sowie der transpersonalen Psychologie aufbrechen, um zu den fernen Ufern des Mysteriums zu gelangen.

Es ist mir ein Vergnügen, einigen der wichtigsten Brückenbauer in diesem Bereich zu danken, deren meisterliche Baukunst es mir ermöglicht hat, dorthin zu gelangen, wo ich heute stehe. Nicht alle von ihnen werden billigen, wie ich ihre Ideen genutzt habe, doch ohne ihre Arbeit wäre meine nicht möglich gewesen. Da sind einmal die Begründer der Systemtheorie wie Ludwig von Bertalanffy und Gregory Bateson mit seiner berühmten Suche nach dem »Muster, das verbindet«. Da sind jene, die Verbindungen hergestellt haben zwischen der Religion, besonders den östlichen Traditionen von Daoismus, Hinduismus und Buddhismus, und Formen abendländischer Psychologie (die Wurzel des Wortes »Religion« selbst bedeutet ja »wieder zusammenbinden«). Unter ihnen sind besonders Alan Watts und sein »Dharma-Erbe« Ken Wilber zu nennen. Da wären die Pioniere der jungen Disziplin der Ökopsychologie zu nennen wie Warwick Fox und Theodore Roszak. Nicht zu vergessen Psychologen wie Nicholas Humphrey und Robert Ornstein, deren fundierte Spekulationen über die Evolution des Geistes und des Bewußtseins viel zur Ausbildung meines eigenen Denkens beigetragen haben. Daß ich zu der Schlußfolgerung gelangt bin, die Quellen des Unbewußten seien viel wichtiger als die des Bewußten, mindert in keiner Weise, was ich ihnen verdanke. Und schließlich sind da die Kognitionswissenschaftler, deren kühne Ideen über die Natur des Gehirns, des Geistes und des Ich vielleicht am meisten zu dem beigetragen haben, was ich hier erzählen möchte. Dabei denke ich vor allem an den Philosophen Daniel Dennett und die Neurologen Gerald Edelman und Michael Gazzaniga. Ihnen allen und vielen anderen habe ich für ihr Baumaterial zu danken.

Auf einer persönlicheren Ebene möchte ich Jenny Edwards und meiner Lektorin Liz Puttick danken. Beide haben Rohfassungen des Buches gelesen und Verbesserungen angeregt, deren Richtigkeit ich nicht leugnen konnte. Dank auch an Stephen Batchelor, der mich bei vielen Gelegenheiten an seinem tiefen Verständnis für den Buddhismus teilhaben ließ. Auch wenn der Buddhismus als solcher in diesem Buch kaum erwähnt wird, sind der zweite, dritte und vierte Teil doch von seinen Einsichten durchtränkt.

Abschließend noch eine Bemerkung zum Stil. Da das Gedankengewebe dieses Buches in einem Kontext gesponnen wurde, in dem es auch um praktische Anwendbarkeit geht, habe ich mich bemüht, anregend, spritzig zu schreiben. Ich hoffe, auf diese Weise sowohl den interessierten Laien fesseln zu können wie auch die Experten der verschiedenen Disziplinen, die ich berühre. Wo dies bedeutete, gelegentlich meine eher nüchterne wissenschaftliche Vorsicht in den Wind zu schlagen, habe ich mich nicht gescheut, dies zu tun. Ein Leser einer frühen Fassung des Buches schrieb mir: »Ich kann mich nicht erinnern, beim Lesen eines anderen wissen-

10

schaftlichen Buches jemals so laut gelacht zu haben.« Ich muß gestehen, daß mir diese Bemerkung fast ebenso geschmeichelt hat wie irgendeine wissenschaftliche Würdigung. Im Einklang mit diesem Versuch, gewichtige Dinge mit leichter Hand darzustellen, habe ich die Anmerkungen und Literaturhinweise auf ein Mindestmaß beschränkt und sie eher erläuternd denn umfassend gehalten. Wollten Sie mir jedoch schreiben, dann könnte ich Ihnen jederzeit die genauen Textstellen nennen. Und im Interesse einer gut lesbaren Story habe ich geschrieben, als verkündete ich die absolute Wahrheit, statt mich durch vorsichtige und vieldeutige Formulierungen nach allen Seiten abzusichern.

Dartington, Oktober 1993　　　　　　　　　　　　　*Guy Claxton*

I. Die Evolution des Geistes

1. Naturwissenschaft und Mysterium

Der Geist ist viel zu eng, als daß er sich selbst enthalten könnte. Wo kann jedoch der Teil von ihm sein, den er nicht enthält? Befindet er sich außerhalb und nicht in sich selbst? Wie kann es also sein, daß der Geist sich selbst nicht begreifen kann? Ein großes Erstaunen steigt in mir auf, ich bin zutiefst verwundert. Der Mensch steigt staunend auf die Gipfel der Berge, bewundert die riesigen Wogen des Meeres, das breite Dahinströmen der Flüsse, die Grenzenlosigkeit des Ozeans, den Lauf der Sterne. Und doch versäumt er es, sich über sich selbst zu wundern.

Augustinus

Geist, m. Eine geheimnisvolle Form von Materie, die vom Gehirn abgesondert wird. Seine Hauptaktivität besteht in dem Bemühen, sich seiner eigenen Natur zu vergewissern, wobei die Müßigkeit dieses Unterfangens darauf zurückzuführen ist, daß er nichts hat als sich selbst, um sich selbst zu erkennen.

Ambrose Bierce

Pu stand auf und begann, nach sich zu suchen.

A. A. Milne

Die Überschätzung des Bewußtseins

Sagt jemand, etwas sei seine »zweite Natur«, dann meint er damit etwas, das ihm ganz natürlich, selbstverständlich, gewohnt ist – der gesunde Menschenverstand. Es ist Sache naturwissenschaftlicher wie religiös geleiteter Untersuchung, uns (auf ihre sehr unterschiedliche Weise) immer wieder vor Augen zu führen, inwieweit diese zweite Natur die »erste Natur« verfälscht und übermäßig vereinfacht, das heißt die Wirklichkeit der Natur und – in diesem Buch vorrangig – der menschlichen Natur. Wir halten unsere Anschauung von uns selbst für selbstverständlich. Und doch ist dieses uns zur zweiten Natur gewordene Selbstverständnis mindestens so fragwürdig wie unsere mangelhaften Intuitionen über die natürliche Welt da draußen.

Die beiden wesentlichsten Bestandteile der menschlichen Natur, denen unsere »zweite Natur« nicht gerecht wird, sind ihre Rätselhaftigkeit und ihre Entstehungsgeschichte. Statt das Mysterium anzuerkennen, das wir in Wirklichkeit sind, haben wir aus Versehen ein falsches Selbstgefühl konstruiert, ein Ich voller Hybris, das wir mit dem Bewußtsein identifizieren: so total, daß wir kein Gespür mehr haben für die darunterliegenden, unzugänglichen Schichten und Antriebe des Geistes, des Gehirns und des Körpers, die von Augenblick zu Augenblick die Dünung bilden, aus der die Brecher des Bewußtseins sich erheben (oder, wie die Kognitionswissenschaft sagt, »emergieren«). Es ist so, als stellten wir uns vor, das Schauspiel unseres Lebens spiele sich auf einer hell erleuchteten Bühne ab, und vergäßen dabei die Kulissen, die Bühnenarbeiter, Beleuchter, Techniker, Maskenbildner und all das unsichtbare Drumherum, ohne das es keine Aufführung geben würde.

Wir müssen nicht hinter die Bühne gehen und um jedes Detail dessen wissen, was sich hinter den Kulissen abspielt, um die Aufführung genießen zu können. Sind wir uns auf einer gewissen Ebene jedoch nicht dessen bewußt, daß es ein »hinter den Kulissen« gibt, dann verwechseln wir Schauspiel und Wirklichkeit. Wir erschrecken und verkriechen uns ängstlich in unserem Sitz, wenn der Schurke eine Pistole zieht, oder wir stürmen auf die Bühne, um die Hauptdarstellerin zu retten. Bleibt das Mysterium des Geistes ungewürdigt, dann werden die Zuschauer zwanghaft in das Drama hineingezogen – als Vertreter, Versicherungsagenten, Geldscheffler, Gschaftlhuber … Sind wir jedoch des dunklen Umfelds eingedenk und rücken den Versuch, alles zu *kontrollieren,* in die rechte Perspektive, dann ist echtes *Spiel* möglich. Gott – oder »Erleuchtung« oder das Dao – ist im wesentlichen ein Sinn für das Mysterium, ein Geheimnis, das unergründlich und doch vollkommen verstehbar ist. Als Nietzsche erklärte »Gott ist tot«, sagte er damit, die Menschheit habe ihren Sinn für das Mysterium verloren.

Identifizieren wir uns mit dem mal hier mal dort hervorstehenden Dorn des Ichbewußtseins, dann überschätzen wir die Bedeutung und die Vertrauenswürdigkeit des bewußten Geistes und verlieren den Kontakt mit den unsichtbaren Schichten von Gehirn und Körper, in denen es verankert ist. Das ist bedauerlich, denn während das moderne, bewußte Ich vereinzelt dasteht – wie eine einsame Kerze in der Nacht –, sind die evolutionär früheren Schichten, die weiterhin einen Großteil unseres Seins darstellen, ökologisch miteinander vernetzt und in sich »zu Hause«. Die Oberfläche unserer Haut und das Ende unserer Garagenauffahrt sind nicht die Grenzen unseres persönlichen Terrains. Sie sind Verbindung und Schnittstelle – die Punkte, an denen jedes »Mitglied« der menschlichen Spezies mit dem umfassenderen Körper von Natur und Gesellschaft verbunden ist. Erinnern (»re-member«) wir uns nicht an das, was wir wirklich sind, und gliedern uns damit in diesen größeren Zusammenhang ein, dann sehen wir uns ständig gezwungen, Bindeglieder der »Liebe« (oder, aus Verzweiflung, der Herrschaft) zu schmieden, die bloße Karikaturen dessen sind, was – im Bereich des Mysteriums – immer schon und noch immer an Verbundenheit existiert.

Während der vergangenen drei Jahrhunderte haben wir einen komplizierten Evolutionsprozeß vollendet, bei dem jeder einzelne Schritt uns geholfen hat zu überleben. Doch ist uns am Ende das Gespür für das Geheimnisvolle und damit der Sinn für Ganzheit, Zugehörigkeit und Ehrfurcht verlorengegangen. Das Bewußtsein haben wir dabei zum Sitz unserer Identität erkoren. Heutzutage macht sich der Mensch nicht nur viele Gedanken; er denkt auch, ein Mensch sei jemand, der sich viele Gedanken macht. *Cogito, ergo sum.* Wir denken, daß etwas, das wir nicht bemerken, auch keinen Einfluß auf uns hat. Wir denken, daß unseren tiefsten Bedürfnissen gedient ist, wenn wir das zu befriedigen trachten, was uns als unsere Wünsche bewußt wird. Wir denken, die meisten Probleme unseres Lebens ließen sich beheben, wenn wir nur gründlich darüber nachdenken. Wir halten unsere Wahrnehmung für untrüglich und denken, daß das, was wir denken, wahnsinnig wichtig sei.

Descartes und seine Erben haben uns gelehrt, all jene Aspekte des menschlichen Lebens unbeachtet zu lassen, die bewußter Nachprüfung nicht leicht zugänglich sind. Wir leben in einer aus Bewußtsein gemachten Welt, und was in sie nicht Eingang finden kann,»geht mich nichts an«. Wie das Blut durch meinen Körper zirkuliert, durch welche Alchimie ein Blumenkohl in menschliches Fleisch und Knochen transmutiert wird: das mögen Wunder sein – sie können mich faszinieren wie ein schwarzes Loch im Weltall oder eine Wüstenorchidee –, doch fühle ich mich als Zuschauer, nicht als Beteiligter. Mit wenigen Ausnahmen wird mir nicht einmal bewußt (außer bei Gelegenheiten wie dieser), daß ich die Millionen Prozesse *nicht* wahrnehme, die mich am Leben erhalten und in die ich eingebunden bin. Wir halten es nicht einmal für nötig, an so etwas wie Nichtbewußtes überhaupt zu denken.

Und wenn wir wirklich einmal an »das Unbewußte« denken, dann assoziieren wir es im Sinne von Freud mit den unansehnlichdunklen Hinterzimmern unseres Geistes. Es sind jene Aspekte unserer Emotionen und unserer Persönlichkeit, vor denen wir ängstlich und voller Abscheu zurückschrecken. Das Unbewußte ist unser Horrorkabinett, es ist jenes fremde Land,»wo die wilden Bestien leben«. Es ist der Keller, in dem wir all die persönlichen Gegenstände verstauen, die zu vergessen wir gute Gründe haben (oder hatten). Das Unbewußte ist selbstsüchtig, infantil und peinlich. Es möchte herausschreien:»Ich habe das alles satt!«oder:»Komm, laß uns vögeln!«oder:»Tu mir nicht weh!« Würde ich, der bewußte Zensor, ihm freien Lauf lassen, dann könnte es zu einem Ausbruch von Haß, Geilheit oder schierer Energie kommen, der mich, das bewußte Ich, glauben machen würde, ich sei verrückt.

Geschöpfe des Glaubens und Meinens

Da wir Geschöpfe des Glaubens sind, bestimmt das, was wir über unseren Geist zu wissen glauben – ohne zu wissen, daß wir nur glauben –, die Wirklichkeit, in der wir leben. Es bestimmt, was wir uns zu sehen erlauben, welche Ziele wir verfolgen müssen, welche Gesetze wir verabschieden, welche Autobahnen wir bauen, welche Wälder wir abholzen und welches unser Lieblingsrestaurant ist. Selbst die Landschaft ist in riesigen Gebieten der Welt ein Monument des Geistes: eine Darstellung nicht nur dessen, was Generationen geglaubt und wofür sie gelebt haben, sondern auch der

Anschauung, die sie von sich selbst hatten – ihrer Gefühle, Erinnerungen, Gedanken und Identitäten. Unsere »Volksseele«, gewebt aus Landschaft, Sprache und einer Million unterschwelliger Geschehnisse, bildet den unsichtbaren Filter, durch den wir blicken müssen, wenn wir nach innen schauen.

Wir sehen diesen Filter nicht, weil er die Linse ist, *durch die* wir sehen. Er ist der unbeachtete Hintergrund, gegen den sich unser geistiges Leben abhebt. Wir sagen »Du machst mich wahnsinnig«, ohne auch nur einen Moment innezuhalten, um die Theorie des Fühlens zu überprüfen, die von einer solch zweifelhaften Behauptung postuliert wird. Wir sagen »Es tut mir leid – ich war nicht ich selbst«, ohne zu bemerken, welch seltsame Anschauung von Persönlichkeit damit impliziert wird. Wir sagen »Ich habe meine Meinung geändert«, ohne zu zu fragen, wer da eigentlich was geändert hat (oder was es war, das wen geändert hat). Im Gerichtssaal versuchen wir durch langwierige Expertisen herauszufinden, ob ein bestimmter Massenmörder vielleicht geisteskrank ist, wobei uns nur selten in den Sinn kommt, wie verrückt diese Frage an sich ist.

Der durchsichtige Geist

Der Eckstein unserer zeitgenössischen Alltagspsychologie ist die Annahme, daß der Geist durchsichtig, einsehbar, ist und wir, wenn wir durch das Fenster der Introspektion nach innen schauen, genau das sehen, was dort ist. Wir stellen uns den Geist vor wie ein Uhrwerk in einem Glaskasten, dessen wichtigste Mechanismen seinem privilegierten Besitzer stets einsichtig sind. Wir glauben uns bereits zu kennen oder uns bei Bedarf zumindest kennen zu können, wenn vielleicht auch nicht ganz und gar, so doch zumindest gründlich und unmittelbar. Das ist das kardinale Mißverständnis, und dieses Mißverständnis aufzuklären ist eines der Hauptanliegen dieses Buches.

Im Gegensatz zur volkstümlichen Meinung ist der menschliche Geist ein Buch mit sieben Siegeln. Der Raum hinter unseren Augen ist für immer dunkel. Es gibt keinen Zugang zu ihm, weder durch Denken noch durch die Sinne – denn Gedanken und Erfahrungen sind das *Produkt* dieser uneinsehbaren Fabrik, nicht etwa Einblicke in ihre Arbeitsweise. Es ist wie bei der Herstellung von Cointreau oder Coca-Cola: Was sich hinter den Kulissen abspielt, ist ein eifersüchtig gehütetes Betriebsgeheimnis. Uns bleibt nichts, als das Gebräu zu schmecken; zur Welt desjenigen, der es zusammenbraut, haben wir keinen Zutritt. In unserem Geist werden Gefühle hergestellt, Gedankengebäude konstruiert, Wahrnehmungsbilder gemalt. Doch von dem Maler, Architekten, Hersteller selbst haben wir keine Vorstellung. Oder, besser gesagt, wir können *nur* Ideen darüber haben. Wir glauben, wir blicken durch transparente Fenster auf uns selbst. Wir meinen, das Bewußtsein verschaffe uns privilegierten Zugang zu den Prozessen in uns und zu unserer Natur, und die Dunkelkammer unseres Geistes sei hell und luftig und unser ganz natürliches Zuhause. Wir gehen davon aus, daß die Geschichten, die uns der Geist über sich selbst erzählt, wahr sind. Aber in Wirklichkeit schauen wir nicht durch klares Glas, sondern auf einen Bildschirm, auf den von hinten einige speziell ausgewählte Produkte des Geistes projiziert werden. Hinter dem Bildschirm gibt es einen Regisseur, der einen konstanten Strom ineinander verwobener Filme produziert. Ein in diesen Filmen immer wiederkehrendes Thema ist das eines Regisseurs, der einen ununterbrochenen Strom ineinander verwobener Filme produziert. Wie in Federico Fellinis Meisterwerk »8½« sehen wir nicht den Regisseur bei der Arbeit, sondern nur die parteiische und künstlerisch verfremdete Sicht des Regisseurs auf einen hypothetischen Regisseur bei der Arbeit. Man legt uns nahe zu glauben, der fiktive und der faktische Fellini seien ein und derselbe. Doch dieser Glaube wäre unbegründet; wir können niemals wissen, bis zu welchem Grade beide einander wirklich entsprechen – denn der wahre Fellini bleibt immer jenseits des Horizonts des Kinobesuchers.

Wären die Bilder, die der Geist von sich selbst schafft, wahrheitsgetreu – zeigten also die Bilder, die auf die Leinwand projiziert werden, tatsächlich das, was wir sähen, wenn die Leinwand entfernt würde –, dann wäre es kein Problem, wenn wir das eine mit dem anderen verwechseln. Wenn der Schein deckungsgleich ist mit der Wirklichkeit, dann verliert diese Unterscheidung ihren Sinn. Macht uns der Geist jedoch etwas vor, dann mögen die Konsequenzen dessen, daß wir ihm seine Behauptungen abkaufen, schon gravierender sein. Sagt uns unser Geist, wir seien 1,60 Meter groß und hätten Kragenweite 29, während wir in Wirklichkeit 1,90 Meter groß sind und Kragenweite 34 haben, dann werden wir uns an manchem Türsturz den Kopf stoßen und eine Menge Anzüge kaufen, in denen uns die Knöchel frieren, und Hemden, die uns den Atem abschnüren. Ähnlich wie in dem Witz mit dem Mann, der dauernd Kopfschmerzen hat, ist der einzige Arzt, der uns hier in unserm Fall helfen kann, einer, der uns überzeugen kann, größere Hemden zu kaufen.

Innerhalb der Dunkelkammer, so unergründlich sie auch ist, werden all die Daten und Anschauungen gespeichert, die dem Leben seinen Sinn geben und seinen Zweck konstruieren. Dort liegen die Akten begraben, in denen steht, wie wir glücklich werden können, um wen und was wir uns kümmern sollen, wann wir reagieren und wann wir einfach ruhig sein sollen. Dort liegen die Programme, die uns in die Lage versetzen, Sprache zu verstehen, die Vergangenheit aufzuzeichnen, Luftschlösser zu bauen und das »Reale« vom »Eingebildeten« zu unterscheiden. Dort liegen die geistigen Muster, die sich indirekt durch Zuneigung und Erwartung, spontane Solidarisierung oder einsame Träume manifestieren und die uns sagen, wie wir einen Menschen erkennen, der sich unserer annehmen oder uns sexuelle Lust schenken wird, oder wie wir uns zu fühlen haben, wenn der FC Bayern den UEFA-Pokal verliert (»Begeistert«, »Am Boden zerstört«, »Was ist FC Bayern?«, »Was für ein Pokal?«). Und irgendwo mitten in der Kommandozentrale fliegt eine unausgesprochene Spezifizierung dessen herum, was es bedeutet, eine Person zu sein: welche Art von Lebewesen ein *menschliches* Wesen ist. Vom Nervenkitzel eines Spontankaufs bis zur Vorstellung von einem friedlichen Tod – alles wird von der unsichtbaren Mannschaft in den Kulissen des menschlichen Geistes zurechtgeschnitten.

Begründeter Zweifel

Drei potentielle Informationsquellen können uns Anlaß geben, dieses Bild in Frage zu stellen: die alltägliche Erfahrung, die Berichte der Mystiker, und die Naturwissenschaft. Was ist zum Beispiel mit den vielen Gelegenheiten, bei denen wir plötzlich »zu uns kommen« und uns klar wird, daß wir komplizierte Aufgaben bewältigt haben, die genaue Wahrnehmung, feinabgestimmtes Handeln und intelligentes Urteilen erfordern – etwa Autofahren oder durch eine Fußgängerzone am verkaufsoffenen Samstag vor Weihnachten zu laufen –, ohne daß wir uns dessen bewußt sind oder eine Erinnerung an das haben, was wir getan haben. Während unser Bewußtsein mit wichtigeren Dingen beschäftigt war, scheint das Nichtbewußtsein ganz gut allein zurechtgekommen zu sein. Was ist mit den Momenten, in denen wir augenblicklich auf ein plötzliches Geschehen reagieren müssen: Ein Hund läuft uns vors Auto, eine knallharte Rückhand unseres Gegners fliegt auf unser Gesicht zu – und bevor der bewußte Geist noch registriert hat, was da geschieht, haben wir schon auf die Bremse getreten oder mit einem Volley den Punkt gemacht. Die Gefahr mag schon längst vorüber sein, ehe das Bewußtsein mit seinem selbstbezogenen Kommentar angehechelt kommt und *post hoc* versucht, die Lorbeeren einzuheimsen oder die Schuld von sich abzuwälzen.

Seit wenigstens 2 500 Jahren gibt es eine weitere Quelle von Belegen für die Macht des Nichtbewußten: die Schriften der Mystiker. Wie wir noch sehen werden, haben sie ihre Erfahrungen in sehr unterschiedliche Worte gekleidet, wobei sie in ihrem Bemühen, das mitzuteilen, was sie erlebt hatten, natürlich auf die Bilder zurückgriffen, die ihnen ihre jeweilige Kultur zur Verfügung stellte. Doch wieder und wieder beschreiben sie ihre Erfahrung als eine plötzliche Verschiebung in ihrer Beziehung zum Unbewußten. Wenn sie sich theistischer Bilder bedienen, wie es den meisten von ihnen in unserer abendländischen Kultur vorgegeben war, beschreiben sie ihre Erfahrung als eine unmittelbare Begegnung mit Gott, der – paradoxerweise – absolut unerkennbar ist und dessen Sein sich nicht in irgendeinem weit entfernten Himmel findet, sondern im innersten Kern eines Menschen, vor jeder Form des Wissens oder der begrifflichen Vorstellung. Von der »Wolke des Nichtwissens« bis zu Rilkes »Wie tief ich auch in mich selbst eindringe, mein Gott bleibt im Dunkeln« stimmen sie darin überein, daß man zur tiefsten Er-

22

fahrung der Wahrheit kommt, indem man in den stillen Quellgrund hinabtaucht, aus dem jedes Bewußtsein aufsteigt. Wenn es dir nur gelingt, dich von dem Schwarzen Loch im Inneren deines Seins aufsaugen zu lassen – wenn du mutig in die Dunkelkammer marschieren kannst –, dann wird eine ungeheure Last von selbstbezogenen Ängsten und Sorgen von dir abfallen, und eine lichte und freundliche Weisheit wird augenblicklich aufsteigen und an ihre Stelle treten.

Die Naturwissenschaft

Die dritte und jüngste Quelle der Information über die Natur des Geistes ist die Naturwissenschaft. Gemeint sind nicht die fragwürdigen Parallelen, die zwischen Mystik und der spekulativen Welt der Teilchenphysik gezogen wurden, sondern die neu aufkommenden, auf der Biologie basierenden Forschungen im Bereich der Systemtheorie und der menschlichen Evolution sowie jene neue, hybride Disziplin mit Namen »Kognitionswissenschaft«, welche Psychologie, Neurologie, Philosophie und die Erforschung der Künstlichen Intelligenz umfaßt. Die Erkenntnisse dieser Disziplinen zusammengenommen laufen heute auf eine erstaunliche Neubewertung des menschlichen Geistes hinaus; sie führen uns dazu, die Erfahrungen der Mystiker als eine spontane »Korrektur« des Funktionierens des Gehirns anzusehen – nicht mehr und nicht weniger.

Gegenwärtig wird die Naturwissenschaft gleichermaßen verehrt wie verdammt. Auf der Bühne der Ökologie sehen einige sie in der Rolle des Schurken, während andere sie für den einzig möglichen Kandidaten für die Rolle des Retters halten. Keine dieser extremen Positionen ist gerechtfertigt, wenn auch beide eine Teilwahrheit enthalten. Es trifft zu, daß die naturwissenschaftliche Weltanschauung, indem sie sich als »die einzige sehenswerte erkenntnistheoretische Show in der Stadt« in unserer Kultur breitgemacht hat, aus unserem Geist andere, weniger explizite oder beredte Wege des Erkennens verdrängt hat. Wie ich gleich darlegen werde, sind diese Wege von vitaler Bedeutung, wollen wir unsere »grundlegende geistige Gesundheit« wiedergewinnen. Es läßt sich auch nicht leugnen, daß die scheußlichsten Erfindungen aller Zeiten Ausgeburten der Naturwissenschaft sind. Wahr ist aber auch, daß sie uns höchst machtvolle und elegante Formen des Nachdenkens über unsere physikalische und biologische Welt geliefert hat und daß dieser Rahmen die Entwicklung von Technologien ermöglicht hat (im Hausbau, Verkehrswesen, der medizinischen Wissenschaft, dem Kommunikationswesen und so weiter), die eindeutig die Lebensqualität von Millionen von Menschen verbessert haben.

Und noch etwas: Wie sehr die Naturwissenschaft auch für vorsätzlichen oder unabsichtlichen Mißbrauch anfällig sein mag, sie bietet eine sehr effektive Methode, »den Kurs zu halten«, das heißt unsere Theorien und Annahmen bis zu dem Punkt zu verfolgen, wo sie ihre logischen und praktischen Konsequenzen offenbaren – *ob diese uns nun gefallen oder nicht.* Der »gesunde Menschenverstand« kann fröhlich und ohne es zu merken im Kreis herum segeln und sich dabei noch einreden, auf einer Entdeckungsreise zu sein. Im Gegensatz zu seinen eigenen Presseverlautbarungen folgt das rationale Denken zwangsläufig den eingefahrenen Spuren unserer unbewußten Vor-Urteile, und als Sklave verborgener Mächte ist sein Anspruch auf Objektivität unredlich. Trotz all ihrer Fehler, ihres Zickzackkurses und Stolperns hat die Naturwissenschaft das Potential, uns zu helfen, der nur sich selbst dienenden und sich selbst bestätigenden geistigen Welt des »gesunden Menschenverstands« zu entkommen. Die unerbittliche Kraft ihrer Methode kann uns zwingen zu denken, was vorher undenkbar war, was auch nur zu erwägen die unbewußten Denkgewohnheiten, auf die wir uns stützen, uns zuvor verboten hatten.

Eine der heutigen Fehleinschätzungen der Naturwissenschaft ist, sie werde unnachsichtig Religion, Spiritualität und Mystik niederwalzen wie ein Bulldozer den Regenwald und nur das flache, offene Land der »reinen Vernunft« zurücklassen. Nichts könnte der Wahrheit ferner sein. Der Wert der Naturwissenschaft besteht in ihrem Vermögen, die Mängel des »gesunden Menschenverstands« aufzudecken und dadurch den Kulturen die Möglichkeit zu geben, ihre ureigenen Mythen zu *sehen* und zu verbessern. (In diesem Sinne sind Philosophen, Schamanen, Dichter und Mystiker die traditionellen »Wissenschaftler des Geistes«.) Und hat sie unsere Aufmerksamkeit einmal auf eine zu enge Annahme gelenkt, dann kann die Naturwissenschaft an deren Stelle zwar nicht »die Wahrheit« anbieten (denn sie kann immer nur Theorien beisteuern), aber doch einen besser funktionierenden Mythos: ein besseres Modell eines spezifischen Aspekts des Lebens. Eine Naturwissenschaftlerin mag von ihren Theorien dazu geführt werden, Fragen zu stellen, die dem »gesunden Menschenverstand« nie in den Sinn gekommen wären oder die er, wäre er doch einmal darüber gestolpert, glatt als lächerlich abgetan hätte. Und nicht selten wird die Antwort auf eine solche Frage überkommene Weisheiten in Frage stellen und uns nachdenklich machen.

Nehmen wir zum Beispiel das unverfängliche Wort »sehen«. Was könnte einfacher sein als der Vorgang, das wahrzunehmen, was um uns herum ist, und auf eine Weise zu handeln, die dem, was wir sehen, Rechnung trägt. Unser gesunder Menschenverstand unterscheidet nicht zwischen der bewußten *Erfahrung* des Sehens und der funktionaleren Idee des »Zur-Kenntnis-Nehmens« dessen, was da ist, und der Integration dieses Wissens in unsere Tatabsichten. Für ihn macht es kaum einen Sinn anzunehmen, wir könnten etwas zur Kenntnis nehmen, ohne es zu »sehen«. Und doch wurde genau diese Möglichkeit durch sorgfältige Versuche mit Patienten bestätigt, die an einer bestimmten Schädigung des Gehirns leiden. In einem Teil ihres Gesichtsfeldes können sie nichts »sehen«, und doch antworten sie auf Fragen auf eine Weise, die nur möglich ist, wenn sie »wissen«, was dort ist. Sie müssen fähig sein zu »sehen«, da sie angemessen reagieren können; und doch haben sie nicht die geringste visuelle Erfahrung und leugnen energisch, irgend etwas »gesehen« zu haben.

Wir können nun entweder murmeln »Na sowas!« und dieses Phänomen als eine weitere Psychobagatelle abtun. Oder wir können uns fragen, was dies für unseren gesunden Menschenverstand bedeutet, für unsere »augenfällige« Beziehung zu unserem eigenen Bewußtsein. Wieviel Interpretation und wie viele Entscheidungsprozesse laufen da tatsächlich *ohne* die Intervention, ja ohne das Wissen des Hauptgeschäftsführers ab? Befindet sich dort, wo »ich«

sitze, tatsächlich der Sitz der Macht, oder bin ich nur eine Marionette, die nicht mit dem wirklich brisanten Informationsmaterial gefüttert wird, sondern mit einer ausgesiebten und zensierten Version der Ereignisse, und die Anordnungen gibt, denen gegenüber die unbewußte Firma sich kollektiv taub stellt?

Das Wunder der Achtsamkeit

Wissenschaftliche Erkenntnisse werden nicht von sich aus die unter der Oberfläche liegenden Fehler unserer Innensicht korrigieren, genausowenig wie das Lesen eines Lehrbuches über Optik unser Sehvermögen verbessern würde. Sie können uns jedoch helfen, die Diagnose zu verstehen und zu akzeptieren, und unsere Bereitschaft steigern, nach einer wirkungsvolleren Kur zu suchen. Die beinhaltet mehr als ein rationales Verständnis des Problems. Wir brauchen Methoden, die »Pforten der Wahrnehmung« zu reinigen, und nach diesen müssen wir wiederum bei den Mystikern suchen. Sie bieten uns eine verwirrende Vielfalt von Methoden an, sind sich jedoch alle darin einig, daß Weisheit nicht aus mehr und mehr Verstehen, sondern nur aus einem persönlichen Programm der »Umerziehung der Wahrnehmungsfähigkeit« entsteht. Wissenschaftliche Beweisführung und vernünftige Argumente können uns bis an die Schwelle dieses Prozesses führen, jedoch nicht darüber hinaus.

All die verschiedenen »Technologien der Transformation«, sollen sie eine bleibende Wirkung haben, bauen auf ein einziges Potential: die Achtsamkeit. Wir können von Glück sagen, daß die Evolution uns mit einem Werkzeug zur Reinigung der Wahrnehmung ausgestattet hat, denn es wäre der Menschheit durchaus möglich gewesen, sich in eine psychische Sackgasse zu manövrieren, aus der es kein Entkommen gibt. Am Ende jeder Folge der Fernsehserie »Batman« war der Supermann ganz offensichtlich in einer hoffnungslosen Lage ... nur um zu Beginn der nächsten Folge durch irgendeinen Trick oder ein unwahrscheinliches technisches Hilfsmittel gerettet zu werden. Glücklicherweise haben wir alle einen solchen Trumpf im Ärmel – eine besondere, reflexive Methode, unser Bewußtsein zu nutzen, welche uns retten kann. In unserem Fall sind die Fallen selbstgebastelt und bestehen aus Annahmen und Meinungen, die unbemerkt in unsere Weise, die Welt zu sehen, eingehen. Sie schaffen nicht nur die augenscheinlichen Probleme, sondern hindern uns auch daran, sie zu lösen und zu sehen, daß es selbstgemachte Probleme sind. Zur Achtsamkeit gehört die Ausbildung des Tricks, sie sichtbar zu machen. Dann können wir uns von der Macht freimachen, die sie über uns ausüben, und sie auf die passende Größe »einlaufen« lassen.

Im Verlauf dieses »Reinigens der Pforten der Wahrnehmung«, wie William Blake es nannte, offenbart sich die Präsenz und Macht des Nichtbewußten. Wir hören auf, so *exzentrisch* zu sein, dermaßen weit entfernt von unserem natürlichen Schwerpunkt, und wir können uns entspannen und uns dem unerkennbaren Herzen anvertrauen. Und das ist am Ende die Offenbarung göttlicher Weisheit – nicht ein flüchtiger Blick auf irgendeinen vorstellbaren Gott, sondern eine Begegnung einer dem Wesen nach geheimnisvollen Art. Spiritualität, so stellt sich heraus, besteht also in einer einfachen Korrektur des Gehirns – oder vielleicht sollten wir sagen von »Welt-Körper-Gehirn-Geist«, denn die Entwicklung der Story macht zunehmend deutlich, daß wir nicht berechtigt sind, diese vier voneinander zu trennen. Die Neurologie, also die wissenschaftliche Erforschung des Gehirns und des Nervensystems, liefert uns heute ein Arbeitsmodell des Gehirns, welches erklären kann, wie es zu einer mystischen Erfahrung kommt und warum sie eine bestimmte Form annimmt.

Die Mystiker haben stets von einer Erfahrung von tiefem Frieden und Aufgehobensein gesprochen, von Weisheit und Klarheit, einer unvoreingenommenen, unpersönlichen Liebe, von Natürlichkeit und Einfachheit, einem *Wissen*, ohne zu wissen, was das ist, das man weiß, einer lebhaften und strahlenden Qualität der Wahrnehmung. Aber warum immer gerade diese Eigenschaften zusammen auftreten, das wußte niemand zu sagen. Warum sollte der Körper vor Energie bersten und die Schau leuchtend und durchdringend werden, während man gleichzeitig in Stille, Verstehen und Mitfühlen eingetaucht ist? Die Antwort findet sich in der von seinem Aufbau bestimmten Funktionsweise des Gehirns und in der Weise, wie sein Funktionieren von einem kleinen Häufchen nicht erkannter Anschauungen (vorwiegend über den Geist selbst) verfälscht wird. Wird das »Ich-System« umgangen oder kurzgeschlossen, dann greift das Gehirn *augenblicklich* auf einen grundlegenderen Modus operandi zurück, aus dem ganz natürlich das erblüht, was wir den »Buddha-Geist« oder die »Gnade Gottes« nennen.

Evolutionäre Anfänge

Fangen wir jedoch von vorn an, mit einer Zusammenfassung der evolutionären Geschichte der Menschheit, der zur Orientierung des Lesers der erste Teil dieses Buches gewidmet ist. Die Drehungen und Wendungen unserer langen Evolutionsgeschichte haben uns mit einem Geist ausgestattet, der unter der Oberfläche ein seltsames Gewirr von Fähigkeiten und Beschränkungen, Stärken und Schwächen darstellt. Er ist kein stromlinienförmig gebautes Instrument, sondern ein wackeliges Floß, zusammengeschustert aus einem Wirrwarr von Materialien, die in dem Moment, da man sie gebrauchen konnte, gerade auf der Strömung vorbeitrieben. Könnten wir den menschlichen Geist ins Trockendock holen, ihn dort auseinandernehmen und noch einmal ganz neu zusammenbauen, dann würde dabei niemals der Seelenverkäufer herauskommen, den die Evolution uns hinterlassen hat.

Der überwiegende Teil dieses mentalen Floßes – und der überwiegende Teil seiner *Intelligenz* – liegt unter der Oberfläche. Bewußtes Gewahrsein trat im Laufe der Evolution wahrscheinlich mit der Evolution aktiven *Jagens* als einer Methode der Nahrungsbeschaffung auf, und wahrscheinlich früher und klarer bei jenen Arten, die Beute waren, als bei den Räubern. Es emergierte wahrscheinlich als Folgeerscheinung einer besonderen Form von »Alarmreaktion«. Doch mit der Entwicklung des sozialen Lebens, der Sprache und einer Technologie, die das Leben stabil machen und es relativ gut versorgen konnte, eigneten sich alle möglichen anderen Systeme innerhalb des Geistes das Bewußtsein an, so daß es heute seine ursprüngliche Natur und seinen ursprünglichen Zweck fast völlig (wenn auch noch nicht ganz) verloren hat. Entwirren wir die Evolutionsgeschichte im Detail, dann kommen wir zu einer gleichermaßen komplizierten Diagnose, wo und wie der Geist in die Irre gegangen ist.

Der Geist ist eine spezialisierte Entwicklung des Gehirns, das wiederum eine spezialisierte Entwicklung des Körpers darstellt. Der gängige Mythos vom Körper als ein beweglicher Pfeiler aus Fleisch, der von einem individualisierten Zentrum bewußter Intelligenz gesteuert wird, ist falsch und gefährlich. Die Biologie sagt uns eindeutig, daß der Körper mit all seinen physischen und psychischen Ausstattungen ein *System* ist, ein komplexer Tanz von Prozessen und Wechselwirkungen, in seiner Existenz abhängig von der dauernden Durchdringung und den Störungen durch umfassendere Systeme, von denen es ein unablösbarer Teil ist. Der Körper »weiß« das; das Gehirn »weiß« das; der Geist »weiß« das. Nur das selbstbewußte »Ich«, das auf dem Gipfel dieses Gebirges von Interdependenz thront, leugnet und ignoriert das. Wird das »Ich« jedoch abgeschaltet, erinnert sich der Gehirn-Geist augenblicklich an das, was er bisher zu vergessen beliebte. »Ja, natürlich«, flüstert er vor sich hin, »ich erinnere mich: Ich gehöre zu etwas.«

Auch wenn das essentielle Mysterium im Herzen der menschlichen Erfahrung aus den Mythen, durch die wir leben, ausgetrieben wurde, können wir uns durch die Naturwissenschaft, die empirische Naturwissenschaft des 20. Jahrhunderts, wieder daran erinnern (*»re-mind«*) –, genausogut wie durch Mozart oder durch Meditation. »Die neue Wissenschaft des Geistes«, wie der Harvard-Psychologe Howard Gardner die Kognitionswissenschaft genannt hat, tut genau das. Sie zeigt uns, daß die Mystik notwendig und das Mysterium logisch ist.

2. Body-Building: Der Ursprung des Lebens

Evolution ist der Wandel von einer nichtwie-igen undrübersprechbaren All-Ähnlichkeit zu einer irgendwie-igen und im allgemeinen drübersprechbaren Nicht-All-Ähnlichkeit durch fortlaufende Zusammenkleisterung und Etwas-anders-Machung.

William James

Wir sind keine Rechenmaschinen

An der Klemme, in der sich die Menschheit gegenwärtig befindet (und verliert), ist der Geist schuld, an dem wiederum die Evolution schuld ist. Wir können den bewußten menschlichen Geist nicht nur dadurch verstehen, daß wir seinen gegenwärtigen Zustand betrachten. Er ist die Spitze eines riesigen evolutionären Eisbergs, der über Millionen von Jahren gebildet wurde. Wie überall in der Evolution baut das Spätere auf dem Früheren auf; es kann das, was vorher war, modifizieren, kann es aber niemals ersetzen. Wir sind so gänzlich vom Bewußtsein eingenommen, daß wir die große unbewußte Masse unter der Oberfläche vergessen haben. Der Geist ist nur die Software des komplizierten Biocomputers, den wir Gehirn nennen. Und Gehirne sind die zentralen Organisationssysteme, die Schaltzentralen von High-tech-Gemeinschaften von Körpern, welche multiple Ziele und Bedürfnisse haben und in Umwelten leben, die nahezu unbegrenzte Möglichkeiten bieten. Und all *dies* kommt schlauen, zähen und sich selbst replizierenden Molekülen zu Hilfe, deren Natur es ist, zu überdauern und sich zu vermehren. Die Fähigkeit, Kreuzworträtsel zu lösen, Bungee zu springen und mit unseren Kindern herumzutoben, sind Kuriositäten jüngeren Datums, die wacklig auf einem hohen Turm früherer Entdeckungen und Entwicklungen balancieren.

Schon gleich in diesem ersten Absatz habe ich mich dazu verleiten lassen, die am meisten verbreitete Metapher für den Gehirn-Geist zu benutzen: den Computer oder »Rechner«. Und obwohl im allerweitesten Sinn »rechnen« genau das ist, was der Gehirn-Geist tut, kann diese Analogie fürchterlich in die Irre führen. Computer haben keine eigenen Ziele. Die Programme, die der Maschine sagen, was sie tun und was sie »tun wollen« soll, gehen nicht aus einer evolutionären Quelle hervor, sondern aus dem Geist des Programmierers. In unserem Fall, also bei uns Menschen, haben sich das Gehirn und sein Geist über Jahrtausende als Hilfsmittel entwickelt, die unserem Körper und den Genen, die ihn entworfen haben, zu überleben helfen. Körper sind aus einem Stoff gemacht, der sich auf die unterschiedlichsten Weisen mit seiner Umwelt austauschen muß, wenn er weiterbestehen will. Rechner kann man jahrelang ausgeschaltet lassen und dann (wenn alles gutgeht) durch Knopfdruck wieder in Gang setzen, als sei überhaupt keine Zeit vergangen.

Menschen und Tiere wachsen und evolvieren; Computer werden modifiziert – und manchmal ganz neu entworfen. Leute müssen essen, um zu leben; man hat noch keinen Computer gesehen, der sich einen Snack aus seiner Schreibtischschublade geholt hätte. Es gab mal einen Film, der hieß »Die Autos, die Paris auffraßen«, aber noch keinen namens »Die Laptops, die IBM verzehrten«. Man kann alles Wesentliche über einen Computer in Erfahrung bringen, wenn man ihn untersucht, wie er heute ist. Vom menschlichen Geist kann man nur sehr wenig verstehen, ohne zu erkunden, wie er entstanden ist. Computer können aus einer Vielfalt unterschiedlicher Materialien gebaut werden und werden doch am Ende ziemlich dieselben Dinge verrichten. Das Funktionieren von Gehirn und Geist hängt ganz und gar von dem Stoff ab, aus dem beide gemacht sind, und von den Welten, in denen sie und ihre Vorgänger aufgewachsen sind.

Doch spielt die bewußte Sicht des Gehirn-Geistes seiner selbst seine evolutionäre Geschichte und seine unbewußten Fundamente schamlos herunter. Ein Teil des Problems mit dem menschlichen Gehirn-Geist liegt darin, daß er sich als eine Art Computer anzusehen pflegt – ohne Körper, ohne irgendeine Geschichte, außer seiner eigenen Erfahrung, ohne ökologischen Bezug. Noch schlimmer: Er pflegt sich sogar allein mit dem zu identifizieren, was auf dem Bewußtheitsschirm auftaucht, wobei er seine eigenen Schaltkreise und Mikrochips überhaupt nicht in Betracht zieht. Um den Gehirn-Geist zu »entwirren«, müssen wir uns an seine Verbundenheit mit seinem Körper, seiner Welt und seinem Unbewußten erinnern. Genau da müssen wir ansetzen.

Eine kurze Geschichte des Schleims

Kehren wir ganz kurz zum Beginn des Lebens zurück – zum Urschleim*.

Vor sehr langer Zeit – vor etwa vier Milliarden Jahren – gab es auf der Erde noch kein Leben, nur eine Atmosphäre, die einfache Moleküle wie Methan, Ammoniak, Kohlendioxyd, Stickstoff und Wasserdampf enthielt. Es gab keinen freien Sauerstoff, keine Ozonschicht zwischen der Erde und der Sonne, so daß eine starke ultraviolette Strahlung die Atmosphäre ungefiltert durchdringen konnte. Seit dem klassischen Experiment von Stanley Lloyd Miller zu Anfang der fünfziger Jahre unseres Jahrhunderts weiß man, daß zumindest einige der grundlegenden molekularen Bausteine des Lebens – die Aminosäuren – entstehen können, wenn man eine Mischung dieser Gase ultravioletter Strahlung und elektrischen Entladungen von der Stärke aussetzt, wie es sie damals auf der Erde wahrscheinlich gab. Einfache chemische Prozesse sollen dann die prähistorische Brühe bis zu dem Punkt angereichert haben, wo sie etliche der notwendigen chemikalischen Zutaten des Lebens enthielt**.

---

* Die intellektuelle Suppe der Spekulationen über die Ursprünge des Lebens ist heutzutage sehr viel reichhaltiger als die Ursuppe selbst. So gibt es zur Zeit eine Vielfalt von Antworten auf die Frage, wie lebende Materie entstanden sein könnte. Was ich hier vorstelle, um die Bühne für die folgenden Ausführungen zu bereiten, ist nur eine der unterschiedlichen Antworten. So fehlerhaft und unvollständig diese Version unserer »Frühgeschichte« auch sein mag – wenn sie uns nur daran erinnert, in welchem Maße unser Geist auf simple Biochemie zurückgeht, dann genügt das für unsere Zwecke. Der Geist würde seine Herkunft aus einfachsten Verhältnissen nämlich am liebsten leugnen und bekennt sich nicht gern zu der stofflichen Familie, deren integraler Bestandteil er nichtsdestoweniger bleibt.
** Neuere Untersuchungen der tiefsten Meeresböden haben heiße Spalten entdeckt, an denen die Erdkruste dünn ist und in denen reiche Konzentrationen organischer Moleküle und selbst eine Reihe von Bakterien bei Temperaturen von $300°$ Celsius

Es ist jedoch ein langer Weg von einfachen Proteinen und Zuckern zu den Molekülen und Strukturen, die für alle lebenden Systeme charakteristisch sind, von Amöben bis zu Buddhas. Es gibt etwa zweihundert dieser grundlegenden »Moleküle des Lebens«, und sie arbeiten auf eine so komplexe und sich selbst erhaltende Weise zusammen, daß die gesamte Struktur der Beziehungen, von denen das Leben abhängt, wie ein multidimensionaler Torbogen zusammengefügt zu sein scheint: Man nehme einen Stein heraus, und das Ganze bricht in sich zusammen. Und während sich einige dieser Bausteine in verschiedenen Sorten der Ursuppe finden, scheinen viele von ihnen, wenn man sie synthetisieren will, genau die Art von Umgebung zu benötigen, die erst eine lebende Zelle – deren Entstehung wir ja gerade zu erklären versuchen – zur Verfügung stellt. Wir sehen uns mit der klassischen »Ei oder Huhn«-Problematik konfrontiert: Um erklären zu können, wie Zellen entstanden sind, scheinen wir die Existenz von Zellen postulieren zu müssen!

Es gibt eine Reihe einfallsreicher Theorien darüber, wie die Brücke zwischen einfachen Molekülen und dem Leben gebaut wurde. Graham Cairns-Smith von der Universität Glasgow meint, so wie ein Torbogen während seiner Errichtung vorübergehend eine Abstützung braucht, die nach der Fertigstellung entfernt werden kann, so hätten die ersten Moleküle des Lebens in den winzigen zellähnlichen Hohlräumen, die sich in einigen Arten von Tonerde finden, synthetisiert und angereichert werden können. Nachdem diese auf Kohlenstoff basierenden Moleküle eine Gemeinschaft gebildet hätten, in der sie sich gegenseitig abstützen konnten, hätten sie die Möglichkeit gehabt, dem Ton Goodbye zu sagen. Wie es auch immer geschehen sein mag: Unter diesen Molekülen entstanden auch diejenigen, die sich dann als Kraftwerk für die gesamte Evolution erweisen sollten – das sich selbst replizierende Molekül DNS. Jedes DNS-Molekül gleicht einer langen Botschaft,

überleben. Es ist möglich, daß einige Formen oder einige der Bestandteile des Lebens hier zum erstenmal synthetisch erschaffen wurden. Und man hat auch die Vermutung geäußert, Meteoriten könnten mit Aminosäuren, die sie mitbrachten, der Erde seinerzeit so etwas wie Initialzündungen für den Prozeß der Entstehung des Lebens geliefert haben. Ich will mich hier jedoch an die Umrisse der heute weitgehend akzeptierten konventionellen Geschichte der Ursuppe halten.

einem Handbuch für die Herstellung all der unterschiedlichen Bestandteile der lebenden Materie, geschrieben mit einem aus nur vier Buchstaben bestehenden Alphabet. Eine einfache Bakterie braucht eine Anleitung, die etwa eintausend Buchseiten entspricht, um hergestellt werden und funktionieren zu können. Die für die Konstruktion und das Funktionieren eines Menschen benötigte »Bibliothek«, enthalten in den 46 Chromosomen jeder Körperzelle, würde etwa eine Million Buchseiten umfassen. Und natürlich ist jedes dieser Chromosomen imstande, mit unglaublicher Genauigkeit und Eleganz jedesmal eine Photokopie von sich selbst herzustellen, wenn seine jeweilige Zelle sich teilt.

Man konnte nachweisen, daß Aminosäuren unter den Bedingungen, wie sie wahrscheinlich vor etwa dreieinhalb Milliarden Jahren bestanden, primitive zellähnliche Strukturen zu bilden vermögen. Vor etwa drei Milliarden Jahren hatten sich Zellen entwickelt, die Energie aus Licht erzeugen konnten: Sie waren zur Photosynthese fähig. Da dieser Prozeß Kohlendioxyd verbraucht und Sauerstoff freisetzt, änderte sich die Zusammensetzung der Atmosphäre langsam, aber gründlich. Die Entwicklung der Ozonschicht führte zu einer Reduzierung der bis zur Erdoberfläche durchdringenden ultravioletten Strahlung, was für die ursprünglichen bakteriellen oder *prokaryontischen* Zellen bedeutete, daß die Zeiten immer schwerer wurden. Um die sich ändernden Bedingungen nutzen zu können, entwickelten sich sehr viel komplexere Zellformen – die *eukaryontischen* Zellen, von denen alle vielzelligen Spezies herkommen. Diese grundlegenden Bausteine animalischer Gewebe bestehen ihrerseits aus Ansammlungen verschiedener Arten einfacherer Prokaryonten. So enthält beispielsweise jede einzelne menschliche Zelle *Mitochondrien*, die ursprünglich völlig unabhängige kleine Lebewesen waren. Sie besitzen immer noch ihre eigene DNS, die sich völlig von der DNS im Kern ihrer adoptierten Mutterzelle unterscheidet. Trotzdem haben sie sich entschieden, sich dort anzusiedeln und als Kraftwerk für die Zelle tätig zu sein – als Gegenleistung für Unterkunft, Verpflegung und Schutz.

Die ersten vielzelligen Organismen traten vor etwa 700 Millionen Jahren auf der Erde auf. Das Grunddesign des tierischen

Körpers hat sich im Laufe von Millionen von Jahren in jene Galaxie unterschiedlicher Spezies verzweigt, die uns von Fernseh-Dokumentarfilmen ständig vor Augen geführt wird. Die grundlegende Spezifizierung ist jedoch erstaunlich konstant geblieben. So wie die urbane Gesellschaft sich überall auf der Welt auf verblüffend ähnliche Weise entwickelt hat, hat auch der Körper die für ihn notwendigen Funktionen an ein uns vertrautes Repertoire von Untersystemen delegiert. Wie eine Kolonie von Ameisen, wenn auch kompakter und zäher, haften die Zellen aneinander: Jede macht sich von den anderen abhängig und trägt ihre spezialisierten Talente zum Gesamtwohl der Gesellschaft bei, in der Hoffnung, »alle für einen und einer für alle« werde sich als erfolgreiche Strategie erweisen.

Beispielsweise entwickeln alle Körper Untersysteme, deren Aufgabe es ist, Nahrung in eine brauchbare Form umzuwandeln, sie in die entferntesten Winkel des Imperiums zu transportieren und die Müllentsorgung zu übernehmen. Einige Bürger dieser Gesellschaft finden sich zu Röhren zusammen, deren Wände Schmierstoffe absondern lernen, die die Nahrung aufweichen und den Prozeß einleiten, aus roher Antilope oder Sonnenblumenkernen einen verwertbaren Nährbrei zu machen. Um eine größere Vielfalt von Rohstoffen nutzen zu können, von denen einige ziemlich zäh sind, schließen andere brave Bürger sich zu harten weißen Felsen am Eingang zu diesem Tunnel zusammen und zermahlen dort das Erz, das in den Tunnel eingefahren wird. Die Nahrungsverarbeitung braucht einen konstanten Nachschub an frischem Wasser, und die Entwicklung einer lappenartigen rosafarbenen Ausbuchtung hilft, Wasser in das vordere Ende des Tunnels zu schaufeln. Gleichzeitig teilen am anderen Ende des Tunnels Abfallverwertungsorgane die Abfallprodukte in flüssige und feste Bestandteile auf und entwickeln Kurzzeitdepots, so daß man den Müll wegkippen kann, wenn es sicher ist und gerade niemand hinschaut. Entwickelt man sich zu einem Fisch, dann spielt es keine große Rolle, wenn man unterwegs »leck läuft«. Ist man jedoch auf dem Wege, ein Vogel zu werden, dann besitzt man einen evolutionären Vorteil, wenn man den Trick beherrscht, sein Nest nicht zu beschmutzen.

Um richtig funktionieren zu können, brauchen Zellen, so wie Automobile, nicht nur den richtigen flüssigen Kraftstoff, sondern auch Luft. So bildet sich ein anderes Subsystem, das der Luft die notwendigen Bestandteile entzieht und sie dem System zuführt. Der Körper entwickelt einen inneren Komplex von Stränden, eine endlos lange Küstenlinie, gegen die ständig die Luft brandet, so daß Chemikalien den kostbaren Sauerstoff einfangen können. Um diesen Kontakt so intensiv und so eng wie möglich zu machen, entwickelt sich die eingefaltete Küstenlinie zu einem von innen her geregelten Blasebalg, der dauernd verbrauchte Luft gegen Frischluft austauscht. Zugleich entsteht innerhalb des Körpers ein kompliziertes Netzwerk von Kanälen, das Venedig wie die Wüste Sahara aussehen läßt, mit einer zentralen Pumpstation, die die Ströme fließen läßt und sicherstellt, daß der Nachschub jeden Winkel erreicht.

Nahrungsaufnahme ist ein grober Vorgang, und manchmal werden am vorderen Ende des Tunnels Dinge eingesaugt, die das reibungslose Funktionieren der Gemeinschaft stören oder gar gefährden. Nach und nach werden also einige Mitglieder der Gemeinschaft dazu abgeordnet, Wache zu schieben. Ihre Aufgabe ist, durch eine Art evolutionäres *trial and error* herauszufinden, wie man durch Sehen, Riechen oder Schmecken voraussagen kann, was gesund ist und was man besser meidet und wieder ausspuckt. Doch werden auch weiterhin Fehler gemacht, weshalb andere Mitglieder der Gemeinschaft zum Kämpfen erzogen werden. Sie bilden eine Territorialarmee, die schwer bewaffnet ständig im gesamten System patrouilliert, die kostbaren Vorräte bewacht und Eindringlinge und Dissidenten aufspürt und überwältigt, bevor sie Sand ins Getriebe streuen können. Und dieses Immunsystem muß die Fähigkeit entwickeln, mit großer Genauigkeit zwischen Freund und Feind zu unterscheiden, damit nicht unschuldige Mitglieder der eigenen Familie, weil man sie nicht erkannt hat, unter Beschuß aus den eigenen Linien geraten. Der chilenische Neurobiologe Francisco Varela hat aufgezeigt, daß diese inneren Verteidiger der Gemeinschaft wie die Freimaurer ein zunehmend kompliziertes System geheimer Erkennungszeichen entwickeln müssen, das ihnen hilft, Betrüger zu entlarven. »Zunehmend kompliziert«, weil die Linien der potentiellen Eindringlinge sich ständig ändern und ihre Fähigkeit, sich durch die Verteidigungslinien zu schleichen und sich zu tarnen, ständig wächst.

Findet der Körper sich nicht in der glücklichen Lage, von einer Art Schlaraffenland umgeben zu sein, wo ihm Milch und Honig im Überfluß ganz von selbst in das offene Ende seines Tunnels strömen, wird er vielleicht die Vorteile von Armen und Beinen entdecken. Mit Armen (und besonders mit Händen an deren Ende), die mit den Spähern in Verbindung stehen, ist man in der Lage, auszugreifen und vorbeikommende Happen zu ergreifen, die sonst nicht in das obere Ende der Röhre gefallen wären. (Eine lange klebrige Zunge, die man gezielt hinausschießen lassen kann, leistet die gleichen Dienste.) Beine erweitern die Jagdgründe noch mehr und erlauben ihrem Besitzer, sie in die Hand zu nehmen, wenn er bemerkt, daß er in das Jagdrevier eines anderen geraten ist. Sowohl Angriff als auch Flucht sind natürlich Aktionen, die manchmal gelingen und manchmal nicht, und es wird Hunderte von Generationen gedauert und das Leben von vielen gefressenen oder verhungerten Großonkeln gekostet haben, bis ein Tier jenen Punkt erreichte, an dem es so lebenstüchtig war, wie es heute ist. Und natürlich ist keine Spezies jeweils ein Endprodukt, sondern immer nur ein Schnappschuß aus dem sich fortlaufend entfaltenden evolutionären Schauspiel.

Was ist Evolution?

Dem Leser wird inzwischen klar sein, daß ich von der allgemeinen Gültigkeit einer aufgeklärten neodarwinistischen Sicht der Evolution ausgehe. Vielleicht hat es tatsächlich ein paar Aminosäuren oder einfache Proteine gegeben, die mittels Meteoriten auf der Erde landeten, und vielleicht haben diese sogar dazu beigetragen, eine Art Initialzündung für die Evolution sich selbst replizierender Moleküle auszulösen. Aber innerhalb eines wissenschaftlichen Bezugsrahmens besteht keine Notwendigkeit, solch einfallsreiche Phantasievorstellungen wie etwa die Ankunft voll ausgebildeter

Lebensformen von anderen Planeten oder die lenkende Hand eines Kosmischen Architekten vorauszusetzen, in dessen Augen die Menschheit die Krone der Schöpfung darstellt. Für einen Hai, einen Biber, eine Kakerlake oder eine Bakterie muß es ebenfalls so aussehen, als seien *sie* das Ziel, auf das die Evolution unbeirrbar zugesteuert hat, die Spezies, für die das Weltall entworfen wurde. Die zunehmende Komplexität der Welt des Lebendigen ist real genug, doch läßt sich jegliche »Absicht«, jeder umfassende »große Entwurf« oder »Zweck« nur nachträglich erdenken und in die Geschichte zurückprojizieren. Ganz allgemein können wir sagen, es liege in der Natur einer Welt, die sich selbst replizierende Entitäten enthält, welche den entwicklungsmäßigen Zwängen natürlicher Auswahl unterliegen, daß die Dinge sich diversifizieren, komplexer werden, immer ungastlichere Lebensräume kolonisieren und größere Flexibilität angesichts von Veränderungen der Umwelt entwickeln. Doch wie sich das dann im einzelnen ergibt, läge im Schoß der Götter (wenn es solche gäbe). Graham Cairns-Smith hat das folgendermaßen formuliert: »Was in der Evolution geschieht, hängt so weitgehend von ganz bestimmten Umständen ab, daß der Verlauf der Evolution über lange Zeiträume etwa genauso vorhersagbar ist wie die mäandernde Form eines Flusses oder die genaue Gestalt der Wolken vom morgigen Tag: Man kann nur Möglichkeiten aufzeigen und allgemeine Erwartungen formulieren.«[*]

Die Geschichte der wahren Liebe zwischen einer Spezies und ihrem Habitat verläuft nie über einen langen Zeitraum ohne Probleme, weil die Einwohner selbst die Umwelt verändern – sie verbrauchen Rohstoffe, erzeugen Abfall, bauen Nester oder Trabantenstädte. Und andere Stämme oder andere Spezies lernen neue Tricks,

[*] Cairns-Smith hat uns auch eine sehr schöne und genaue Beschreibung des Prozesses der natürlichen Zuchtwahl selbst geliefert: »*Wenn* man Dinge hat, die ihre Spezies reproduzieren; *wenn* es dennoch manchmal zu Variationen bei den Nachkommen kommt; *wenn* derartige Variationen vererbt werden können; *wenn* einige dieser Variationen ihren Eignern manchmal Vorteile verschaffen; *wenn* es zwischen den reproduzierenden Entitäten Wettbewerb gibt; *wenn* es eine Überproduktion gibt, so daß nicht alle überleben können, um selbst Nachwuchs zu erzeugen – *dann* pflegen diese Entitäten bei der Reproduktion ihrer Spezies besser zu werden. Unter diesen Umständen handelt die Natur wie ein Auswahlzüchter; der Bestand kann gar nicht anders als sich verbessern.«

die einen immer auf evolutionärem Trab halten. In lokalem oder planetarem Ausmaß kommt es zu klimatischer Abkühlung oder Erwärmung. Und gelegentlich landen dicke fliegende Gesteinsbrocken – Meteoriten oder, wahrscheinlicher, Kometenschauer – in unserem Hinterhof – und dergleichen Überraschungen mehr. Cairns-Smith sagt dazu:»Jede Theorie, die die Vielfalt und Komplexität lebender Dinge erklären soll, muß auch die verschiedenartigen und sich ständig ändernden Herausforderungen berücksichtigen, die von einer verschiedenartigen und sich ständig ändernden Umwelt gestellt werden. In ihrer Eigenschaft als Züchter und Preisrichter zugleich ändert die Natur dauernd ihre Meinung darüber, welche Spielarten den ersten Preis erhalten sollten.«

Eine weitere entscheidende Einschränkung der Evolution liegt in ihrer Unfähigkeit, etwas zurückzunehmen. Ihr ist es niemals möglich, eine frühere»Entscheidung«im Licht späterer Erfahrungen zu überdenken. Jeder Schritt kann nur den existierenden Genpool modifizieren; er kann ihn jedoch nicht ausradieren und von vorn beginnen. Ein Lieblingsbeispiel von Stephen Jay Gould ist der Riesenpanda, ein wildes Tier, das sich aus einer fleischfressenden Art entwickelte, das heute jedoch vegetarisch lebt. Die Tatze des Fleischfressers hat fünf gleichartige Finger oder Zehen und keinen »Daumen«, der sich wie bei den Primaten unabhängig von den Fingern bewegen kann und ein kraftvolles Zupacken oder einen präzisen Griff erlaubt. Und doch wäre es genau das, was der Panda heute bräuchte. Um sich zu ernähren, muß er ständig die Blätter von jungen Bambuspflanzen abstreifen – eine Aufgabe, für die ein Daumen zum Dagegenhalten ideal wäre. Gefangen in seiner vorgegebenen evolutionären Bahn, ist das höchste, was der Panda zuwege bringt, aus einem seiner Finger einen ziemlich schwerfälligen Pseudodaumen zu entwickeln. Wie Gould sagt:»Hätte Gott bei Null angefangen, um einen Panda zu bauen, der Bambus frißt, dann hätte er ihn anders konstruiert ... Die Welt ist voll von solchen Unvollkommenheiten, und sie markieren den Pfad der Geschichte.«

Doch der Weg der Evolution ist nicht nur mit solchen Absonderlichkeiten gepflastert, sondern auch mit einer Fülle von Glücksfällen. Strukturen, Fertigkeiten und Verhaltensweisen entstehen als

»Antwort« auf eine lokale »Frage«, und es kann sich herausstellen, daß sie ein größeres Potential haben als ursprünglich »gedacht«.

Nehmen wir zum Beispiel die Zunge: Ursprünglich mag sie sich als Teil des Trinkmechanismus entwickelt haben, als ein Hilfsmittel, um die Nahrung im Maul umzuwälzen, als Hauptsitz der Geschmacksknospen oder als Teil des Apparates, der dafür sorgen soll, daß die Aufnahme von Nahrung und Luft nicht durcheinandergebracht wird. Sie hat sich ursprünglich wahrscheinlich *nicht* als Teil des Fell-Isoliersystems der Vorfahren der Katzenfamilie entwickelt. Doch als sie erst einmal vorhanden war, kam sie ganz gelegen, eine wichtige Rolle bei der Sauberhaltung des Fells zu übernehmen. Ein schmutziges, verfilztes Fell isoliert erheblich weniger. Die Aufgabe, es rein zu halten, mag den Anstoß dafür gegeben haben, daß die Zunge rauher wurde, um das Fell besser bürsten zu können. Eine solche Entwicklung wäre jedoch nur in dem Maß »zulässig« gewesen, in dem es der Zunge weiterhin möglich gewesen wäre, ihre Rolle im Nahrungsverarbeitungssystem zu spielen.

Andere Spezies haben auf andere Weise Nutzen aus der Zunge gezogen. Hunde nutzen sie, um durch Hecheln die Körperwärme zu reduzieren, während Menschen, in manchen Kulturen, sie für genau den entgegengesetzten Zweck einsetzen – nämlich als Komponente des Systems, das die sexuelle Erregung so richtig anheizt. Ganz zu schweigen von der Tatsache, daß wir uns ohne Zunge mit Zeichensprache verständigen müßten und auch keine Lieder singen könnten. Ich werde im weiteren aufzuzeigen versuchen, daß wir die Evolution des *Bewußtseins* nur verstehen können, wenn wir sie auf die gleiche Weise betrachten: Was es ist und was es *heute* tut, muß die Funktion bewahren, für die es ursprünglich entwickelt wurde. Im Lauf der Evolution hat es jedoch so viele Kurven und Kehren gegeben, daß die ursprüngliche Funktion durch die späteren Entwicklungen weitgehend überdeckt worden ist.

Im Gegensatz zu einem weitverbreiteten Glauben läßt die Natur nicht jedes Einzelwesen »mit Zähnen und Klauen« gegen andere antreten. Trägt Kooperation dazu bei, Einzelwesen lange genug am Leben zu halten, daß sie Nachwuchs aufziehen können und somit die Chance ihrer Gene zum Überleben in ihren Nachkommen gegeben ist, dann ist der Natur das auch recht. Der Neodarwinismus kommt ganz gut zurecht mit der Vorstellung eines *aufgeklärten Eigeninteresses*. Tatsächlich erweist sich Zusammenarbeit innerhalb der Spezies und zwischen den Spezies eher als die Regel denn die Ausnahme. Raffinierte Blumen produzieren Nektar für die Bienen, sorgen jedoch auch dafür, daß ihre Besucher mit einer guten Portion Pollen am Hinterteil wieder abfliegen. Große Fische erlauben es kleineren, die Reste ihrer Mahlzeiten zu beseitigen (ohne daß die Ausputzer befürchten müßten, selbst auf der Speisekarte zu landen), solange sie ihnen dabei gleich auch die Zähne putzen.

Das Gleichgewicht zwischen »selbstsüchtigem« und »altruistischem« Verhalten emergiert als pragmatisches Thema genetischen Überlebens, lange bevor es als moralische Frage oder kulturelles Anliegen auftaucht. Es könnte in uns Menschenwesen in der Tat noch so etwas wie eine biologische Moral geben, die wir – in unserem Besessensein vom Bewußtsein und der gesprochenen Sprache – vergessen haben. Unsere expliziten ethischen Verhaltensregeln könnten nur ein dürftiger Ersatz dafür sein. Und es könnte sein, daß wir sie wiedererfahren könnten, wenn wir unser persönliches Schwerkraftzentrum verlagern. Zumindest legt die neodarwinistische Evolutionstheorie uns nahe, diese Frage wenigstens offen zu lassen.

3. Das formbare Gehirn

*... jedes zivilisierten Menschen, der, ungeachtet seiner Bewußtseins-
höhe, in den tieferen Schichten seiner Psyche noch archaischer Mensch
ist. So gut als unser Körper noch ein Säugetierkörper ist, der eine ganze
Reihe von Relikten noch viel früherer, kaltblüterähnlicher Zustände in
sich aufweist, so ist auch unsere Seele ein Entwicklungsprodukt, das, in
seine Ursprünge zurückverfolgt, immer noch unzählige Archaismen zur
Schau trägt.*

C. G. Jung (1930)

*»Organismus« ... das bedeutet ein sich selbst regulierendes System von
Prozessen, die dazu tendieren, sich selbst zu behaupten, das heißt das
Leben des Individuums oder der Spezies zu bewahren. Die Prozesse des
Organismus bewahren das Leben jedoch nicht von sich aus. Ohne den
fortdauernden Einfluß der Umwelt können die inneren organischen
Prozesse das Leben nicht länger als einen Augenblick aufrechterhalten,
da sie die Tendenz haben, organisches Material in Richtung auf sta-
bilere Zustände abzubauen.*

Lancelot Law Whyte

Der Körper als System

Im gesamten animalischen Bereich ist eine der bemerkenswertesten
und überall vorhandenen Eigenschaften des genetisch entworfenen
Körpers das Ausmaß, in dem er trotz anhaltender Wechselwirkungen mit einer sich wandelnden Welt seine Form behält. Diese
Eigenschaft ist unlängst von den chilenischen Neurobiologen Humberto Maturana und Francisco Varela herausgestellt worden, die sie
als »Autopoiese« oder »Selbstorganisation« bezeichnen. Allerdings bezog sich Sir Charles Sherrington schon 1937 in seinen Gif-
ford-Vorlesungen zum Thema »Man on His Nature« darauf.

Das Leben ist ein Beispiel für die Art und Weise, wie ein Energiesystem
im Austausch mit dem es umgebenden Energiesystem sich eine Zeit-

lang als sozusagen auf sich selbst gestützte, sich selbst ausbalancierende Einheit bewahren kann. Das Erstaunlichste dabei ist, daß es sich so verhält, als »wolle« es sich selbst erhalten. Allerdings sagen wir auch nicht von einem schweren, sich drehenden Kreisel, der dem Umgekipptwerden Widerstand entgegensetzt, er »wolle« sich weiterdrehen. Die bloße Konstitution des lebenden Systems mag es zu einem solchen Verhalten nötigen ...

Daraus folgt:

Als ein Energiesystem ist das Leben so mit dem Gewebe der Erdoberfläche verwoben, daß die Annahme eines auch nur für kurze Zeit vom Rest der irdischen Welt isolierten Lebens ein Bild abgibt, das zu verzerrt ist, um dem Leben noch zu ähneln. Alles ist eng miteinander verknüpft.

Tiere existieren nicht, indem sie »sind«; sie existieren, indem sie *geschehen*. Ein Tier gleicht nicht einem Kaffeebecher, der einmal hergestellt wurde und nun voll oder leer sein kann, warm oder kalt, der auf dem Tisch stehen oder an seinem Haken hängen kann, der aber im Grunde immer das gleiche »Ding« ist, das aus dem selben Stoff besteht und so bleibt, bis es zerbricht. Ein Tier gleicht eher einem Strudel; es erhält seine relative Stabilität, ja selbst seine Form durch seine *Bewegung*, und es wird nur durch die Wechselwirkungen mit dem größeren System, von dem es ein Teil ist, in Bewegung gehalten. Versuchen Sie einmal, einen Strudel in einem Eimer nach Hause zu bringen – Sie werden eine ziemliche Enttäuschung erleben. Trennen Sie ein Tier von den Systemen ab, die sein Leben erhalten, und auch das Tier beginnt seine Form zu verlieren und in Bestandteile zu verfallen, die einfacher, unabhängiger voneinander sind – *toter*.

An dieser Sicht der Dinge ist überhaupt nichts Mysteriöses. Man muß sie nur im Kontext einer kopflastigen naturwissenschaftlichen Tradition hervorheben, die uns gelehrt hat, der *einzig* richtige Weg, etwas genau zu verstehen, sei, es in Stücke zu zerlegen und diese Stücke gründlich zu studieren. In einigen Forschungsbereichen, vor allem in den anorganischen Welten der Physik, Chemie und Geologie, funktioniert diese analytische und reduktionistische Methode gut. Doch zerlegt man ein Tier in Stücke, ob tatsächlich oder gedanklich, dann stirbt es. Es verliert seine Integrität, seine Verwobenheit, die zu seinen zentralen Charakteristika gehört. Und es verliert die Form, die nur als Resultat dieser Verwobenheit aufgetaucht ist.

Das innere Gewebe

Wollen wir den Körper verstehen und all die komplexen psychologischen Obertöne, mit denen diese grundlegende physische Melodie von der Evolution überlagert wurde, dann müssen wir uns seiner grundlegenden Eingebundenheit in die umfassenderen Systeme der Welt bewußt bleiben. Wir müssen jedoch auch den feinen Einzelheiten seiner inneren Gestaltung Aufmerksamkeit schenken. Ein Tier besteht aus inneren Systemen, die so fein miteinander verwoben sind, daß sie nicht nur als eine Ansammlung von Teilen existieren oder verstanden werden können. Kein Untersystem eines Tiers besteht für sich allein. Das Herz, die Lungen, der Magen und die Nieren ergeben nur in Beziehung zueinander einen Sinn. Natürlich kann man ihr Gewebe getrennt unter dem Mikroskop betrachten und seine Struktur beschreiben. Will man jedoch erklären, was diese Organe *tatsächlich* darstellen, dann zeigt sich bald, daß die Grenzen zwischen ihnen verschwimmen*.

Das gleiche gilt für die Art und Weise, wie Tiere sich verhalten. Wir müssen sie ebenso in Hinsicht auf ihre innere Koordination wie auf ihre Differenzierung begreifen. Selbst eine sehr kleine und einfache Kreatur muß ständig drei wichtige Aspekte ihrer Welt im Auge behalten: was sie, in diesem Moment, *braucht* oder am meisten braucht; welche Möglichkeiten die Welt zur Zeit bietet – so wie sie sich nach Maßgabe seines Repertoires an Empfindungsfähigkeiten *(sensibilities)* zeigen; und was es zu tun vermag, also welches sein Repertoire von möglichen *Antworten* auf unterschiedliche Kombinationen von Wünschen und Möglichkeiten ist.

Nehmen wir an, unsere Empfindungsfähigkeit sei extrem eingeschränkt, etwa auf die Wahrnehmung der Konzentration von ein

---

* Einen Überblick über das Systemdenken und seine Bedeutung für die Sozial- und Naturwissenschaften gibt Fritjof Capra in »Lebensnetz«, Bern 1996.

oder zwei Nährstoffen in dem Strom, in dem wir existieren. Und nehmen wir ferner an, unsere Bedürfnisse seien dankenswerterweise ebenso beschränkt, beispielsweise darauf, daß der Grad der Konzentration dieser Nährstoffe weder zu hoch noch zu niedrig ist. Und nehmen wir schließlich an, unser Verhalten beschränke sich darauf, daß wir uns vorzugsweise in eine bestimmte Richtung ausrichten (nämlich immer gegen die Strömung) und daß sich unsere Poren öffnen und schließen – sind wir derart einfach konstruiert, dann macht es Sinn, wenn die Zusammenhänge von Bedürfnissen, Möglichkeiten und Fähigkeiten so klar und eindeutig spezifiert sind, daß wir uns gar nicht erst Gedanken darüber machen müssen, was wir als nächstes tun wollen. Wir sind eine einfache, kleine und sanfte Maschine mit Reflexen, die uns am Leben erhalten können, solange Nahrung angeschwommen kommt und unsere Poren nicht verstopfen. Wir sind bestens angepaßt an eine Welt, die sich nur inerhalb der Bandbreite verändert, auf die zu reagieren wir in der Lage sind. Wenn es aber zu heiß oder zu kalt wird, zu trocken oder zu salzig, oder wenn nebenan eine Familie einzieht, die solche netten kleinen Dinger wie uns auf ihrer Speisekarte stehen hat, dann haben wir nicht den Schimmer einer Ahnung, was wir tun sollen, und wir und unsere ganze Verwandtschaft sind mächtig in Schwierigkeiten.

Unsere Tiervorfahren entwickelten sich jedoch schnell zu komplizierteren Geschöpfen, und zwar auf fast jede erdenkliche Weise. Zunächst einmal ist ihre körperliche Struktur größer und gewiß differenzierter. Sie besitzen spezialisierte Organe, von denen jedes über eine Bandbreite neuer Möglichkeiten des Wahrnehmens und Verhaltens verfügt. Und sie haben Mittel und Wege gefunden, sich fortzubewegen: mittels Flossen, Flügeln, Schwänzen oder Beinen. Zu ihrer Welt gehören mehr Bedürfnisse (da jedes innere Organ besondere Bedingungen braucht, um arbeiten zu können) sowie ganz sicher neue Wahrnehmungsfähigkeiten und Verhaltensmöglichkeiten. Wenn man sehen und riechen und herumlaufen kann, dann wird das Leben zweifellos interessanter.

Nun läßt sich das sprichwörtliche Problem des Setzens von *Prioritäten* – die Frage: Was soll ich als nächstes tun? – durchaus nicht mehr vernachlässigen, und mit simplen Reflexen ist uns nicht mehr gedient. Es gibt zu viele sich dauernd verändernde Bedingungen, als daß das noch funktionieren könnte. Wir brauchen irgendein Informationssystem, das es möglich macht, das Auge und die Beine wissen zu lassen, was der Magen braucht, und den Magen wissen zu lassen, was auf der Speisekarte steht, so daß er die richtigen Zutaten und Gewürze bereitstellen kann. Wir tun uns, anders ausgedrückt, schwer, wenn wir nicht in der Lage sind, die verschiedenen Aspekte unseres Körperinneren miteinander zu koordinieren und die Ganzheit unseres Körpersystems mit der sich ständig verändernden bunten Vielfalt der Bedrohungen und Möglichkeiten in unserer Umgebung in Einklang zu bringen. Für jede Gesellschaft besteht der Preis der Spezialisierung in der Notwendigkeit der internen Kommunikation – und je komplexer die Gemeinschaft wird, desto ausgeklügelter muß die innere wie die äußere Kommunikation sein.

Walkie-Talkie

Einfache vielzellige Kreaturen kommen mit einem Nervensystem aus, das die verschiedenen Subsysteme in direktem Kontakt miteinander hält. Sie können miteinander über CB-Funk sprechen, ohne in irgendeine zentrale Verwaltung investieren zu müssen. Technisch gesehen ist zum Beispiel die Röhrenqualle nicht eine einzelne Kreatur, sondern ein klebriges Konglomerat unabhängiger Organismen, die beschlossen haben, in ihrer Evolution gemeinsame Sache zu machen. Einige sind auf die Funktion des Schwimmens spezialisiert und liefern die dafür erforderliche Tragfähigkeit, andere befassen sich mit dem Einfangen und Verdauen von Nahrung. Es gibt da Organismen, die über die Stimulation des Wassers verschiedene Formen von Energie aufspüren und so unterscheiden können, ob es irgend etwas von Belang in der Umgebung gibt – sei es eine Mahlzeit oder ein Feind. Andere spezialisieren sich darauf, Wache zu schieben und Munition für die giftigen Fangarme herzustellen. Wieder andere planen die Fortpflanzung und bereiten sie vor. Diese Kolonie schafft es, ihr komplexes Gefüge von Empfindungsvermögen, Aktivitäten und Bedürfnissen ohne jede zentrale Informationsinstanz oder ein ausgeklügeltes Nervensystem zu koordinieren, indem sie einfach ihre verschiedenen Sinnes- und Reaktions-Subsysteme direkt miteinander kommunizieren läßt. Jenseits eines bestimmten Grades von Komplexität jedoch beginnt diese Form der Kommunikation von Punkt zu Punkt schwerfällig zu werden und ist nicht mehr angemessen. Das System als Ganzes bedarf der Möglichkeit von »Konferenzschaltungen«, wobei allerdings jede Abteilung noch die Möglichkeit haben muß, direkt mit den anderen zu sprechen. Evolutionär besteht also ein Trend zu größerer »Vernetzung« der verschiedenen Systeme und schließlich zu einer Art von Zentralisation – einem Büro ähnlich der Leitstelle für eine Flotte von Taxis, einer Zentrale, die einen Überblick darüber hat, was gerade geschieht, und die die verschiedenen Aktivitäten koordinieren kann. An diesem Punkt beginnt das diffuse Nervensystem sich zu einen »zentralen Nervensystem« (ZNS) zu entwickeln. Es muß dabei keinen »Controller« geben, der im Chefbüro sitzt und entscheidet, was jeweils zu tun ist. Das tierische ZNS, und letztlich sein Gehirn, ist so strukturiert, daß diese Form zentralisierter Entscheidung darüber, »was für mich am besten ist«, sehr gut von einem Kommunikationssystem gelenkt werden kann, das so ausgeklügelt vernetzt ist, daß die Verkabelung selbst bestimmt, welche Entscheidungen getroffen werden. Dazu ist kein »Geist in der Maschine« erforderlich.

Beweglichkeit

Einer der evolutionären Schritte, die die Entwicklung der ersten Gehirne stimuliert haben müssen, war Mobilität: die Entdeckung der Vorteile, die Beweglichkeit mit sich bringt. Man verknüpfe Mobilität mit einem System von Empfindungsvermögen, und wir müssen nicht mehr bloß das Maul zumachen und den Atem anhalten, wenn sich ein unangenehmer Zeitgenosse nähert, sondern wir können uns aus dem Staub machen. Außerdem sind wir nicht mehr von dem abhängig, was uns die Strömung an diesem Tag gerade aufzutischen beliebt; schmeckt uns das nicht, können wir mal nachsehen gehen, was das Restaurant auf der anderen Straßenseite zu bieten hat. Aber natürlich bringt die Mobilität auch Fragen und Probleme mit sich. Wollen wir ein Nomadenleben ohne festen Wohnsitz führen oder uns ein Zuhause zulegen, in das wir jeden Abend nach einem anstrengenden Tag des Herumjagens nach allerlei Dingen zurückkehren? Für beide Lebensformen gibt es Pros und Kontras. Sind wir zum Beispiel ein Manteltier – eine Seescheide –, dann haben wir uns für eine Zwischenlösung entschieden. Die junge Seescheide ist eine kaulquappenähnliche Larve mit einem primitiven Gehirn, das mittels eines Gleichgewichtsorgans (wie die Menschen es im Mittelohr haben) und eines einfachen Auges darüber informiert werden kann, was vor sich geht. Sie ist dazu ausgerüstet, durch sich ändernde Wasserverhältnisse zu navigieren, immer auf der Suche nach einem Plätzchen, wo sie sich niederlassen kann. Hat sie das ideale Zuhause gefunden, dann richtet sich die Seescheide dort für den Rest ihres Lebens ein und verwandelt sich wieder in eine Pflanze, indem sie einfach ihr jetzt überflüssiges Gehirn verspeist. (Böse Zungen behaupten, dieses Verhalten gleiche dem von Akademikern, wenn sie endlich einen Lehrstuhl ergattert haben.) Wir könnten uns in diesem Zusammenhang fragen (um schon mal auf eine spätere Problemstellung vorzugreifen), was man mit einem Gehirn tut, das sich zu einer Machtposition entwickelt hat, die in keinem Verhältnis mehr zu den Anforderungen des Überlebens steht – wenn also eine Spezies findet, daß sie es, wenigstens für eine Weile, »geschafft« hat. Eine solche Situation kann man mit der gegenwärtigen Lage des *Homo sapiens* vergleichen. Einen guten Batzen des Gehirns aufzuessen scheint eine Lösung des Problems zu sein, die der Erwägung wert wäre.

Zunehmende Komplexität und das Wuchern der Bedürfnisse (Erster Teil)

Als Hauptbestandteile der Überlebensausrüstung der Säugetiere werden in englischsprachigen Texten manchmal (nicht gerade »fein«) die »vier F's« genannt: *flight, fight, feed* und *fuck*, also fliehen, kämpfen, fressen und sich paaren – etwa in dieser Dringlichkeitsfolge. Betritt ein Raubtier die Szene, dann mach dich dünne. Bist du in die Enge getrieben oder ein Gefangener des vordringlichen Bedürfnisses, dein Territorium oder deine Jungen zu verteidigen, dann stehe deinen Mann und vertreibe den Angreifer. Ist die Lage wieder sicher, dann verwende erneut alle Energie auf die ewige Suche nach Lebensunterhalt. Und wenn diese Bedürfnisse alle für den Moment befriedigt sind und die Zeit reif ist, dann kannst du es dir erlauben, deine Phantasie in Richtung Fortpflanzung schweifen zu lassen. Jede dieser Abteilungen führte zur Entwicklung ausgeklügelter Rituale, und es entstanden komplizierte Signalsysteme, um diese Überlebensaufgaben mit einem Minimum an Risiken und Unannehmlichkeiten zu bewältigen.

Mit zunehmender Komplexität des Nervensystems und des Körpers, dem es dient, wird auch das Verhaltensrepertoire breiter und subtiler. Die Raffinesse, mit der verschiedene Aktionen für verschiedene Notfälle ausgewählt werden können, nimmt zu. Zugleich jedoch nimmt auch die Verletzlichkeit dieser Kreatur zu. Verfeinerung trägt zwar zum Überleben bei, schafft jedoch auch neue *Gefahren* für das Überleben. Je komplizierter eine Maschine, desto vielfältiger die Möglichkeiten einer Panne. Den evolutionären Weg zur High-tech zu wählen bedeutet, daß der Grundantrieb zum Überleben und zur Fortpflanzung sich in Dutzende von sekundären und tertiären Prioritäten aufspaltet.

Je empfindlicher zum Beispiel unsere Konstitution, desto mehr Dinge gibt es, die uns Magenschmerzen bereiten oder uns gar umbringen können, wenn wir sie versehentlich verspeisen. Also müssen sich unser Appetit, unser Geschmacks- und Geruchssinn entwickeln, damit wir ausreichend geschützt sind. (Und wenn wir in einer Umwelt leben, die voller Chemikalien ist, welche sich nicht gemeinsam mit uns entwickelt haben, so daß die Evolution uns kein Mittel mitgegeben hat, ihre Risiken und ihren Nutzen zu erkennen, und unsere Vorlieben und Aversionen nicht entsprechend geschärft sind, dann sind wir in Gefahr. Das gilt besonders für solche Chemikalien mit einem schädlichen Langzeiteffekt – die zum Beispiel unsere Fruchtbarkeit verringern –, die keine unmittelbar bemerkbaren Wirkungen haben, aus denen wir lernen könnten.)

Haben wir ein Skelett zum Stützen eines schweren Körpers entwickelt, dann besteht die Gefahr von Knochenbrüchen. Je empfindlicher unsere Einzelteile, desto besser müssen sie verpackt sein. Haben wir ein Kreislaufsystem entwickelt, das Sauerstoff zu all den Zellen transportiert, die tief in den Leberminen arbeiten, dann unterliegen diese und alle anderen Arbeiter im Untergrund dem Risiko, das von jeder vorbeiziehenden Wolke von Molekülen ausgeht, die leichter eine Verbindung mit Hämoglobin eingehen als Sauerstoff. Sind uns Lungen gewachsen, die den Sauerstoff in richtigen Kontakt mit dem Blut bringen, dann können wir mit unseren eigenen Waffen geschlagen werden, wenn ein Virus die Lungenoberflächen dazu bringt, einen dicken Schleim abzusondern. Wir können dann ersticken wie Fische in einem Teich, auf dessen Oberfläche Öl ausläuft – abgeschnitten von der lebenserhaltenden Quelle unserer Kraft.

Hat man flinke Beine entwickelt, die es einem erlauben, Raubtieren davonzulaufen (anstelle scharfer Zähne, um sie abzuwehren, und einer dicken Haut, um die Gefahr von Verletzungen bei einem Kampf gering zu halten), dann muß man in der Lage sein, den Feind kommen zu sehen und ist deshalb gefährdet durch Zwielicht und Augenkrankheiten. Und hat man eine immunologische Geheimpolizei aufgebaut, die alle Feinde erkennt und ausschaltet, die in den Palast eingedrungen sind, dann ist man um so verwundbarer, wenn diese Polizisten streiken oder, schlimmer noch, Amok laufen und ehrsame Bürger (oder sich gegenseitig) umbringen.

Jede neue Bedrohung stellt eine zusätzliche Priorität dar, die das System als Ganzes bei der Planung seiner nächsten Schritte berücksichtigen muß. Jeder Handlungsablauf kann vor erfolgreicher Beendigung unterbrochen werden. Eine Schlange kann plötzlich auf den Plan treten, oder der Drang, sich zu entleeren, kann langsam zunehmen. Die Reaktion auf beides muß auch die anderen Prioritäten berücksichtigen, die laufend von der Welt gebotenen Möglichkeiten sowie die Breite der verfügbaren Optionen zum Handeln. Soll ich die Jagd auf die Gazelle abbrechen und mich lieber um den Schmerz in meinem Bein kümmern? Ist dies ein sicherer Platz für ein Nickerchen, oder sollte ich damit lieber warten, bis ich zu Hause bin? Ist es wahrscheinlich, daß ich auf dem Heimweg eine mir bekannte Zwischenmahlzeit finde, oder sollte ich jetzt diese Beeren hier fressen, auch wenn sie etwas eigenartig schmecken? Je vielfältiger unser Portfolio von Bedürfnissen, desto dringender brauchen wir ein Gehirn, das sie alle im Auge behält, die miteinander wettstreitenden Ansprüche auf Aufmerksamkeit und die Handlungsoptionen registriert und mit einer guten Einschätzung dessen aufwartet, welche Verhaltensweise für das System als Ganzes empfehlenswert wäre.

Neuronale Netze

Das Gehirn ist ein Knotenpunkt für die koordinierenden Aspekte des Körpers, so wie die Eingeweide das Hauptzentrum für die Verdauung oder die Beine für die Bewegung sind. Will man jedoch Verdauung und Bewegung voll und ganz verstehen, muß man dies aus der Sicht des ganzen Systems tun und die Rolle der Kiefer und des Kauens bei der Verdauung oder die der Lunge und der Wirbelsäule bei der Bewegung verstehen. Genauso spielt das Gehirn zwar eine zentrale Rolle beim Integrieren von Prozessen, *aber die Prozesse selbst sind im wesentlichen körperlicher Natur.* »Geist« ist also ein Aspekt eines Tieres, der über den ganzen Körper verteilt ist – auch wenn einige Facetten von »Geist« äußerst eng mit dem Nervensystem verbunden sind. Die Intelligenzeinheit eines Tieres ist sein Körper, nicht sein Gehirn, ebenso wie die Einheit des »Musizierens« das Orchester ist und nicht der Dirigent. Je größer das Orchester und je schwieriger die Partitur, desto wichtiger ist die Rolle des Dirigenten. Doch überschreitet er niemals seine Rolle als hochgeschätztes Mitglied und Diener des musikalischen Kollektivs. Er wird niemals zum Diktator.

So wird zum Beispiel das Immunsystem im allgemeinen relativ isoliert vom ZNS diskutiert. Einige hochinteressante jüngere Forschungsergebnisse haben jedoch erwiesen, wie »gehirnähnlich« das Immunsystem tatsächlich ist und auf welche Weise das ZNS und das Immunsystem ständig miteinander sprechen. Candace Pert und andere Forscher haben aufgezeigt, wie bestimmte Botenmoleküle aus der Familie der Peptide zwischen dem Nervensystem und dem Immunsystem vermitteln und dadurch beide koordinieren und wirksam integrieren. Pert geht sogar so weit zu sagen: »Weiße Blutzellen sind kleine Stücke vom Gehirn, die im Blut herumschwimmen.« In einem neueren Forschungsbericht bezeichnet Francisco Varela das Immunsystem als das »zweite Gehirn«. Varela vertritt auch die Ansicht, das heimliche »Händeschütteln«, das es den Antikörpern ermöglicht, zwischen Freund und Feind zu unterscheiden, diene ebenso als Grundlage für das umfassende Identitätsgefühl des Körpers. Wie das ZNS sei auch das Immunsystem hauptsächlich ein Kommunikationssystem, und zwar eines, das dem lebenswichtigen körperlichen System der »Familienzugehörigkeit« zu Diensten ist.

Aus evolutionärer Perspektive gesehen, werden wir zwangsläufig daran erinnert, in welchem Ausmaß Intelligenz ein körperliches und nicht ein rein (oder auch nur überwiegend) mentales Phänomen ist. Und angesichts dessen, wie sehr die meisten Funktionen des Körpers für uns »im dunkeln«, also jenseits des Zugriffs bewußter Innenschau bleiben, müssen wir uns wohl auch langsam der Frage stellen, wieviel von dem, was wir für unsere »Intelligenz«, für unser »Erkenntnisvermögen« halten, unserem bewußten Geist ebenfalls verborgen bleibt. Vielleicht wohnt die Intelligenz gar nicht im Bewußtsein. Vielleicht verrät uns das Bewußtsein nicht mehr über die Arbeitsweise des Geistes, als ein Fernsehbild uns über die Funktionsweise des Fernsehempfängers sagt.

Plastische Gehirne

Keine noch so große Menge genetischer Anpassung kann uns auf das Unvorhersehbare vorbereiten. Die Welt ist stets für Veränderungen anfällig, wie es sie zuvor noch nie gegeben hat, und so hat ein Tier, das nicht vollständig vorgeformt ist, sondern mit der Fähigkeit in Erscheinung tritt, sich auf neue Umweltbedingungen einzustellen, wenn diese auftreten, einen Startvorteil gegenüber einem Tier, das in der Annahme geschaffen wurde, die Welt werde ewig so bleiben, wie sie gerade ist. Die Fähigkeit eines Individuums, sich mit einem neuen Muster vertraut zu machen sowie mit einem neuen

Trick, damit fertig zu werden, ist eine der erstaunlichsten Entdeckungen der Evolution. Wenn sie jedoch funktionieren soll, bedarf es der entsprechenden Hilfsmittel. Das ist der zweite gute Grund dafür, ein Gehirn zu besitzen. Ein Nervensystem, das ausgeklügelt genug ist, eine ziemliche Bandbreite von Zwängen und Ressourcen zu koordinieren, ist eine gute Ausgangsbasis für den nächsten evolutionären Sprung: diesen Querverbindungen so viel Flexibilität zu geben, daß die Weise der Verdrahtung (innerhalb gewisser Grenzen) darauf reagieren kann, welchen Erfolg das Individuum damit hat, sein Überleben (und das seiner Kinder) zu sichern. Es ist nützlich, mit dem Wissen geboren zu werden, was zu tun ist, wenn man eine Schlange sieht. Doch es ist noch nützlicher, wenn man jene Situationen, in denen man selbst bereits einmal einer Schlange begegnet ist, aufzeichnen kann, so daß man eine frische Spur zu erkennen vermag und die typische Bewegung des Grases beim Herannahen einer Schlange. Aus der Sicht dieses Buches wird das Gehirn das interessanteste der intelligenten Subsysteme des Körpers sein, eben weil es das System ist, das so weitgehend von den Erfahrungen und damit von der Kultur abgestimmt wird. Zwar werden auch Muskeln und Antikörper von dem beeinflußt, was mit ihnen geschieht, jedoch längst nicht in demselben außergewöhnlichen Maß.

Die Prioritäten des Gehirns

Das Gehirn ist das Zentrum, in dem die vom übrigen Nervensystem gesammelten Informationen über den Zustand der Dinge innerhalb und außerhalb des Körpers miteinander verglichen und integriert werden. Es ist die »Allgemeine Kommunikationszentrale« des Körpers. Ständig trifft Information über die neuronalen Pfade ein, kodiert als Muster elektrischer Impulse. Augen, Ohren, Zunge und Nase melden ständig, was draußen vor sich geht. Interne Überwachungsstationen berichten über den Blutzuckerspiegel, den Füllungsstand der Blase, das Gleichgewicht zwischen Sauerstoff und Kohlendioxyd in der Lunge, den Säuregehalt der Magensäfte ... und hundert sonstige Indizien für das Wohlbefinden oder die Notwendigkeit sofortigen Handelns in verschiedenen Teilen der Stadt. Soeben haben die Aussichtsposten etwas gesichtet – ist es der lang erwartete Nachschub an Frischfleisch oder ein marodierender Pirat? Der Müller hat mehr Korn zum Mahlen, als er bewältigen kann: Ist das Lagerhaus voll oder nicht? Die Entsorgungsbeauftragten sagen, es sei an der Zeit, den Müll zu deponieren. Die Arbeiter im Kraftwerk beklagen sich, sie hätten ihre Teepause überspringen müssen ... All diese unterschiedlichen »Interessen« erheben Anspruch auf die Beachtung und Ortung durch die Gemeinschaft als ganze. Streitfälle müssen angehört, Prioritäten gesetzt, die Erfüllung weniger dringlicher Bedürfnisse aufgeschoben, Aktionspläne vorbereitet werden.

So berichten beispielsweise Rezeptoren in der Haut, den Gelenken und Muskeln von unangenehmen Gefühlen und Schmerzen, von Stechen und Jucken. Sie bringen die neuesten Nachrichten über die Position der Gliedmaßen, damit wir, sollten wir uns – etwa in einem Notfall – plötzlich bewegen müssen, bereits darüber informiert sind, wo »hier« ist, damit wir berechnen können, welche Armbewegung den Arm von »hier« nach »dort« bringt. Ein Baby, das nach einem Spielzeug greift, folgt dabei einer »ballistischen Kurve«. Es schleudert die Hand hinaus wie eine Harpune, die von einem Schiff abgefeuert wird. Wird das Spielzeug weggezogen, nachdem die Bewegung initiiert wurde, kann es nichts mehr tun, die Flugbahn noch zu korrigieren. Ein älteres Kind, bei dem die Registrierung von körperlichen Zuständen und Bewegungen schon weiter entwickelt ist, kann die Richtung der zugreifenden Hand sofort verändern. Seine Hand ist kein einfaches Projektil mehr, sondern eine spielzeugsuchende Rakete, die das Ziel auf viel subtilere und flexiblere Weise im Visier hat. Es hat gelernt, alles aufeinander abzustimmen: den Anblick des Spielzeugs und des Arms, die Empfindung des sich bewegenden Arms sowie die Befehle für die Muskeln, die die Bewegung des Arms flexibel lenken.

In diesem Kapitel habe ich den evolutionären Wert formbarer Gehirne erörtert und einige der unterschiedlichen Aufgaben aufgezeigt, die auszuführen sie gefordert sein mögen. Und wir haben gesehen, wie der Entwurf eines Gehirns mit zunehmender Verfeinerung und Differenzierung des Körpers komplizierter wird. Wir haben uns einen Überblick darüber verschafft, was das Gehirn *tut*. Um es jedoch in Einzelheiten zu verstehen, müssen wir auch darüber sprechen können, was es *ist* und *wie* es das tut, was es tun muß, um seine Aufgabe zu erfüllen. Genau das ist das Thema des folgenden Kapitels.

4. Der sich selbst organisierende Organisator

Das Kardinalprinzip im Hintergrund für den Theoretiker ist, daß es keine Homunkuli gibt. Im Gehirn sitzt keine kleine Person, die einen inneren Fernsehschirm »sieht«, eine innere Stimme »hört«, topographische Landkarten »liest«, Gründe abwägt, Aktionen beschließt und so fort. Da gibt es nur Neuronen und ihre Verbindungen. Wenn eine Person sieht, dann deshalb, weil Neuronen – für sich genommen blinde und für sich genommen stupide Neuronen – auf geeignete Weise kollektiv orchestriert werden ... Ganz locker verstehen wir Wahrnehmen, Denken, Kontrolle und so weiter noch immer nach dem Modell eines Selbst – eines klugen Selbst, das wahrnimmt, denkt und kontrolliert. Es erfordert schon etwas Mühe, dessen eingedenk zu bleiben, daß die Klugheit des Gehirns nicht durch die Klugheit eines Selbst zu erklären ist, sondern durch das Funktionieren der neuronalen Maschine, die das Gehirn darstellt ... Betrachten wir uns selbst, dann erscheint es natürlich schockierend, daß unsere eigene Klugheit das Ergebnis einer wohlorchestrierten Stupidität sein soll.

Patricia Churchland

Da der Mensch vor allem anderen Zukunft gestaltet, ist er vor allem anderen ein Schwarm von Hoffnungen und Ängsten.

José Ortega y Gasset

Die Sprache des Gehirn-Geistes

Sprechen wir in der Sprache des gesunden Menschenverstands vom Funktionieren des Geistes, dann können wir all jene wichtigen menschlichen Dinge in Erwägung ziehen, die wir erwägen wollen: Hoffnungen, Ängste, Bestrebungen, Erfahrungen. Tun wir das jedoch, dann müssen wir die Begriffe der Alltagssprache für bare Münze nehmen. Stimmt nämlich irgend etwas *nicht* mit jenen Annahmen über den Geist, die in diese Kategorien und Begriffe eingebaut sind, dann kann auch noch soviel Gerede in dieser Sprache das aufklären. Die uns vertraute »Geist-Sprache« ist allzu suspekt; verlassen wir uns auf sie, dann könnten wir, ohne es zu wollen, den entscheidenden Fragen ausweichen.

Andererseits ist die »Gehirn-Sprache«, das von Neurologen benutzte Vokabular von Neuronen und Synapsen, Enzymen und Neuriten, der Aufgabe ebensowenig gewachsen. Sie mag in mancher Hinsicht wissenschaftlich »solider« sein, ist jedoch zu feinkörnig, funktioniert auf einer zu niedrigen Ebene, als daß wir damit die Themen erörtern könnten, die wir erörtern müssen. Menschliche Wesen sind *Systeme*, was unter anderm bedeutet, daß sie auf »höheren« Organisationsebenen Eigenschaften besitzen, die aufgrund der Eigenschaften »niederer« Ebenen der Organisation nicht vorhersagbar oder erklärbar sind. Auf jeder Ebene des Diskurses braucht man eine neue Sprache zum Reden über »Ganzheiten« – eine Sprache, die zwar auf der Sprache von »Teilen« aufbaut, die jedoch Dinge sagt, welche sich mit der »Teil«-Sprache nicht ausdrücken lassen.

(Dies ist übrigens der Grund, warum die zur Zeit modischen Versuche, über Bewußtsein in der Sprache der und in bezug auf die Phänomene der Quantenphysik zu sprechen – oder, schlimmer noch, es durch diese »erklären« zu wollen –, nichts weniger als lächerlich sind. Auch wenn solche Unterfangen für sich in Anspruch nehmen, auf dem »Denken des neuen Paradigmas« zu basieren, sind sie tatsächlich doch geradezu absurd reduktionistisch. Die Parallele zwischen dem [vermeintlich] »freien Willen« des Menschen und der »Unbestimmtheit« von Elementarteilchen ist etwa so bedeutungsvoll wie die zwischen Vollidiot und Vollkornbrot. Man kann damit Witze reißen, aber für den ernsthaften intellektuellen Diskurs taugt sie wenig. Die Wissenschaften Kernphysik, Chemie, Biochemie, Biogenetik, Neurophysiologie, kognitive Psychologie, Soziologie, Anthropologie und Kosmologie sind unterschiedlich und sind aus guten Gründen hierarchisch angeordnet. Jede von ihnen versucht, die beste Sprache für die Erörterung einer bestimmten Organisationsebene innerhalb des kosmischen Systems als Ganzem zu finden. Zu diesem Zweck muß jede von ihnen berücksichtigen, was die Kollegen auf der nächsthöheren oder nächstniederen Ebene zu sagen haben. Aber die Sprache der Quarks mit der Sprache des Bewußtseins zu vermengen ist nichts als begrifflicher Vandalismus.) Vom Gehirn zu sprechen, das heißt in Bauarbeitersprache sprechen – von Mörtel, Fundamenten, Leitungsrohren, Querträgern –, einer Sprache, mit der etwa ein Innenarchitekt wenig anfangen könnte, der ein Vokabular von Raum, Funktion, Ästhetik und Stil benutzt – eine Sprache menschlicher Absichten und Wünsche.»Gehirn« ist Bauarbeitersprache für einen spezialisierten Teil des Körpers;»Geist« ist Designersprache für die vom Gehirn ausgeführten Funktionen.

Eine Architektin zum Beispiel muß zweisprachig und in der Lage sein, mit Elektrikern *und* Designern in der Sprache zu sprechen, die den Belangen und Problemen beider angemessen ist. Eine der Hauptannahmen dieses Buches ist, daß wir Architekten sein müssen, um überhaupt eine Chance zu haben, das Funktionieren von menschlichen Wesen auch nur annähernd zu verstehen. Manchmal müssen wir fähig sein, die Sprache menschlicher Ängste und Bestrebungen zu sprechen. Bei anderer Gelegenheit müssen wir sehen können, welche Verständnismöglichkeiten uns die Konstruktion des Gehirns liefert. Und manchmal müssen wir in der Lage sein, die angestammten Belange des einen Bereichs in der Sprache des anderen zu erkunden. Ebenso wie neue Materialien kreative Lösungen für alte Designprobleme ermöglichen, stellt uns die Kognitionswissenschaft neue Ideen zur Verfügung, die uns einen neuen Zugang zur uralten Frage der *Conditio humana* erschließen. Wir sind in unserer Diskussion an einen Punkt gelangt, wo wir beginnen müssen, eine Gehirn-Geist-Sprache einzuführen.

Das durchschnittliche Gehirn verfügt über etwa 100 Milliarden Neuronen, die so eng miteinander verknüpft sind, daß es möglich ist, einen Verbindungsweg zwischen zwei beliebigen Neuronen zu finden. Unsere nach beiden Seiten vermittelnde Gehirn-Geist-Sprache muß berücksichtigen, was wir über das Gehirn wissen. Sie muß jedoch dessen ungeheure Komplexität auf ein Bild oder Modell reduzieren, das wir benutzen können, um über die Handlungen, Bedürfnisse und Erfahrungen hochentwickelter Tiere zu sprechen. Im Verlauf der letzten 15 Jahre etwa haben Gehirnforscher ein vom kanadischen Neuropsychologen Donald Hebb bereits 1949 (New York) in seinem klassischen Werk »The Organisation of Behaviour« erstmals entwickeltes Modell wiederentdeckt. Hebbs Leistung bestand darin, eine Weise des Nachdenkens über das Gehirn zu ersinnen, die dem damaligen Kenntnisstand über dessen biologische Natur gerecht wurde, die man jedoch leichter in Vorstellungsbilder übertragen konnte. Die Wiederbelebung dieser Methode, unter der Bezeichnung »Neokonnektivismus« bekannt, verdankt den Arbeiten über künstliche Intelligenz sehr viel, also der Wissenschaft (oder vielleicht Kunst) des Schreibens von Computerprogrammen, die Aspekte dessen simulieren, was die Leute tun und auf welche Weise sie es tun.

Ich will Ihnen das in einem ziemlich phantastischen Bild zeigen, das die Hauptgedanken hinter dieser Art des Denkens richtig erfaßt. Wie Sie sehen werden, wird selbst dieses einfache Bild schnell ziemlich komplex: Die nächsten paar Abschnitte werden trotz der bildhaften Sprache die »technischsten« des ganzen Buches. Doch bitte folgen Sie mir durch diese wenigen Seiten, ich werde nicht mehr Einzelheiten bringen, als es für das Verständnis des restlichen Teils unserer Geschichte erforderlich ist. Ohne diesen Überblick über den Gehirn-Geist und die Art und Weise, *wie* er tut, *was* er tut, wird man nur schwer verstehen können, warum die sich entwickelnde Wissenschaft des Geistes uns einen absolut neuen Weg zur Deutung von Religion und religiöser Erfahrung aufzeigt.

Die Oktopus-Diskothek

Man stelle sich ein kleines tropisches Eiland vor, vielleicht nur ein paar hundert Meter breit, das von einem Haufen seltsamer Oktopusse besiedelt wurde, die es zu einer rund um die Uhr geöffneten Diskothek umgestaltet haben. In einer Diskothek für Oktopusse hüpft man nicht viel hin und her. Alle Anwesenden drängen sich vielmehr auf einem Haufen zusammen und strecken ihre Fangarme nach allen Richtungen aus, bis diese den Kopf eines anderen Oktopus berühren. Eigentlich sollten wir diese eigenartigen Geschöpfe »Centipusse« nennen, weil sie nicht nur acht, sondern Hunderte von

Armen haben. Die Länge dieser Arme variiert beträchtlich, so daß sich einige der Köpfe, die sie berühren, unmittelbar neben ihnen befinden, andere auf der gegenüberliegenden Seite der Tanzfläche. Wie jedes Geschöpf brauchen auch Oktopusse Ruhe und können nicht die ganze Zeit über wach sein. Genaugenommen ist immer nur ein kleiner Teil der ganzen Klientel hellwach. Ob ein Oktopus wach ist, kann man daran erkennen, daß seine Hautfarbe sich von einem langweiligen Grau in in helles Krebsrot verwandelt. Ist ein Oktopus wach, und »tanzt« er, dann tut er nichts weiter, als leicht mit der Spitze seiner Fangarme zu wackeln, so daß die anderen Oktopusse, die er berührt, wissen, daß er da ist. Jeder Oktopus kann die, die er berührt, auf zwei ganz verschiedene Weisen beeinflussen. *Kitzeln* seine Fangarme, dann werden die berührten Oktopusse aufgestört und erregt und werden wahrscheinlich selbst aufwachen. *Streichelt* der erste Oktopus jedoch, dann entspannen sich die berührten Oktopusse und neigen zum Einschlafen (oder zu noch tieferem Schlaf, falls sie bereits schlafen). Seltsamerweise bedeuten diese Streicheleinheiten folgendes: Hat Oktopus A dem Oktopus B eine sanfte, beruhigende Massage verpaßt, dann wird B *stärker empfänglich* für andere Quellen der Erregung, sobald A eingeschlafen ist.

Jeder Oktopus erwacht, wenn die Gesamtmenge des Kitzelns fremder Fangarme an seinem Kopf ein bestimmtes Maß überschreitet. Wie Menschen sind einige Oktopusse ganz allgemein sehr empfindsam, erwachen bereits nach einigen Kitzelanstößen und beginnen sich zu regen. Andere sind Tiefschläfer, und es bedarf schon des konzentrierten Kitzelns durch Dutzende von Fangarmen, bevor sie erwachen und mittanzen. Wieder andere sind wählerisch. Sie reagieren nur auf das Kitzeln durch ganz bestimmte Oktopusse, solche, die sie mögen, und verhalten sich eher ablehnend gegenüber Annäherungsversuchen von Gefährten, die sie weniger mögen.

Genaugenommen gibt es drei Arten von Oktopussen. Die einen leben auf der dem Wind zugewandten, die anderen auf der ihm abgewandten Seite der Insel, und die dritten in der Mitte. Die auf der Luvseite lassen stets einige ihrer Fangarme ins Meer hängen und können ebenso wie durch Kitzeln am Kopf auch durch ein besonderes Plätschern der Wellen geweckt werden. Diese Geschöpfe nennt man die »Späherschwadron«. Ihre Aufgabe ist es, das von herannahenden Schiffen ausgelöste Kräuseln des Wassers zu entdecken oder aufkommendes schlechtes Wetter oder sonstige Einflüsse, die den ganzen Spaß verderben könnten. Auf der gegenüberliegenden Leeseite ist es die Aufgabe der »Flaschenschwadron«, bei bestimmtem Kitzeln Botschaften in Flaschen zu stecken, die um Hilfe bitten oder um mehr Musikkassetten oder ähnliches. In der Mitte befinden sich die Oktopusse, die nichts weiter tun, als die Kitzelreize um sich herum weiterzuleiten.

Alle Auswirkungen dieser eigenartigen Kollektion von stimulierenden und beruhigenden Einflüssen zusammengenommen sollen *sicherstellen*, daß jeweils nur ein kleiner Teil aller Anwesenden wach ist. Sie sorgen auch dafür, daß die Gruppen der wachen Oktopusse ständig wechseln. Ein paar Fangarme beginnen dich zu kitzeln; du wachst auf und beginnst, mit den Spitzen deiner eigenen Fangarme herumzufuchteln. Bald wirst du jedoch müde und schläfrig und erliegst der entspannenden Massage. Würde nun an einem klaren Tag ein Beobachter über dem Eiland schweben, dann würde er sich ständig verändernde Muster roter Oktopuskörper sehen und würde eine allgemeine Belebung der Aktivität beobachten, sobald der Wind auffrischt oder ein Schiff in Sicht kommt. Und manchmal würde er ein plötzliches geschäftiges Treiben auf der dem Wind abgewandten Seite erkennen, wo ein Haufen Botschaften gekritzelt, in Flaschen gestopft und ins Meer geworfen werden. Der Beobachter würde auch bemerken, daß das Aktivitätsmuster in jedem gegebenen Augenblick wahrscheinlich über das ganze Netzwerk verbreitet und nicht auf einen Punkt gebündelt ist. Er würde eher einen sich über die ganze Insel ausbreitenden unregelmäßigen rosafarbenen Ring erkennen als einen konzentrierten roten Klumpen.

Bei längerem Schweben über dem Eiland würde eine Beobachterin auch Veränderungen in der Weise entdecken, in der sich die Aktivitätsmuster durch die gesamte Oktopuspopulation bewegen, und zwar aus folgendem Grund. Jedesmal, wenn einer der Fangarme von Oktopus A erfolgreich am Aufwecken von Oktopus B beteiligt ist, entwickelt die Stelle auf B's Kopf, wo der Fangarm A's ihn berührt, ein wenig zusätzlicher Langzeitsensibilität. Wenn nun

A beim nächsten Mal B kitzelt, ist die »Nettowirkung« auf B größer, und es werden weniger Kitzelarme benötigt, um B aufzuwecken. Je häufiger also A und B zur selben Zeit wach sind, desto besser schafft es A, B ohne fremde Hilfe zu wecken. Und es wird wahrscheinlicher, daß B geweckt wird, wenn A wach ist und kitzelt, und nicht Z, der zwar ebenfalls von A gekitzelt wird, bei dem es bisher jedoch nicht so oft geklappt hat. Das geht aber noch weiter. Ist eine Anzahl von Oktopussen regelmäßig daran beteiligt, sich gegenseitig aufzuwecken, dann entwickelt sich daraus eine »Gang« – von Hebb »Zellversammlung« genannt –, die dazu neigt, gemeinsam aufzuwachen oder einzuschlafen*.

Anregen

Hier ein sehr wichtiges Merkmal der Oktopuskolonie: Schläft ein einzelner Oktopus oder eine Gang, dann kann der Schlaf jeweils *leichter* oder *tiefer* sein, falls die Stimulation noch nicht stark genug ist, ihn oder sie ganz aufzuwecken. Kann also ein einzelner Oktopus oder eine Gang, A, manchmal die Gang B und manchmal die Gang C aufwecken, dann ist das Ereignis, welche Gang *tatsächlich* aufwacht – das heißt, welche Richtung innerhalb der Oktopus-

---

* »Jede häufig wiederholte besondere Stimulation wird zur langsamen Entwicklung einer Zellversammlung führen, einer diffusen Struktur ..., die für kurze Zeit als geschlossenes System agieren und andere ähnliche Systeme fördern (Bahnung) kann ... Jede Aktion einer Versammlung von Zellen kann durch eine vorangegangene Versammlung aktiviert werden, durch ein sensorisches Geschehen, oder, was normaler ist, durch beides ... Es wird, kurz gesagt, angenommen, daß ein eine synaptische Aktivität begleitender Wachstumsprozeß die Synapse leichter durchlässig macht ... Ist ein Axon von Zelle A nahe genug, um Zelle B zu erregen, und häufig oder dauernd daran beteiligt, sie zu aktivieren, dann findet ein Wachstumsprozeß oder ein metabolischer Wandel in einer oder beiden Zellen statt, so daß A's Effizienz als eine der B anregenden Zellen zunimmt« (Hebb).
Es gibt eine Vielzahl von »Regeln«, nach denen sich Muster der Bahnung und Hemmung innerhalb eines solchen Netzwerks entwickeln müssen. Einige der Neokonnektivisten haben mit »Anweisungsregeln« gearbeitet, wobei dem System auf irgendeine Weise »gesagt« wird, daß ein bestimmtes Muster der Erregung in der Gesamtheit seiner Fangarme »exemplarisch« ist. Oder man könnte das Ausmaß der Bahnung/Hemmung, die man einem bestimmten Verbindungspunkt zuschreibt, gewichten, abhängig davon, ob dieser »Kitzelpunkt« an einem umfassenden Bewegungsmuster beteiligt war, welches in bestimmter Hinsicht »erfolgreich« war, gemessen zum Beispiel an der Disparität zwischen einer Vorhersage und dem beobachteten Ereignis oder zwischen einer Intention und einer Beobachtung.

kolonie der Fluß der »Wachheit« oder Aktivität nimmt –, vom relativen Pegel dieser Anregung *(priming)* von B und C abhängig sowie vom Langzeitstatus ihrer Verbindungen zu A.

Tatsächlich kann dieses Phänomen der Anregung viel allgemeiner wirken als nur zwischen einzelnen Oktopussen oder individuellen Gangs. Man könnte annehmen, daß tief in diesem verknoteten Haufen von Oktopussen Gruppen mit unterschiedlichen musikalischen Geschmacksrichtungen existieren. Bei der einen Gruppe bewirkt Miles Davis eher einen leichteren Schlaf, während Madonna sie noch tiefer einlullt. Eine andere Gruppe wird jedoch von Madonna so richtig heiß gemacht, während Mozart sie für fast jeden Reiz unempfindlich macht. Dementsprechend hängt der »Pfad«, den der Wachheitsbereich durch die Kolonie nimmt, ganz davon ab, welche Musik gerade gespielt wird. Der Unterschied mag groß genug sein, um B durch A wecken zu lassen, wenn im Hintergrund Jazz erklingt, während C geweckt wird, wenn es Country and Western gibt. Mit anderen Worten, das Verhalten der ganzen Gemeinschaft ist in hohem Maße vom Kontext abhängig und situationsspezifisch. Die Wirkung eines bestimmten Anstoßes hängt vom Zustand des ganzen Systems ab – seinem Anregungs-, seinem Entspannungszustand, seiner Müdigkeit – sowie von seiner idiosynkratischen Gesamtgeschichte dessen, wer wen in der Vergangenheit aufgeweckt hat. Und umgekehrt kann ein individueller Input ganze Bereiche der Gemeinschaft so »einstellen«, daß sie auf das, was als nächstes geschieht, jeweils mehr oder weniger sensibel reagieren.

Ressourcen und Aufmerksamkeit

Dieses Modell hat noch ein weiteres wichtiges Kennzeichen: Das Gesamtpotential an Wachheit der Gemeinschaft – die Gesamt-»menge« der dem System in jedem Augenblick zur Verfügung stehenden Aktivierung – ist begrenzt. Gäbe es nur Aktivierungsquellen und keine Hemmungsquellen, dann könnten die Oktopusse sich gegenseitig aufwecken, bis sie alle zusammen hellwach wären. Eine derartige Möglichkeit muß natürlich verhindert werden. Sie würde uns in einen Zustand der kortikalen »Kernschmelze« versetzen – ein totales Ausflippen in Wahrnehmung und Verhalten. Alle Systeme wären »on«, doch wären wir unfähig, *angemessen* zu handeln. Die Schönheit des Systems von Kontrollen und Gegenkontrollen, das in das Gewebe der Oktopuskolonie eingebaut ist, besteht darin, daß es von Natur aus auswählt und integriert. Die Kolonie als ganze muß auswählen und zwischen dem vermitteln, was geschieht.

Damit soll jedoch nicht gesagt werden, das Gesamtniveau der Aktivierung sei immer festgelegt. Würde man von einem Hubschrauber aus die rosafarbenen Körper zählen, dann ergäbe sich nicht immer dieselbe Anzahl. Die Gesamtzahl kann einmal etwas größer, ein andermal etwas kleiner sein, ist jedoch auf jeden Fall begrenzt. Sie kann nicht explosionsartig zunehmen, obwohl sie als Reflexion des Gesamtzustands der »Wachheit« des Systems etwas variieren kann.

Doch steht dem System tatsächlich eine sehr bedeutende Quelle für Schwankungen in der *effektiven* Energiemenge zur Verfügung, unabhängig von Schwankungen in der total verfügbaren Energie. Man stelle sich vor: Ist eine bestimmte Gang von Oktopussen, A, wach, dann ist es einer ihrer »Jobs«, einer Vielfalt anderer Gangs oder Individuen, B, C und so weiter, ein konstantes niedriges Maß von Kitzeln oder Streicheln zukommen zu lassen. Nehmen wir außerdem an, A sei imstande, für lange Zeit wach zu bleiben. Dieses konstante »Tröpfeln« von Erregung und Hemmung wird dann dazu führen, daß ein Netzwerk mit einer bestimmten Anordnung von Verbindungen so reagiert, als sei es ein Netzwerk mit einem anderen Muster von Stärken. Doch liegt der wesentliche Unterschied zwischen der Auswirkung der Anregung und der langfristigen Veränderung in der Stärke der Verknüpfungen darin, daß es im ersten Fall möglich ist, die überlagernde Anregung zu beseitigen. Würde A abgeschaltet, und sei es nur für kurze Augenblicke, dann käme es zu einer augenblicklichen, anscheinend »magischen« Reorganisation des Gehirnsystems als ganzen, vielleicht sogar dazu, daß Prioritäten neu gesetzt würden. Was man schon immer »irgendwie im Hinterkopf« hatte oder was einem »auf der Zunge« lag, würde nun

64

entweder ganz verschwunden sein oder aber mit ungewöhnlicher Klarheit hervorstechen.

Diese hypothetische Situation hätte noch eine andere interessante Auswirkung. Solange die Einheit A »eingeschaltet« war, hat sie nicht nur bestimmte andere Einheiten oder Gruppen von Einheiten in »Alarmbereitschaft« gehalten, sondern damit zugleich auch einen Teil, vielleicht sogar einen beachtlichen Teil der gesamten im Gehirn zugelassenen Aktivierung blockiert. Steht zu einem gegebenen Zeitpunkt nur ein gewisses Maß an Energie zur Verfügung und müssen zehn Prozent davon gewissen Standorten vorbehalten bleiben, damit diese angeregt bleiben können, dann steht weniger »*freie* Energie«, wie man sie nennen könnte, zur Verfügung, um die Aktivitäten des übrigen Systems in Gang zu halten. Und je weniger freie Energie verfügbar ist, desto gröber oder stereotyper kann man sich die Reaktionen des Systems vorstellen. Dann werden nur die Oktopusse, die am wenigsten tief schlafen und die die stärksten und häufigsten Anstöße erhalten, aufgeweckt. (Die Option, das Gehirn dazu zu zu bringen, seine Funktionsweise durch Blockieren eines Teils des gesamten Aktivitätspotentials zu ändern, wird später sehr wichtig werden, wenn wir versuchen, die Phänomene mystischer Erfahrung zu erklären.)

Das Gehirn ohne Ich

In der Oktopuskolonie gibt es keine privilegierte Gruppe mit einem Sonderstatus oder Sondervollmachten. Ebenso wie das Gehirn als ganzes als ein Subsystem des Körpers anzusehen ist, muß auch jede Oktopusgang als Mitglied einer Partnerschaftsdemokratie betrachtet werden. Was im Gehirn geschieht – die momentane Konstellation von Prioritäten, Interpretationen und Aktionen, die es gerade berechnet –, emergiert natürlich und einzig und allein aus dem Zustand des Systems insgesamt – also von Gehirn, Körper und Welt.

Viele Gehirnforscher haben keinen Zweifel daran gelassen, daß es das Ziel ihrer Arbeit ist herauszufinden, wie viele der menschlichen Funktionen erklärt werden können, ohne irgendeinen »Geist in der Maschine« heranziehen zu müssen. Wie weit können wir kommen, bevor wir auf »das Ich« zurückgreifen müssen? Wäre es etwa möglich, daß wir ganz darauf verzichten können: daß der hypothetische Zirkusdirektor oder Lokomotivführer, das persönliche »Ich«, tatsächlich nicht die Kontrolle über uns hat? Könnte es sein, daß die Biologie, wenn es darauf ankommt, als Erklärungsrahmen ausreicht? Donald Hebb, der Pate der Gehirnforschung, hatte da überhaupt keinen Zweifel:

Diese Diskussion ... stellt meinen Versuch dar, ein für allemal den kleinen Mann im Schädel loszuwerden, der einige Sinnesempfindungen *billigt*, die ihm über das Nervensystem vermittelt werden, andere *mißbilligt*, und der dementsprechend unser Verhalten lenkt ... Durch eine Methode, wie wir sie hier vorschlagen, mag es möglich sein, die Gerichtetheit und Ordnung des Verhaltens sowie die Variabilität der Motivation allein als Produkt neuraler Funktionen zu begreifen.

Und Francisco Varela, der zur Zeit an der École Polytechnique in Paris lehrt und forscht, ist derselben Ansicht:

Jede Komponente operiert nur in ihrem lokalen Umfeld. doch da das System als Netzwerk konstituiert ist, kommt es zum spontanen Emergieren einer globalen Zusammenarbeit ... In einem solchen System ... bedarf es keiner zentralen Verarbeitungsstelle, um die gesamte Operation zu leiten.

Wie Patricia Churchland im Zitat zu Beginn dieses Kapitels ausführt, sind wir jedoch in einem gewissen Erklärungsnotstand angesichts der Tatsache, daß wir alle sehr deutlich dieses Gefühl haben, irgendwo hinter unserer Stirn gebe es *tatsächlich* einen Anstifter, mit dem wir uns ziemlich eng identifizieren, jemanden, der sich über die Vorgänge im Rest des Gehirn-Körper-Systems hinwegsetzen und ihm seinen »Willen« aufzwingen kann.

Die Oktopusanalogie könnte zu einem latenten Mißverständnis führen, das wir sofort ausräumen sollten. In Begriffen der Gehirnforschung bedeutet »wach« und »schlafend« einfach nur »eingeschaltet« oder »aktiviert« und »ausgeschaltet« oder »in Ruhestellung«. Ein wacher Oktopus ist einer, dessen Verbindungen und Eigenschaften momentan daran beteiligt sind zu bestimmen, wohin die Aktivierung der »Energie« im Netzwerk als nächstes fließt. Ein schlafender Oktopus ist einer, der im Augenblick nicht mitmacht. In diesem Modell des Bewußtseins sind keine darüber hinausgehenden Vorstellungen impliziert. Das Muster wacher Oktopusse hat (bis jetzt) nichts damit zu tun, was bewußt ist. Später werden wir sehen, daß das, was ins Bewußtsein gelangt, oft nur sehr entfernt etwas mit dem zu tun hat, was im Oktopus-Diskoland des Gehirn-Geistes »hinter den Kulissen« vor sich geht.

Das Aufmerksamkeitskontinuum

Ebenso wie die *Lokalisierung* der Aktivierung sich verändert, können wir auch Veränderungen ihrer *Konzentration* feststellen. Zu manchen Zeiten und in einigen Bereichen ist das Muster der rosafarbenen Körper vielleicht sehr dicht und klar umrissen, an anderen Stellen und zu anderen Zeiten viel diffuser. Und manchmal ist der *Fluß* der Energie wahrscheinlich schnell, klar und unzweideutig erkennbar, während in wieder anderen Fällen die Pfade weniger wohldefiniert sind oder – wenn ein Fehler folgenschwer sein könnte– sich das Kaleidoskop der Muster langsamer verschiebt und sich die Aktivierung in einem bestimmten Bereich langsamer aufbaut und verschiedene Nebenpfade oder Bedeutungsnuancen »erkundet« werden. Damit ist nicht gesagt, daß es irgend jemanden oder irgend etwas gibt, der/das sich zur Erkundung »entschließt«. Es liegt einfach in der Natur des Netzwerks, daß die Energie darin manchmal schnell und gerichtet fließt und sich bei anderen Gelegenheiten wie ein Fluß verhält, der zu einer Vertiefung gelangt und »wartet«, bis sich diese zu einem kleinen See anfüllt, bevor er überfließen und weiterströmen kann.

Wir können zwei extreme Aufmerksamkeitsmodi einander gegenüberstellen. Der eine ist scharf fokussiert und »seriell«, wobei die Gedanken oder Empfindungen in deutlicher Reihenfolge aufeinander folgen. Der zweite ist breit angelegt, diffus und »parallel« oder »holistisch«. Der erste entspricht einem Punktscheinwerfer mit einem schmalen, konzentrierten Lichtstrahl; der zweite einem Flutlicht oder einer Kerze. Beide, das ist klar, haben ihre Nützlich-

keit. Es gibt Situationen, in denen wir die Kerze vorziehen würden –
wenn wir uns beispielsweise in einem stockdunklen Keller orientieren wollen. Die Licht nach allen Seiten ausstrahlende Kerze
würde uns gestatten, unseren dort verstauten Kram viel besser zu
finden als mit einer Taschenlampe, deren Lichtstrahl immer nur
einen winzigen Teil des Kellers erleuchtet und uns in diesem Stadium zuviel über zuwenig verraten würde. Hat die Kerze es uns
jedoch ermöglicht, den Gegenstand zu finden, den wir suchen –
sagen wir einen gravierten Stein oder eine beschriftete Pergament-
rolle –, dann könnte ihr diffuses Licht zu schwach sein für eine ge-
nauere Untersuchung. Wir würden dann dankbar den intensiven
und gebündelten Lichtstrahl der Taschenlampe nutzen, um das
Objekt genauer zu studieren.

So ähnlich ist es auch mit den beiden Extremen der Aktivierung
im Gehirn. Manchmal ist es für uns am besten, alles langsam an-
zugehen, den Schatten und Zweideutigkeiten Raum zu lassen,
während wir die »gefühlte Bedeutung« (*felt sense*, ein der Psychotherapie entlehnter Begriff) einer Situation sich entwickeln lassen.
Besteht kein dringender Handlungsbedarf, dann können wir sozusagen verhindern, daß eine »Lösung« sich schnell herauskristallisiert. Wir können die Schwelle der »Aktionseinheiten« anheben
und es dem Aktivierungspool ermöglichen, sich in einem bestimmten Bereich des Netzwerks aufzubauen. Tun wir das, dann können
neue Optionen und Verbindungen sichtbar werden, deren Entdeckung durch den normalen schnellen Ablauf der Aktivität entlang
der ersten gewohnten Bahn verhindert worden wäre. Mit anderen
Worten: Es gehört zur Konstitution des Gehirns, daß es *Überlegungen* anbieten kann, eine Art gemächlicher Erforschung latenter
Möglichkeiten, ungestört und nicht durch die Notwendigkeit bestimmt, eine Antwort auf eine dringende Notlage zu finden.

Das Gehirn kann auch auf dem anderen Extrem tätig sein. Sagen
die gegebenen Umstände uns: Sitz da nicht bloß herum, sondern tu
etwas, dann kann das Gehirn dem gewöhnlich entsprechen. Es kann
sehr schnell berechnen, wie die Zunge hinausschnellen muß, um die
Fliege einzufangen, oder wie der Top-Spin-Lob zu schlagen ist, mit
dem wir den Punkt machen können. Gerät das Vorderrad Ihres Fahr-

rads in einer Kurve auf einem Kanaldeckel ins Rutschen, dann kann blitzschnelles Berechnen und Korrigieren Sie, wenn Sie Glück haben, vor einem Sturz bewahren – wiederum ohne die Hilfe oder auch nur Anwesenheit des normalen bewußten Kommentars, dem es vor Schreck die Sprache verschlagen mag, während der Gehirn-Körper um sein Leben kämpft.

Uns wird klar: Je komplexer und heikler die Berechnungen und je langfristiger statt unmittelbarer die Zielsetzungen, auf die sie sich beziehen, desto nützlicher und desto öfter angemessen würde der diffuse, reflexive Modus sein. Wir können so aber auch verstehen, in welcher Notlage sich ein Tier befindet, das, von Zielen, Projekten, Interessen und Wünschen überflutet, in einer komplizierten Umgebung voller Möglichkeiten aber auch Gefahren auf die schnelle und geradlinige Handlungsweise festgelegt ist. Es befindet sich in einer stockfinsteren Höhle voller verlockender Gerüche, unbekannter Löcher und Vorsprünge und ominöser Geräusche, ausgestattet mit nur einer kleinen Taschenlampe, die einen Lichtfleck nur von der Größe einer Erbse abgibt. Später werde ich die These aufstellen, daß der Mensch in der modernen Industriegesellschaft sich in genau dieser Lage befindet.

Ein entscheidender Unterschied zwischen dem diffus/holistischen und dem fokussiert/analytischen Modus der Verarbeitung liegt in dem Bild, das sie von der Welt vermitteln. Der fokussierte Modus zeigt uns nur ein Objekt, oder vielleicht einen Teil oder einen Aspekt eines Objekts nach dem anderen. Vereinzelte Gestalten heben sich kraß vom Hintergrund ab. Es ist, als müsse man ein Puzzle von tausend Steinchen zusammensetzen, ohne das Bild auf dem Deckel der Schachtel zu kennen. Kleine Details oder Objekte scheinen für sich zu existieren. Haben sie ein Leben, so ist dies ein Eigenleben, und jedes umfassendere Gefühl für Beziehungen, für die Ökologie der Situation, muß mühselig mit Hilfe des Gedächtnisses erst konstruiert werden, statt wie im Kerzenlicht als Ganzes erfaßt zu werden. Der diffuse Verarbeitungsmodus liefert uns andererseits eine ökologische Sicht: Einzelheiten läßt er beiseite, vermittelt jedoch ein Gespür für die Beziehung zwischen »Gestalt« und »Hintergrund«, um Begriffe aus der Gestaltpsychologie zu verwenden.

Wie das Gehirn sich verhält

Einige der allgemeinsten Züge der menschlichen Psyche ergeben sich einfach aus der Natur des Gehirn-Geist-Systems – ohne daß wir irgendwelche sonstigen Annahmen hinzufügen müßten. Es ist beispielsweise offenkundig, daß ein so gebautes Gehirn dazu tendiert, zu verallgemeinern und zu kategorisieren, wie die Menschen es tun. Erfahrungen prägen metaphorische »Furchen« ins Gehirn, so wie ein Fluß nach und nach ein V-förmiges Tal in die Landschaft gräbt. Und genauso wie der auf die Abhänge eines Tals fallende Regen in den Fluß hinunterfließt, pflegen Erfahrungen, denen die meisten, jedoch nicht alle Merkmale einer gewöhnlichen Kategorie gemein sind, so behandelt zu werden, als seien sie für diese Kategorie typisch*.

Da ist etwas, das ein weiches Fell hat, Fisch liebt, miaut und sich zur Abendbrotzeit an meinem Bein reibt. Nun, ich weiß schon Bescheid: Es ist eine Katze. Aber vielleicht hat dieses Wesen nur drei Beine, ist wenigstens zehn Zentimeter größer als jede andere Katze, die ich jemals gesehen habe, und hat vielleicht ein himmelblaues Fell. Na gut, es ist halt eine lahme, ziemlich dicke, sehr exotische Katze – aber immer noch, grundsätzlich, eine Katze.

Seit der Jahrhundertwende brachte die psychologische Forschung uns massenhaft Nachweise – wenn wir ihrer überhaupt bedurften –, daß wir das sehen, was wir kennen. Wir blicken auf die Welt durch die Kategorien und Begriffe unseres Geistes. Bei einer der bekanntesten Demonstrationen zeigte man Versuchspersonen für sehr kurze Augenblicke Spielkarten, die sie anschließend identifizieren sollten. Was sie nicht wußten: Einige der Spielkarten wa-

---

* In Edward de Bonos Buch »The Mechanisms of Mind« (Harmondsworth 1971) findet sich eines seiner treffenden Vorstellungsbilder, die uns dies verdeutlichen. Stellen Sie sich vor, Sie hätten eine flache Schüssel mit Wackelpudding, die das Netzwerk des Gehirn-Geistes darstellt. Zum Vorgang des »Lernens« gehört nun, daß man an verschiedenen Stellen einen Teelöffel einer heißen Flüssigkeit darauf tropfen läßt, die man dann mit einem Schwamm wieder aufsaugt, was eine flache Delle auf dem Wackelpudding hinterläßt. Läßt man den Inhalt eines zweiten Teelöffels gleich neben der ersten Delle abtropfen, wird die Flüssigkeit in die erste Delle abfließen und sie vertiefen, statt eine neue, eigene Vertiefung zu schaffen. Auf diese Weise entstehen Konzepte, Begriffe.

ren Trickkarten. Da waren etwa die Farben verwechselt, so daß es eine rote Kreuz-Sechs oder eine schwarze Herz-Zehn gab. Für die Leute war es unmöglich, genau das zu sehen, was ihnen gezeigt wurde. Ehe ihnen die Trickkarten nicht tatsächlich in die Hand gegeben wurden, bestanden sie darauf, daß es sich um reguläre Karten handle. »Sie sehen schon ein bißchen komisch aus«, war das höchste, was zuzugeben sie bereit waren. Wir haben schon vorhin festgestellt, daß es durchaus zum Design eines anpassungsfähigen Gehirns gehört, uns dazu zu verleiten, das zu sehen, was uns vertraut ist. Natürlich sind wir dann in Schwierigkeiten – vor allem, wenn die Zeit oder die Aufmerksamkeit nur kurz ist –, wenn etwas noch nicht Dagewesenes auftritt.

Auch die grundlegenden Merkmale des *Gedächtnisses* sind durch das Oktopusmodell zu erfassen. Nehmen wir ein uns bekanntes Konzept, eine Erinnerung, ein Szenario – eine Gang von Oktopussen: Je mehr Einzelheiten dieser Gruppe man nacheinander aktiviert, desto wahrscheinlicher ist es, daß auch der Rest der Gang aufwacht. Das Gedächtnis arbeitet so, daß ein Teil der Gruppe den Rest zu sich ins Boot holt. Liegt uns etwa ein Wort auf der Zunge, das uns aber nicht einfallen will, dann besteht die beste Strategie darin, nicht krampfhaft nach dem Wort zu suchen, sondern frei zu dem Gedanken zu assoziieren. Auf diese Weise kann man darauf hinarbeiten, genügend *aktive* Bestandteile der Gedächtnisspur zusammenzutragen, bis das Ganze zündet und uns das Wort oder der Name plötzlich aufgeht »wie eine Glühbirne«. So etwas steht auch hinter der folgenden Situation: Fragte man Sie nach dem Namen der Kinder in Ihrer Klasse, als Sie sieben Jahre alt waren, dann würden Ihnen nur wenige, wenn überhaupt einer, einfallen. Brächte man Sie jedoch wieder in Ihr ehemaliges Klassenzimmer, oder setzten Sie sich hin und erzeugten in Ihrem Geist ein lebhaftes Bild des Klassenraums, dann würden Ihnen viele vorher dunkle Details »auf wunderbare Weise« wieder einfallen.

In diesem Kapitel habe ich mit Hilfe des Oktopusmodells ein Bild des Gehirn-Geistes entwickelt und seine grundlegende Funktionsweise beschrieben, wie sie sich aus den neuesten Forschungsergebnissen der Kognitionswissenschaft ergibt. Es ist ein Gehirn ohne Kontrollzentrum, zusammengesetzt aus Tausenden einfacher Bestandteile, die derart miteinander verknüpft sind, daß sie als Kollektiv komplizierte lebensrettende und lebensfördernde Berechnungen anstellen können. Und sie können durch Veränderungen der Art, wie verschiedene Einheiten aktiviert werden, entweder blitzschnell oder auf langsamere reflexive Weise Entscheidungen treffen. Soweit, so gut. Im nächsten Kapitel werden wir jedoch sehen, daß selbst ein solches Gehirn schwerfällig wird, wenn es größer wird, und daß es zur nächsten Kehre auf dem Weg der Evolution kommen muß.

5. Der Geist als Mosaik

Ich bin riesig; in mir gibt es Welten.

Walt Whitman

Das schwerfällige Gehirn: Das Wuchern der Bedürfnisse (Zweiter Teil)

Ein Rückblick auf den evolutionären Weg, der schließlich zum *Homo sapiens* geführt hat, zeigt uns, daß die Komplexität unserer tierischen Vorfahren im Laufe der Zeit immer größer wurde – und damit auch die Komplexität der Operationen, die von ihrem Gehirn gefordert wurden. In dem Maße, in dem die Bandbreite der Bedürfnisse, das Repertoire von Handlungen sowie die Verfeinerung der von den Gehirnen aufgenommenen Informationen immer umfangreicher wurden, wuchs auch das Problem ins Unermeßliche, diese vielen unterschiedlichen Aspekte im Auge zu behalten.

Um es in evolutionären Begriffen auszudrücken: Das Gehirn übernahm nach und nach die Lösung, die für fast jedes System wachsender Komplexität typisch ist. Ebenso wie der Körper sich selbst in Subsysteme aufgegliedert hatte (von denen eines das Nervensystem selbst ist), suchte das Gehirn nach einem Weg, die immer unhandlicher werdende Komplexität durch ebendiese Strategie zu beherrschen. In seinem 1962 veröffentlichten wegweisenden Essay »Die Architektur der Komplexität« hat der bekannte amerikanische Kognitionswissenschaftler Herbert Simon die These aufgestellt, es gehöre zur inneren »Logik« der Komplexität eines evolvierenden Systems, daß es an einem gewissen Punkt eine hierarchische Struktur annimmt. Dabei zerfällt das Ganze in intermediäre Teile/Ganzheiten (die Arthur Koestler

»Holons« nannte), die ihrerseits weitere Unterganzheiten enthalten können*.

Effektivität ist nicht zwangsläufig ordentlich

Die Form der vom Gehirn-Geist entwickelten inneren Organisation muß, von außen betrachtet, nicht unbedingt logisch aussehen. Die Gehirnforscher haben manchmal den Fehler gemacht anzunehmen, das Gehirn sei auf der Basis von Eleganz und Sparsamkeit entworfen. Wie wir jedoch schon mehrmals gesehen haben, funktioniert die Evolution nicht auf diese Weise und kann es auch nicht. Natürliche Auswahl muß auf dem aufbauen, was bereits da ist, muß mit den Mutationen arbeiten, die zufällig auftreten, und kann nur die besonderen lokalen Bedingungen berücksichtigen, die zufällig gerade gegeben sind. Sie kann niemals sagen: »Jetzt aber mal halt; dieses Gehirn wird langsam ziemlich unordentlich. Gehen wir noch mal zum Reißbrett zurück und fangen von vorne an.« Paul Churchland spricht in seinem Buch »Matter and Consciousness« (Materie und Bewußtsein) von einem Wagen, den er als Student besaß. Einer seiner Freunde hatte damals immer behauptet, dieses Ding sei kein Auto, sondern »ein Haufen von Schrauben und Bolzen, die in loser Formation fliegen«. Genauso ist es beim Gehirn. Wir können uns fragen, wie es das Problem gelöst hat, sicherzustellen, daß wir in einer schnell wachsenden »Bibliothek« schnell das richtige »Buch« finden. Doch sollten wir nicht erwarten, dabei auf etwas so Eindeutiges wie die Deweysche Dezimalklassifikation für Bibliotheken zu stoßen. Wir wären gut beraten zu erwarten, daß wir etwas finden, was sich wie ein buntes Muster miteinander verknüpfter Komponenten verhält, statt einen wohlgeordneten Gesamtentwurf.

* Historisch gesehen hat man sich viel Mühe gegeben herauszufinden, welche Untersysteme anatomisch in welchen Gehirnteilen angesiedelt sind. Zur Zeit gibt es Wissenschaftler, die der Ansicht sind, das »Planen« geschehe zum Beispiel in den vorderen Gehirnlappen oder das Bewußtsein sei mit dem Schläfencortex und das Gedächtnis mit dem Ammonshorn des Gehirns assoziiert. Ich will hier nicht dieses theoretische Minenfeld betreten. Die nachfolgende Diskussion betrifft *funktionelle* Untersysteme, die anatomisch vielleicht überhaupt nicht eindeutig lokalisiert werden können.

Natürlich gibt es viele Möglichkeiten, die Funktionen des Gehirns aufzuteilen, so wie es viele Arten gibt, die eigene Küche effektiv zu organisieren. Ein »Küchenologe« könnte zweifellos zu uns nach Hause kommen und uns davon überzeugen, wie unökonomisch oder irrational es sei, die Papierservietten in derselben Schublade aufzubewahren wie die Müllbeutel, und könnte damit durchaus recht haben. Doch wäre dabei die wichtigere Überlegung: Entspricht die Art, wie *ich* meine Küche organisiert habe, *meinen* Bedürfnissen? Vielleicht befinde ich mich gerade in einer Phase, in der ich gern italienisch koche. Warum sollte ich dann nicht die Tagliatelle, die Tomatenkonserven, das Kochbuch und den Oregano zusammen aufbewahren? Und wenn ich die italienische Küche leid bin und jetzt auf thailändische Küche stehe, warum sollte ich dann nicht die italienischen Zutaten weiterhin beieinander lassen, nachdem ich mich an dieses Arrangement gewöhnt habe, und daneben Platz schaffen für die Kokosnußmilch und den getrockneten Koriander? In vergleichbarer Weise entspricht wohl auch die Organisation des Gehirns der Geschichte unserer sich entwickelnden Vorlieben und Strategien in Hinsicht auf unsere Ernährung, die Gestaltung unseres Heims, unsere Selbsterhaltung und Fortpflanzung.

Anstatt also eine große »Theorie« darüber zu entwickeln, wie die Welt funktioniert und wie ich sie zu meinem eigenen Nutzen hinbiegen kann, beginnt das Gehirn sich funktionell, nicht strukturell, in eine Bibliothek von »Minitheorien« aufzuteilen*. Jeder einzelne »Subgeist« ist so entworfen, daß er ein ganzes Bündel von Kenntnissen, Fertigkeiten und Erfahrungen zusammenschnürt, die dann in einer besonderen Lebenssituation zur Anwendung gelangen. Dieses Paket ist in dreierlei Hinsicht spezifiziert: *wofür* es da ist – der Zweck, für den es angemessen ist; unter welchen *Umständen* es

---

* Für diese Unterprozeduren ziehe ich die Bezeichnung »Minitheorien« vor, die ich auch anderswo verwendet habe. Ähnliche Ideen sind auch »Schemas« oder »Schemata« genannt worden, zum Beispiel von Sir Frederick Bartlett (1932), Jean Piaget (zum Beispiel 1958) und vielen anderen. Andere verwandte Bezeichnungen sind »Skripts«, verwendet von Roger Schank (1991), und »Rahmen« bei Marvin Minsky (1988).

angewendet werden kann – also in welcher Umwelt es wahrscheinlich funktioniert; und was es *leisten* kann – welche mentalen und physischen Fähigkeiten es verfügbar macht. Zu diesen Minitheorien möchte ich noch zwei Bemerkungen machen. Erstens wird im Gehirn natürlich nichts gebraucht, was die Rolle des »Bibliothekars« spielt. Die jeweils aktiven Prioritäten geben sich dadurch zu erkennen, daß sie die für sie relevanten Minitheorien in unterschiedlichem Maße anregen (was davon abhängt, wie dringend ein Bedürfnis oder Wunsch ist). Und die Sinnesrezeptoren regen jene Minitheorien an, die dem zu entsprechen scheinen, was draußen vor sich geht. Das Netzwerk erledigt mühelos seinen Job, einen bestimmten Handlungsablauf auszuwählen, indem es darauf wartet, welche »Gang« zuerst aufwacht und dadurch das assoziierte Bündel von Dispositionen und Erwartungen aktiviert. Und zweitens ist das Konzept einer »Minitheorie« (oder eines »Moduls«) eines, das die Bereiche der »Gehirn-Sprache« und der »Geist-Sprache« überbrückt. Nimmt man eine Minitheorie unter die Lupe, dann kann man langsam ihre Feinstruktur erkennen und sie in Begriffen der Oktopusgangs und letztlich einzelner Neuronen und ihrer Eigenschaften beschreiben. Sehen wir die Minitheorien jedoch aus der Vogelperspektive (was wir hier tun wollen), dann sind wir in der Lage, deutlicher das gesamte Mosaik der Geistlandschaft zu überblicken, von dem sie nur Teile sind.

Der Rangierbahnhof des Gehirns

Eines der vom evolvierenden Gehirn zu lösenden größeren technischen Probleme bestand darin, seine Aktivitäten präzise zu halten. Wurde ein Impuls von A nach B geschickt, dann mußte sichergestellt sein, daß er auch an der richtigen Stelle ankam und nicht abgelenkt wurde. Marcel Kinsbourne (1988) hat dazu folgende Theorie aufgestellt: Angesichts des Fehlens struktureller Wände wird dieses Problem, Pakete von Information höherer Ebene »funktionell zu isolieren«, durch die strategische Nutzung der Fähigkeit des Gehirns zu *Hemmung* gelöst. Jeder Bereich des Gehirns, der gerade aktiv ist, tendiert fast automatisch dazu, eine Aura der Hemmung um sich herum zu bilden. Mitglieder einer »wachen« Oktopusgang werden durch gegenseitige Stimulierung stark genug aktiviert, um der einschläfernden Wirkung einer solchen Hemmung zu widerstehen. Andererseits werden benachbarte Einheiten, auch wenn sie vielleicht Verbindungen zum aktiven Netzwerk haben (die jedoch gerade nicht aktiv stimuliert werden), nicht »stark« genug sein, um zu verhindern, daß sie der Hemmung unterliegen. Wie wir wissen, ist diese Strategie, das System »auf der richtigen Spur zu halten«, keineswegs narrensicher. Es gibt viele Gelegenheiten, bei denen unser Geist abschweift, und plötzlich befindet sich der Eisenbahnzug unserer Gedanken puffend und ratternd auf irgendeinem eindeutig irrelevanten Nebengleis. Es ist eben kein Mechanismus perfekt, nicht einmal das Gehirn.

Miniwelten

Die Evolution der Jagd auf Beutetiere, vor allem die Pirsch und das Hetzen der Beute, dürfte wohl als Stimulans für die Evolution von Minitheorien gewirkt haben. Der Jäger braucht ein scharfes Sehvermögen sowie ein gutes Gehör und guten Geruchssinn. Ferner braucht er kraftvolle Muskeln zum Laufen, Anspringen und Töten, sowie noch größere Fähigkeiten, das Verhalten seiner Beute unter unterschiedlichen Bedingungen vorauszusehen. Duckt die Beute sich in eine Kuhle oder verschwindet hinter einem Felsblock, dann wird der erfolgreiche Jäger die Jagd nicht sofort aufstecken und nach Hause gehen, verblüfft ob der plötzlichen Entmaterialisierung seines Mittagessens.

Sich auf etwas konzentrieren, das man nicht sehen kann, von dem man jedoch annimmt, daß es noch da ist, erfordert ein Gehirn, welches imstande ist, von einem Stück der Welt eine Repräsentation aktiv zu halten, die im Augenblick nicht von außen stimuliert wird. Es muß möglich sein, daß die Minitheorie für »Jagen«, Unterabteilung »Kaninchen«, und das laufende Gedächtnis für »Das geschah bisher« aktiviert bleiben und die Minitheorien, die sich auf alternative Ziele beziehen, gehemmt bleiben – zumindest so lange, bis man sich davon überzeugt hat, daß sich das Kaninchen wirklich an einen sicheren Ort zurückgezogen hat oder daß es von Anfang an nichts anderes als ein paar vom Wind bewegte Blätter gewesen ist.

Mit anderen Worten: Die Fähigkeit des Gehirns muß zunehmen, auf eine von innen bestimmte, selbstorganisierte Weise vorzugehen, so daß es gewisse Umweltveränderungen und flüchtige Körperempfindungen »ignorieren« und »Pläne« und »Absichten« verfolgen kann.

Jede Minitheorie entwickelt also die Fähigkeit, eine der Subwelten zu repräsentieren, die das Tier regelmäßig bewohnt. Eine Minitheorie ist eine funktionelle Karte der wiederkehrenden Muster, die man in der jeweiligen Subwelt erkannt hat. Sie liefert ein Handbuch, das uns in die Lage versetzt, die verschiedenen Optionen zu »diagnostizieren«, die (wie uns unsere bisherige Erfahrung sagt) wahrscheinlich auftreten, und instinktiv »mit ihnen fertig zu werden«. Die ideale Minitheorie ist so umfassend, daß sie alle möglichen Spielarten so weit abdeckt, daß diese Subwelt uns nicht mehr überraschen kann.

Eine Minitheorie verleiht allen möglichen Bereichen Etiketten – »Paarung«, »Jagd«, »Junge aufziehen« –, und zwar auf zweierlei Weise. Einerseits komprimiert sie verschiedene Erfahrungen und Begegnungen zu einem allgemeinen Muster von Erwartungen und Fähigkeiten. Andererseits jedoch bewahrt sie auch eine ständig auf den neuesten Stand gebrachte Aufzeichnung darüber, wie irgendeine besondere Begegnung abläuft. Während die jeweilige Episode abläuft, werden die allgemeinen Erwartungen ständig modifiziert, um Versuchsballons zu berücksichtigen, die sich bezahlt gemacht haben, und Abweichungen vom vorhergesagten Verlauf zu registrieren. In Gehirn-Sprache ausgedrückt, werden die Ebenen der Bahnung und Hemmung auf der Basis der gegenwärtigen Erfahrung ständig neu angepaßt, so daß sich die Balance der Prioritäten und Dispositionen, die das Netzwerk repräsentiert, entsprechend verlagert. Jeder kleine Teil des Gehirn-Geist-Systems wird so aktiviert oder ruhiggestellt, daß das System als ganzes bereit ist, auf das zu reagieren, was (auf der Grundlage langfristiger wie auch jüngster Einflüsse) das Wahrscheinlichste und/oder das Bedeutungsvollste sein wird.

Ich betone noch einmal: Ich habe zwar Wörter wie »Plan« oder »Absicht« benutzt, sie jedoch mit Bedacht in Anführungen gesetzt, um herauszuheben, daß sie sich auf Fähigkeiten beziehen, die wir aus dem Verhalten eines Tiers schließen können, ohne dadurch dem Bewußtsein irgendeine Rolle zuschreiben zu müssen.

Die Überwindung der inneren Isolation

Marvin Minsky hat auf einen zusätzlichen Vorteil eines Gehirns hingewiesen, welches so entworfen ist, daß es einige seiner Ressourcen und Prozesse voneinander getrennt halten kann. Ein Wissensspeicher, der *nicht* derart untergliedert ist, kann nicht sehr *kreativ* sein. Der Aktivitätsfluß in einem undifferenzierten Gehirn-Geist kann nur den Bahnen folgen, die durch Genetik und Erfahrung vorgeformt wurden. Andere Bereiche der Kolonie, die funktionell weit voneinander entfernt sind, werden niemals in der Lage sein, einander zu begegnen. Wenn ein solches Netzwerk »versuchte«, zwei solche weit voneinander entfernte Regionen gleichzeitig wach zu halten, indem es den Bereich der Aktivierung größer und größer werden läßt, dann würde der Nutzen daraus, nämlich voneinander entfernte Bereiche gleichzeitig »wach« zu halten, im allgemeinen Geräuschpegel der Aktivitäten untergehen. Es wäre so, als wollte man einen jungen Mann und eine junge Frau zusammenbringen, indem man eine riesige Cocktailparty auf engstem Raum organisiert: Selbst wenn die beiden, die sich kennenlernen sollen, tatsächlich zusammentreffen, wird der Trubel so groß sein, daß sie nicht hören können, was der andere sagt. Lassen sich jedoch zwei genau umschriebene, für einen bestimmten Zweck vorgesehene Bereiche nebeneinander aktivieren, dann kann ihr Tête-a-tête viel fruchtbarer sein. Ein in Unterbereiche gegliedertes Netzwerk hat das Potential, solche Bereiche viel spezifischer miteinander in Kontakt zu bringen.

Wie jedoch soll man diesen potentiellen Vorteil verwirklichen? Im Oktopusmodell gibt es keine Möglichkeit, verschiedene Gangs zu veranlassen, miteinander zu »sprechen«, es sei denn, sie seien durch direkte Erfahrung bereits miteinander in Berührung gekommen. Was wir brauchen, ist ein alternatives Zugangssystem, eine Art und Weise, Gespräche zwischen diesen verschiedenen kleinen Kapseln von Intelligenz in Gang zu bringen. Dieses Bedürfnis, die Flexibilität der *internen* Kommunikation innerhalb des Gehirn-Geistes zu vergrößern und dadurch schnelleren und präziseren Zugriff sowie auch größere Kreativität zu ermöglichen, stellte das nächste größere evolutionäre Problem dar.

6. Die gesellschaftlichen Zwänge

Individuen kaufen sich in (ihre) Gemeinschaft ein durch dauernde psychische Wachsamkeit. Es mag den Anschein haben, daß sie zuweilen nichts tun und ihre Zeit mit müßigem Geschwätz verbringen. Doch ist diese Zeit der sozialen Kontakte ebenso entscheidend für ihr Überleben wie irgendwelche Zeit, die für Jagen und Sammeln in der freien Natur aufgewendet wird. Denn das soziale Rückgrat der Gesellschaft wird rund um das Lagerfeuer oder beim Sonnenbaden geschaffen und, falls notwendig, repariert. Freundschaften werden geschlossen, Probleme durchgesprochen, Pläne ausgeheckt, Liebesaffären kommentiert.

Nicholas Humphrey

Es ist kaum übertrieben, wenn man sagt, ein isoliert gehaltener Schimpanse sei gar kein richtiger Schimpanse.

Wolfgang Köhler

Das Problem des Gehirn-Geistes, sich an bestimmte Dinge zu erinnern, wird offensichtlich um so akuter, je mehr unterschiedliche Szenarios er einordnen muß. Für ein einzeln lebendes Tier gibt es nur einige wenige Typen von Situationen, an denen es mitwirken muß. In größeren Gemeinschaften lebende Tiere wie Fische und Vögel brauchen vielleicht ebenfalls nur eine begrenzte Anzahl von Rollen zu spielen, da sie keine großen Unterschiede zwischen den Mitgliedern der Gruppe machen. Tiere wie etwa die Großkatzen, die in Rudeln jagen, müssen sich viel mehr um ihre jeweiligen Rollen und Beziehungen kümmern.

Erst mit den in Gemeinschaft lebenden Primaten und unseren eigenen menschlichen Vorfahren, den ersten Hominiden, beginnen die verschiedenen Szenarios, über die jedes Individuum stets auf dem laufenden sein muß, wie Pilze aus dem Boden zu schießen. Die Natur jeder Begegnung wird mehr und mehr abhängig von dem speziellen Einzelwesen, mit dem man es zu tun hat. Und wenn man eine eigene Minitheorie für jedes Mitglied der eigenen Gemeinschaft haben muß und diese größer und komplexer wird, dann wird die Fragmentierung des Gehirn-Geistes vermutlich zu einem immer größeren Problem. (Sobald wir zu den Komplexitäten der modernen Industriegesellschaft kommen, wird das Ausmaß des Problems geradezu überwältigend.) Wäre jedes einzelne uns vertraute Szenario separat gespeichert, dann käme es zu einer enormen Multiplikation der Bemühungen und zu einer unglaublichen Vergeudung nutzbarer Information.

Der gemischte Segen des Gemeinschaftslebens

Bevor wir uns der Frage zuwenden, wie der Gehirn-Geist das Problem der Szenario-Überfrachtung löst, muß etwas darüber gesagt werden, wie es dazu kam, daß sich ein Gemeinschaftsleben und individuelle »Charaktere« entwickelten.

Das Zusammenleben in Gruppen ist eine Überlebensstrategie, die Körper anwenden können, genauso wie das Zusammenleben innerhalb der Körper, wie wir gesehen haben, eine Überlebensstrategie ist, die Zellen befolgen können (und das Zusammenleben in Zellen eine Überlebensstrategie noch primitiverer kleiner Geschöpfe). Sein Glück mit der Gemeinschaft zu versuchen, ist auf keiner dieser Ebenen der einzige Weg, den man beschreiten könnte. In unserer heutigen Welt gibt es eine Fülle von einzeln lebenden vielzelligen Tieren, ebenso wie es einzellige Organismen und Bakterien der verschiedensten Art gibt. Die menschlichen Gene jedoch haben für das Gemeinschaftsleben optiert, weshalb dies der Weg ist, auf den ich mich hier konzentrieren werde.

Der Hauptvorteil einer Gemeinschaft ist natürlich, daß die große Anzahl mehr Sicherheit bietet. Eine kooperative Gruppe von Tieren kann ihre Jungen kollektiv erfolgreicher gegen das unerwünschte Interesse eines Raubtiers verteidigen, als eine einzelne Mutter es, auf sich selbst gestellt, tun kann. Ein Rudel Löwen kann gemeinsam schlauer und mit größerem Erfolg jagen, als jeder einzelne Löwe es allein vermag. Und wenn die Jagdbeute groß genug ist, alle Bäuche zu füllen, dann hat diese Strategie sich bezahlt gemacht. Mehr noch:

Das Zusammenleben in Herden – sagen wir von Antilopen – vergrößert die Wahrscheinlichkeit, daß diejenigen Mitglieder der Großfamilie, die dann doch den Raubtieren zum Opfer fallen, die älteren und schwächeren sein werden. Wenn die Herde erschreckt auseinanderstiebt oder plötzlich kehrt macht, um vor den herannahenden Löwen zu fliehen, und wenn die Mütter ihr Bestes tun, ihre Sprößlinge in der Mitte der Herde versteckt und geschützt zu halten, dann sind es im allgemeinen die langsamsten und verwirrtesten und nicht zwangsläufig die jüngsten, die ungeschützt bleiben und am ehesten die Aufmerksamkeit der Löwen auf sich ziehen. Selbst wenn der Zusammenhang einer Herde nicht vor gelegentlichen Verlusten schützt, wirkt er doch als ein zusätzlicher Mechanismus für die Stärkung des Genpools, indem er die Chancen vergrößert, daß wirklich die Angepaßtesten überleben. Zusammenarbeit fordert jedoch auch ihren Preis und schafft eigene Probleme. Wird reichlich Beute gemacht, dann ist jedermann glücklich. Wird die Nahrung jedoch knapp – wer soll dann mit weniger auskommen? Müssen alle im Rudel gleichermaßen leiden, oder wird dann irgendeine Hackordnung entstehen? Und sind »wir« in Gefahr – wo liegen dann die Grenzen der Loyalität jedes einzelnen Individuums? Wenn derartige Entscheidungen anstehen, dann verstärkt sich der Druck auf die Gruppe, irgendeine Form sozialer Organisation, ja sogar eine Hierarchie zu schaffen. Das wiederum erfordert die Entwicklung ausgeprägterer Formen gemeinschaftlicher Intelligenz und gemeinschaftlicher Kommunikation.

Das Gemeinschaftsleben schafft auf ganz grundlegende Weise ständig das Dilemma, wie selbstsüchtig und wie selbstlos man sein soll. Individualismus und Unternehmungsgeist bringen einer Gemeinschaft durchaus Vorteile, können jedoch auch zu Lasten von sozialen Bindungen, kollektivem Vertrauen und gutem Willen gehen. Beginnt eine Gemeinschaft von ein paar sichtlich erfolgreichen Banditen beherrscht zu werden, dann kann dies zu einer Welle von Nachahmungen anreizen, die nicht nur zwangsläufig scheitern muß, wenn mehr und mehr Leute versuchen, einander übers Ohr zu hauen, sondern es wird früher oder später auch die Grundlage der sozialen Gemeinschaft unterminieren. Anarchie ist ein nützlicher Ruf zu den

Waffen in einer passiven oder unterdrückten Kultur, jedoch ein hoffnungsloser Spielplan für jede Spezies, die auf unauflösliche Weise genetisch gemeinschaftsorientiert ist. (Der individualistische Konsumrausch der achtziger Jahre und die kurzlebige finanzielle Orgie, zu der die »Habgier ist gut«-Weltanschauung geführt hat, sind nur das jüngste Beispiel dafür.)

Komplementär dazu ist Altruismus eine gültige Strategie, vor allem, wenn sie auf Verwandte angewendet wird, deren Gene den eigenen sehr ähnlich sind, oder jenen gilt, die uns beschützen und unseren Status oder unsere Interessen fördern können. Wird der eigene Altruismus jedoch nicht auf irgendeiner Ebene auf gleiche Weise vergolten, dann kann er eindeutig zum Nachteil eines Individuums gereichen, das alles weggibt oder jedem zufällig Vorbeikommenden den Weg zum eigenen kostbaren Wintervorrat weist. Aber auch eine ganze Gemeinschaft kann zu hilfreich und zu vertrauensvoll sein und dann im Wettbewerb unterliegen, wenn sie es mit einem betrügerischen Stammesmitglied oder mit einem Fremden zu tun bekommt. So sind Gemeinschaften in der Dritten Welt, beispielsweise im nordindischen Ladakh, auf tragische Weise eine leichte Beute von schönredenden Lieferanten des »Fortschritts« geworden. Sie haben freudig tausend Jahre ökologischer und sozialer Weisheit für das Versprechen von ein paar Jeans und für die Realität städtischer Armut aufgegeben.

»Aufgeklärtes Eigeninteresse« wäre der ideale Kompromiß. Doch hängt die praktische Definition von »aufgeklärt« davon ab, wer deine Nachbarn sind, sowie von einem ganzen Haufen sich ständig verschiebender Überlegungen. Bei vielen Spezies erweist sich Verwandtschaft als das Medium, durch das »Aufklärung« sich manifestiert, und ungezügelter Nepotismus feiert fröhliche Urständ. Eine Gruppe, die gemeinsame Gene hat, pflegt dann Ressourcen, Arbeit und Sicherheit eher unter sich zu teilen als mit anderen Mitgliedern der Gemeinschaft – mit der möglichen Ausnahme der sehr wichtigen Kategorie »potentieller Paarungspartner«. Würde sich die Vorliebe des Clans für seine Angehörigen auch auf die Wahl der Sexualpartner jedes einzelnen erstrecken, dann wäre der Genpool gefährdet. Daher ist dies *der* Bereich, in dem es sich lohnt, sich außerhalb des eigenen Familienkreises umzusehen. Natürlich haben sich in menschlichen Gemeinschaften der Clan selbst oder seine »Ältesten« oft das Recht vorbehalten zu definieren, wer ein »potentieller Sexualpartner« ist, und haben das nicht individueller Laune überlassen.

Machiavelli-Primaten

Abgesehen von der menschlichen Gemeinschaft zeigt sich die Spannung zwischen Kooperation und Wettbewerb nirgendwo deutlicher als bei den Primaten – was nicht überrascht, gibt es doch unsere gemeinsamen Ahnen erst seit etwas sechs Millionen Jahren auf der Erde. Inzwischen demonstrieren vor allem bei Schimpansen viele Beobachtungen dieses Dilemma und zeigen, wie es in unterschiedlichen Situationen auf unterschiedliche Weise gelöst wird. Ein hübsches Beispiel: Schimpanse A beobachtet einen Wärter, wie dieser an einem unauffälligen Ort ein Bündel Bananen aufhängt. Doch befindet sich Schimpanse B in der Nähe. Solange das der Fall ist, lungert Schimpanse A mit betont gleichgültiger Miene herum, ohne die Bananen zu beachten. B verzieht sich nach einer Weile, scheinbar von A's Verhalten getäuscht ... jedoch nur scheinbar. Er muß gespürt haben, daß irgend etwas im Busche ist, weil er sich sofort ein Versteck sucht, von dem aus er A beobachten kann, ohne selbst gesehen zu werden. Und kaum glaubt A sich unbeobachtet, läuft er los und holt sich die Bananen – um sie jedoch schnell wieder an den größeren B zu verlieren, dessen Geduld und Umsicht schließlich belohnt werden.

Ein zweites Beispiel, aus den Forschungsarbeiten von Frans de Waal (1988), ist wert, in voller Länge zitiert zu werden:

(Schimpanse) Yeroen hat sich während eines Kampfes mit Nikki eine Hand verletzt. Obgleich es keine tiefe Wunde ist, glauben wir zunächst, sie behindere ihn ziemlich stark, weil er lahmt. Am Tag darauf berichtet Dirk Fokkema, ein Student, seiner Ansicht nach lahme Yeroen nur, wenn Nikki in der Nähe ist. Ich weiß, daß Dirk ein guter Beobachter ist, kann ihm diesmal jedoch kaum glauben. Wir gehen hin, um die Szene zu beobachten, wobei sich herausstellt, daß Dirk recht hat: Yeroen geht an einem vor Nikki gelegenen Punkt vorbei zu einem Punkt hinter ihm. Solange er in Nikkis Blickfeld ist, lahmt er mitleiderregend. Kaum ist er jedoch an Nikki vorbei, ändert sich sein Verhalten, und er läuft wieder normal. Praktisch eine Woche lang wird Yeroens Verhalten auf diese Weise beeinflußt, wann immer er weiß, daß Nikki ihn sehen kann. *Interpretation:* Yeroen hat eindeutig geschauspielert. Er wollte Nikki glauben machen, er sei im Kampf ernstlich verletzt worden. Die Tatsache, daß Yeroen auf so übertriebene Weise Theater spielte, wenn er in Nikkis Gesichtsfeld war, läßt vermuten, daß er wußte, diese Signale würden nur Wirkung erzielen, wenn sie beobachtet wurden. Yeroen behielt Nikki im Auge, um zu sehen, ob er beobachtet wurde. Aus Vorfällen in der Vergangenheit, bei denen er ernsthaft verwundet wurde, mag er gelernt haben, daß sein Rivale in der Zeit, da er (notgedrungen) humpelte, weniger grob zu ihm war.

Solche Beispiele, von denen es inzwischen viele gibt, demonstrieren eindrucksvoll die Fähigkeit von Schimpansen, die Gefühle ihrer Artgenossen zu manipulieren, ihre eigenen Handlungen zu kontrollieren und ihre Aufmerksamkeit zu steuern – und zwar auf eine Weise, die subtil davon abhängt, mit wem sie es gerade zu tun haben. Und das Triebwerk für diese bemerkenswerte Fähigkeit ist ihr Vermögen, einander genau zu beobachten und die dabei entstehenden Gehirn-Geist-Muster in präzise funktionierende Modelle voneinander *als Individuen* einzubauen*. Lebt man in einer Gesellschaft mit feinen Abstufungen des sozialen Status, in die Individuen, denen man im Laufe eines Tages begegnet, ziemlich differenzierte»Persönlichkeiten« und Vorlieben besitzen, dann zahlt es sich aus, wenn man ein scharfes Auge für Verhalten entwickelt und die nichtverbale Sprache der Kultur erlernt, so daß man das Spiel der anderen mitspielen kann.

---

* Im allgemeinen gibt die *Aufmerksamkeit* eines Tieres einen guten Hinweis auf seine *Absicht*. Ich könnte den Anschein erwecken, Ihre Gedanken lesen zu können, indem ich lerne vorherzusagen, was Sie wahrscheinlich als nächstes tun – einfach aufgrund ihrer unbeabsichtigten Signale, die verraten, was Sie gerade interessant finden. Menschliche Babys sind fast von Anfang an Experten im Achtgeben, besonders auf die Aufmerksamkeitssignale anderer (ihrer Mütter). Das müssen sie auch sein, denn um die Sprache lernen zu können, brauchen sie die Befähigung herauszufinden, *worüber* ihre Mutter spricht. Und das bedeutet oft, imstande zu sein, auf die Augen ihrer Mutter zu schauen und aus ihrer Blickrichtung zu erkennen, wo das Objekt, von dem sie spricht, sich befinden könnte. Das ist eine ziemlich komplizierte geometrische Konstruktion.

Der Parapsychologe Nicholas Humphrey von der Universität Cambridge hat als einer der ersten die These vertreten, die außerordentliche Entwicklung der mentalen Fähigkeiten beim Menschen im Vergleich zu anderen Spezies (selbst den Primaten) sei gerade durch diese Notwendigkeit angeregt worden, geschickte Mitspieler bei sozialen Spielchen zu sein. Da hierbei jeder »Schachzug« potentiell durch einen Gegenzug gekontert werden kann (wie im ersten Beispiel, in dem Schimpanse B nur so tat, als sei er auf A's Versuch, ihn von den Bananen abzulenken, hereingefallen), sei es in der Gesellschaft zu einem sich ständig beschleunigenden »Rüstungswettlauf« sozialer Raffinesse gekommen. Die Entwicklungsjahre für den menschlichen Intellekt waren nach Humphreys Ansicht die Jahre, als der Mensch als sozialer Wilder in den Steppen Afrikas lebte. Er schreibt:

Es waren die Gegebenheiten des *sozialen* Lebens des Menschen – seine Zugehörigkeit zu einer auf komplexe Weise interagierenden menschlichen Gemeinschaft, die Notwendigkeit, gut für sich zu sorgen und zugleich andere zu unterstützen –, die mehr als alles andere dazu beigetragen haben, den Menschen als Spezies zu diesem gewitzten und einsichtigen Geschöpf zu machen, das wir heute kennen ... Damit die Menschen das Labyrinth sozialer Interaktionen miteinander aushandeln konnten, war es unerläßlich, daß sie ... die Befähigung erlangten, noch nicht realisierte Möglichkeiten vorauszusehen, Pläne und Gegenpläne zu schmieden und ihren ganzen Verstand gegenüber Angehörigen der eigenen Gruppe auszuspielen, die nicht weniger gewitzt waren als sie selbst.

Schon vor dem Auftreten verbaler Sprache war die Fähigkeit gut entwickelt, die Absichten anderer zu erkennen und die eigenen entweder kundzutun oder zu verbergen – durch subtile Variationen in der Körperhaltung, im Verhalten und in der Richtung des Blicks. Tatsächlich haben sich viele dieser Signale und die Reaktionen darauf bereits vor so langer Zeit entwickelt, daß sie im genetischen Code verkörpert wurden[*]. Doch kann genetische Vererbung nicht

---

[*] Der Oxforder Ethologe John Krebs beschreibt die Evolution ziemlich komplexer Signalsysteme unter Vögeln, von denen einige sehr merkwürdig erscheinen, solange man sie nicht in ihrem evolutionären Kontext betrachtet. »Beobachtet man ein paar miteinander streitende Kampfhähne, dann kann einer von ihnen plötzlich den phy-

auf alle charakteristischen Eigenarten der anderen Angehörigen einer Primatenkolonie vorbereiten. Dazu bedarf es des Lernens und vorzugsweise nicht sporadischer Beobachtungen und Begegnungen, sondern ausgedehnter »Einander-Kennenlern-Sitzungen« in kleinem Kreis. Welches Medium wäre für solche ausgedehnten »Gespräche« geeigneter als gegenseitige Hilfe bei der Aufzucht der Nachkommen. Schimpansen und Paviane, die in Gruppen von etwa fünfzig zusammenleben, verwenden bis zu 20 Prozent des Tages für diese Aktivität. Dadurch wird nicht nur »goodwill« aller untereinander geschaffen. Verbringt man so viel Zeit auf engem Raum miteinander, dann baut man eine ziemlich detaillierte Minitheorie der Vorlieben und Veranlagungen jedes einzelnen Gruppenangehörigen auf. In Gruppen dieser Größenordnung und bei einer Lebensweise wie der von Primaten kann eine solche Menge an Zeit der Pflege der Beziehungen gewidmet werden, ohne daß andere notwendige Aktivitäten darunter leiden. Nun werden soziale Gruppen jedoch größer und das Gemeinschaftsleben zunehmend komplizierter, weshalb die für die physische Aufzucht erforderliche Zeit ein Luxus wird, den man sich nicht länger leisten kann. Aufgrund der Erforschung heute noch existierender Gemeinschaften von Jägern und Sammlern, einfacher Ackerbaugesellschaften sowie archäologischer Funde hat Robin Dunbar von der Universität London die Ansicht vertreten, die ersten menschlichen Gemeinschaften hätten in Gruppen von 120 bis 150 Menschen gesiedelt – also erheblich größer als bei den Primaten[**]. Würde man in einer solchen Gruppe

sischen Streit des Hackens und Jagens abbrechen, um suchend auf den Boden zu blicken und zu picken. Diese Handlungen sind so unzusammenhängend und außerhalb des Kontextes, wie wenn ein Boxer mitten im Kampf um die Meisterschaft plötzlich sein Haar kämmen oder einen Snack essen würde.« Krebs ist der Ansicht, solche Handlungen entstünden aus natürlichen Begleitumständen von Zuständen innerer Konflikte, der Furcht oder der Störung. Diese wurde im Laufe der evolutionären Zeit ritualisiert, stereotypisiert und übertrieben. Sie wurden potentiellen Verbündeten oder Gegnern sozusagen als entweder zutreffende oder bewußt irreführende Hinweise darauf »angeboten«, wie man wahrscheinlich handeln werde. Der sein Gefieder putzende Kampfhahn gleicht einem Muhammad Ali, der seine Fäuste sinken läßt und vor Joe Frazier den Clown spielt. Es soll den Gegner dazu bringen, seine Fähigkeiten oder seinen Kampfeswillen zu unterschätzen und dementsprechend eine falsche Bewegung zu machen.
[**] Dunbar ist der Ansicht, es gebe immer noch Beweise dafür, daß auch in der modernen Welt 100 Mitglieder die richtige Anzahl für eine funktionsfähige mensch-

der Einzelerziehung dieselbe Zeit widmen, dann würde das nicht 20, sondern 40 Prozent der täglichen Aktivitäten in Anspruch nehmen, ein Prozentsatz, der die Nahrungsbeschaffung sowie alle anderen Tätigkeiten im Dienst der Gemeinschaft gefährden müßte.

Das Aufziehen von Nachwuchs als Bindemittel der Gemeinschaft wird ineffizient, weil es zwangsläufig eine Aktivität zwischen nur zwei (oder gelegentlich drei oder vier) Tieren auf einmal ist und man gleichzeitig nicht viel anderes tun kann. Mehr noch – eine Verdreifachung der Gruppengröße würde den Aufwand des nötigen sozialen Lernens erheblich steigern.

Dunbar meint, es müsse deshalb einen evolutionären Druck auf die Entwicklung alternativer Formen der Kommunikation hin gegeben haben – Formen, die es dem einzelnen ermöglichen, detaillierte Informationen über die anderen zu erhalten, während Hände und Füße gleichzeitig für andere Aufgaben frei bleiben. So tritt schließlich das gesprochene Wort in Erscheinung, als ideale Lösung für das »Aufzuchtproblem«. Natürlich beschleunigt es das soziale Lernen erheblich, wenn die Betreffenden imstande sind, einander nicht nur zu erzählen, wie sie sich gerade fühlen – woraus der Beobachter dann induktiv vorläufige Charakterbilder von ihnen destillieren müßte –, sondern auch mitzuteilen, welche *Art* von Person sie sind. Könnten die Leute gewissermaßen über sich selbst tratschen, dann würde sich schneller sozialer Klebstoff bilden. Und wären sie imstande, allgemeine Informationen über »Dritte« auszutauschen, dann wären Individuen (natürlich nicht immer genau oder angemessen) darauf vorbereitet, mit Charakteren umzugehen, denen sie bis dahin nicht begegnet sind.

Es ist eine Binsenwahrheit, daß ein Tier oder ein Mensch häufig auf eine frühere oder primitivere Stufe des Handelns zurückgreift,

liche Gemeinschaft sei. In den meisten modernen Armeen ist die Kompanie mit 130–150 Soldaten die kleinste selbständige Einheit. »Kompanien« im Geschäftsleben müssen sich oft in eine formale Hierarchie umstrukturieren, wenn sie die 150-Marke übersteigen. Die Hutterer, nordamerikanische religiöse Fundamentalisten, betrachten 150 als den maximalen Umfang für eine funktionierende landwirtschaftliche Gemeinschaft. Ihre Begründung: Wächst eine Gruppe über dieses Niveau hinaus, dann kann sie keine harmonische (und von Verbrechen freie) Gemeinschaft mehr allein durch den von den Ältesten ausgeübten Druck aufrecht erhalten. Sie müßte dann irgendeine Form von bürgerlicher und Strafgesetzgebung einführen.

wenn sich eine (in Hinsicht auf die Phylogenese oder Ontogenese) verfeinertere, aber jüngere Strategie als unzulänglich erweist – selbst wenn auch die ältere Strategie der Lage nicht gerecht wird. Da die Aufzucht, evolutionär gesehen, dem Tratschen vorangeht, würde es nicht überraschen, wenn man beobachten könnte, daß dieses »Bedürfnis« nach physischem Kontakt angesichts von Einsamkeit oder Verwirrung wieder in den Vordergrund tritt, oder auch in den besonderen Fällen, wo »Worte einfach nicht ausreichen«. Dazu schreibt Dunbar:»Kommt es zu wirklich intensiven Beziehungen, die für uns ganz besonders wichtig sind, dann verzichten wir unweigerlich auf Sprache und kehren zur altmodischen Form der Interaktion zwischen Primaten zurück – dem gegenseitigen Lausen.« Doch welche Form sollte das in unserer heutigen Welt angesichts unserer unbehaarten Körper annehmen? Sollten wir uns eifrig gegenseitig die Haare waschen oder der Geliebten das Ohrenschmalz aus den Ohren pulen? Die nächste Annäherung wäre vielleicht eine sanfte Massage, das Herzen und Drücken oder das nichterotische Streicheln. Vielleicht repräsentiert die zeitgenössische Sexbesessenheit ein Mißverständnis, eine Perversion dieses kaum vernehmbaren evolutionären Appells – zu umarmen und umarmt zu werden.

Moderne Zeiten

Sollten Dunbars Überlegungen in etwa zutreffen, dann würde dies bedeuten, daß unsere Gene uns noch immer dafür ausstatten, in Gemeinschaften von 150 Menschen zu leben. Und doch sind wir in unserer industrialisierten, urbanisierten und vom Fernsehen beherrschten Gesellschaft selten in Gruppen dieser Größenordnung tätig. Einerseits mag die Kleinfamilie (mit all ihren heutigen Variationen) zusammen mit den aktiven Freundschaften des einzelnen vielleicht nur ein Dutzend Leute oder weniger ausmachen. Dann bleiben uns – von diesem Standpunkt aus gesehen –, sobald wir unsere intimen Beziehungen entwickelt und uns gegenseitig so gründlich beobachtet haben wie nur möglich, noch ein unerfülltes Bedürfnis nach Klatsch und eine ungenutzte Klatschkapazität. Was können wir also tun? Wir lesen die Regenbogenpresse und werden süchtig nach Fernseh-Seifenopern. Diese liefern uns sozusagen Instantnachbarn, die wir kennenlernen und über die wir Gefühle und Meinungen entwickeln können. Obwohl wir Lady Di oder Michael Jackson wahrscheinlich nie persönlich begegnen werden, setzen wir sie auf unsere Liste »virtueller Bekanntschaften« und bereiten uns gründlich auf Begegnungen vor, zu denen es nie kommen wird. Die ungenutzten Kapazitäten unseres sozialen Gehirns greifen hungrig nach der nächsten saftigen Enthüllung darüber, »wie Prinz Charles *wirklich* ist«.

Andererseits zählen die gesellschaftlichen Institutionen, von denen wir ein Teil sind – die Schulen oder Firmen, in denen wir studieren oder arbeiten –, häufig tausend oder mehr Menschen. Und die Medien stellen uns täglich noch weitere Dutzende vor. Der Teenager von heute wirbelt in einem Strudel von Gesichtern herum – verschiedene Klassenkameraden und Lehrer, »echte« Helden und Heldinnen und »fiktive« Charaktere, deren Wirklichkeitscharakter jedoch kaum zu unterscheiden ist – und entflieht fast immer in die abgegrenzte Welt der »Intelligenzbestie«, des »Tunichtguts« oder der fanatischen Hingabe an irgendeine Fußballmannschaft oder einen Rockstar.

Während die kleineren Gruppen uns mit unserer überschüssigen Kapazität allein lassen, sind die größeren schwer zu handhaben. Trotz seiner Größe kann unser Gehirn uns nicht in die Lage versetzen, zu jedem Verkäufer oder Taxifahrer, dem wir begegnen, eine Beziehung zu entwickeln. (Das besonders Komische an der Filmfigur Crocodile Dundee, Sie erinnern sich vielleicht, bestand darin, daß er versuchte, seine für kleine Gruppen angemessenen sozialen Gewohnheiten auf eine Riesenstadt wie New York zu übertragen – indem er etwa den ganzen Tag mit jedem Taxifahrer oder Polizisten verbringen wollte, dem er zufällig begegnete.) Das Global Village ist zu groß geworden, während die lokale Gemeinschaft viel zu klein ist. Also staffieren wir uns mit Prominenten aus.

Wir leben wirklich in einer Zeit des »fragmentierten Geistes«, und die Anforderungen, die eine solche Kultur an den Gehirn-Geist stellt, sind in der Tat kaum zu bewältigen. Wie lassen sich die einzelnen Fäden auseinanderhalten, so daß man instinktiv weiß, wie man sich in Gegenwart der verschiedensten Leute verhalten soll? Und wie kann man sie gleichzeitig so weit integrieren, daß sich das entstehende Gewebe sozialer Fertigkeiten am Ende zu einem allgemein nutzbaren *savoir faire* entwickelt? Zu diesem Problem wollen wir nach dem kurzen Exkurs in diesem Kapitel im folgenden Kapitel zurückkehren.

Zuvor sollten wir jedoch kurz innehalten, um eine ganz entscheidende Schlußfolgerung zur Kenntnis zu nehmen. Die Menschheit hat unauslöschbare soziale Bedürfnisse. So wie es uns »im Blut liegt«, daß wir biologische Systeme sind – sowohl größer als die Summe unserer inneren Teile als auch in jedem Augenblick und unauflöslich mit größeren Systemen vernetzt –, so ist es auch in unsere Herzen eingeschrieben, daß es unsere Bestimmung ist, *zu etwas zu gehören*. Das gesellschaftliche Zusammenleben der Menschheit bedarf keiner weiteren Erklärung. Es ist genetisch in unserem Mark verankert. Deshalb sollte uns nicht die Tatsache zu denken geben, daß die Menschheit sich zu Gemeinschaften zusammenfindet, sondern daß es gelegentliche Ausnahmen in Gestalt von Einsiedlern gibt. Es sind die Einhand-Weltumseglerinnen, die Mönche, die fünf Jahre in Klausur gehen, die uns eine Erklärung schulden. Denn die allermeisten von uns sehnen sich die allermeiste Zeit danach, zu etwas zu gehören*.

---

* Dieser Standpunkt wird eindrucksvoll von Bruder David Steindl-Rast in seinem Dialog mit dem Physiker Fritjof Capra vertreten (»Wendezeit im Christentum«, Bern u.a. 1991). Für das neugeborene Baby ist der Drang, dazuzugehören, akzeptiert zu werden, so schnell wie möglich ein voll zahlendes Mitglied des Tennisclubs zu werden, ebenso stark und offensichtlich wie der Drang zum Nuckeln. Es will nichts mehr, als daß man ihm zeigt, wie man mit seinen älteren Partnern »tanzt«, und nichts ist frustrierender, als wenn sein zaghaftes Vertrauen in die Vorhersagbarkeit und Gegenseitigkeit dieser Begegnungen enttäuscht wird. Das Kind einer tauben Mutter zum Beispiel kann leicht den Tanz seiner Mutter lernen, auch wenn sein Rhythmus sich von dem einer Mutter, die hören kann, unterscheidet. Doch wenn diese Mutter deprimiert ist, ist sie vielleicht nicht in der Lage, die Hinweise des Kleinkindes aufzunehmen, oder mag es versäumen, selbst eindeutige Signale zu geben. Dann reagiert das Kleinkind erregt, und wenn es nicht bald wieder zu diesem »Tanz« kommt, dann ist sein Wohlbefinden, ja sogar seine kognitive Entwicklung in Gefahr.

92

7. Das Gehirn zum Sprechen bringen

Wir sprechen nicht nur, um anderen zu sagen, was wir denken, sondern um uns selbst zu sagen, was wir denken.

J. Hughlings Jackson

Im Verlauf der geistigen Entwicklung ereignet sich der bedeutsamste Augenblick, der zur Geburt der rein menschlichen Formen praktischer und abstrakter Intelligenz führt, dann, wenn Sprache und praktisches Tun, zwei zuvor vollständig getrennte Entwicklungslinien, konvergieren.

L. S. Vygotsky

Der forschende Geist

Wie wir gesehen haben, schwanken die Primaten in ihrer Kommunikation zwischen Mundhalten, Sagen, wie es ist, oder mit der Wahrheit »sparsam« Umgehen. Zumindest gelegentlich lohnt es sich, das, was man weiß, mit anderen zu teilen. Bei einem Schwätzchen mit einem Mitglied der Gemeinschaft, vor allem mit jemandem, der in der Vergangenheit großzügig bei der Weitergabe von Informationen war, wäre es natürlich nützlich, *Fragen stellen* zu können. Stoßen Sie bei dem, was Sie gerade tun, auf unerwartete Schwierigkeiten, und ist zufällig niemand in der Nähe, der dieselben Absichten mit größerem Erfolg verfolgt und Ihnen als Modell dienen können, dann liefert vielleicht eine höfliche Nachfrage genau den Tip, den Sie brauchen, um weitermachen zu können. Fragen wie »Was ist das?«, »Wie haben Sie das gemacht?« oder »Wie ist Emma denn so?« wären nützliche Werkzeuge – sicherlich nicht in jedem einzelnen Fall von Nutzen, aber hilfreiche Beiträge zum Spektrum der Lernstrategien.

Manchmal kommunizieren die Angeredeten etwas zurück, das das fehlende Glied in einer Problemlösungskette liefert. Doch manchmal sagt uns das, was sie anzubieten haben, nicht so sehr etwas Neues, sondern erinnert uns nur an etwas, das wir bereits »wußten«, das jedoch in einer anderen Unterabteilung des Gehirns gespeichert hatten, die gerade nicht aktiv war. Am Ende des 5. Kapitels haben wir als eines der Probleme des Mosaikgeistes erkannt, daß einzelne Minitheorien durchaus Informationen besitzen können, die in einem anderen Kontext potentiell nützlich wären, wobei das System als ganzes jedoch keine Möglichkeit hat, das zu »wissen«. Es könnte unerhört hilfreich sein, wenn verschiedene Unterabteilungen des Geistes in der Lage wären, miteinander zu sprechen.

Fragenstellen und Antworterhalten haben die Macht, verschieden Minitheorien zusammenzubringen – sie parallel zu aktivieren –, so daß sie imstande sind, ihre *internen* Ressourcen miteinander zu teilen. Erweist sich diese Zusammenarbeit als fruchtbar, dann könnte zwischen ihnen eine Art funktionelle Allianz geschmiedet werden. Man könnte im »Ordner X« eine Notiz hinterlassen:»Hast du Schwierigkeiten dieser oder jener Art, dann schlage im Ordner Y nach.« Der Nettoeffekt einer hilfreichen Antwort könnte also darin bestehen, Brücken *innerhalb* des vorhandenen Gehirn-Geist-Systems zu schlagen.

Daniel Dennett hat jedoch darauf hingewiesen, daß bei diesem Szenario Publikum manchmal überflüssig sein kann. Angenommen, ich stelle jemandem eine Frage, der mir nicht helfen kann oder helfen will. Oder ich stelle meine Frage vielleicht sogar laut, anfangs vielleicht aus Versehen, wenn da niemand ist, der sie hört. Wozu könnte das wohl gut sein? Wenn ich mir selbst Fragen stelle, wäre das – so fragt Dennett – nicht genauso sinnlos, wie mir selbst ein Trinkgeld zu geben, wenn ich mir einen Drink mache? Durchaus nicht, denn die Frage selbst könnte ein »Wort« oder eine Aktion enthalten, die an sich schon genügen, um eine neue Minitheorie zu aktivieren. Die Minitheorie X, die sich mit dem »Fangen von Termiten« beschäftigt, könnte zwar imstande sein zu sagen:»Was für eine Art von *Stock* könnte man denn nehmen, um diese verdammten Termiten aus diesem verrotteten Baumstumpf herauszukriegen?« Aber für sich genommen enthielte sie nicht gerade umfassende Informationen über Stöcke im allgemeinen. Der Klang des Wortes »Stock« jedoch könnte denselben Wert haben, wie wenn jemand anderer es benutzt hätte: Er könnte Teil des »Rufzeichens« von Minitheorie Y geworden sein, die beispielsweise mit »Spielzeug« zu tun hat. Nun ist zum erstenmal der Routinemechanismus »Dinge, mit denen man gut spielen kann« gleichzeitig mit dem »Termiten fangen«-Routinemechanismus aktiv, und Information, die ursprünglich im Kontext des einen Zwecks gespeichert wurde, wird nun für die Verfolgung eines anderen Zwecks verfügbar. Es kommt zu einer primitiven Form von »Einsicht«.

Denken

Natürlich gibt es dabei einen Haken. Ist man mit einer ganz privaten Angelegenheit beschäftigt, dann wäre es lästig, wenn man die ganze Zeit laut zu sich sprechen müßte. Außerdem könnten Rivalen in der Nähe sein, die unseren Monolog mithören, dadurch dazu angeregt werden, in derselben Richtung zu denken, dieselben Verbindungen herzustellen und uns bei der Lösung vielleicht zuvorkommen. Es wäre also sehr nützlich, wenn wir diesen Trick der Auto-Stimulation, besonders wenn wir in Gesellschaft sind, *sotto voce* anwenden könnten, so daß niemand mitbekommt, was wir im Schilde führen. Könnte man die Schleife kurzschließen, der man ursprünglich von einer Minitheorie zur anderen auf dem Weg über offene Schallwellen folgen mußte, und die Verbindung zwischen »Sprechen« und »Hören« innerlich herstellen, dann wäre die Möglichkeit der »Industriespionage« ausgeschlossen. Zum Glück ist dies einer der Tricks, die zu erlernen die Evolution uns ausgerüstet hat. »Nachdenken«, im spezifischen Sinn der Fähigkeit, lautlos mit sich selbst zu sprechen, ist eine andere machtvolle Strategie der Vernetzung unserer Lernprozesse.

Tatsächlich vermag uns *jedes beliebige* Medium, mittels dessen wir den *Output* eines Teils des Geistes einem anderen Teil als potentiellen *Input* zur Verfügung stellen können, auf dieselbe Weise zum Vorteil gereichen. Malen kann ein solches Hilfsmittel sein, das Tagebuchschreiben ein anderes. Wieder ein anderes: sich selbst in einem Spiegel oder auf einem Videoband betrachten. Und die Befähigung zu sinnlicher Vorstellung und spielerischem Phantasieren kann im selben evolutionären Licht gesehen werden. Ist eine bestimmte Minitheorie aktiviert, so mag das unter anderem den Effekt haben, daß sinnesempfindliche Teile des Gehirn-Geistes aktiviert werden, die jenen Schauplätzen entsprechen, an denen das betreffende Skript gewöhnlich aufgeführt wird.

Träumen und Imaginieren

Angenommen wir erlernten die Fähigkeit,»die Schwelle« der Aktivität, die benötigt wird, um diese sensorischen Teile des Gehirn-Geistes zu zünden, so weit zu senken, bis sie knapp über dem Level ihrer gewöhnlichen Aktivierung liegt. Dann könnten jene Elemente, die zudem noch Stimulation durch bestimmte Bedürfnisse erfahren und/oder die selbst erst kürzlich stimuliert worden sind, die Schwelle überspringen und»wach« werden, wodurch genau der Effekt erzeugt würde, den eine Stimulation von außen gehabt hätte. Der Gehirn-Geist wäre in der Lage, etwas zu sehen, was zu sehen ihn *interessiert*, nicht so sehr etwas, das von außen kommt. Genau das ist»Imagination«. Und ebenso wie es im sprachlichen Bereich ein internes Zusammenschalten von Sprechen und Hören gibt, so könnte das imaginierte Produkt einer Minitheorie – das Muster der Aktivierung im sensorischen System – dann als potentieller Input für eine andere Minitheorie verfügbar werden.

Wir könnten auf diesem Fundament sogar eine Theorie des Träumens aufbauen. Nachts kommen in einer Fabrik keine Lastwagen mit Materialien an und fahren nicht mit bestellter Ware wieder ab. Es sind keine Telefonanrufe zu beantworten, und es ist kein Streit am Arbeitsplatz zu schlichten. Das bedeutet jedoch nicht, daß überhaupt nichts geschieht. Es ist Aufgabe der Nachtschicht, einen Teil der Späne zu beseitigen, die am Tag angefallen sind, Maschinen und Ausrüstungsgegenstände zu reinigen und vielleicht sogar der Unternehmensstrategie ein paar Gedanken zu widmen. Analog dazu ist die Aktivität des Gehirns während des Schlafes viel weniger von Inputs abhängig, die jeden Augenblick von der Außenwelt und vom

Körper hereinkommen. Das Gehirn macht zwar nicht den Laden dicht, ist jedoch »off line«. Im System fließt weiterhin Aktivität, doch die Art, *wie* sie fließt, ist ziemlich anders. Der Fluß wird erheblich mehr durch interne Verschiebungen von Aktivierung und Neigungen gelenkt. Bereiche, die zwar »gut angeregt« sind, die während des Tages jedoch selten jenen letzten Anstoß erhalten, der sie aktiviert, haben eine bessere Chance, im nächtlichen Aktivitätsfluß zum Zuge zu kommen.

Mit einiger Plausibilität könnten wir auch argumentieren, daß die Schwelle der Hemmung, durch die das aktive Muster sich normalerweise isoliert, etwas niedriger ist. Während des Tages ist es die Hauptaufgabe des Gehirn-Geistes, alle eintreffenden unterschiedlichen Signale zu integrieren und dafür zu sorgen, daß nur die Untersysteme gleichzeitig aktiv werden, die sich nicht gegenseitig behindern. Man kann sein Essen verdauen, während man gleichzeitig mit dem Hund spazieren geht. Man kann jedoch nicht den Hund Gassi führen und gleichzeitig das Abendessen zubereiten und sich die Haare schneiden lassen. Während des Tages gestaltet eine erhöhte Tendenz aktiver Muster, die anderen abzuschalten, den Konkurrenzkampf heißer; wenn dann ein bestimmter Handlungsablauf gewinnt, kann er für den Augenblick sicherer sein, die Bühne für sich allein zu haben.

All das summiert sich zu einem System, in dem (in der Nacht oder während des Tagträumens) die Dinge, die man »im Hinterkopf hat«, mit größerer Wahrscheinlichkeit voll aktiviert werden und in dem es eher möglich ist, daß sehr unterschiedliche Bereiche gleichzeitig tätig werden können. In diesem System werden die imaginären Produkte eines »Erfahrungsfeldes« deshalb mit größerer Wahrscheinlichkeit andere »Felder« aktivieren, vielleicht auf der Grundlage eines Bildes oder Symbols, das beiden gemeinsam ist, das jedoch für keines von beiden von zentraler Bedeutung zu sein scheint. Träumen ist ein Weg, Vorstellungsbilder zu benutzen, um Verbindungen zwischen unterschiedlichen Minitheorien zu erkunden, die vielleicht emotional oder von der Motivation her »aufgeladen« sind und die im Laufe des Tages vielleicht aufgefrischt – stimuliert oder angeregt – wurden. Diese rein spekulative Story macht zumindest drei allgemeine Merkmale von Träumen leichter verständlich: bizarre Assoziationen, emotionale Aufladung und Themenbezogenheit. Sie würde auch die Schlüsselrolle erklären, die Freud Wortspielen, Symbolen und Mehrdeutigkeiten beimißt. Diese sind genau die kleinen Durchgänge und Tunnel, die von einer mentalen Unter-Welt in eine andere führen.

Wie gewohnt fühle ich mich verpflichtet darauf hinzuweisen, daß diese Theorie des »Träumens« keiner *bewußten* Einschätzung des Trauminhalts bedarf. Sie beschreibt einfach einen Mechanismus, durch den der Gehirn-Geist sich die Stille der Nacht zunutze macht, um einige der nötigen Hausaufgaben und Buchführungsarbeiten zu erledigen. Ebenso wenig besteht die Notwendigkeit, das Bewußtsein heranzuziehen, um den Wert des Sprechens zu sich selbst, des Zeichnens oder Imaginierens zu rechtfertigen. Wir sind so sehr daran gewöhnt, uns selbst als *bewußte* Wesen zu denken – mit dem Bewußtsein als Mittelpunkt der meisten uns interessierenden Funktionen –, daß es einer gewissen Bemühung bedarf, um zu sehen, wie gut das Mit-sich-selbst-Sprechen funktioniert, auch wenn da niemand ist, der es »zur Kenntnis nimmt«, und daß ein großer Teil unseres Schlafes »unbewußtem Träumen« gewidmet sein könnte.

Um zu erklären, warum *einige* unserer Aktivitäten und Erfahrungen mit Bewußtsein einhergehen und was sie von den anderen unterscheidet, muß man mehr vom Geist verstehen, als meine Story bisher zusammengetragen hat. Was ich zum Beispiel über das Träumen gesagt habe, erklärt nicht, warum die Träume, derer wir uns bewußt sind, so oft rätselhaft und symbolisch sind. Grob gesehen ist es fast so, als könnten zwei Minitheorien gleichzeitig aktiv sein, wobei jedoch nur ein Teil von jeder ins Bewußtsein gelangt. Wie in Kinderbüchern, deren Seiten so geschnitten sind, daß man die obere Hälfte eines Tieres mit der unteren eines anderen zusammenbringen kann, erleben wir in Träumen vielleicht den visuellen Gehalt des einen Bereichs gekoppelt mit dem emotionalen Gehalt eines anderen. Zwar erreicht man seinen Zug rechtzeitig … und doch ist dieses Geschehen erfüllt von intensiven Gefühlen der Zweideutigkeit, des Zweifels oder der Angst, die mehr an die Situation an unserem Arbeitsplatz erinnern. Wie Freud festgestellt hat: Um erklären zu können, was ins Bewußtsein gelangt, brauchen wir Vorstellungen wie »Selbstbild«, und »Abwehrreaktion« (Zensur), aber so weit sind wir in unserer Story noch nicht …

Aus der Milch der Erfahrung Konzepte buttern

Wie wir wohl schon vermutet haben, hat auch hier die Evolution die Lösung für ein Problem gefunden – in diesem Fall die Sprache als Hilfsmittel zur Erzeugung von sozialer Bindung –, von der sich dann herausstellt, daß sie unvorhergesehene Vorteile (und Kosten) mit sich bringt. Die zunächst nur als soziales Werkzeug gedachte Sprache erweist sich als Schlüssel zur Lösung der immer dringlicheren Probleme interner Kommunikation, die das Gehirn sich selbst geschaffen hat, als es für eine auf Unterabteilungen beruhende Organisationsform optierte. Das eigene Wissen in separate Päckchen zu unterteilen war eine Lösung für das frühere Problem, sich Zugang zu einem wachsenden Wissensfundus zu verschaffen. Da die Anzahl der separaten Intelligenz»module« jedoch explosiv zunahm, wurde diese Lösung langsam zu einem ernsthaften Problem für die interne Buchführung. Als Schlüssel zu diesem Problem erweist sich die Entwicklung von Sprache zur Vermittlung sozialen Wissens. Die Evolution setzt sich aus solchen Zufällen und Koinzidenzen zusammen. Als erstes war, wie wir eben gesehen haben, ein gemeinsamer Begriff in der Lage, zwei zuvor separate Minitheorien miteinander in Berührung zu bringen, und aus diesem anfänglichen Kontakt konnte wie in einem »Klub der einsamen Herzen« eine erfolgreiche und wechselseitig nützliche Beziehung entstehen. Doch ist dies immer noch eine Art der Partnerschaftsvermittlung, die auf dem Prinzip des Zufallstreffers aufgebaut ist und Einzelpersonen miteinander bekannt macht, wenn sie auf dem Antragsformular dieselben Interessen oder »erwünschten Charaktermerkmale« anführen. Dabei findet manchmal ein glückliches Paar zusammen, doch wird die Gemeinschaft als Ganzes nicht grundlegend davon betroffen. Wie sich herausstellen sollte, war das Potential der Sprache zur Integration des Wissens des Mosaikgeistes wesentlich weitreichender.

Während ein Tier aufwächst, wird jedes seiner »Skripts« – die Szenarios, in die es sich gestellt sieht und die es zu handhaben weiß – zunehmend ausgeklügelter und subtiler. Minitheorien werden mit Optionen und Möglichkeiten angereichert, mit Tricks und Manövern, die ihm helfen, mit den sich ändernden Gegebenheiten einer Situation umzugehen. Die Routine »wie komme ich an Mutterns Milch« vermag jetzt Mutterns Stimmung zu berücksichtigen, ob andere Geschwister sie gerade belästigen, ob sie sich gerade für einen vorbeigehenden Mann interessiert, welche Tageszeit es ist und dergleichen mehr. Und in dem Maß, in dem die Skripts »von Erfahrung gesättigt werden« (um den anschaulichen Ausdruck von Vygotsky zu verwenden), beginnen sie sich in verschiedene Unterskripte auszukristallisieren: Elemente und Interaktionen, die unter verschiedenen Gegebenheiten immer wieder in Erscheinung treten. Das, was ich über »Mama« gelernt habe, ist (über)tragbar: Es taucht in der Routine des Stillens auf, in der des Spielens und in der der Aufzucht. Mit Hilfe der Partnervermittlungsagentur der Sprache werden die situationsübergreifenden »Konzepte« – denn dazu sind sie jetzt geworden – herauskristallisiert. Werden zwei verschiedene Bereiche gemeinsam aktiviert, dann erhalten die ihnen gemeinsamen Untergruppen eine »doppelte Dosis« von Aktivierung, das versetzt sie, nach den inhärenten Regeln der neuronalen Gemeinschaft, in die Lage, eine besonders fest zusammenhaltende Gang zu bilden, die weniger fest an ihre beiden ursprünglichen Bereiche gebunden ist.

Die Hauptorganisationsform des Gehirn-Geistes kann sich nun radikal verschieben. Vorher war die Topographie durch die unterschiedlichen *Situationen* definiert worden, an denen ein Tier wiederholt beteiligt war. Dinge wurden assoziiert, weil sie im täglichen Leben in Raum und Zeit gemeinsam aufzutreten pflegten. Mit der Entdeckung stabiler Konfigurationen der Erfahrung, die in einer Vielfalt von Szenarios auftreten konnten, konnte das Gehirn jedoch nach und nach seine Muster auf *begrifflicher* Basis auskristallisieren und organisieren. Jeder »Begriff«, jeder Kontext bildet einen kleinen Strudel von Erfahrung, der in den Kontext der persönlichen Geschichte weniger fest »eingebettet« ist. Jetzt kann er durch das

Medium der Sprache mit ähnlichen »Arten« von Begriffen assoziiert werden und nicht bloß mit seinen engsten Verwandten – der Familie, in der er aufgewachsen ist. »Stöcke zum Spielen« und »Stöcke zum Ausgraben von Termiten« können nunmehr unter dem allgemeinen Begriff »Stöcke« zusammengefaßt werden, und diese Begriffe können als Angelpunkte zur Verknüpfung von unterschiedlichen Szenarios fungieren. Das in jedem einzelnen Skript vorhandene Wissen wurde jetzt erheblich breiter verfügbar, und das Vermögen des Gehirn-Geistes, Probleme zu lösen – auf flexible Weise aus der Essenz seiner Erfahrungen Nutzen zu ziehen und neue Lösungsmöglichkeiten für noch nicht dagewesene Herausforderungen zu finden –, nahm sprunghaft zu.

So entsteht über der Landschaft der Minitheorien als »Aufzeichnung persönlicher Erfahrung« langsam eine neue, begrifflich organisierte Ebene. Und jedem dieser Konzepte konnte man einen »Namen« geben. So wie sich Konzepte aus den Skripts des Lebens herauskristallisierten, so erhielten Wörter allmählich einen eigenen Status. Sie waren nicht nur Komponenten eines Konzepts, sondern konnten auf das Konzept als ganzes *hinweisen*. Das Grunzen eines Büffels oder der Geruch seines Dungs können uns warnen, daß ein Büffel in der Nähe ist. Auf diese Weise kann das ganze »Büffelpaket« angeregt, sozusagen in Bereitschaft versetzt werden, so daß unsere Sinne darauf eingestellt sind, weitere Hinweise auf einen Büffel zu registrieren, und unsere Muskeln darauf vorbereitet sind, ihre »den Büffel erschrecken«-Routine ablaufen zu lassen. Doch mit einem Wort kann ich Ihr Gehirn veranlassen, das Büffelpaket zu aktivieren, bevor Sie selbst irgendeine andere Information aufgenommen haben, und damit vielleicht Ihr Leben retten.

Mit Hilfe von Wörtern läßt sich die »Enzyklopädie« der Konzepte nach Kategorien organisieren, systematisch indizieren und kann, auch wenn die Dinge selbst nicht da sind, abgefragt werden. Jedes Wort ist wie eine Flagge, die im Zentrum des Konzepts gehißt wurde und es uns möglich macht, es schneller und auf flexiblere Weise zu finden. Und solche Wortflaggen können zu aussagefähigeren Strängen zusammengebunden werden, so daß neue Ideenverbindungen, die weder Sie noch irgend jemand anders jemals zuvor erfahren haben, hervorgezaubert werden können, wie zum Beispiel eine Libelle aus einem Öltanker. Aus der Sprache entsteht ein unglaublich machtvolles »zweites Signalsystem«, wie Pawlow es nannte. Es überlagert die auf ganz bestimmte Zwecke ausgerichteten Programme der Erfahrungswelt und bindet sie zusammen. Man kann die Entwicklung des Gehirn-Geist-Systems also in Begriffen der Ausbildung von drei Schichten sehen. Auf der untersten Ebene, als Grundlage, auf der alle Aktivitäten des Gehirns aufbauen, finden wir das unendlich verschlungene Netzwerk von Nervenfasern, die von der Erfahrung langsam zu funktionellen Gruppen zusammengeschweißt werden. Sobald diese Landschaft differenziert und vielfältig geworden ist, beginnt die zweite Schicht zu emergieren – das Herausarbeiten von Aktionen, Objekten oder Unterskripts, die die Tendenz haben, in verschiedenen Bereichen aufzutreten. Konzepte werden aus den jeweiligen besonderen Zusammenhängen herausgezogen oder »herausgelöst« und statt dessen zu einer anderen Art von Teppich verwoben – einem Gewebe, das nicht mehr in Hinsicht darauf organisiert ist, ob die Dinge in der Erfahrung zufällig gemeinsam auftreten, sondern in Hinsicht auf ihre begriffliche, funktionelle oder semantische Beziehung. Die dritte Ebene ist dann die der Sprache selbst: der Überbau der immer abstrakteren Ausdrücke, deren Bedeutung sich zunehmend aus den Verbindungen herleitet, die zu anderen Wörtern geknüpft werden, und nicht aus den Verbindungen zum Substrat der persönlichen Erfahrung. In diesem dritten Bereich kann die Syntax mich in die Lage versetzen, Netze von Wörtern zu weben, die nicht weniger wunderbar sind als ein Spinnennetz und die nicht unbedingt eine Grundlage in den Mustern der Ebene persönlicher Zwecke und Erfahrungen haben müssen. So schön sie auch sein mögen, in Hinsicht auf das Überleben mögen sie nur geringen Wert haben. Wie wir nur zu gut wissen, muß ein hochgelehrter Psychologe nicht unbedingt der glücklichste oder geschickteste Praktiker in der Kunst des Lebens sein. Diese drei Ebenen sind, natürlich, nicht voneinander getrennt, sondern auf vielfache Weise miteinander verknüpft, wenn auch nicht vollständig. Wenn ich mir große Mühe gebe, kann ich mit Wörtern vielleicht eine Form erzeugen – ein Gedicht zum Beispiel –, die in Ihnen eine einigermaßen zutreffende Kopie meiner eigenen Erfahrung hervorruft. Oft genug jedoch verliert sich der Versuch, über »das Leben als solches« zu sprechen, auf endlosen Nebenpfaden in der weiten Ebene der sprachlichen Landschaft, ohne jemals vertikal in die »Minen« persönlichen Sinns abzusinken. Andererseits kann ein Teil meines Erfahrungswissens sich den Weg hinauf in die Welt der Konzepte und Wörter bahnen. Ich kann von Zeit zu Zeit eine »Einsicht« haben, ein spontanes Emporsprudeln eines bisher noch nicht erkannten oder artikulierten Musters in die Sprache. Aber viel, ja ich möchte behaupten, der größte Teil von dem, was ich über Menschen, die Schwerkraft, Wasser, Gerechtigkeit, Kochen und das Verhalten von Katzen gelernt habe, bleibt unter der Oberfläche und funktioniert dort auf wunderbare Weise, ohne jemals Wörtern oder dem Denken zugänglich zu werden.

Spielerisches Lernen

Es ist manchmal gefährlich, den Verlauf der Evolution mit dem der Entwicklung des Kindes gleichzusetzen. Psychologen stellen gern fest, daß die Ontogenese nicht (immer, zwangsläufig) die Phylogenese rekapituliert. An dieser Stelle meine ich jedoch, können wir das einmal riskieren. Andy Clark von der Universität Sussex und Annette Karmiloff-Smith in London haben vor kurzem die These aufgestellt, es sei die Fähigkeit, das Allgemeine aus dem Besonderen herauszudestillieren und dies auf immer abstrakteren Ebenen zu tun, was den Gehirn-Geist des Menschen von dem seiner nächsten evolutionären Vettern unterscheidet. Und es sei genau diese zunehmende Verfeinerung des inneren Prozesses des Herausdestillierens und Neufassens, der die Entwicklung des menschlichen Kindes am deutlichsten charakterisiert. Karmiloff-Smith hat viele Belege dafür zusammengetragen, daß das Lernen bei Kindern nicht in dem Moment aufhört, wo sie eine bestimmte Aufgabe oder einen bestimmten Bereich gemeistert haben. Vielmehr »schalten sie an diesem Punkt in einen anderen Gang« und bedienen sich einer anderen Art des Lernens, bei der sie mit dem spielen, was sie gelernt haben, und dadurch Beziehungen zwischen verschiedenen Bereichen aufdecken. Sie sind dabei bereit, vorübergehend den – eng definierten – Erfolg zu opfern, um Prinzipien und Verallgemeinerungen ans Licht zu fördern, die in dem ursprünglich Gelernten latent vorhanden waren.

Bei einer Untersuchung wurden vier- und fünfjährige Kinder aufgefordert, ein »wirkliches« und dann ein »verrücktes« Haus zu malen. Sie beherrschten bereits die Kunst, ein stilisiertes Haus zu zeichnen; doch als sie sich fröhlich daran machten, nun ein »verrücktes« Haus zu zeichnen, brachten sie nichts anderes als vorher zu Papier. Ihre an sich erfolgreiche Routine des »Häusermalens« war ein Einzelprogramm, das keinerlei spielerische Veränderungen zuließ. Und als man die Kinder aufforderte, einen »Menschen mit zwei Köpfen« zu zeichnen, malten alle außer einem fleißig zwei getrennte Körper, jeder mit einem Kopf. Obwohl die Kinder wußten, daß es nicht das war, was man von ihnen verlangt hatte, waren sie außerstande, es besser zu machen. Im Gegensatz dazu waren ältere Kinder in der Lage, ungewöhnliche Häuser oder Körper mit zwei Köpfen flüssig und oft kreativ zu malen.

Wenn Kinder etwas Neues lernen, dann ist es so, als flickte ihr Gehirn-Geist zunächst alle einzelnen Stücke und Brocken zusammen, die zur Bewältigung der Aufgabe hilfreich zu sein scheinen, so wie jemand nach einem Schiffbruch alles, was schwimmt und an ihm vorbeitreibt, zusammensammelt, um eine Art Floß daraus zu machen. Hat er jedoch erst einmal Land unter den Füßen und ist in Sicherheit, kann das Gehirn das Floß vielleicht ins »Trockendock« holen, es auseinandernehmen und ganz anders neu zusammensetzen oder die Materialien zusammen mit anderen benutzen, um ein besser konstruiertes Boot zu bauen, mit dem sich anspruchsvollere Entdeckungsreisen unternehmen lassen. Diese inhärente Neigung, Bindeglieder und Beziehungen zwischen verschiedenen Bereichen des Verstehens aufzuspüren, mag erklären, warum Kinder spielen und warum die *Sprache* ihrer Spiele so symbolisch ist. Metaphern und »so tun als ob« sind Hilfsmittel, um zwei (oder mehr) Bereiche gleichzeitig zu aktivieren und zu sehen, was dann geschieht.

Drei Aspekte dieses Prozesses müssen hervorgehoben werden: Erstens wird nur ein kleiner Teil dieser Verbesserungen verbal ausgedrückt und/oder dem Bewußtsein zugänglich. Zweitens kann bei diesen Versuchen, herauszufinden, ob zwei separate Bereiche aus einer teilweisen Verschmelzung Nutzen ziehen können oder besser getrennt bleiben sollten, ein »gescheitertes« Experiment ebenso informativ sein wie eines, das reibungslos zum Erfolg führt. Kinder scheinen oft »regressive« Perioden durchzumachen, manchmal nur für ein paar Minuten, manchmal tage- oder wochenlang – zum Erstaunen und zur Besorgnis ihrer Eltern. Doch ist der langfristige Wert dieses seltsamen oder »kindischen« Verhaltens von unschätzbarem Wert, ungeachtet dessen, ob Kind oder Eltern bewußt ist, was da vor sich geht.

Drittens beansprucht dieser Vorgang des »Lernens über den Erfolg hinaus« seine Zeit. Und *wieviel* Zeit er braucht und welche Arten von Aktivitäten nötig sind, damit er stattfinden kann, ist von niemandem vorherzusagen oder zu kontrollieren, nicht einmal vom Lernenden selbst. Es hängt völlig davon ab, in welchen »Zustand« das Gehirn sich befindet, wenn das Kind damit beginnt, und welches seine sich ständig verschiebenden Prioritäten sind. Das Gehirn hat seine Gründe, von denen das Bewußtsein des Lernenden wenig weiß und das des Lehrers noch weniger. Das läuft auf zwei ganz einfache Erziehungsprinzipien hinaus: Nachsinnen und gedankliches Experimentieren, so lebenswichtig sie sind, können nicht gelehrt werden, und ihre Entwicklung läßt sich nicht beschleunigen. Da unsere Bildungseinrichtungen auf allen Ebenen, von der Vorschule bis zur Universität, auf dem sinnlosen Geschwätz der Lehrer aufbauen, die es immer so eilig haben, besteht wenig Hoffnung, daß der Gehirn-Geist sich so *entwickeln* kann, wie er es seiner Anlage nach eigentlich sollte. Entweder tastet er ratlos herum und gibt schließlich sein Scheitern zu, oder er erlernt den Trick, sich in dünne Schichten aufzuspalten, so daß viele Schichten halbverdauten Wissens aufeinandergestapelt werden können. Dann wird der Geist zu einem archäologischen Ausgrabungsort, von Fragmenten vergangener Zivilisationen übersät. Und das vereinende Potential der Sprache wird von der Ungeduld jener untergebuttert, die wohl oder übel »den Lehrplan einhalten müssen«.

Die Sprache macht sich selbständig

Wie wir gesehen haben, können Primaten ihre nichtverbale Sprache benutzen, um andere in eine falsche Richtung zu lenken und sie zu täuschen, aber auch um sie zu informieren. Indem der Prozeß, in dem Konzepte aus ihrem sozialen Kontext herausgelöst und Wortgeflechte gewebt werden, mit denen man ihnen Ausdruck verleiht, sich ausweitet, nimmt auch die Fähigkeit zu bewußter oder unbeabsichtigter Fehldarstellung zu. In dem Maße, in dem Wörter für Dinge miteinander verwoben werden, ist es möglich, über Verbindungen von Konzepten zu sprechen – oder sich diese vorzustellen –, die noch nie zusammen aufgetreten sind oder auftreten konnten. »Ein Hund jagt eine Katze« ist sehr wahrscheinlich Ausdruck einer Erfahrung; die Bestandteile dieses Satzes und die Beziehungen, die zwischen ihnen hergestellt werden, entsprechen der Art, wie man die Dinge erlebt hat. »Eine betrunkene Katze jagt einen Arabistikprofessor« – das ist kein Stoff, der unmittelbarer Erfahrung entstammt, sondern der Literatur, der Fiktion. Er wird nicht durch gewohnte Bahnen im Gehirn unterfüttert, sondern schwebt etwas freier umher, kann vielleicht visualisiert, aber nicht direkt in die persönliche evolutionäre Geschichte eingebaut werden. »Eine ehrgeizige, jedoch geistesabwesende Katze überfuhr mit ihrem Mercedes die Bundeskanzlerin«… da muß man sich schon mehr Mühe geben, Vorstellungen von hier und da zusammenklauben und sie hin- und herschieben, um irgendeinen Sinn darin zu finden: Das ist die Welt der Phantasie, des Märchens. »Meine Katze hat gerade deinen Kanarienvogel gefressen« – das ist, obwohl Sie es noch nicht wissen, eine glatte Lüge; ich will Sie auf die Schippe nehmen, mich wenigstens ein bißchen revanchieren für all die fürchterlichen Dinge, die Sie mir in Ihrer Gedankenlosigkeit angetan haben.

»My car ran over your dog« (»Mein Auto hat Ihren Hund überfahren«) ist klar genug. *»My karma ran over your dogma«* (»Mein

Karma hat Ihr Dogma überfahren«) ist da schon vertrackter. Das ist natürlich nur ein Kalauer. Aber kann er, *könnte* er irgendeinen *Sinn* haben? Hier scheint die Sprache ein Eigenleben gewonnen zu haben, und das Spiel, herauszufinden zu versuchen, ob wir überhaupt etwas meinen, *was* wir vielleicht meinen könnten, und *wie* um Himmels willen wir sagen sollen, ob der eine Sinn »wahrer« oder »interessanter« als die anderen ist – dieses Spiel kann dafür sorgen, daß immer neue Bücher von uns erscheinen und daß wir von Kongreß zu Kongreß reisen können. Das feine linguistische Gespinst, das sich über die Ebene der Erfahrung breitet, kann zu semantischen Luftschlössern geformt werden, die nur von wenigen, weit auseinanderstehenden Pfeilern getragen werden, welche sie mit dem festen Boden der Erfahrung verbinden. Willst du wissen, was ein Wort bedeutet, dann gibt es vielleicht gar keine damit verbundene Erfahrung, die dir helfen kann. Du kannst nur nachsehen, mit welchen *anderen* Wörtern es verbunden ist: Du schlägst es in einem Lexikon nach.

Der Ärger mit den Wörtern

Der linguistische Überbau macht es möglich, daß die Geheimnisse einiger der Minitheorien gelüftet werden. Doch können natürlich nur die an die linguistische Telefonvermittlung angeschlossenen Module um Hilfe bitten oder sie anbieten. Man muß schon Abonnent sein, um das in Anspruch nehmen zu können. Und viele der Untersysteme unseres Gehirns – intellektuelle wie physische – sind das nicht. Selbst jene, die wir ganz bewußt erlernt haben – etwa Freizeitspiele wie Tennis oder Schach –, sind nicht voll artikuliert. Als man den Schachweltmeister Bobby Fisher fragte, wie viele Schachzüge er im Geist durchspiele, bevor er sich für einen Zug entscheide, antwortete er: »Nur einen – den richtigen.« Und ebenso wie Sprache uns unvollständiges Wissen vermitteln kann, vermehrt sie auch unsere Fähigkeit, Informationen zu liefern, die unbewiesen oder sogar unwahr sind. Die verbale Ebene erlangt die Fähigkeit, mit eigener Stimme zu sprechen, unabgesichert und unbeauftragt durch das ihr zugrundeliegende Mosaik von Erfahrungen. Die Sprache erweitert unsere Fähigkeit, uns selbst zu täuschen und uns täuschen zu lassen, ins Grenzenlose.

Die Sprache an sich ist nicht neutral. Es bedarf keines machiavellistischen Geistes, sie zu mißbrauchen. Sprache ist von Natur aus darauf angelegt, die Verhaltensweise des Gehirn-Geist-Systems auf eine Weise zu verändern, die nicht immer zum besten ist. So verschlimmert die Sprache beispielsweise die inhärente Neigung des Gehirn-Geistes zum Stereotypisieren. Sie erinnern sich, daß es in der Natur der Gehirnmaterie liegt, Regelmäßigkeiten herauszugreifen und dann »Beinahetreffer« zu registrieren, als seien sie nichts als Variationen desselben Themas. Wird ein Wort einem Konzept zugeordnet, dann wird die entsprechende Kategorie noch enger und dürrer. Es fällt dann noch schwerer, die Einzigartigkeit von Erfahrungen, die nicht genau in die bestehende Kategorie hineinpassen, exakt zu registrieren. Wir achten nur so lange auf etwas Neues, bis genügend Hinweise gegeben sind, um seinen Namen »aufleuchten« zu lassen. Danach macht der Gehirn-Geist nur noch mit dem Wort selbst weiter. Der Patient wird nur so lange beobachtet, bis dem Arzt die erste Diagnose einfällt; danach ist er selbst nicht mehr von Interesse, ist nicht einmal mehr eine Person, sondern nur noch ein lateinisches Etikett für eine Krankheit.

Indem sich das verbale Netz immer mehr von seinen Wurzeln in der Wahrnehmung ablöst, verstärkt sich die Tendenz, daß kognitive Aktivität sich mehr und mehr auf der sprachlichen Ebene abspielt und immer weniger mit direkter Beobachtung und Experimentieren aus erster Hand zu tun hat. Sobald die Diagnose erstellt ist, findet alle interessante Aktivität in der medizinischen Bibliothek oder bei Kaffeepausen-Gesprächen zwischen den Ärzten in der Kantine statt. Behandlungsmethoden und Komplikationen werden in Abwesenheit des Patienten diskutiert, wobei man nur noch gelegentlich eine kurze Visite auf der Station macht, um einen strittigen Punkt abzuklären. In anderen Worten: Beobachtungen aus erster Hand werden nicht nur reduziert, sondern werden von in Sprache eingekapselten Begriffen und Unterscheidungen angetrieben – und nicht durch geduldige Aufmerksamkeit auf die vom Patienten selbst gelieferten Daten.

Das führt letzten Endes dazu, daß die bloße Existenz von Sprache den Gehirn-Geist ermutigt, die Welt auf fokussierte, lineare Weise zu verarbeiten. Denken Sie daran, daß das Muster der Aktivierung im Gehirnsystem unterschiedlich konzentriert sein kann und daß sowohl fokussierte wie diffuse Aufmerksamkeit ihre Nützlichkeit haben. In der Tat enthält der typische Modus der Verarbeitung ein Pulsieren der Aktivierung: zunächst diffus, um ein allgemeines Gespür dafür zu erhalten, was vor sich geht; dann gebündelt und eingeengt, um feinkörnigere Informationen über einige Details zu erhalten; dann wieder Entspannung hinein in einen offenen, umfassenden, empfänglicheren Zustand – und so weiter. Da Sprache mit Stereotypen und Prototypen arbeitet und zwangsläufig ein lineares Medium ist, welches durch ein enges Nadelöhr zum Verstehen gelangt, zwingt sie das Gehirn, in seinen fokussierten und seriellen Modus zu schalten, ohne Rücksicht auf die Natur der Situation. Wenn das Gehirn per »Voreinstellung« auf »sprachlich« und »seriell« programmiert ist, verliert es seine Flexibilität, und seine Fähigkeit, die Dinge als Ganzes zu sehen, nimmt ab.

Sprache neigt also dazu, die »Gehirnverkalkung« zu beschleunigen – das Verhärten der Kategorien. Je stereotyper sie werden, desto schwieriger wird es, Konzepte und Interpretationsgewohnheiten zu verändern. Ist ein Wort erst einmal als Baustein in Hunderten von sprachlichen Konstrukten verwendet worden, dann wird es schwierig, seine Form verändern zu wollen, ohne den Einsturz all dieser Wortgebäude zu riskieren. Versuchen Sie mich davon zu überzeugen, Gott sei nicht transzendent – wie ich es im Kommunions- oder Konfirmandenunterricht gelernt und seitdem zur Grundlage meines Glaubens gemacht habe –, sondern immanent, also in jedem Augenblick und in jeder Handlung präsent, dann fällt es mir schwer zu hören, was Sie sagen, und noch schwerer zu ändern, was ich glaube. Einen zu großen Teil meines Lebens habe ich durch diese Brille gesehen. Zu vieles müßte ganz neu bedacht werden. Wenn Sie *ganz sicher*gehen wollen, daß »ein alter Hund keine neuen Kunststücke lernt«, dann lehren Sie ihn als erstes sprechen. Und schließlich ist Sprache selbst zwangsläufig passé. Die Begriffe in der Rumpelkammer der Sprache wurden vom Gehirn-Geist von Menschen abstrahiert, die ein anderes, oft sehr viel einfacheres Leben führten, als wir es heute tun. Edward de Bono hat das so formuliert:

> Sprache ist ein Museum der Unwissenheit. Jedes Wort und jeder Begriff gelangte in die Sprache in einem Stadium relativer Unwissenheit verglichen mit unserer heutigen größeren Erfahrung. Doch werden die Wörter und Begriffe von der Sprache auf Dauer eingefroren, und wir müssen diese Wörter und Begriffe im Umgang mit der heutigen Realität benutzen. Das bedeutet, daß wir vielleicht gezwungen sind, die Dinge auf sehr unzutreffende Weise zu betrachten.

Aldous Huxley faßte diese Erkenntnis zusammen, daß Sprache, was das interne Funktionieren des Gehirngeistes angeht, ein gemischter Segen ist:

> Jedes Individuum ist zugleich Nutznießer und Opfer der sprachlichen Überlieferung, in die es hineingeboren wurde. Nutznießer insofern, als die Sprache ihm Zugang zum gesammelten Schatz der Erfahrungen anderer gewährt. Opfer insoweit, als sie es in dem Glauben bestärkt, reduziertes Gewahrsein sei das einzige Gewahrsein, und seinen Realitätssinn auf den Kopf stellt, so daß es nur allzu geneigt ist, seine Konzepte für Fakten zu halten, seine Wörter für tatsächliche Dinge. Das, was … »diese Welt« genannt wird, ist das Universum reduzierten Gewahrseins, ausgedrückt und versteinert durch die Sprache.

II. Die Geschichte des Ich

8. Die Sprache des Ich

Eine Termitenkolonie ist so wunderbar organisiert, daß es einigen Beobachtern schien, jede Kolonie müsse eine Seele haben. Heute begreifen wir, daß ihre Organisation einfach das Ergebnis davon ist, daß eine Million halbunabhängiger kleiner Agenten, jeder davon ein Automat, auf eigene Kappe arbeitet. Die Organisation eines menschlichen Ich ist so wunderbar, daß es vielen Beobachtern schien, jedes Menschenwesen habe eine Seele: einen wohlwollenden Diktator, der von seinem Hauptquartier aus herrscht. Sicher gibt es in jedem Bienenkorb oder jeder Termitenkolonie eine Bienenkönigin oder Termitenkönigin. Doch sind diese Individuen eher Erleidende (Patienten) als Handelnde (Agenten), eher die zu beschützenden Kronjuwelen als Oberhaupt der Schutzmacht – tatsächlich ist ihr königlicher Name heute passender als in früherer Zeit, gleichen sie doch viel mehr Königin Elisabeth II. als Königin Elisabeth I. Es gibt weder eine Margaret-Thatcher-Biene noch eine George-Bush-Termite und auch kein Oval Office im Ameisenhaufen.

Daniel Dennett

Der Gehirn-Geist enthält kein Gespenst mit besonderem Status oder einen Bestandteil, der ihm sagt, was er zu tun hat. Wie wir im 4. Kapitel gesehen haben, gibt es da nur Millionen von winzigen Leitungen, die Energie von einem Teil des Netzwerks zu einem anderen transportieren. Die Entwicklung von Minitheorien und der Sprache hat an diesem Grundbild nichts geändert. Es gibt kein Gehirn-innerhalb-des-Gehirns, das die Arbeit aller anderen Module überprüft, ihnen Prioritäten zuweist oder sie herumkommandiert. Informationen werden integriert, verschiedene Bereiche aufgeweckt oder eingeschläfert, Forderungen nach Zuteilung von Ressourcen geprüft, und das alles nur kraft der Art und Weise, wie das ganze System aufgebaut ist. Der Gehirn-Geist ist seine eigene Höchste Autorität. Es gibt keine andere.

Und doch sagt uns unsere Erfahrung etwas anderes. Uns scheint unbestreitbar, daß es da *doch* mehr gibt als diese biologische Black Box, irgendeinen Oberaufseher, der dafür ausgerüstet ist, Entscheidungen zu fällen und zu intervenieren, und daß dieses »Etwas« im wesentlichen das ist, was »Ich« bin. Die Vorstellungen von »Ich«, »Bewußtsein« und (zumindest teilweiser) »Selbstbestimmtheit« sind zentrale Bestandteile unserer zweiten Natur. Sie sind zusammengeschweißt zu einer für selbstverständlich gehaltenen Anschauung von der menschlichen Natur, die in krassem Widerspruch zu den Aussagen der Naturwissenschaft steht. Auch im zweiten Teil des Buches geht es um eine evolutionäre Perspektive. Allerdings sprechen wir hier mehr von »kultureller« als von »biologischer« Evolution – in dem Versuch aufzuzeigen, wie es dazu gekommen ist, daß die Menschheit ein »Ichgefühl« entwickelte, die Vorstellung von einem Ich, das die ausführende Gewalt zu haben *scheint*, sie in Wahrheit jedoch nicht besitzt. Es wird sich zeigen, daß weder »Ich« noch »Bewußtsein« das sind, was sie zu sein scheinen, und daß beide das Ergebnis einer Reihe von evolutionären Kehren und Wenden und Koinzidenzen sind. In diesem Kapitel werden wir beginnen, das deutlich zu machen, indem wir die Vorstellung von einem »Ich« auseinandernehmen und zeigen, wie die verschiedenen Bestandteile unseres modernen »Ich« zustande gekommen sind.

Die einzelnen Schichten des Ich

Schon vor der Entwicklung der »persönlichen« Sprache hat sicherlich ein »Ichgefühl« existiert, das jedoch sehr einfach und im wesentlichen implizit war. Die im 3. Kapitel angesprochenen verschiedenen Formen des »heimlichen Händeschüttelns« des Immunsystems bilden noch immer die Grundlage, auf der viele unterschiedliche Bestandteile des Körpers einander erkennen und feine Unterscheidungen zwischen »einheimischem« und »fremdem« Gewebe treffen können. Davon zeugt die hohe Wahrscheinlichkeit, mit der Spenderorgane aus derselben Spezies und sogar derselben Familie bei Organtransplantationen abgestoßen werden.

Das muskuläre Gegenstück hierzu ist das »Körperbild«: das stillschweigende Wissen um die jeweilige Konfiguration des Körpers, seine Haltung, wo die Glieder sich gerade befinden, wohin die Augen gerichtet sind, und so weiter. Ohne diese fortlaufende Bestandsaufnahme darüber, wie der flexible, mobile Körper gerade disponiert ist, würde der Gehirn-Geist nicht wissen, welche Anweisungen er im Notfall geben sollte. So hängt beispielsweise die »richtige« Handbewegung, um eine Wespe zu verscheuchen, ganz und gar davon ab, wo die Hand sich unmittelbar davor gerade befand. Ohne das Wissen, wo »hier« ist, könnten wir uns nicht programmieren, nach »dort« zu gelangen.

Dann gibt es da noch das Ichgefühl, welches daraus entsteht, daß wir lernen, Dinge, die ich *tun* kann, mit Dingen zu verknüpfen, die ich mit meinen Sinnen erfasse. Blickt ein Säugling sich um, dann gibt es da viele Dinge, ohne Bezug auf das, was er gerade will oder fühlt. Der Dampf über dem Kessel steigt auf, die Katze streckt sich, der Ball rollt quer durchs Zimmer. Doch gibt es da in seiner Welt vier Dinge, so beginnt er zu entdecken, zu denen er eine ganz andere und viel engere Beziehung hat: seine »Hände« und »Füße«. Bewegt sich eine Hand durch sein Blickfeld, dann ist das mit einem hohen Grad an Zuverlässigkeit mit Informationen über die Position und Bewegung des dazugehörenden Armes verbunden, die im Gehirn ankommen; und außerdem (falls nicht gerade jemand den Arm »passiv« bewegt) mit Gehirnaktivität, die die Muskeln des Arms dazu bringt, sich zu bewegen. Diese Korrelation signalisiert dem Kleinen eine ganz andere Art von Beziehung zu seinen Händen, als er sie zu seiner Katze hat. Er kann seine Hände um die Katze legen, um sie aufzuheben, und kann seine bisherigen Kenntnisse über die Katze (sowohl aus eigener Erfahrung als auch aus dem, was er gehört hat) nutzen, um vorauszusehen, wie sie reagieren könnte. Wie gut er die Katze jedoch auch kennt (oder sogar liebt), er kann niemals eine so intime, kooperative und zuverlässige Beziehung zu der Katze haben wie zu seinen Händen, mit denen er sie festhält.

Auf ähnliche Weise gibt es da die Entsprechung zwischen der Empfindung von Kehle und Mund, während ich »spreche«, den neuralen Kommandos vom Gehirn, die die Muskeln kontrollieren, und den Tönen, die an mein Ohr dringen. Wenn ich »Katze« sage, dann unterscheiden sich die internen Korrelationen und Querverbindungen, die dabei auftreten, erheblich von der Art und Weise, wie der Gehirn-Geist auf das Miauen der Katze reagiert. Es gibt viele solcher Korrelationen zwischen den vom Gehirn ausgesandten Anweisungen und dem kinästhetischen und sensorischen Feedback, das als Ergebnis zurückgeplätschert kommt. Wo diese spezielle Beziehung gegeben ist, da gibt es ein Gefühl von Vorhersagbarkeit und Kontrolle, das einen ganz speziellen Gebrauch der Wörter »ich« und »mein« rechtfertigen könnte.

Und noch allgemeiner gibt es da drinnen ein Gefühl für meinen eigenen Beobachtungsstandpunkt in Hinsicht auf die »äußere Welt«, die Art und Weise, auf die Geräusche, Gerüche und besonders visuelle Eindrücke mir helfen, mich unter Bezugnahme auf die wahrscheinliche »Quelle« dieser Reize im Raum zu orientieren. Die unterschiedliche Intensität von Gerüchen und Klängen sowie der Bereich der Retina, in dem Konturen und Farben sich abzeichnen, informieren mich darüber, wohin ich meinen Kopf, meinen Körper und meine Antennen wenden soll. »Ich« kann man als eine Art von Adresse ansehen, einen Bezugspunkt im Raum, von dem der Gehirn-Geist ausgehen muß, wenn er etwa Weite und Richtung eines Sprungs oder einer Ausweichbewegung berechnet. Eine der Aufgaben, die das Gehirn eines Raubtiers (oder eines Fußballers) zu bewältigen hat, ist, ein implizites Modell davon zu erzeugen, wo die Dinge sich befinden und was in der äußeren Welt stabil und vorhersagbar ist – ein Hintergrundbild von Ortungen und Erwartungen, gegen das sich jede Veränderung, oder jede unerwartete Bewegung, deutlich abhebt und damit augenblicklich unsere Aufmerksamkeit erregt.

Ohne dieses Bild davon, wo die Dinge sich befinden und was sie im Schilde führen, dargestellt in Begriffen der Muster und Voraussagen, mit denen das Gehirn programmiert wurde (durch die Gene und durch Lernen), würde unsere Aufmerksamkeit von *jeder beliebigen* Veränderung gefesselt werden, sei sie noch so vertraut. Wir wären dann außerstande, unsere Ressourcen der vordringlichsten der wahrgenommenen Aufgaben zu widmen, festzustellen, nicht nur was in diesem Augenblick neu ist, sondern was *noch nicht dagewesen* und *bedeutsam* ist. Diese ständig auf den neuesten Stand gebrachte Landkarte, die uns wörtlich und im übertragenen Sinne zeigt, wo wir in der Welt stehen, ist für das in Bewegung befindliche Tier eine überlebenswichtige Hilfe und ein weiterer Bestandteil des »Ichgefühls«. Ob wir nun gerade unsere Blagen füttern, ein Nickerchen machen, mit dem Hund spielen oder einem Flirt zu imponieren versuchen – das Körperbild und die Plattform der Sinneswahrnehmung haben eine Kontinuität, die bewahrt werden muß, während das ganze Spektakel des Alltags abläuft. Und natürlich muß dieser Hintergrund von Vorhersagen gar nicht artikuliert werden oder auch nur bewußt sein. Er ist als Hilfsmittel für meinen Hund ebenso verfügbar wie für mich selbst.

Die Verdinglichung von Menschen

Und dann kam die Sprache daher. Für unsere frühen Vorfahren hatte das Vermögen, über andere *Leute* – ihre Gewohnheiten, Ängste, Launen und Stimmungen – sprechen zu können, im allgemeinen auf jeden Fall eine größere Priorität als das Vermögen, über *Dinge* sprechen zu können. Dennoch erlaubte es der Verlauf, den die Sprache bei ihrer Entwicklung nahm, nein, machte er es sogar *erforderlich*, über andere Menschen so zu sprechen, als wären sie *wirklich* »Dinge«. Die Mitglieder unserer Gemeinschaft bilden zwar die interessanteste Klasse von Objekten in unserer Welt, doch sie sind in einem wichtigen Sinn eben Objekte. Die eigentliche Idee eines »Dinges« weist auf eine Entität hin – etwas, das aus einem Guß ist, das sich durch Zeit und Raum bewegt und dabei seine Identität und seine Eigenschaften mitnimmt. Über die eigenen Freunde sprechen zu können – genauso gut wie über unsere Schallplattensammlung oder unseren Vorrat von Spaghetti – setzt voraus, daß wir sie als Ansammlung mehr oder weniger stabiler Eigenschaften betrachten können. Jeder Klatsch wäre sinnlos, könnte man einzelne Individuen nicht wiedererkennen und sich darauf verlassen, daß sie sich bis zu einem gewissen Grad gleichbleibend verhalten. Wenn Jane Sally warnen will, daß Tarzan, was die Beziehung zu seinem Lieblingsschimpansen angeht, ziemlich eigen ist, kann sie das nur tun, wenn sie von ihm spricht wie von einer Art Sache. Jede sprachliche Bezugnahme auf die Merkmale und Charaktereigenschaften von Leuten – ihre Niedertracht, ihre Fürsorglichkeit, ihre Schwäche für Schokolade oder auch ihre niedlichen kleinen Füße und ihr kastanienbraunes Haar – verleiht ihnen eine *Identität* und verleitet die Menschen in einem geringeren oder größeren Maß dazu, sich gegenseitig in Begriffen ihrer dauerhaften Merkmale und Neigungen zu sehen.

Einige der heutigen Sprachen betonen die Solidität dieser »Dinglichkeit« stärker als andere – sie setzen die »Entität« als »Identität« ein. Indoeuropäische Sprachen teilen die Welt ganz klar in Dinge (Hauptwörter) ein, die Charakteristika (Adjektive) haben und auf verschiedene Art und Weise zusammentreffen und aufeinander einwirken (Verben), was ihre Identität nicht grundlegend ändert. »Der Schimpanse stahl die Bananen.« »Aladin rieb die Wunderlampe.« Wir müssen sogar sagen: »Es regnete in Strömen«, auch wenn rätselhaft bleibt, wer oder was mit »es« gemeint ist. Das »es« wird uns von der Form unserer Sprache aufgezwungen. Wenn jemand sich hinsetzt, erzeugt er ein Ding namens »Schoß«, das sich auf wunderbare Weise dematerialisiert, wenn er wieder aufsteht. Wenn jemand seine Hand ballt, erzeugt er eine »Faust«, die sich zerstören und wiedererzeugen läßt, so oft er will. Andere Sprachen – die bekanntesten Beispiele liefern die einiger amerikanischer Indianerstämme – haben mehr eine »Systemeinstellung« zu Dingen und ihren Attributen, sehen sie eher als stabile Formen von Prozessen in einer Welt, die im wesentlichen dynamisch ist. »Faust« und »Schoß« werden als Handlungen oder Geschehnisse dargestellt, ebenso wie Menschen und ihre Eigenheiten. Mikes Vorliebe für scharf gewürztes Essen und seine Neigung, im Kino einzuschlafen, sind persönliche Züge, die zwar etwas stabiler sind als seine Körperhaltung, die sich in sprachlicher Hinsicht von der Haltung jedoch nur nach dem Zeitmaß, nicht nach ihrer Art unterscheiden. Doch können es selbst diese Sprachen nicht vermeiden, einzelnen Menschen, Arten von Tieren und Bäumen, den sie identifizierenden Merkmalen und wiederkehrenden Geschehnissen und Interaktionen Namen zu geben.

Damit werden jene Aspekte der Welt als Gesprächsthemen herausgepickt, die vorhersagbar sind. Und genau das tun Sprachen ja.

Projektionen als Schablone für die Selbstentdeckung

Eine persönliche Sprache erlaubt es mir nicht nur, *über* ihn und sie und dich zu sprechen, sondern gibt mir auch die Möglichkeit, meine und deine Persönlichkeit direkt *mit* dir zu erörtern. Sind wir gerade miteinander verbündet, dann können wir unsere Pläne besser koordinieren, wenn jeder von uns seinen Eindruck davon, wie wir uns wahrscheinlich unter verschiedenen Umständen verhalten werden, mit dem anderen abstimmt. Habe ich zum Beispiel den Eindruck, daß es vorteilhaft ist, dich in einem Kampf neben mir zu haben, und bin ich deshalb geneigt, auf deinen physischen Mut zu setzen, dann ist es aus zwei Gründen gut, wenn du weißt, daß ich so von dir denke. Erstens könnte es sein, daß du meine Interpretation deines Charakters in Frage stellen, sie korrigieren möchtest. Vielleicht hast du selbst dich schon als viel ängstlicher erlebt, als ich es getan habe, und möchtest gern den übertriebenen Eindruck korrigieren, den ich vielleicht aufgrund von Hörensagen über den Grad deines Mutes in Notsituationen gewonnen habe. Zweitens könntest du vielleicht (wenn auch nur versuchsweise als Hypothese) meine Einschätzung deines Mutes akzeptieren. Du könntest sozusagen ausprobieren, »ob dir der Schuh paßt«, und meinen »Gesamteindruck« von diesem Aspekt deines Charakters als Brille benutzen, durch die du dein eigenes Verhalten betrachtest. Du könntest also meine Meinung über dich als Schablone benutzen, an der du dich selbst mißt, und so vielleicht ein echtes Muster entdecken, das bisher noch nicht ans Licht gekommen ist.

Diese zweite Möglichkeit ist von wesentlicher Bedeutung für unser Verständnis der Evolution des Ich. Sprechen zwei Wesen miteinander darüber, wie sie einander *als Objekte* sehen, dann müssen sie die Fähigkeit entwickeln, auch sich selbst auf diese Weise zu sehen. Sie beginnen, eine neue Minitheorie zu entwickeln, eine Vorstellung vom »Ich«, die dem entspricht, wie »andere mich sehen« – mich als ein Ding-mit-Eigenschaften, genau wie alle anderen

Dinge-mit-Eigenschaften, von denen ich mir durch meine Gespräche und Begegnungen langsam ein Bild mache.

Der Nutzeffekt ist groß, weil wir aus unserer Erfahrung sehr schnell einige Etiketten für unsere eigenen Eigenschaften herauspicken können, um sie potentiellen Verbündeten und Mitarbeitern mitzuteilen. »Regt euch nicht gleich auf, wenn ich nicht pünktlich um zwei Uhr zur Jagd aufkreuze«, könnten Sie sagen. »Ich bin kein sehr pünktlicher Mensch, aber ich verspreche, bestimmt zu kommen.« Oder Sie könnten sagen: »Ich weiß, daß es mir schwerfällt, mich von meiner sanften Seite zu zeigen. Wenn ich also etwas kühl zu sein scheine, bedeutet das nicht, daß ich dich nicht mag.« In der Lage zu sein, sich selbst als eines der gesellschaftlichen Objekte zu sehen, über die man klatschen kann, ist also sehr nützlich und ein anderer dieser unerwarteten, aber glücklichen Nebeneffekte, mit denen die Evolution gespickt ist.

Das gibt uns natürlich auch die Möglichkeit, Menschen viel unmittelbarer und zuverlässiger zu *täuschen*. Man kann dem anderen erzählen, man habe viel für ihn übrig, während das keineswegs der Fall ist. Oder man verspricht, sich an eine Abmachung zu halten, während man das überhaupt nicht vor hat – wie in der berühmten Fabel vom Frosch, der am Flußufer einem Skorpion begegnet. »Bitte trage mich auf deinem Rücken über den Fluß«, sagt der Skorpion, »ich muß ans andere Ufer, kann aber nicht schwimmen.« – »Für wie blöd hältst du mich eigentlich«, antwortet der Frosch. »Ich kenne Typen wie dich. Du wirst mich stechen.« – »Nun denk doch mal einen Augenblick nach«, erwidert der Skorpion. »Das könnte ich doch gar nicht tun, denn dann würden wir beide ertrinken. Würde irgend jemand so dämlich sein?« Der Frosch läßt sich von der Logik des Skorpions überzeugen und macht sich daran, mit dem Skorpion auf dem Rücken den Fluß zu überqueren. Auf halbem Weg sticht der Skorpion zu. Während sie beide untergehen, röchelt der Frosch: »Warum?« – »Sorry«, antwortet der Skorpion, »das ist halt meine Natur.«

Die Falle beim Betrug liegt darin, daß der Nutzen sichtbar und sofort greifbar zu sein pflegt, während die Kosten oft in weiterer Ferne zu liegen scheinen, ihre Wahrscheinlichkeit weniger offensichtlich und nebulöser ist. Veränderungen der eigenen »Reputation« sind gewöhnlich kumulativ und treten mit Verzögerung auf – frühere Täuschungen kommen vielleicht erst ans Licht, wenn spätere aufgedeckt werden. Deshalb kann ein kurzfristig erzielter »Erfolg« Menschen, die andere gern durch Täuschung manipulieren, glauben lassen, sie hätten eine Strategie gefunden, die ihnen idiotensicherer erscheint, als das in Wirklichkeit der Fall ist. Kriminalität ist immer ein *Glücksspiel*, in der schnatternden Schimpansengruppe ebenso wie in der menschlichen Gesellschaft.

Soziale Bestätigung

Primatengruppen sind eindeutig nach dem Prinzip des Alters oder Status strukturiert. Der Standort eines Tieres innerhalb der Hierarchie ist für einen großen Teil seines Lebens bestimmend. Davon hängt ab, welcher Anteil am Futter ihm zusteht; wer seine potentiellen Paarungspartner sind; vor wem es Demutshaltung einnehmen muß; wessen Bananen es ungestraft stehlen darf. Und als diese Struktur von den Gemeinschaften unserer ersten menschlichen Vorfahren übernommen wurde, wurde natürlich auch die Sprache des »strategischen« Umgangs miteinander in den Dienst der Etablierung und Erhaltung der Hackordnung gestellt. Bei der Definition des »Who is Who« wurden persönliche Charakteristika unterschiedlich gewertet. Körpergröße, Stärke und Geschicklichkeit im Kampf mögen weiterhin ausschlaggebende Maßstäbe für Macht und Ansehen geblieben sein. Doch langsam wurden auch andere Eigenschaften als wichtig angesehen: Geschick beim Lösen von Problemen, sexuelle Potenz oder Fruchtbarkeit, körperliche Attraktivität, die Fähigkeit, Streit zu schlichten, Ehrlichkeit …

In die Sprache der persönlichen Eigenschaften fanden also immer mehr Anklänge von sozialer Bestätigung oder Mißbilligung Eingang. Wer selbstsüchtig war, ohne die notwendige Muskelkraft zu haben, Kritiker zum Schweigen zu bringen, konnte in der Hierarchie abrutschen; physische Feigheit hatte wohl dieselbe Wirkung. Indem die Menschen begannen, die Sprache der persönlichen Charakteristika zuerst aufeinander und dann auf sich selbst anzuwenden, ging allmählich ein aus der Gemeinschaft abgeleitetes Element der *Beurteilung* damit einher. Man lernte nicht nur, sich selbst mit Begriffen gewisser Eigenschaften zu beschreiben, sondern auch für sich selbst und andere den »angemessenen« Platz im Schema der Dinge vorauszusagen, der dem jeweiligen »Charakter« angemessen war.

So kommt es dazu, daß die »Ichvorstellung« verschiedene Unter-Ichs umfaßt: das, welches allgemein gebilligt und daher dazu beitragen wird, mein Leben in der Gesellschaft reibungsloser zu gestalten und mir Status zu verleihen; dasjenige, was mißbilligt wird und das mir deshalb (wenn es sich herumspricht) das Leben schwer machen wird; und das, welches in Hinsicht auf diesen Prozeß der gesellschaftlichen Ordnung neutral ist. Tiere und menschliche Vorfahren, die in solchen Gemeinschaften lebten und eine solche psychologische Sprache entwickelten, pflegten also dazu vorzugsweise die Billigung anderer zu suchen. Einen »guten Ruf« zu haben ist adaptiv, und es liegt im Interesse einer stabilen Sozialstruktur, wenn Individuen ihr Status wichtig ist.

Moralische Schizophrenie

Allerdings schafft die Notwendigkeit, seine »Respektabilität« zu bewahren, während man gleichzeitig seine eigenen Interessen vertritt, eine weitere, zusätzliche Facette der vielfältigen Spannung zwischen »Selbstsucht« und »Altruismus«. Individuen können nun mit dem prähistorischen Prototyp des moralischen Dilemmas konfrontiert werden: sich die Bananen unter den Nagel zu reißen oder auf »Sympathiepunkte« auszusein. Es wird möglich, gegen die besten biologischen Interessen seiner selbst (und selbst der eigenen Spezies) zu handeln, um sich die soziale Anerkennung zu bewahren. Auf persönlicher Ebene tragen der Drang nach sozialer Anerkennung und die Etiketten, die benutzt werden, ihn zu kanalisieren und zu rechtfertigen, dazu bei, im Gehirn-Geist ein separates Evaluierungszentrum zu schaffen. Eine Handlung könnte in Hinsicht auf diese gesellschaftlich bestätigte Ichvorstellung als »gut« oder adaptiv bewertet werden, aber als »schlecht« oder selbstzerstörerisch in Hinsicht auf die Fortpflanzung oder den Schutz von bereits vorhandenen Kindern.

Aus der Sicht der Evolution sind derartige Spannungen nichts Neues. Der Gehirn-Geist hat sich eben dadurch entwickelt, daß er lernte, mit der zunehmenden Häufigkeit und Komplexität solcher inneren Konflikte umzugehen. Und mögen auch alle diese Anforderungen an die Ressourcen des Körpers legitim sein, sie können doch nicht alle gleichzeitig befriedigt werden. Die Evolution hat den Gehirn-Geist so entworfen, daß er diese Anforderungen auf eine Weise gegeneinander abwägt und dann eine Entscheidung trifft, die im wohlverstandenen Interesse der gesamten Gemeinschaft ist. Ebenso wie das System der Blutzuckerkontrolle und das der Entdeckung potentieller Feinde vor Gericht Gehör finden müssen, so macht auch das System der »sozialen Anerkennung« seine Eingaben, wenn Ächtung oder Degradierung drohen. Zunächst nimmt der »Wettbewerb um Gehör« aufgrund der Ankunft der Ichvorstellung zu, wird jedoch (noch) nicht radikal über den Haufen geworfen.

Während allerdings die Ansprüche der Leber an Zeitaufwand und Kapazität des gesamten Körper-Gehirn-Geist-Systems von Stunde zu Stunde schwanken, brauchen sie insgesamt nicht zuzunehmen, solange sie gesund bleibt. In unserer modernen Welt hat jedoch die Ichvorstellung oder das Selbstbild einen ganz anderen Status bekommen. Man könnte fast sagen, es sei vom ersten Augenblick an »krank«. Auf jeden Fall wird es zu einem im mentalen Nest fest verschanzten und immer mehr für sich beanspruchenden Kuckuck. Statt nur eine unter vielen Stimmen zu sein, etabliert es sich als ein alternatives Regierungszentrum, wie ein Präsident, der im Clinch mit seinem Parlament liegt – ein Jelzin, dessen Machtbereich und Vorliebe fast ausschließlich die Außenpolitik sind und der sich mit dem Image der Gesellschaft im Ausland und dem Aushandeln von ausländischer Wirtschaftshilfe befaßt, gegen eine Duma, der es hauptsächlich um die Innenpolitik geht und die sich mit den Bedürfnissen und Spannungen im Inneren des »politischen Körpers« befaßt.

Die Frage, wie es dazu kommt, daß die Ichvorstellung sich zu einer Position derartiger Autorität aufschwingen kann, bis zu dem

Punkt, an dem sie die Integrität und das Gleichgewicht der ganzen Gemeinschaft zu zerstören droht, wird einer der zentralen Diskussionspunkte der folgenden drei oder vier Kapitel sein. Im restlichen Teil dieses Kapitels werde ich mich auf ein paar Bemerkungen über die Rolle, die die Sprache selbst spielt, beschränken. Die Sprache schneidet die Welt in Stücke, obwohl die Welt selbst nahtlos und systemisch ist. Aus einer Welt von Grautönen und schiefen Ebenen macht sie eine rechtwinklige Landschaft in Schwarz und Weiß. Die Sprache hebt Struktur und Dauer hervor, obwohl die Welt selbst aus Prozessen und Wandel besteht. Die Sprache verlangt Übereinkünfte, die keinen Bezug zur Welt der Sinne haben. Und die Sprache erfordert einen identifizierten »Macher« selbst dort, wo es nur Wechselwirkungen innerhalb eines umfassenderen Systems gibt. Alle diese Eigenschaften haben Einfluß auf das sich entwickelnde Untersystem des Ich, darauf, was wir unter Identität verstehen. Die Spannung zwischen der Ichvorstellung und den anderen Modulen, die das Zentralkomitee des Gehirn-Geistes bilden, ist nicht nur praktischer, sondern linguistischer oder sogar philosophischer Art. Beide konkurrieren nicht nur um Ressourcen und Aufmerksamkeit, sondern sind in einen *ontologischen* Disput verstrickt – sie sind zutiefst unterschiedlicher Meinung darüber, was es bedeutet, zu existieren*.

Man kann in englischer [oder deutscher; Anm. d. Übers.] Sprache nicht über Charakter und Persönlichkeit sprechen, ohne den Kobold persönlicher Identität zu beschwören. Man muß sagen: »Ich bin faul« oder »Ich kann schnell laufen«, und das »Ich« (wie das »es« in »es regnet«) scheint, aber *scheint* eben nur, auf eine be-

---

* Der französische Schriftsteller Lacan hat, wenn auch unklar, versucht, diesen wesentlichen Punkt herauszuarbeiten. Ein Kommentator, nämlich Stephen Frosh von der Londoner Universität, sagt: »Für Lacan ist das menschliche Subjekt in der und durch die Sprache konstruiert. Das impliziert *nicht*, daß es irgendeine präexistente Subjektivität gibt, die es lernt, sich mit den Worten verständlich zu machen, die ihr von der Sprache zur Verfügung gestellt werden. Vielmehr wird das ursprünglich ›abwesende‹ Subjekt nur durch seine Positionierung in einem System von Bedeutungen konkret ... Wir sind entsprechend den Möglichkeiten konstruiert, die uns durch Wörter geboten werden ... Lacans Hauptanliegen ist es, uns zu zeigen, wie das, was unsere zentrale Wirklichkeit zu sein scheint, nämlich unsere ›Ichheit‹, tatsächlich erst im Verlauf der Einbindung in die symbolische Ordnung der Kultur konstruiert wird. Dieser Prozeß ist ganz wesentlich ein Prozeß der Entfremdung.«

ständige, lokalisierte Entität hinzuweisen, auf ein »Subjekt«, das diese Merkmale und Eigenschaften »besitzt«. Intellektuell wissen wir durch die Wissenschaft, und der Körper-Gehirn-Geist weiß organismisch, weil er eben so konstruiert ist, daß das Individuum ökologischer Natur ist: Es gibt keinen Punkt, an dem man genau sagen kann, wo das »Ich« aufhört und das »Nicht-Ich« oder das »Du« beginnt. Sind wir dessen eingedenk, daß es in der Natur der Sprache liegt, die Welt falsch darzustellen, und daß sie das tun *muß*, um überhaupt von Nutzen zu sein, dann ist sie ein guter Diener. Vergessen wir das, dann wird sie zum tyrannischen Herrn.

Die Einrichtung des Hauptquartiers

Die europäischen Sprachen führen uns noch einen Schritt weiter weg von der ökologischen, systemischen Natur des Organismus. Sie bringen uns nicht nur dazu, daß wir uns selbst für einen selbstgenügsamen Fleischkloß halten, der durch Raum und Zeit rollt, Begegnungen macht, einen Charakter erwirbt und modifiziert sowie Erinnerungen speichert. Sie machen uns auch glauben, daß es einen inneren Kontrolleur gibt, ein kleines »Ich« hinter der Stirn, das der Chef ist. In die Sprache bereits eingebaut ist die Anschauung, daß ein Gehirn-Geist allein der Aufgabe nicht gewachsen ist, in einer komplizierten und ungewissen Welt weise Entscheidungen zu treffen. Die Sprache verführt uns zu der Annahme, man brauche dazu außerdem noch irgendeine geheimnisvolle Form von Intelligenz, die eng mit dem Bewußtsein zusammenhängt. Da wir uns der überaus komplexen, blitzschnellen Berechnungen des Gehirn-Geistes nicht bewußt sind, können wir einfach nicht glauben, daß er dieser Aufgabe gewachsen ist, und deshalb fügen wir unserer Anschauung von uns selbst die Idee einer Höheren Autorität hinzu.

Wir sagen: »Ich habe das Filetsteak gewählt«, wenn wir ein Essen in einem Restaurant beschreiben, oder: »Ich beschloß, zur Abwechslung erst einmal den Hund Gassi zu führen und dann den Abwasch zu machen«. Dabei vermittelt die Syntax uns das Gefühl, daß wir nicht einfach beschreiben, was geschehen ist, sondern uns irgendwie zugute halten können, daß die Dinge so gelaufen sind, wie sie gelaufen sind. Was wirklich geschah, war, daß ein Steak bestellt oder ein Hund ausgeführt wurde. Doch suggeriert die Verwendung der Wörter »gewählt« oder »beschloß« mehr als nur das: daß nämlich das Bestellen und Gassigehen nur die äußeren Produkte eines vorangegangenen inneren Prozesses waren, von dem das »Ich« nicht nur gewußt hat, sondern an dem es aktiv beteiligt war.

Falsch verstandene Identität

Bevor die Entwicklung von »Identität« so richtig in Gang kam, wurde die Möglichkeit, Beschreibungen, die andere Menschen von uns lieferten, dazu zu verwenden, unsere eigenen Eigenschaften herauszukristallisieren, nur versuchsweise ins Spiel gebracht. Findet mein innerer Scanner keine Unterstruktur, die zu deiner Projektion paßt, dann kann ich dich darauf ansprechen und versuchen, den Widerspruch aufzulösen – oder kann ihn ignorieren. Doch irgendwann einmal muß der Punkt gekommen sein, an dem Partner A in diesem Dialog gegenüber Partner B mächtig genug war – vielleicht war A ein hochrangiges Mitglied der Gemeinschaft oder auch B's Mutter –, um B ein Angebot machen zu können, das B nicht ablehnen konnte. So gliederte B dann A's Urteil über ihn selbst in sein »Ich-System« ein, *obwohl es nicht seiner eigenen Erfahrung entsprach.*

Jetzt ist B in Schwierigkeiten. Denn benutzt er das Ich-System als Führer zu seiner eigenen Natur und richtet seine Handlungen nach diesem falschen Bild aus, dann werden seine Handlungen natürlich danebengehen. Er handelt so, als hätte er eine Eigenschaft, die er tatsächlich nicht hat, oder als fehle ihm etwas, das er tatsächlich besitzt. Jetzt werden die der Sprache endemischen Mißverständnisse – das Gefühl, die »Dinge« seien autonomer, deutlicher unterscheidbar und dauerhafter, als sie es wirklich sind – durch einige sehr spezifische Fehlbeurteilungen des eigenen Charakters noch verstärkt.

Das wirkt sich anfänglich auf die eigene Kommunikation und die sozialen Beziehungen aus. Jetzt lügt man nämlich manchmal *un-*

absichtlich Freunde und Verbündete an, und gemeinsame Pläne, die auf der fälschlichen Identität basieren, sind wahrscheinlich (unerklärlicherweise) zum Scheitern verurteilt. Die Strategie zur Festigung von Bündnissen wird nun dafür anfällig, diese zu unterminieren und in Verwirrung zu stürzen. Doch wird jetzt auch noch eine viel schlimmere Form der Fehleinschätzung möglich. Wenn B nun nämlich dazu übergeht, das Ich-System nicht nur zur Grundlage der Kommunikation, sondern auch der eigenen Handlungen zu machen, dann wird er mit sich selbst *und* den Mitmenschen Probleme bekommen. Seine Handlungen werden fehlgeleitet wie die Flugbahn einer falsch programmierten Rakete. Wer seine Handlungen auf einem verbogenen Ichgefühl aufbaut, der bricht zuversichtlich in die falsche Richtung auf, so wie ein Entdecker mit einem fehlerhaften Kompaß. Solche Menschen werden grundlegend desorientiert. In späteren Kapiteln werden wir das gewaltige Ausmaß der dadurch ermöglichten Selbsttäuschung erkunden und auch erläutern müssen, warum es zu dieser verheerenden Verschiebung des »Schwerpunkts« im Gehirn-Geist kommt.

Das Ich in der Zusammenfassung

Was ich mein »Ich« nennen könnte, hat Entsprechungen auf jeder der bis jetzt identifizierten Ebenen des Geistes: erstens auf der als Fundament dienenden Ebene des Netzes von Nervenfasern, das entsprechend den Erfahrungen strukturiert wird; zweitens bei der Herauslösung von Dingen aus ihrem Kontext, die in Hinsicht auf Konzept, Funktion oder Bedeutung miteinander verbunden sind; drittens auf der Ebene der Sprache und ihrer potentiellen Loslösung von der persönlichen Erfahrung. Auf der Ebene des modularen Geflechts bin »Ich« eher impliziert und fragmentiert. Mein Charakter offenbart sich in der Art und Weise, wie ich meine Ziele verfolge. Ebenso wie diese Minitheorien Muster in der Welt aufgreifen müssen, so müssen sie diese auch mit den Mustern des »Mein« koordinieren – meine Wünsche, meine Neigungen, meine Launen. Bin ich Diabetiker, leide ich an Arthritis oder bin allergisch gegen Milchprodukte, dann müssen die für meine Ernährung zuständigen Programme entsprechend abgestimmt werden. Was ich leisten kann und unter welchen Bedingungen, das hängt von meinen Begabungen und meinem Temperament ab; also muß mein »Ich« in die Gleichungen einbezogen werden, nach denen jede meiner Bewegungen berechnet wird. Es muß irgendwie berücksichtigt, jedoch nicht scharf umgrenzt sein; muß noch nicht als separate »Variable« identifiziert sein.

Indem ich jedoch lerne, die Sprache von Personen zu sprechen, erwerbe ich, *with a little help from my friends*, die Fähigkeit, mich selbst aus der Schlange herauszupicken. Die verschiedenen Aspekte des »Ich«, die wir erörtert haben, werden klarer definiert und entwickeln einen Zusammenhalt, werden zu einem lockeren Verein von Körpersystemen zum Erkennen von Eindringlingen, zur Erinnerung an die Körperhaltung und zur Orientierung meiner selbst in der sinnlichen Welt. Dazu kommen Aspekte von Vorlieben und Verhaltensweisen, die sich aus spezifischen Skripts ergeben haben, und eine ganze Sammlung von Attributen, die mir zugeschrieben worden sind und die ich den anderen als wahre Beschreibungen meiner selbst »abgekauft« habe, ohne für sie in meiner eigenen Erfahrung eine Bestätigung gesucht oder gefunden zu haben. So entsteht ein buntgeschecktes Ich-System, das alle drei Ebenen umfaßt: teils verbal und teils stillschweigend; teils generell und teils situationsspezifisch; teils zutreffend und teils falsch.

All das kommt nach und nach unter dem Dach meines Namens zusammen, der oft abgekürzt wird als »Ich« oder »mein« und der eine Aura von Zusammenhalt, Beständigkeit und Dinglichkeit vermittelt, die meine Bestandteile in Wirklichkeit nicht besitzen. Wenn ich »Ich« sage, kann ich damit ein Dutzend verschiedener Arten von Dingen meinen. Ich komme. Ich bin hier. Ich bin ein Tier. Ich bin faul. Ich bin Engländer. Ich langweile mich. Ich bin hungrig. Ich bin wertlos. Ich führe den Hund Gassi (seht her!). Ich werde den Hund Gassi führen. Ich habe den Hund Gassi geführt. Ich habe *versucht*, den Hund Gassi zu führen (konnte ihn aber nicht dazu bringen, mir zu folgen). Ich *wollte* den Hund Gassi führen (hatte aber keine Zeit dazu). Ich *kann* den Hund Gassi führen. Ich *könnte* den Hund Gassi führen (wenn ich Zeit dazu habe). Ich werde den Hund *nicht* Gassi führen. Ich *habe daran gedacht,* den Hund Gassi zu führen (habe mich dann jedoch anders entschieden). Ich würde diesen verdammten Köter nicht Gassi führen, selbst wenn er die letzte Lebensform im Universum wäre. Ich will zu meiner Mutti. Ich *hasse* meine Mutti. Ich hasse Französisch. Ich habe ein komisches Gefühl im Bauch. Ich habe ein seltsames Gefühl, was Mister Mandrake angeht. Ich habe Probleme mit dem Starten (wahrscheinlich sind meine Zündkerzen verrußt). Wie Kurt Vonnegut sagen würde, »und so weiter und so fort«.

Wenn Wörter benutzt werden, um auf etwas hinzuweisen (das ist Vati; das ist Waldi; das ist ein Klavier; igittigitt, das ist schmutzig), worauf um Himmels willen weist dann das Wort »ich« hin (oder »du«, wie du mich nennst)? – dann ist das ein Vexierrätsel, das von jedem englisch (bzw. deutsch) sprechenden Kind gelöst werden muß, ein Rätsel, das noch viel eigenartiger ist als die Quadratwurzel aus -1, Unendlichkeit und Dividieren durch 0 in einem. Und doch scheinen all diese »Ichs« nach »innen« auf etwas hinzuweisen. Stellen Sie sich vor, falls Sie das können, Sie hätten niemals Ihr Gesicht im Spiegel gesehen und fänden sich auf einmal mitten in einem Kreis von Leuten – freundlichen, netten Leuten –, die alle auf einen Bereich irgendwo oberhalb Ihrer Brust zeigen und Bemerkungen darüber machen, welch nettes Gesicht Sie hätten, wie hübsch Sie seien, und diese Stupsnase genau wie Ihre Tante Else. Die Leute könnten Ihnen vielleicht helfen, indem sie auf Aspekte des Fleischkloßes hinweisen, den jeder von ihnen *selbst* auf den Schultern zu balancieren scheint. Doch von einem Äquivalent dazu in Ihrer eigenen visuellen Erfahrung aus erster Hand haben Sie nicht das Jota eines Beweises. »Mein Gesicht«, ist für Sie eine Idee, die nur in der Sprache existiert. (Ich lasse mal das »Gesicht« außer acht, das Sie konstruieren können, indem Sie mit Ihren Händen das *erfühlen,* was sich oberhalb Ihrer Brust befindet. Das ist ein ganz anderes und viel schattenhafteres Tierchen als das, welches wir im Spiegel sehen.)

Und doch, wenn Sie nur lange genug weitermachen, werden Sie eines Tages in der Lage sein, selbstsicher und glaubhaft über »Ihr Gesicht« zu sprechen, die Sprache auf allgemein anerkannte Weise zu benutzen, um die Urteile der Menschen um Sie herum widerzuspiegeln, so daß niemand merken würde, daß Sie nicht den Schimmer einer Ahnung haben, *wovon* Sie sprechen. Und nach einer Weile werden Sie vergessen, daß Sie gar kein direktes Wissen zur Untermauerung Ihrer flüssigen sprachlichen Darstellung haben. Sie könnten sogar das unbestimmte Gefühl entwickeln, daß Sie dieses Gesicht wirklich *sehen* könnten, aus dem Augenwinkel, wenn Sie sich nur schnell genug umdrehen. Aber irgendwie unterziehen Sie diese vage Vermutung niemals einem strikten Test. Das kleine Wort »Ich« weist auf ein psychisches Gesicht hin, das dem physischen Gesicht in diesem »Märchen« ähnelt, nur noch sehr viel vertrackter, sehr viel unfaßbarer ist.

So sind also alle Zutaten dieser Ichvorstellung ganz einfach, auch wenn einige davon fraglich, schwierig oder falsch sind. Das Problem entsteht daraus, daß sie zusammengepappt und von der Sprache so behandelt werden, als seien sie alle »Eigenschaften« »ein« »und« »des« »selben« »Dings«. Ich muß mich hier einer Form des zeichensetzerischen Overkills bedienen, um absolut klar zu machen, wie *fragwürdig* diese vertrauten kleinen Wörter sind – wie sie eine *Theorie* des Ich verkörpern, die sich nur halten kann, weil sie unsichtbar ist; eine Unsichtbarkeit, die das beinahe unvermeidliche Resultat langer Vertrautheit ist.

Anthropomorphismus

Weil das Persönlichkeitsvokabular sich so schnell entwickelte, bildeten seine ausgeklügelten Beschreibungen von Charakteren und Beziehungen das Lexikon, mit dessen Begriffen man zuerst über die übrige Welt sprach. Den Bereichen von Jagdbeute und Raubtieren, Flüssen und Bergen, Stürmen und Sternen näherte man sich zunächst, indem man die vertraute soziale Welt als eine Quelle für Metaphern und Beziehungen nutzte. Ist man sich darüber einig, daß die Gefühle eines Menschen hinreichender Grund für ihr Handeln sind – wenn es zum Beispiel legitim ist, daß eine Frau eine andere verflucht, weil sie sich schlecht behandelt fühlt –, dann können auch Berge Liebesaffären haben, und Ernten können ausbleiben, weil die

Götter zürnen. Die Erde ist unsere Mutter; die Bäume sind unsere Brüder. Wie immer wir uns *verhalten*, wollen wir unser Verständnis von unserem Platz im Kosmos artikulieren, so können wir es nur in die Bilder streitender Großeltern, undankbarer Nachbarn, treuloser Liebhaber und ungehorsamer Kinder gießen: Das ist die einzige Sprache, über die unsere Vorfahren verfügten.

Die abendländische Naturwissenschaft und Technologie sind aus diesen pittoresken Metaphern und Mythen »herausgewachsen«. Im Verlauf des vergangenen Jahrtausends haben wir Sprachen und Theorien entwickelt, die uns in die Lage versetzen, die Natur in einem bisher ungekannten Ausmaß vorherzusagen und zu kontrollieren. Um diese Ebene der Kontrolle zu erreichen, mußte die Sprache der Familie durch ein neues Vokabular und eine neue »Grammatik« der Beziehungen ersetzt werden, eine, die nicht länger aus der Gemeinschaft abgeleitet werden konnte. In der Kultur und in den einzelnen Gehirnen wurde eine Schöne Neue Welt der Rationalität und Logik, des Empirismus und des Schlußfolgerns geschaffen, die nun nur noch ganz entfernte Verbindungen zum Persönlichen hatte. In dieser Welt konnten Gedanken gedacht, Theorien entwickelt, Geräte ersonnen werden, denen durch die »natürliche Moral« der traditionellen Gesellschaft keine Grenzen mehr gesetzt wurden.

Der tiefere, ältere Gehirn-Geist war so entworfen, daß er eine laufende Integration von Bedürfnis und Handeln garantierte. Was gedacht werden konnte, war in jedem Augenblick durch einen inhärenten Sinn für den Zweck eingeschränkt und geleitet. Die von diesem Netzwerk zugelassene »Kreativität« war eine momentane Funktion des gesamten Satzes von Prioritäten – kurzfristigen und langfristigen, individuellen und altruistischen –, die in ihm präsent waren. Was unerwünscht war, das war praktisch auch undenkbar. Doch indem dieser abgetrennte Bereich von »Wahrheit« und »Objektivität« entstand, wurde das, was denkbar war, von diesen impliziten ethischen Einschränkungen befreit und wurde nur noch durch die Regeln der Rationalität und Beweisbarkeit eingeschränkt. Jetzt konnten wir denken, was wir wollten. Wir konnten uns eine neue Theorie ausdenken oder einen neuen Apparat, und dann konnte uns nichts mehr daran hindern zu versuchen, das Atom zu spalten, das Gen zu klonen und herauszufinden, ob wir »Recht« hatten. Indem die Kreativität von allen Fesseln befreit wurde, wurde sie auch prinzipienlos. Als das Badewasser der »naiven«, mythischen Darstellungen der Natur ausgeschüttet wurde, wurde auch das menschliche Kind mitausgeschüttet – die impliziten Kontrollen und Gegenkontrollen des menschlichen Einfallsreichtums, die die grundlegenden sozialen Metaphern in unseren Umgang mit der natürlichen Welt hineingetragen hatten. Sie mögen vielleicht naiv gewesen sein, doch war ein natürliches Gefühl für Proportion und Verantwortung in sie eingebettet; es war nicht als Verhaltenskodex artikuliert, sondern die Metaphern selbst waren davon durchdrungen. So wie die (meisten) traditionellen Gesellschaften im Laufe der Zeit lernten, ihre Kinder zu schützen, den Älteren Respekt zu erweisen, mürrische Großeltern zu tolerieren, (bis zu einem gewissen Punkt) schlechte Manieren und Pflichtverletzungen zu verzeihen, so wurden diese Tugenden des menschlichen Maßes in den Umgang mit Feldfrüchten, Tieren und Naturkräften hinübergenommen.

Wenn die Bäumchen der Vernunft nicht länger im uralten Grund unseres verkörperten Begreifens von Ökologie und Gemeinschaft verwurzelt sind, dann kann ein Mann zufrieden von neun bis siebzehn Uhr an einem Raketenleitsystem arbeiten und dann nach Hause eilen, um seine geliebten Kinder zu Bett zu bringen. Eine Frau kann von Montag bis Freitag für einen Ölmulti arbeiten und am Wochenende über die Autobahn in ihr Häuschen auf dem Lande fahren, wo die Luft von Blütenduft durchtränkt ist. Und keiner von beiden merkt, daß sie, während sie in ihre Jeans schlüpfen, sich wie Superman im wahrsten Sinn des Wortes in völlig andere Menschen verwandeln. Ihre Prioritäten, Reaktionen, Gefühle und selbst ihre Identitäten ändern sich, während die Energie ihres Gehirns von einer Ebene auf eine andere absinkt.

Dazu schrieb Kurt Vonnegut in »Galapagos«:

Menschliche Gehirne waren damals zu solch ausufernden und unverantwortlichen Generatoren von Vorschlägen zu dem geworden, was man mit dem Leben anfangen könnte, daß für sie ein Handeln zum Nutzen künftiger Generationen wie eines der vielen beliebigen Spiele aussah, die besessene Fanatiker spielten – Poker oder Polo oder Börsenspekulationen oder Science-fiction-Romane-Schreiben.

Das war, nach meiner Ansicht, der diabolischste Aspekt jener damaligen großen Gehirne: Sie konnten ihren Besitzern sagen und taten das auch:»Hier ist etwas ganz Verrücktes, das wir tun könnten, vielleicht. aber natürlich würden wir es niemals wirklich tun. Es macht nur Spaß, sich das auszudenken.«Und dann pflegten die Leute es, wie in Trance, doch zu tun – ließen Sklaven sich im Kolosseum gegenseitig umbringen, andere Menschen auf öffentlichen Plätzen verbrennen, weil sie unbequeme Ansichten vertraten, bauten Fabriken, deren einziger Zweck es war, Menschen in industrieller Größenordnung umzubringen, ganze Städte in die Luft zu jagen, und so weiter und so fort. Irgendwo hätte es eine Warnung geben müssen – doch gab es sie nicht –, die in etwa lautete: In diesem Zeitalter der großen Gehirne wird alles, was getan werden kann, auch getan – also geh in volle Deckung.

In diesem Kapitel haben wir einige der Bestandteile des»Ich« zusammengesetzt. Jeder von ihnen emergierte nach und nach, indem die Sprache neue Möglichkeiten anzubieten schien, den immer komplexer werdenden Anforderungen des Lebens in einer Gemeinschaft zu entsprechen. Und da sie alle durch einen gemeinsamen *Namen* verknüpft waren, wurden sie zu einer neuen, separaten Unterabteilung des Gehirn-Geistes zusammengefaßt – dem »Ich-System«. Statt daß das»Ich« über all die verschiedenen Minitheorien, all die Szenarien, an denen eine Person beteiligt war, verteilt war, wurde es übereilt als ein schlecht definierter Satz von verallgemeinerten persönlichen Charakteristika herausgestellt, eine auf Sprache basierende Ansammlung von Merkmalen, die mit einem nebulösen Gefühl innerer Autorität assoziiert waren, welche die Ausführung verschiedener Denk- und Handlungsstrategien einleiten, dirigieren oder verhindern konnte. Das ist jedoch nur der Beginn unserer Schwierigkeiten. Mit der Erfindung der *Freizeit* wendeten sich die Dinge noch weiter zum Schlechten.

9. Wohlstand, Freizeit und Lernen

Ein Kamel ist stärker als ein Mensch, ein Elefant größer, ein Löwe tapferer; Vieh kann mehr essen als ein Mensch, Vögel sind fruchtbarer. Der Mensch wurde dafür geschaffen, zu lernen.

Abû Hâmid Muhammad Al Ghassâlî

Weisheit erlangt ein gebildeter Mensch, wenn er genug Muße hat, und wer wenig zu tun hat, der wird weise werden.

Buch Jesus Sirach

Das Goldene Zeitalter des Homo sapiens

In der Geschichte einer erfolgreichen Spezies wird das Leben ab einem gewissen Punkt leicht. Eine neue Fähigkeit entsteht, die das Besetzen einer leeren Nische oder den endgültigen Triumph über eine rivalisierende Spezies erlaubt. Eine Steigerung der Fähigkeiten ermöglicht es, eine Ressource zu erschließen, die zuvor unzugänglich oder nicht nutzbar war. Eine neue Technik gestattet die Nutzung einer schon vorhandenen Ressource auf kraftvollere und produktivere Weise. Oder aber ein einfacher Wandel klimatischer oder sonstiger Bedingungen bewirkt, daß Ressourcen eine Zeitlang reichlich vorhanden und Gefahren selten sind*.

Vor etwa 10 000 bis 20 000 Jahren gestaltete die großartige Intelligenz unserer Vorfahren das Leben an vielen Orten relativ leicht.

---

* Der »Haken« in solchen Zeiten ist, wie manche Autoren sagen, daß die glückliche Spezies schließlich fett und faul wird, daß sie zu stark wächst, genetisch stagniert, nicht gerne dazulernt und ihre Ressourcen vergeudet, so daß ihre Mitglieder durch ihr Verhalten das Ende der Guten Zeiten beschleunigen und nicht vorbereitet sind, wenn es eintritt. Man kann die Geschichte der Welt als einen Katalog von ausgestorbenen Spezies ansehen, die sich zu wenig angepaßt haben und zu spät aufgewacht sind. Der Zusammenbruch der Zivilisation auf der Osterinsel ist die Standardwarnung.

Die Verwendung von Werkzeugen zum Jagen, Fischen, Ernten, Kochen, zur Herstellung von Bekleidung und so weiter hatte sich sehr verfeinert. Der Bau von soliden Unterkünften und Vorratsräumen war üblich geworden. Gesellschaftliche Gruppen hatten stabile Organisationsformen entwickelt, die beispielsweise das gemeinschaftliche Einbringen, den Transport und die Verteilung von Nahrungsmitteln ermöglichten. Viele Gemeinschaften von Jägern und Sammlern führten zum Beispiel keineswegs den mühseligen Existenzkampf, den man vielleicht erwarten würde. Mit ein wenig Glück beim Auffinden eines zuträglichen Klimas, bei ausreichender Versorgung mit Nahrungsmitteln und wenig Konkurrenten oder Raubtieren hätte das Leben luxuriös sein können. In der Zusammenfassung seiner Forschungsergebnisse über das Leben australischer Ureinwohner (Aborigines) schreibt Marshall Sahlins:

Vieles spricht dafür, daß Jäger und Sammler weniger lange arbeiten als wir; die Suche nach Nahrung ist keine fortlaufende Schwerarbeit, sondern ist oft unterbrochen, es gibt Muße im Übermaß und pro Kopf mehr Schlaf während des Tages als in allen anderen Gemeinschaftsformen.

Sind Bedürfnisse gering und leicht zu befriedigen – was bei solchen Gruppen eindeutig der Fall ist –, dann macht es Sinn, von ihnen (wie Sahlins es tut) als »den ursprünglichen Wohlstandsgesellschaften« zu sprechen. Das ruft uns den »edlen Wilden« von Rousseau in Erinnerung:

Je näher der Mensch seinen ursprünglichen Bedürfnissen geblieben ist, desto geringer ist der Unterschied zwischen seinen Fähigkeiten und seinen Wünschen, und um so weniger fern ist er vom Glücklichsein. Er ist niemals weniger unglücklich, als wenn er völlig mittellos erscheint, denn Unglücklichsein besteht nicht darin, daß man Dinge nicht hat, sondern im Verlangen nach ihnen.

Heutzutage ist diese gemeinschaftliche Beschaffung von Nahrungsmitteln für uns so selbstverständlich, daß wir leicht unterschätzen, welch riesiger Schritt nach vorn das damals war – selbst gegenüber dem Lebensstil des Schimpansen. Die Primatenforscherin Glynn Isaac ist der Ansicht: »Könnten wir einen Schimpansen über die Unterschiede im Verhalten zwischen ihnen und uns befragen, dann könnte dies sehr wohl der Punkt sein, der ihn am meisten beeindruckt: ›Diese Menschen beschaffen sich Nahrung, und statt sie sofort zu fressen wie jeder vernünftige Affe, schleppen sie sie weg und teilen sie mit anderen!‹«

Die Qual der Wahl

Wo es Fülle gibt, da ist auch Vielfalt. So hatte zum Beispiel das im nördlichen Syrien von etwa 12 000 bis 10 000 v. Chr. ansässige Volk der Natufier eine sehr viel abwechslungsreichere Ernährung als seine Vorgänger. Zum täglichen Leben dieser Leute gehörten freie Auswahl und Vorlieben ebenso wie Notwendigkeiten. Bei Fleisch konnten sie zwischen Gazelle, Rotwild, Steinbock oder Fisch wählen. All das ergänzten sie durch eine Vielfalt von wildwachsendem Getreide und Hülsenfrüchten. Ihre Nachkommen gehörten zu den ersten, die Getreidesorten zu Kulturpflanzen machten und anbauten, wodurch sie sich nach und nach eine noch zuverlässigere Versorgung und größere Vielfalt von Nahrungsmitteln sicherten. Sie waren in der Lage zu sagen: »Was sollen wir denn heute zu Abend essen?« Ebenso vermehrten sie und andere Zivilisationen die Vielfalt von Kleidungsstilen und Schmuck. Sie konnten sich fragen: »Welche Schuhe soll ich denn heute anziehen?«, oder: »Ist heute ein Tag für ein Lederwams oder eine Wolljacke?«

Und ähnlich wie bei diesen alltäglichen Entscheidungen haben wohl die betreffenden Individuen begonnen, einen für sie selbst charakteristischen dauerhafteren Lebensstil zu wählen. Innerhalb dieser Gemeinschaften von, nehmen wir einmal an, 100 bis 150 Leuten konnten sich soziale Rollen ausdifferenzieren. Nicht jeder mußte kochen oder Fleisch schneiden oder Ziegen hüten oder Schuhe herstellen. Und auch nicht jeder mußte den nächsten Beutezug planen oder Keramikgefäße herstellen und verzieren. Verschiedene Individuen eignen sich aufgrund ihrer Chromosomen und ihrer persönlichen Geschichte für unterschiedliche Rollen. Sie haben unterschiedliche Leidenschaften, Talente, Vorlieben und Toleranzen. Welche Nischen die einzelnen Leute besetzen, wird durch Zufall, aber auch durch ihre eigene Veranlagung bestimmt. Es ergeben sich für die einzelnen erheblich mehr Chancen, ihren Lebensweg selbst zu wählen und ihn, wenn sie es wünschen, immer wieder neu zu gestalten.

In Zeiten der Fülle und Vielfalt wird also die Antwort auf die uralte evolutionäre Frage »Was sollen wir als nächstes tun?« bei vielen Gelegenheiten nicht mehr von den Erfordernissen des Überlebenskampfes diktiert. Die hochentwickelten und verfeinerten Gehirn-Geiste werden weniger oft durch ein plötzlich auftauchendes Raubtier oder durch eine Krise in der Nahrungsmittelversorgung zur Aktivität angetrieben. Diese Gehirne waren von der Evolution so konstruiert, daß sie multifaktorielle Überlebensprobleme »on line« lösen konnten. Ihr spezifisches Design war darauf angelegt, eine begrenzte, aber ständig fluktuierende Menge von Überlebenserfordernissen mit dem Repertoire ihrer Fähigkeiten und den momentan zur Verfügung stehenden Möglichkeiten abzustimmen, und zwar schnell, *stante pede*. Nun fanden sich diese leistungsfähigen Computer manchmal in einer ganz anderen Situation: einer, in der keine dringenden Überlebensbedürfnisse zu befriedigen waren, eine zunehmende Zahl von nicht mit dem Überleben zusammenhängenden Optionen erwogen werden mußten und es viel Muße gab, über Dinge nachzudenken. In dieser Situation des sozusagen »Bestellt und nicht abgeholt« pflegte dem menschlichen Gehirn-Geist eine Menge ungenutzter Fähigkeiten und viel Zeit zur Verfügung zu stehen.

Für diese mißliche Lage, diesen *embarras de richesse*, gibt es eine Menge möglicher Lösungen. Eine davon bestünde darin, dem Beispiel der jungen Seescheide zu folgen, die, wie Sie sich erinnern, über den Meeresgrund wandert, bis sie einen ihr genehmen Wohnort gefunden hat, und dann das Problem ihres jetzt überflüssigen Gehirns dadurch löst, daß sie es auffrißt. Die Problematik dieser »Lösung« ist natürlich, daß sie unwiderruflich ist. Indem man sich so zum »glücklichen Gemüse« gemacht hat, hat man auch die Fähigkeit beseitigt, auf schwierige Herausforderungen zu reagieren, wenn sie dann *doch* auftreten. Die beiden anderen Optionen sind Lernen und Identifizierung. Im Rest dieses Kapitels werde ich auf die Natur der Lernoption eingehen sowie auf die Konsequenzen für eine Gesellschaft, die sich ihr, vielleicht allzu enthusiastisch, verschreibt. Im folgenden Kapitel dann werde ich die zweite Option behandeln, die der Identifizierung, und dabei aufzeigen, wie das Ich-System mit dem Überlebenssystem einer Person gekoppelt werden kann, so daß es eine neue Skala von Gefahren hervorzaubert und damit eine endlose Folge neuer »Pseudoprobleme«, die gelöst werden müssen.

Zeit zum Spielen

Nimmt keine offenkundige Bedrohung unsere Aufmerksamkeit in Anspruch (und sind wir gut ausgeruht und bei guter Gesundheit), dann können wir unsere Zeit recht nützlich damit ausfüllen, daß wir uns nach einer neuen Herausforderung umsehen. Erkunden wir weiter die Implikationen dessen, was wir bereits gelernt haben, oder machen uns körperlich auf einen Erkundungsgang, dann entdecken wir vielleicht latente Möglichkeiten und Muster, deren Kenntnis uns zustatten kommen wird, wenn wir im »wirklichen Leben« tatsächlich plötzlich damit konfrontiert werden. Der erstgenannte Weg involviert das Kultivieren des Denkens, der Vorstellungskraft und des Nachdenkens – also der Fähigkeit, die, wie wir schon gesehen haben, bereits bei ganz kleinen Kindern vorhanden ist, wenn sie »das Gras ihrer Erfahrungen wiederkäuen«. Durch das Medium zunächst symbolischen Spielens und später logischen Denkens können im mentalen Mosaik spezifischer Begegnungen neu Verbindungen hergestellt und Verallgemeinerungen daraus abgeleitet werden*. Bei diesem nachdenklichen Wiederkäuen ist es natürlich und nützlich, dabei vielleicht aufgedeckten Gefahren besondere Aufmerksamkeit zu schenken. Doch wie bei jeder Überlebensstrategie hat auch diese ihre Zeit und ihren Platz, und wenn sie zwanghaft wird, wird sie kontraproduktiv. Keine Situation ist absolut sicher. Überdenkt man sie nur lange genug wieder und wieder

---

* Leider scheinen wir heute ganz versessen darauf zu sein, diese grundlegende reflexive Fähigkeit in unseren Schulen systematisch zu ignorieren und im Keim zu ersticken und als Erwachsene dann einen so hektischen Lebensstil zu entwickeln, daß sie keine Chance mehr hat, sich zu erholen.

und läßt seiner Phantasie dabei freien Lauf, dann wird sich immer irgend etwas zeigen, das schiefgehen könnte. So kommt es dann, daß gelangweilte und ruhelose Gehirne sich Szenarios einbilden, in denen geliebte Mitmenschen, die längst zu Hause sein sollten, in schreckliche Autounfälle verwickelt sind; bei denen ein dünner Riß in der Schlafzimmerdecke bedeuten könnte, daß das Haus bald zusammenbricht; und in denen ein Kollege, der es versäumt hat, über Ihren besten Witz zu lachen, ganz bestimmt etwas sehr Schlimmes hinter Ihrem Rücken ausheckt.

Eine natürliche Folge dieser Neigung ist, daß man sein Denken und seine Vorstellungskraft dazu benutzt, *vergangene* Begegnungen nachzubessern, die Tonbänder immer wieder durchlaufen zu lassen und dabei verschiedene Endergebnisse einzubauen, die für uns vorteilhafter gewesen wären. In diesem Sinne sagte Osho Rajneesh in einem seiner Vorträge: »Vorher sind Sie schlau. Hinterher sind Sie schlau. Dazwischen sind Sie mau. Und in der Mitte ist *das Leben.*«[*] Ist der Computer darauf programmiert, seine Suche nach möglichen Pannen bis an die Grenzen ihrer Wahrscheinlichkeit auszudehnen, dann wird er am Ende von seinen eigenen Alarmsignalen blockiert.

Erkundungsreisen

Dem inneren Durchsieben von Erfahrungen und Erkenntnissen, um mögliche faule Stellen aufzuspüren, entspricht eine Zunahme der »offline«-Suche nach herausfordernden Situationen in der realen Welt – oder dem Schaffen solcher Situationen. Die Suche nach Erkenntnis kann viele Formen annehmen. Zu einigen davon kann es gehören, uns unmittelbar in eine Situation zu bringen, die weiteres Lernen erforderlich macht, ohne (so ist zu hoffen) eine tödliche Bedrohung zu enthalten, der wir nicht gewachsen sind. Wir können mit einem Schiff in See stechen, um herauszufinden, was hinter dem

---

[*] Das englische Wortspiel läßt sich leider nicht adäquat übersetzen: »*Before, you are wise. After, you are wise. In between, you are otherwise. And in the middle is life.*« (Anm. d. Übers.)

Horizont liegt, und mit einigem Glück haben wir bei der Rückkehr nicht nur ein neues Land und dessen Schätze entdeckt, sondern haben auch unsere Kenntnisse in der Navigation verbessert. Eine ungefährlichere Alternative ist es, in die Schuhe anderer Entdecker zu schlüpfen. Für die weniger Mutigen, die Geduldigeren und die Bessergestellten gibt es nervenkitzelnde Anklänge an solche Abenteuer auf Achterbahnen, in Horrorfilmen, beim Bungeespringen und bei Pauschalreise-Safaris im Bus mit Klimaanlage.

Die Gelegenheiten, die eine Kultur bietet, ihre Ängste und Gefahren »aus zweiter Hand« zu erkunden, nennt man »Unterhaltung«, und die Formen der Unterhaltung, die sie anbietet, sind daher symptomatisch für das, was sie anbetet und was sie verachtet. Ein Zirkus gibt uns die Möglichkeit zu sehen, wie echte Menschen ihre Angst überwinden – *unsere* Angst – vor der Höhe, vor wilden Tieren und davor, sich lächerlich zu machen. Seifenopern lüften den Deckel des Familien- oder Firmenlebens und zeigen uns Menschen, die sich genauso fies – eifersüchtig, gemein, gewalttätig, blöd, rachsüchtig, geil – benehmen, wie wir, unsere Familie oder unsere Kollegen es manchmal auch gern tun würden, ohne es jedoch zu wagen. Wir können uns vorführen lassen, was wir durch ein weniger beherrschtes Verhalten gewinnen oder verlieren könnten. Spielshows und Quizsendungen zelebrieren den Eifer, mit dem unsere Kultur Kenntnisse, Intelligenz und ein gutes Gedächtnis mit persönlichem Wert verwechselt, und enthalten die köstliche Möglichkeit, daß am Ende jemand vor Millionen von Zuschauern genauso dämlich dasteht, wie wir uns oft fühlen. Und der »Sport« liefert uns Bilder von Hingabe und Fitneß, und mehr noch: davon, wie es ist, besessen zu sein – sich einer Sache bis zu dem Punkt hinzugeben, an dem es keine Ausflüchte mehr gibt, und dann doch zu »versagen« und *nur* die Silbermedaille zu gewinnen. Das Glotzen auf den Bildschirm *scheint* uns Modelle menschlichen Verhaltens und Fühlens zu bieten und liefert uns in Wahrheit vielleicht nur noch einen leichten Nervenkitzel, eine Lawine von Bildern, deren Anzahl zu groß ist, die zu schnell ablaufen und zu oberflächlich sind, als daß sie uns noch irgend etwas angingen. Sie wecken den mächtigen Drang nach stellvertretendem Lernen, können ihn jedoch nicht befriedigen.

Auch Literatur und Mythen liefern uns intensive Anstöße zu diesem stellvertretendem Erkunden. Romane reichen durch Wörter an jene Konzepte und Szenarios heran, die unser Verständnis von sozialem Leben strukturieren, und lassen auf diesen persönlichen Saiten neue Harmonien anklingen. Die Noten sind uns altvertraut – Angst, Mißverständnis, Betrug, Liebe, Wut –, doch scheint unsere Faszination von der Vielfalt der Akkorde, die sich daraus bilden lassen, unerschöpflich. Von Tim und Struppi bis zu Lederstrumpf – da draußen, in einem Comic oder einem Buch, ist jemand, der mit Situationen fertig wird, denen wir uns kaum zu stellen wagten, der standhält, wo wir wahrscheinlich flüchten würden, und der schließlich Situationen zu einem Happy-End bringt, die sogar *noch schlimmer* sind als unsere eigene. Solche Figuren machen Mut, sie inspirieren, und vor allem liefern sie uns Informationen; sie zeigen uns durch ihr Handeln und Denken, wie es im Inneren eines anderen Menschen aussieht.

Und dann gibt es da noch die Option, Kenntnisse, Wissen, einige Etagen über dem staubigen Boden der menschlichen Interaktion zu erwerben – ein Gelehrter, Philosoph, Akademiker zu werden. Landet man dabei bei der Krebs- oder Rüstungsforschung, Biotechnologie oder Ingenieurswissenschaft, dann läßt sich der Faden von den Laborberichten noch in die Welt von Überleben und Wohlergehen der Menschheit zurückverfolgen. Ist unser Fachgebiet jedoch der Ursprung des Lebens, die Geschichte des Konjunktivs, das Verhalten der Bachforelle oder die Zahlentheorie, dann mag die Spur bis zur Unkenntlichkeit verblassen. Das Aufregende an der intellektuellen Jagd ist nicht mehr Mittel, sondern Zweck. Der Vorgang des Forschens selbst wird zu seiner eigenen Belohnung.

Das Problem mit der Strategie der endlosen Wissensansammlung ist wiederum, daß sie süchtig machen kann. Ist das Sammeln von Kenntnissen ohne Bezug zu unmittelbaren Bedürfnissen erst einmal zur Priorität geworden, dann findet man kein Ende mehr. Lernen wir im Kontext eines unmittelbaren persönlichen Bedürfnisses, dann wird das, was wir lernen, automatisch in das mentale Modul eingebunden, das jeweils in Funktion ist. Es mag zwar nach und nach aus seinem ursprünglichen Kontext herausgelöst und damit in größerem Umfang verfügbar werden. Doch ist der Prozeß des Heraushebens von einzelnen Komponenten immer noch mit dem komplexen Netzwerk des Gehirns zum Speichern und Wiederauffinden verknüpft. Bombardieren wir jedoch das Gehirn mit einem konstanten Strom von Informationsfetzen, Nachrichten aus aller Welt, Klatsch, Meinungen, Unglaublichen Phänomenen und Kreuzworträtsel-Begriffen, dann wird es nicht modular, sondern zersplittert, wird zu einem Gewirr von unstrukturierten, unverdauten Eindrücken, die man unmöglich nutzen und nur schwer abrufen kann. Unsere Kultur hat die Geschwindigkeit der Informationsfütterung erhöht, während wir jedoch weiterhin ein Gehirn haben, dessen »Verdauungssystem« von der Evolution für weniger hektische Zeiten entworfen ist und das sich dagegen sträubt, gehetzt zu werden.

Die Erfindung der Wissenschaft

Als Ergebnis der Zunahme von Freizeit und der wachsenden Befähigung zum Nachdenken und Imaginieren kamen wir schließlich dazu, eine besonders brisante Frage stellen und gelegentlich auch beantworten zu können: Wie ist das alles zustande gekommen? Die »natürliche Lernfähigkeit« des Gehirn-Geistes leistet Hervorragendes beim Aufdecken von Korrelationen. Er ist ein wunderbar konstruierter Detektor von Mustern, der es uns möglich macht, auf der Grundlage von Erfahrung vorherzusagen, was als nächstes geschieht – und deshalb in den Fluß der Ereignisse eingreifen und ihn zu unserem Vorteil verändern zu können. Doch eine überzeugende *Erklärung* dafür, warum etwas (ein Automotor, fallende Objekte, Mutter und Kind) sich verhält, wie es sich verhält, verstärkt unsere Fähigkeit zur Vorhersage ganz enorm.

Nichts ist so praktisch wie eine gute Theorie. Man kann einem bis dahin noch nicht aufgetretenen Fehler in der Maschine nachgehen und ihn aufspüren; man kann einen Kommunikationssatelliten entwerfen, man kann einer Mutter helfen, ihre Depression zu verstehen und deren Auswirkung auf ihr Kind. Manche Muster mögen zu langfristig oder zu diffus sein, als daß das Gehirn sie erfassen könnte. Die Korrelation zwischen Leukämie bei Kindern und der Strahlung aus einem Atomkraftwerk oder zwischen endemischer Ruhr und der Einleitung von Abwässern in Flüsse dämmert uns vielleicht nicht einmal. Doch eine erfolgreiche »Theorie«, die Gesundheit mit diesen zwei unterschiedlichen Arten von Umweltverschmutzung in Verbindung bringt, kann es dem »Geist« ermöglichen zu sehen, was das »Gehirn« nicht sehen kann. Doch sind wir gegenwärtig wiederum Zeuge, wie sich ein hilfreicher Diener in einen monströsen Herrscher verwandelt. Was als wertvolle Anwendung für einen mit Muße ausgestatteten Gehirn-Geist begann, erweist sich als etwas, das über keine natürliche Bremse für seine Aktivitäten verfügt. Wenn ein wenig gut ist, dann muß mehr besser sein, so ist die Logik unserer Kultur. Und der sich entwickelnde Gehirn-Geist ist nicht mehr in der Lage zu beherrschen, was zu einer wildgewordenen Maschine geworden ist, die Theorien, Meinungen, Verhaltensweisen und Ideen ausspuckt ohne Grund und offenbar ohne Ende. Ich will es Kurt Vonnegut mit einem anderen Zitat aus seinem Buch »Galapagos« überlassen, die Situation mit seinem üblichen Pathos zusammenzufassen:

Darwin hat nicht die [Galapagos-]Inseln verändert, sondern nur die Meinung der Menschen über sie. Das zeigt, wie wichtig bloße Meinungen im Zeitalter der Großen Gehirne [d. h. *heute*; d. Verf.] waren. In der Tat war es so, daß bloße Meinungen das Handeln der Menschen mit eben so großer Wahrscheinlichkeit lenkten wie harte Beweise, und sie konnten so plötzlich auf den Kopf gestellt werden, wie das bei harten Fakten niemals möglich gewesen wäre. So konnten die Galapagos-inseln in einem Moment der Himmel und im nächsten die Hölle sein, Julius Cäsar jetzt ein großer Staatsmann und dann wieder ein Schlächter, und Papiergeld aus Ekuador konnte in einem Augenblick gegen Lebensmittel, Wohnraum und Kleidung eingetauscht werden und im nächsten kaum mehr als Streu für einen Vogelkäfig sein. Das Universum konnte in einem Augenblick von Gott dem Allmächtigen geschaffen sein und im nächsten durch einen großen Knall – und so weiter und so fort.
Selbst heute, sehr viel später, bin ich immer noch voller Zorn auf eine Naturordnung, die die Evolution von etwas so Unwesentlichem, Irrelevantem und Zerstörerischem zugelassen hat wie jene Großen Gehirne in der Zeit vor einer Million Jahren. Hätten diese die Wahrheit

gesagt, dann könnte ich noch einen Sinn darin sehen, daß jedermann damit ausgestattet wurde. Doch diese Dinger logen die ganze Zeit!

Projekte und Pläne

Als letztes möchte ich an dieser Stelle noch die Gelegenheit zum Formulieren langfristiger Ziele, Interessen oder Pläne hervorheben. Zunächst dürften diese sich wie üblich auf die soziale Sphäre konzentriert haben. Statt nur in Begriffen einzelner Begegnungen mit anderen Individuen oder Gruppen zu denken, konnte man aus der Vorausplanung Vorteile ziehen. Diese längerfristigen Pläne waren zunächst mit ziemlicher Sicherheit gemeinschaftlicher Art (wie wir gleich sehen werden). Aber wie bei anderen kognitiven Fähigkeiten gibt es keinen Grund dafür, daß sie sich darauf beschränken sollten. Es bedarf nicht viel, ihr Potential auch für die individuelle Ebene zu erkennen. Und sie müssen sich auch nicht alle um die Manipulation anderer zum eigenen Vorteil drehen.

Die Verlagerung von der Beschäftigung mit unmittelbaren Überlebens*taktiken* zur Entwicklung längerfristiger *Strategien* und Kampagnen sollte sich als großer Vorteil im Wettbewerb verschiedener Gruppen um Territorien und Ressourcen erweisen. Feldzüge oder Überfälle zu planen erforderte komplexe Berechnungen und Projektionen, wenn ihnen Erfolg beschieden sein sollte. Ganz entscheidend ist die Wahl des Gegners. Mit einer Kombination von überlegener Technologie und kluger Auswahl des Opfers gewann man normalerweise den Krieg. Und ein guter Feldzug ist einer, der nicht nur siegreich endet, sondern auch mit wertvollen Ressourcen in der Tasche. Wir brauchen also Informationen über die Aktivposten des »Feindes«, um sie gegen die Kosten und Risiken eines Feldzuges abwägen zu können: Wie viele Krieger werden wir brauchen? Wie lange wird das Ganze dauern? Welchen Nachschub werden wir benötigen? Mit wessen Unterstützung können wir rechnen? – und so weiter. Umfang und Art unserer Bewaffnung werden nicht nur vom Zustand unserer eigenen Technologie abhängen, sondern auch von der antizipierten Rüstung und den Verteidigungsmethoden unseres Feindes.

Einfühlungsvermögen und Krieg

Aus kognitiver Perspektive sind jedoch jene Pläne die nützlichsten, die einkalkulieren, wie unsere Gegner denken könnten, weil uns dies in die Lage versetzt, vor dem Kampf einen Desinformationsfeldzug zu starten. Wenn WIR wissen, daß es DEN ANDEREN an gewissen Ressourcen mangelt, dann können wir vermeiden, ihre Aufmerksamkeit auf uns zu ziehen, indem wir so tun, als seien wir in dieser Hinsicht auch schlecht dran. Hegen DIE ANDEREN den Verdacht, daß WIR sie überfallen wollen, dann könnten wir uns verhalten, als hätten wir einen ganz anderen Stamm auf dem Kieker. Vermuten WIR, daß DIE ANDEREN unseren Code geknackt haben, dann sollten wir ihn weiter benutzen, um irreführende Informationen zu übermitteln ... was jedoch auf so subtile Weise geschehen muß, daß DIE ANDEREN nicht ahnen, daß WIR *wissen*, daß SIE den Code geknackt haben. Diese Art der Desinformation erreichte im Zweiten Weltkrieg einen Höhepunkt an Raffinesse bei den Versuchen beider Seiten, sich gegenseitig zu täuschen*.

Diese Fähigkeit, ausgeklügelte Täuschungskampagnen zu lancieren, erfordert noch eine andere Entwicklung der sozialen Intelligenz. Wir brauchen dazu nicht nur ein Modell des Charakters – der Bedürfnisse, Ängste, Sichtweisen und Gewohnheiten – der ANDEREN. Wir müssen auch in der Lage sein, jene Art von Modell der Welt und insbesondere von UNS zu konstruieren, das die ANDEREN, seien das Individuen oder eine Gesellschaft, konstruieren würden. Man muß, kurz gesagt, »Einfühlungsvermögen« entwickeln. Ein Kind muß beim Versteckspielen auf irgendeiner (nicht unbedingt bewußten) Ebene »wissen«, daß es nicht ausreicht, den Spielkameraden nicht zu sehen. Es muß sich ein inneres Bild des Zimmers machen können, des Sofas, hinter dem es sich zu verstecken sucht, *und* davon, was der Mitspieler von dem Platz aus sehen kann, an dem er gerade steht. Erst dann kann es sich so

---

* Einige Geschichten hierzu finden sich in: Paul Watzlawick, »Wie wirklich ist die Wirklichkeit?«, München 1996.

verstecken, daß es dabei auch dessen Standort berücksichtigt und nicht nur den eigenen*.

Auf einer umfassenderen Ebene muß die Person, die eine größere Desinformationskampagne plant, in diese einbauen, was sie von den Verdachtsmomenten des Gegners weiß, davon, wie er *denkt*, so daß das Täuschungsmanöver plausibel auf dessen wahrscheinliche Fragen antwortet. Dazu gehört auch, daß ich aus der Perspektive des anderen ein Bild von *mir selbst* zeichnen kann, das nicht nur darstellt, was *ich* von mir weiß, sondern auch berücksichtigt, was die *anderen* von mir wissen. Wie genau ich vorhersagen kann, in welcher Richtung die anderen zuschlagen oder wie sie meine Signale interpretieren werden, hängt entscheidend davon ab, wie gut ich mich selbst aus der Perspektive der anderen darstellen kann.

Eine These besagt, gerade diese Fähigkeit des Gehirn-Geistes zum Konstruieren von Modellen der Anschauungen anderer sei das gewesen, was die Evolution genötigt habe, ihre Trumpfkarte auszuspielen und das *Bewußtsein* hervorzubringen. Für diese Annahme gibt es jedoch keinen guten Grund. Wie wir gesehen haben, abstrahiert das Gehirn aus den angesammelten Aufzeichnungen persönlicher Begegnungen *sowie* den von ihm aufgenommenen Fakten aus zweiter Hand (Hörensagen) »Begriffe« (von Klassen, Gruppen und Individuen) und repräsentiert diese dann als lockere, »verschwommene« Pakete von Attributen. Wird das Konzept durch entsprechende Eindrücke genügend aktiviert, neigt die ganze Struktur dazu, klar in Erscheinung zu treten. Doch das *spezifische* Muster, das aktiviert wird, hängt vom Muster der vorher gegebenen Anregung ab. Hören wir das Wort »Hund«, dann wird die Struktur der Einheiten (Oktopusse), die aktiviert werden (aufwachen), stark davon abhängen, ob ihnen gerade ein Pekinese oder eine deutsche Dogge über den Weg gelaufen ist oder ob der Kontext sie zu der Vermutung veranlaßt, das Tier sei bissig oder nicht. Zu jedem Konzept

---

* Neuerdings hat sich das Forschungsinteresse stark auf die Entwicklung der Fähigkeit bei Kindern konzentriert, die Perspektive anderer auf diese Weise zu übernehmen. Und es gibt gewichtige Hinweise darauf, daß es *autistischen* Kindern gerade an dieser Fähigkeit mangelt.

gehört ein »Kern« von Merkmalen, die immer aktiviert werden (wenn sie nicht ausdrücklich geleugnet werden) – Marvin Minsky nennt sie »voreingestellte Werte« *(default values)* –, sowie eine Grauzone von assoziierten Merkmalen, aus denen durch den Kontext, also durch den Anregungsmechanismus, herausgesucht wird, was »paßt« und was gebraucht wird.

Das genaue Muster der von jedem Geschehen ausgelösten Aktivität hängt also davon ab, welche sonstigen Konzepte bereits aktiv sind oder kürzlich noch aktiv waren. Versuche ich zu erkennen, wie du, mein Gegenspieler, reagieren wirst, dann wird mein Gehirngeist zunächst das Konzept aktivieren, das ich von dir entwickelt habe. Dieses Konzept sendet dann sein charakteristisches Anregungsmuster an andere Teile des Netzwerks aus, wozu auch mein Ichkonzept gehört; wenn dieses dann eingeschaltet wird, so wird das tatsächliche Muster des »Ich«, das dann aktiviert wird, notwendig ein »Ich-im-Zusammenhang-mit-dir« sein. Die speziellen Eigenschaften von mir, die aktiviert werden, werden genau jene sein, welche du – entsprechend meinem Modell – von mir erwartest. Und nun ist der Gehirn-Geist in der Lage, einen Handlungsablauf zu berechnen, der diese Attribute entweder noch hervorhebt oder sie maskiert. Die Befähigung, »sich selbst aus der Perspektive eines anderen zu sehen«, ist ein weiteres Beispiel für das, wofür der Gehirngeist geschaffen wurde und wozu er taugt. Es besteht also überhaupt keine Notwendigkeit, das große Geschütz des Bewußtseins aufzufahren – noch nicht.

In diesem Kapitel haben wir verschiedene Beispiele dafür gesehen, wie die Fähigkeit des Gehirn-Geistes zur Imagination und Erkundung außer Rand und Band geraten kann. Wie jedoch ist es möglich, daß die Prioritäten des Gehirn-Geistes derart aus dem Gleichgewicht geraten? Natürlich ist es nützlich, die Reaktionen eines Rivalen vorwegnehmen zu können. Sind wir jedoch so sehr mit dem nächsten Geschäftsabschluß beschäftigt, daß wir geistesabwesend vor einen Omnibus laufen, dann sind die Dinge eindeutig aus dem Ruder gelaufen. Diese Kernfrage ist es, der wir uns im folgenden Kapitel zuwenden wollen.

10. Identität und Überleben

Gilt die uns beherrschende Leidenschaft nicht mehr dem Überleben, dann wird es die Bequemlichkeit. Für jemanden, dessen Leidenschaft tatsächlich dem Überleben gilt, ist unsere Vorliebe für Bequemlichkeit unwürdig und trivial, im höchsten Maße selbstsüchtig. Sie kann durch nichts gerechtfertigt, ja nicht einmal verstanden werden.

Nicholas Freeling

Wie man beschließt, wer man sein will

Für andere als menschliche Organismen ist das Thema Überleben (zumindest aus darwinistischer Sicht) ganz eindeutig. Der evolutionäre Imperativ besagt, daß deine *Nachkommen* überleben und deine Gene in die nachfolgende Generation übertragen werden müssen. Und damit dies geschehen kann, ist für dich das Wichtigste zu überleben, bis deine Kinder geboren und aufgezogen sind. Überleben bedeutet *physisches* Überleben. Die Art und Weise jedoch, wie die Menschen des 20. Jahrhunderts im Abendland sich verhalten, zeigt deutlich, daß dies für sie noch längst nicht das Ende der Geschichte ist. Im großen und ganzen sind die Leute natürlich immer noch auf ihr physisches Wohlergehen bedacht. Sie scheinen sich aber auch noch um eine riesige Zahl von anderen Dingen zu kümmern, und gelegentlich sind sie offenbar bereit, ihr Leben aus höchst überraschenden Gründen zu riskieren. Eine verhungernde Frau mag eine Tasse warme Milch ablehnen, weil ihre Identifizierung mit der »Sache eines vereinigten Irland« im Augenblick stärker ist als ihr Interesse am Leben selbst. Ein Mann setzt sich vielleicht in einem Duell Verwundung und Tod aus, weil sein »guter Name« beschmutzt wurde und ein Leben ohne Ehre nicht mehr lebenswert ist. Ein Gelehrter mag in ein anderes Land umziehen und dort eine neue »Identität« annehmen, wenn Beweise dafür veröffentlicht werden, daß er seine Forschungsergebnisse manipuliert hat. Das durch die Knappheit an lebensbedrohenden Geschehnissen geschaffene Vakuum wurde eindeutig durch eine Menge anderer Belange ausgefüllt. Statt uns für die Option zu entscheiden, unsere evolutionär günstige Lage durch Ausnutzen der Muße und durch Lernen positiv zu verwerten, scheinen wir noch geschäftiger, noch besorgter, noch *gefährdeter* als unsere Vorfahren zu sein, sogar noch mehr als unsere verhätschelten Haustiere. Warum dies so gekommen ist, das ist eine Folgeerscheinung der anderen Option, die von der Menschheit entdeckt wurde, um sich bei guter Laune zu halten – dessen, was ich im letzten Kapitel als Identifikation bezeichnet habe.

Das Ich an die Hochspannungsleitung anschließen

Die zweite bedeutendere Lösungsmöglichkeit für das Problem der überschüssigen Kraft des Gehirns wäre, das Ich-System (dessen Entwicklung wir in Kapitel 8 nachzuzeichnen begannen) direkt an das Fundamentale Überlebenssystem anzuschließen, ihm eine Hotline zum Oberbefehlshaber der bewaffneten Streitkräfte zu verschaffen. Dann ist alles, was vom Ich-System über das Rote Telefon zum Alliierten Hauptquartier gelangt, *ipso facto* eine Angelegenheit der Nationalen Sicherheit. Jeder Hilferuf an den Gehirn-Geist, der vom Ich autorisiert beim Gehirn-Geist eintrifft, der also über das richtige Codewort verfügt, erhält dann automatisch Priorität. Ist das Ich-System entsprechend ausgeprägt, dann hängt es ständig an der Strippe, und das Problem des Großen Gehirns mit seiner Langeweile ist gelöst. Damit wird die Bewahrung des Ich-Systems zum Überlebensmotor und erhält, falls notwendig, sogar Vorrang gegenüber den Interessen des physischen Körpers, ja sogar gegenüber dem Überleben der ganzen Spezies. *Was auch immer Bestandteil der Arbeitsdefinition meines Ich ist – zu seiner Bewahrung werden die Überlebensressourcen des gesamten Geist-Gehirn-Körper-Systems mobilisiert.*

Dieser innere Prozeß, in dem zusätzliche Aspekte des Gehirn-Geist-Systems direkt an die Überlebensmaschinerie angeschlossen

149

werden, nennt man *Identifikation*. Meine »Identität« umfaßt alles, was sich im Zauberkreis des Ich befindet und deshalb auf meiner Liste der zu bewahrenden Dinge steht. Der Schutz, die Bestätigung und die Entwicklung dieser Identität werden zu »meinem Job«. Diese Verkabelung verschiedener Aspekte der Selbstkenntnis mit den Überlebensmechanismen ist das, was Freud als »Kathexis« (Besetzung) bezeichnete. Jeder Teil des »kathexierten Systems« kann – genaugenommen, muß – bei Bedrohung sämtliche Verteidigungskräfte der Gemeinschaft als ganzer auf den Plan rufen. Ein Angriff auf meine Reputation kann nun die gleiche vorrangige Wirkung auf das gesamte System haben wie ein Malariaanfall oder das Niederbrennen meines Getreidespeichers.

Wie das innerhalb des Gehirn-Geistes geschieht, ist kein Geheimnis. Habe ich mich dafür entschieden, daß es beispielsweise eine Bedrohung darstellt, ausgelacht zu werden, dann setze ich einfach die sensorischen Muster, die Gelächter erkennen, über längere Zeit einer bestimmten Anregung aus, so daß sie darauf eingestellt sind, Lachen zu erkennen und es sorgfältig auf Anzeichen von Geringschätzung zu analysieren. Und wenn dann die Detektoren für Geringschätzung zünden, aktivieren sie alle nur denkbaren Teile des Systems zur Wahrung des Gesichts, die sich bei der Ablenkung oder Neutralisierung der »Bedrohung« als erfolgreich erwiesen haben. Ich lenke von dem momentanen Geschehen ab, indem ich mein Weinglas umstoße, ich entschließe mich, nie wieder auf eine Party zu gehen, ich haue dir eins auf die Nase, ich beginne, deinen geschäftlichen Ruin zu planen ... und was es da sonst noch so gibt.

Ein wichtiger Teil dessen, was Leute so interessant macht, ist die unterschiedliche Art und Weise, auf solche Notfälle zu reagieren. Alexis de Tocqueville hat das folgendermaßen formuliert:

> Ich habe es immer sehr interessant gefunden, die unwillkürlichen Bewegungen der Angst bei klugen Menschen zu verfolgen. Dumme Menschen stellen ihre Feigheit ganz grob in all ihrer Nacktheit zur Schau. Die anderen jedoch vermögen sie mit einem zarten Schleier zu tarnen, der so elegant und zierlich mit kleinen plausiblen Lügen gewoben ist, daß es einiges Vergnügen bereitet, dieses einfallsreiche Produkt menschlicher Intelligenz zu betrachten.

Erhält das Ich-System auf diese Weise »Top-Priorität«, dann ist es imstande, die Warteschlange zu überspringen. Alle auf das Ich bezogenen Bedürfnisse und Bedrohungen müssen nicht mehr auf dem Marktplatz des Gehirn-Geistes um Aufmerksamkeit konkurrieren. Wie eines der permanenten Mitglieder des UN-Sicherheitsrates hat das Ich-System die Macht, seine eigenen Belange in den Vordergrund zu schieben und die Belange anderer zu blockieren, ohne Rücksicht darauf, welcher Art diese Belange sein mögen. Das von uns in den vorangegangenen Kapiteln diskutierte Wuchern der Bedürfnisse macht den Entscheidungsfindungsprozeß so nicht nur um einen weiteren Schritt komplizierter, sondern stellt ihn komplett auf den Kopf und verändert seine Art. Das Triviale kann damit Vorrang gegenüber dem biologisch Grundlegenden erhalten. Die Menschen können töten, sogar sich selbst, um eine Demütigung zu vermeiden oder einen materiellen Vorteil zu erlangen, den sie nicht wirklich brauchen.

Das Bild von uns selbst, das wir auf der Grundlage unserer eigenen Erfahrung entworfen haben, ist eine flexible Zusammenfassung der Weise, wie wir die Dinge zu sehen und wie wir zu reagieren pflegen. Es ist offen, kann stets aktualisiert werden, ja ist sogar offen für Überraschungen, wenn wir neuen Situationen begegnen und mit neuen Seinsweisen experimentieren. Sobald wir uns jedoch mit dieser provisorischen Skizze unserer selbst »identifizieren«, wird sie ein Dienstplan von Anweisungen, die befolgt werden müssen. Statt von dem Wunsch motiviert zu sein, unsere Kenntnisse und Fähigkeiten zu *verbessern*, uns ständig dem Spiel der neuen Situationen anzupassen, sind wir nun dazu verurteilt, unsere Zeit damit zu verbringen, uns selbst und jedem, der es hören oder nicht hören will, zu *beweisen*, daß wir derjenige sind, der zu sein wir beschlossen haben.

Wenn wir dann in unsere Liste der Dinge, die um jeden Preis zu bewahren sind, noch einige der oder sogar alle Etiketten einschließen, die andere Leute uns aufgeklebt haben, auch wenn sie nicht zu uns passen, dann sind wir dazu verdammt, eine Menge Energie auf den Versuch zu verwenden, jemand zu sein, der wir gar nicht sind. So könnte beispielsweise jemand (nicht unbedingt ein Mann) mit einer Selbstdefinition ringen, die das verbietet, was er/sie (abwertend) als »Schwäche« bezeichnet – den ganz natürlichen Drang zu weinen und physischen Kontakt zu anderen Angehörigen derselben Spezies zu suchen, wenn man traurig, vom Schicksal überwältigt oder verwirrt ist. Wird dann in einem Extremfall der Impuls dazu zu machtvoll, um ihn noch zu unterdrücken, dann fühlt man sich »vernichtet« – und das Wort zeigt, worum es hier geht. Fühlen wir uns vernichtet, am äußersten Ende der Verlegenheitsskala, dann erleben wir im wörtlichen Sinne einen kleinen Tod. Ein Bruchteil unserer Identität ist mißachtet worden (und wenn auch nur vorübergehend), wenn wir sehen, daß wir den Befehl einer ihrer geheiligten Konventionen verweigern. Für ein paar Minuten sind wir ein Ausgestoßener. Das Phantastische (genaugenommen »verwirrende«) Technicolor-Traumgewand der fiktiven Identität ist nun nicht nur zu klein für uns – nein, es wurde für jemanden von ganz anderer Figur und mit einem ganz anderen Geschmack entworfen.

Sterben, um leben zu können

Das Tolle an der Identifikation als einer Strategie, uns auf Trab zu halten, besteht darin, daß sie uns Probleme stellt, die tatsächlich unlösbar sind. Und solange dies nicht erkannt wird, können wir uns weiter im Kreis drehen wie ein Hund, der seinen eigenen Schwanz jagt. Es gibt keinerlei Möglichkeit, etwas zu werden, das wir von Natur aus nicht werden können – beispielsweise unsterblich. Dennoch identifizieren sich viele Menschen mit einem Selbstbild, das sie als jugendlich und stark, gesund und fit darstellt, und kämpfen deshalb mit aller Macht gegen die unvermeidlichen Verwüstungen von Krankheit, Alter und Tod an.

Natürlich ist das Körper-Gehirn-Geist-System dem physischen Überleben verpflichtet. Sind jedoch nach dem zeugungsfähigen Alter die vitalsten evolutionären Verpflichtungen ebenso erfüllt wie die wesentlichen Rollen der Älteren – den Zusammenhalt von Clans und Dynastien zu stärken, dafür zu sorgen, daß die verwundbare neue Generation zu voller Reife gelangt, mäßigend auf einige der wildesten Kreativitätsausbrüche der Jugend einzuwirken –, dann wird der Griff, mit dem der physische Körper sich an das Leben klammert, auf natürliche Weise weniger fest. Mit dem Altern des Körpergewebes nimmt auch die es konstituierende Bindung ans Leben ab.

Ganz anders jedoch der Geist. Identität als ein Gebilde von Konstrukten, Ideen und Meinungen klammert sich so fest ans Leben wie eh und je. Anscheinend kommt es hier nicht notwendig zu einer Lockerung der Zwangsjacke. In den Alterungsprozeß sind keine Hinweise eingearbeitet, die sagen: »Jetzt ist es an der Zeit, sich zu entspannen.«* Der Körper und sein Gehirn sind so angelegt, daß sie auf sich selbst achten und, wenn die Zeit gekommen ist, sich dezent zurückziehen. Wurde jedoch im Kreis der Identität ein idealisiertes und zeitlich eingefrorenes *Konzept* des Körpers und seiner Funktionen verankert, dann wird Altern zu einem mühsamen Prozeß voller Wut und Verzweiflung in dem (in jeder Hinsicht) müßigen Versuch, den Verfall aufzuhalten. Die biologische *Tendenz* zur Bewahrung wird umgewandelt in ein *zwanghaftes Verhalten*, und das Überleben wird mit einem Gefühl der Verzweiflung durchtränkt.

Das Wuchern der Bedürfnisse (Dritter Teil)

Muße und Überfluß lassen, wie wir gesehen haben, viele Wahlmöglichkeiten entstehen, die nur sehr entfernt, wenn überhaupt, mit dem physischen Überleben zu tun haben. Die Menschen können ihre ästhetischen Vorlieben, ihr Gefühl für »Stil« nach Belieben verfeinern. Finden auch diese Vorlieben Eintritt in die Identitätsmatrix, dann können Vorlieben zu Notwendigkeiten hochstilisiert, und »Geschmack« kann zu einer Sache von Leben und Tod werden. Wenn ich das *bin*, was ich »gern habe«, dann kann »nicht bekommen, was ich *möchte*«, einen ebensogroßen Notfall bedeuten wie »nicht bekommen, was ich *brauche*«. Beginne ich, in meine Ich-Definition all meine kleinen launischen Vorlieben und Schwächen aufzunehmen, dann kann ich bald nicht mehr unterscheiden zwischen dem, was ich brauche, und dem, was ich möchte.

---

* Beispielsweise tobt die Kontroverse über die Korrelation von Weisheit mit Alter nach wie vor ungelöst.

Ist die Überlebensmaschine erst einmal darauf programmiert, jeden Widerstand gegen meinen »Willen« aufzuspüren und zu zerstören, dann kann die Erfahrung, daß Mami mir kein Eis am Stiel kaufen will, von meinem Gehirn-Geist als genauso bedrohlich für mein Wohlergehen registriert werden wie die Gefahr, auf meinem aufgeblasenen Schwimmreifen ins offene Meer hinausgetrieben zu werden. Eltern, die ihren Sprößlingen von frühester Kindheit an endlose Wahlmöglichkeiten bieten, ihnen jeden Wunsch von den Augen ablesen und in jeder ihrer Bewegungen eine Vorliebe oder eine Charaktereigenschaft zu erkennen meinen, machen ihre Kinder damit zu Wohlstandssüchtigen. Da Kinder von Natur aus darauf aus sind, bei jedem Spiel mitzumachen, das ihnen das Gefühl gibt, mit den sie umgebenden Menschen verbunden zu sein, beginnen sie sich mit ihren Impulsen zu identifizieren und werden so in den überlebenswichtig erscheinenden Kampf verstrickt, das zu »sein«, was sie »wollen« – eine in ihrer Bodenlosigkeit schreckliche Aufgabe.

Der Horizont der Mode

Ein weiterer Schritt in Richtung darauf, ständig beschäftigt und gründlich verwirrt zu sein, ist getan, wenn wir unsere von Natur aus inflationären Wünsche in »Bedürfnisse« umgewandelt haben – wenn wir es zum Beispiel »brauchen«, anderen eine Nasenlänge voraus zu sein, die es ihrerseits wieder »brauchen«, uns einzuholen. Einen solchen Schritt tat man im Europa des 18. Jahrhunderts, und inzwischen ist die ganze Welt von dieser Krankheit infiziert. Wie der Wirtschaftshistoriker Nicholas Xenos es formuliert hat: »Das Europa des 18. Jahrhunderts erlebte die Erfindung der Dampfmaschine, des Puzzlespiels und des Zahnstochers. Und es wurde Zeuge der Erfindung der Knappheit.« Vor dieser Zeit waren die Bedürfnisse der Menschen klar erkennbar und konnten, zumindest prinzipiell, befriedigt werden. Die Grundbedürfnisse – Nahrung, Wasser, Wärme und so weiter – tauchen zyklisch auf und werden mit unterschiedlichen Mitteln befriedigt. Eine Decke nützt dir nichts, wenn du hungrig bist, und ein Glas Wasser hilft dir nicht, dich fortzupflanzen. Und diese Grundbedürfnisse machen nicht süchtig: Wir entwickeln keine ständig wachsende Toleranz, die uns im Lauf der Zeit dazu zwingt, immer mehr zu konsumieren oder zu kopulieren, um das Bedürfnis zu befriedigen.

Was geschieht jedoch, wenn man die sozialen, psychischen und materiellen Bedürfnisse der Menschen so miteinander vermischt, daß es möglich wird, Prestige auf der Grundlage von Besitztümern oder Leistungen zu erlangen – jedoch nur, wenn diese in irgendeiner Weise *besonders* sind und wenn sie dem sich ständig wandelnden Diktat dessen entsprechen, was gerade »schick« ist. Dann werden unsere Ziele, die ursprünglich genau unterscheidbar und zeitlich begrenzt waren, zu einer homogenen und unersättlichen Masse. Unsere Bedürfnisse lassen sich auf diese Weise endlos ausweiten. »Für uns, die Bewohner dieser Welt des Verlangens, stellt sich nicht mehr das Problem episodisch auftretenden Ungenügens; aus unserem Überfluß heraus haben wir eine soziale Welt der Knappheit geschaffen.« Dazu merkte Jean-Jacques Rousseau an:

Der Gegenstand, der zunächst zum Greifen nahe erscheint, flieht schneller, als wir ihm nachjagen können. In dem Augenblick, wo wir glauben, ihn erreicht zu haben, verwandelt er sich und taucht wieder dort weit vor uns auf. Wir sehen das Land, das wir bereits durchmessen haben, nicht mehr, und es gilt uns nichts; was noch zu durchmessen bleibt, wächst ständig und dehnt sich aus. So erschöpfen wir unsere Kräfte, ohne je ans Ziel zu gelangen, und je mehr Vergnügungen wir gewinnen, desto weiter entfernt sich das Glück von uns.

Das London des 18. Jahrhunderts entwickelte sich im Griff der Industriellen Revolution zu einer Stil- und Modenbrutstätte. Ein großer Teil der englischen Bevölkerung lebte damals zu irgendeinem Zeitpunkt ihres Lebens in London – eine Schätzung spricht von 16 Prozent – oder hielt sich gelegentlich für kurze Zeit dort auf. Und so kamen die Menschen mit den Moden des Hofes in Berührung. Kopien der jeweiligen Moden waren den Wohlhabenden verfügbar, vor allem dem »Landadel«, für den es ein »Muß« war, ein Stadthaus in London zu besitzen, und der dann diese Moden mit nach Hause auf seinen Landsitz nehmen konnte, um sie von Freunden bewundern zu lassen. Dank der neuen Mittel der Massenproduktion konnte die Dienerschaft des Landadels billige Imitationen dieser Modeartikel kaufen, womit dann das neue Spiel des »Mithaltens mit den Nachbarn« sich vertikal durch die Gesellschaft und horizontal-geographisch verbreiten konnte.

Die Unternehmer von damals erkannten schnell, was wir heute die »Elastizität der Nachfrage« nennen: daß der Job (denn zu dem entwickelte sich das »Spiel« schnell), es den anderen gleichzutun, ein endloses Verlangen nach dem stimulieren konnte, was gerade »in« war – sei es nun Kleidung, Tafelgeschirr, Möbel, Fortbewegungsmittel und was sonst noch. Der Porzellanfabrikant Josiah Baron Wedgwood erkannte (wie die Computerbarone bei Apple-Macintosh 300 Jahre später), wie lohnend es sein kann, den Preis jedes neuen Designs hochzuhalten, um den snobistischen Appetit derjenigen anzuheizen, die »sich so etwas auch gern leisten« würden. Erst wenn ein bestimmtes Design sich durchgesetzt hatte, nahm Wedgwood es in die Massenproduktion und senkte den Preis – während er gleichzeitig wieder ein anderes »Spitzenmodell« auf den Markt brachte*.

Da jedes dieser Güter seinen Preis hatte, war alles, was man brauchte, um sie zu besitzen, Geld – nicht gute Erziehung, Schulbildung oder irgendeine andere der traditionellen Tugenden. So wurden diese Dinge für jedermann verfügbar, zumindest als Wunsch- oder Traumobjekt. Wer weiß, selbst *du* könntest das große Los gewinnen. Das Streben nach *Besitz* wurde zu einem Spiel, an dem jedermann sich beteiligen konnte, zumindest in Gedanken. Und weil jedes Ding seinen Preis hatte, konnte dieses Verlangen nach einem Prestige, welches sich in der Patina der eigenen Besitztümer widerspiegelte, offenbar auf viele unterschiedliche Weisen befriedigt werden. Man kann mit allem protzen, vorausgesetzt die Nachbarn wollen es haben und besitzen es noch nicht.

Und es war wiederum Rousseau, der als Gast des Philosophen David Hume bei einem Besuch in London am deutlichsten den unvermeidlichen Höhepunkt dieses gesellschaftlichen Trends erkannte, nicht nur in Form endloser Eskalation von Konsum und Ent-

---

* Ich sollte darauf hinweisen, daß Apple Anfang der neunziger Jahre seine Preispolitik geändert hat, wodurch diese Parallele heute weniger stimmig ist als vor einigen Jahren.

täuschung, sondern in Rivalität, Aggression und Betrug. Er beobachtete in diesem Zusammenhang:

Der Mensch, einstmals frei und unabhängig, ist nunmehr sozusagen einer Vielfalt neuer Bedürfnisse unterworfen. Verzehrender Ehrgeiz, der glühende Wunsch, das eigene relative Vermögen zu vergrößern, und zwar weniger, um ein echtes Bedürfnis zu befriedigen, sondern um sich anderen überlegen zu fühlen – all das flößt den Menschen die ungute Neigung ein, einander zu schaden.

Die Evolution hat uns zu in Gemeinschaft lebenden Tieren gemacht. Sie hat uns den Wunsch eingepflanzt, zu etwas *zu gehören*, und uns mit großen Gehirnen ausgestattet, die uns helfen, das zu erreichen. Wenn jedoch »Haben« und »Etwas-Darstellen« zum wichtigsten Weg werden, auf dem wir öffentliche Anerkennung und private Befriedigung erlangen, dann beginnt das Netz sozialen Zusammenhalts zu zerfallen. Der Umgang miteinander wird zum Wettbewerb, und, schlimmer als das, er wird oberflächlich. Über Jahrtausende hatte der Mensch seine Fähigkeit, andere zu durchschauen, bis zur Rasiermesserschärfe verfeinert: Wie erkennt man den Charakter einer anderen Person aufgrund genauer Beobachtung ihres Verhaltens und aus den weniger verläßlichen Bröckchen von Klatsch und Tratsch? Doch in der Gesellschaft, die Rousseau beobachtete, wurde dieses leise Geflüster übertönt von dem Geschrei um »Reichtum« und »Geschmack«. Die Leute machten Reklame für sich in der marktschreierischen Sprache der neuesten Perückenmode oder der schicksten Kutsche und lernten das Kleingedruckte ihres »wahren Charakters« hinter einer zunehmend raffinierten Fassade von Etikette und Besitz zu verstecken.

Jagdfieber

Schließlich wird der Prozeß des Aneignens selbst zum integralen Teil des Knappheits-Lebensstils: Dieser beinhaltet am Ende nicht nur den Besitz der begehrten Objekte, sondern das Fieber der Jagd nach diesem Besitz wird selbst zur Sucht. Das Anfordern von Katalogen, das Ansparen, das Abklappern der einschlägigen Geschäfte Samstag für Samstag auf der Suche nach dem perfekten Lampenschirm, der zu der neuen Wohnzimmerdekoration paßt – all das liefert reichlich Gelegenheit, seinen Vorlieben Ausdruck zu geben und das Stilgefühl zu pflegen, mit dem man sich identifiziert.

Die Beförderung dieser marginalen Belange von der »Chorbühne« des Gehirn-Geistes auf seine Hauptbühne liefert dem Ich bequeme Möglichkeiten, das für es so wichtige Gefühl der *Autonomie* zu erleben. In einer Welt, in der wir ständig daran erinnert werden, daß wenigstens 99 Prozent der Dinge, deren Einfluß wir unterliegen, außerhalb unserer Kontrolle sind, kann es eine gewisse Sicherheit verschaffen, wenn man sich ganz auf das eine Prozent wirft, das gerade durch die Auswahl der Vorhänge für das Gästezimmer repräsentiert wird. Werden wir beim Aufschauen zu den Bergen unangenehm daran erinnert, wie wenig wir wirklich beeinflussen können, dann kann die übertriebene Beschäftigung mit einigen Maulwurfshügeln (selbst wenn wir uns über die verlorene Zeit, die Kosten und die Blasen an den Füßen beklagen) etwas sehr Beruhigendes haben. »Ich kaufe ein – ich vergleiche, ich wähle aus, ich kaufe, ich schneide die schrecklichen Rüschen am Rand ab –, deshalb bin ich.«

Recht haben

Das Spiel, die Leute nach ihrem Besitz zu beurteilen, läßt sich auf elegante Weise verfeinern, wenn man einfach *Wissen* als Besitz betrachtet und Meinung als eine Ware, die den Launen der Mode unterworfen ist wie etwa die Rocklänge. Macht man erst einmal das Überleben abhängig von der Fähigkeit, auf alle erdenklichen Fragen eine Antwort zu haben sowie die »richtigen« Ansichten über alle erdenklichen Themen, dann beißt sich der Geist in den eigenen Schwanz. »Recht haben« wird jetzt von einem Mittel zum Überleben zum Selbstzweck: politische, soziale, wissenschaftliche Richtigkeit um ihrer selbst willen. Der *Zweck* des Geistes wird nun, paradoxerweise, sein eigenes Überleben.

Jedes Stückchen Wissen oder Glauben läßt sich zu einem Abonnenten auf das rote Überlebenstelefon machen, woraufhin *seine* Bewahrung zur Sache des Gesamtsystems wird. Wenn »ich bin, was ich denke«, dann *muß* ich selbst mit meinen unausgegorenen Ansichten über Politik oder Fußball oder darüber, welche Sitze in einem Jumbo die besten sind, unbedingt recht haben. Erweist sich eine solche Meinung als falsch, dann habe *ich* Unrecht, und das ist ein weiterer kleiner Tod. So läßt sich die ganze Macht des Gehirn-Geistes schon bei der leisesten Anspielung, ich könnte auch nur ein klein wenig unrecht haben, auf den Plan rufen. Es gibt Menschen, die schon auf den kleinsten Zweifel an der Richtigkeit ihres Tuns mit einer rasenden Mischung aus Furcht und Wut reagieren, die einem brandschatzenden Attila alle Ehre machen würde.

Dem Körper-System als ganzem dabei zu helfen, sich zu koordinieren und zu verteidigen: Diese Fähigkeit des Gehirns zu erweitern war der ursprüngliche Zweck des Geistes mit all seinem Wissen und all seinen Prozessen. *Nunmehr* jedoch ist die *Umkehr der Prioritäten* vollendet, und es wird zur Aufgabe des gesamten Systems, den Geist zu schützen. Gehört eine Meinung zu den Dingen, die ich auf jeden Fall schützen muß, dann wird sie sakrosankt, eine heilige Kuh. Mit dem Lernen ist es dann vorbei. Neue Informationen versprechen dann nicht ein vertieftes Verstehen, sondern bedeuten eine Gefahr, da sie unsere bestehenden Ansichten in Frage stellen könnten. Die Zahnräder der Kognition sind blockiert. Das Überleben wird nun gerade durch die Maschine gefährdet, deren Aufgabe es ist, es zu sichern. Die Menschheit ist endlich in ihre eigene Falle gegangen.

ung der Dauer:
Ich

11.

> unser Ich zu schützen, zu kontrollieren und zu
> arin, Netze zu spinnen oder Dämme zu bauen,
> rzählen. *Insbesondere ersinnen und kontrol-*
> die wir anderen – und uns selbst – darüber
> nd ebenso wie Spinnen nicht bewußt und ab-
> nken müssen, wie sie ihr Netz spinnen sollen,
> rs als menschliche Ingenieure, nicht bewußt
> en planen, die sie bauen, so überlegen auch wir
> nonelle menschliche Geschichtenerzähler) nicht
> voll, welche Geschichten wir erzählen sollen und
> en sollen. Unsere Geschichten werden gesponnen,
> sind nicht wir diejenigen, die sie spinnen; sie spinnen
> uschliches Bewußtsein und unsere erzählerische Ichheit
> ukt, nicht ihre Quelle.

Daniel Dennett

prünge der Fiktion

ir im 8. Kapitel gesehen haben, besteht eine der Grundfunk-
n der Sprache darin, es den Menschen zu ermöglichen, »Mini-
orien« übereinander zu entwickeln und auszutauschen. Wir
aben auch die Ansicht vertreten, daß diese Fähigkeit zum Formulieren von Hypothesen darüber, warum Menschen so handelten,
wie sie es getan haben, reflexiv von Individuen dazu benutzt wurde,
ihre eigenen Handlungen zu erklären. Ebenso wie ich eine hypothetische Geschichte zur Erklärung Ihrer kleinen Grillen und An-
gewohnheiten ersinnen kann, vermag ich auch über mich selbst
Theorien aufzustellen. Besonders wenn eine meiner Handlungen
nicht den Erwartungen des Ich-Systems zu entsprechen scheint,
könnte der Erzeuger der »Wie es dazu kam«-Geschichte – der »Erzähler« – sich veranlaßt sehen, mit demselben begrifflichen Voka-

160

bular, das ich auf andere anwende, eine plausible Erklärung zu erfinden.

Nehmen wir nun einmal an, daß diese einzelnen Episoden zu einer immer weiter fortlaufenden Geschichte zusammengebunden werden. Die Tätigkeit, mutmaßliche Erklärungen für mein Tun zu erzeugen, könnte allmählich eine fast suchthafte Qualität erlangen. Sie wird zu so etwas wie einem im Hintergrund laufenden Radioprogramm mit der Show des inneren »Kommentators«, der fortlaufend seinen Senf (in erklärenden Worten) zu unseren Handlungen dazugibt, vermischt mit Interpretationen, Vorschlägen, Beurteilungen und Randbemerkungen. Die ständig wie ein Endlosausdruck aus dem Computer hervorquellende persönliche Geschichte verstärkt die Anschauung von einem Ich, das wie ein einsamer General in seinem Hauptquartier Geheimdienstinformationen erhält, den Feldzug plant und Befehle erteilt. Heute sind viele Sprachen so total von dieser Sicht der menschlichen Natur durchdrungen, daß jedes Kind, welches dem Club der Sprechenden beitreten will, sie einfach akzeptieren muß. Es ist nicht so, daß eine Sprache wie Englisch oder Deutsch eine Psychologie *präsentiert*. Sie verkörpert sie vielmehr so vollständig, daß ein Kind niemals die Chance hat, sie in Frage zu stellen. Will es ordentlich sprechen lernen, dann muß es aus der Sprache von sich aus die Theorie ableiten, welche die Sprache vorgibt.

Die Grundmerkmale des mythischen »Ich« sind Getrenntheit, Autonomie und Dauer. »Dinge« haben Grenzen, sie besitzen inhärente Eigenschaften und Charakteristika, sie bewegen sich im Raum und existieren in der Zeit. Die Geschichten des Erzählers tragen dazu bei, alle drei Kernmerkmale des Ich zu konsolidieren und ihnen den Anschein von Glaubwürdigkeit zu verleihen. Die Sprache der inneren Merkmale ist die Sprache der Dinge und der sie unterscheidenden Kennzeichen: hübsch, bedürftig, hoffnungslos in Mathe und so weiter und so fort. Die Sprache der Alltagspsychologie – wünschen, begehren, bedauern, auswählen, entscheiden – und die komplizierten zweideutigen Modalverben wie tun, können, versuchen, wollen und so weiter (denen wir auch schon im 8. Kapitel begegnet sind) konspirieren miteinander, um noch überzeugender auf einen Erfahrenden hinter der Erfahrung, einen Täter hinter der Tat, einen Wählenden hinter der Wahl hinzuweisen.

Und die Fortsetzungsgeschichten des Erzählers erstrecken sich nach rückwärts in die Vergangenheit wie eine endlos laufende Seifenoper, und in allen ist natürlich »Ich« der Star. Es gibt da einen ständig Anwesenden, eine Figur namens »Guy«, dessen Geschichte hier erzählt wird. Es scheint so offensichtlich, daß dies dasselbe reale »Ich« ist wie vor 20 Jahren – wenn auch, das muß ich zugeben, etwas grauhaariger und untersetzter als damals, aber immer noch ganz gut in Form –, daß es geradezu pervers erscheint, auf den Unterschied zwischen der Rolle und dem Schauspieler hinzuweisen. Dieselbe Figur mit demselben Namen taucht immer wieder auf, so sicher wie Kermit der Frosch in einer Folge der endlosen Sesamstraße nach der anderen. Aber könnte es da nicht ein ganzes Team von Puppenspielern geben, die abwechselnd der Frosch »sind«? Der Name und die Hülle der Figur geben die Illusion von Kontinuität. Doch könnte das Körper-Gehirn-Geist-Welt-System, welches der einzig *reale* Darsteller in der Show ist, sich nicht konstant ändern und nicht sichtbarer sein als die Menschen, die »in« der Puppe stecken.

Aber was sollte schon Zweifel an der Überzeugung wecken, daß der Schauspieler und die Rolle ein und dasselbe sind? Warum sollte »Ich« überhaupt auf den Gedanken kommen, daß es tatsächlich eine ganze Reihe von Schauspielern war, die in all diesen alten Erinnerungsclips die Hauptrolle gespielt haben? Natürlich war »Ich« das, der in den Bach gefallen ist, als »Ich« acht Jahre alt war; »Ich« war es, der mit gespielter Lässigkeit mit einem Plastikbecher voll billigem Rotwein auf Studentenparties in schummrigen Partykellern herumlungerte; »Ich« war es auch, der geheiratet und den »Empfang« für die Hochzeitsgäste in einem Schnellimbiß abgehalten hat.

Der wichtigste Grund für einen solchen Zweifel – und das ist das Thema dieses Buches – ist, daß vom einen Ende die Naturwissenschaften und vom anderen Ende die Mystik uns Beschreibungen des »Schauspielers« geben, die etwas ganz anderes zeigen als die »Rolle«, die ich erlebe und die zu sein ich mich erinnere. Der wahre

Schauspieler ist uns nämlich (wie die Puppenspieler hinter der Figur) in der Praxis unbekannt und im Prinzip nicht kennbar – auch wenn ich glaube, die »Figur« ziemlich gut zu kennen. Der wahre Schauspieler ist ein System, das zwar viel von dem enthält, was ich für mein »Ich« halte, das jedoch viel umfassender ist und viel tiefer reicht. Die »Figur« ist individuell, während der Schauspieler ökologisch ist. Wer wir eigentlich sind, das wird von dem Erzähler völlig falsch dargestellt.

Das Handwerk des Geschichtenerzählers

Die vom Erzähler erzählten Geschichten können jedoch noch auf spezifischere Weise verdrehte Versionen des wirklichen Geschehens sein. Die Geschichten müssen nämlich rund um die persönlichen Merkmale aufgebaut sein, die ich für zwingend halte. Wenn ich mich selbst für einen totalen Versager halte, dann kann der Erzähler nicht plötzlich mit einer Story daherkommen, in der ich ein brillanter Erfolgsmensch bin. Unter ansonsten gleichen Voraussetzungen ist es der Job des Erzählers, »mich« in einem günstigen, zumindest sympathischen Licht erscheinen zu lassen. Doch auch wenn ich für gewöhnlich der Star bin, kann die Rolle, die ich spiele, die des Opfers oder sogar des Bösewichts sein, wenn das Ich-System es so diktiert.

Gelegentlich jedoch kann das Verlangen des Erzählers, eine überzeugende Geschichte zu erzählen, tatsächlich stärker sein als das Ich-System und es dazu bringen, sich so zu verändern, daß es mit der Story übereinstimmt. Goethals und Reckman haben ein Experiment durchgeführt. Darin wurden amerikanische Highschool-Studenten aufgefordert, ihre Ansichten über eine Reihe strittiger sozialer Themen einzuschätzen, darunter – damals eine sehr kontroverse Angelegenheit – die Beförderung von Schülern mit besonderen Schulbussen zu den einzelnen Schulen, um eine bessere »Rassenmischung« zu erreichen und auf diese Weise, wie man hoffte, Harmonie zwischen den Rassen zu erreichen. Ein bis zwei Wochen später brachte man die Studenten in kleinen Gruppen zusammen, in denen sie die Frage der Schulbusse diskutieren sollten.

Es war den jungen Leuten nicht bekannt, daß jede Gruppe aus drei Schülern bestand, die vehement jeweils entweder für oder gegen solche Schulbusse waren, und einem weiteren Schüler, den man mit einer Anzahl überzeugender Argumente für die Gegenseite ausgestattet hatte und der die anderen für seine Ansicht gewinnen sollte. Nach den Diskussionen wurden die drei »naiven« Studenten aufgefordert, ihre Anschauungen erneut einzuschätzen, wobei sich herausstellte, daß sie deutlich zum entgegengesetzten Lager tendierten. Dann sagte man ihnen, sie sollten sich erinnern, welche Ansichten sie ein oder zwei Wochen zuvor vertreten hatten. Studenten aus einer Kontrollgruppe, die nicht an den Diskussionsgruppen teilgenommen hatten, konnten sich sehr deutlich an ihre frühere Position erinnern. Diejenigen jedoch, deren Ansichten sich erheblich geändert hatten, erinnerten sich nur sehr schlecht dessen, was sie zuvor geglaubt hatten, und erkannten nicht, daß sie einen Sinneswandel durchgemacht hatten. Sie waren fest davon überzeugt, ihre Ansichten hätten sich durch die Diskussion *nicht* geändert. Um eine entscheidende Annahme des Ich-Systems zu bewahren – nämlich daß es beständig und zuverlässig ist –, hatten sie ihre eigenen Aufzeichnungen im Sinne der neuen Position umgeschrieben und geflissentlich übersehen, *daß* sie das getan hatten. Sie waren der Ansicht, die Diskussion sei sehr interessant gewesen, habe jedoch im Grunde die Anschauung bestätigt, die sie schon immer vertreten hatten!

Der Erzähler ist wie jeder andere Autor gewissen Zwängen unterworfen. Er muß eine »gute« Story erzählen. Sie muß irgendwie Sinn machen, zusammenhängend sein, so daß, selbst wenn die Ursachen kompliziert, verworren oder unbekannt sind, immer eine plausible Geschichte zusammengebastelt werden muß. Man weiß seit langem, seit den bahnbrechenden Experimenten von Sir Frederick Bartlett in Cambridge in den zwanziger und dreißiger Jahren, daß das Gedächtnis dazu neigt, seltsame oder unzusammenhängende Geschichten – solche, die man nicht selbst ersonnen hat – dahingehend zu verändern, daß man sich ihrer als klarer und zusammenhängender erinnert, als sie es ursprünglich waren. Es kann durchaus sein, daß dieses Merkmal des Erinnerns von Fiktionen eine Verallgemeinerung der Art und Weise ist, wie das Gedächtnis persönliche, das Ich rechtfertigende Geschichten behandeln *muß*. Wir alle kennen die Neigung des Erzählers, Geschichten, die für den öffentlichen Gebrauch bestimmt sind, nicht nur zu glätten, sondern auch zu dramatisieren. Dazu gehört die Übertreibung entscheidender Details, ein Umarrangieren der Fakten, um eine »bessere« Geschichte mit größerer Spannung zu erzeugen. Anderen Leuten wird dabei die Rolle von Statisten zugeteilt, auch wenn diese in *ihrer* Version der Geschichte die Stars einer Produktion waren, in der man in Wirklichkeit selbst nur zu sagen hatte: »Herr Graf, die Pferde sind gesattelt.«

Die Fallgruben des Geschichtenerzählens

Vor kurzem hat der Neuropsychologe Michael Gazzaniga mehrere Beispiele dafür angeführt, wie der »Zwang zum Geschichtenerzählen« im Bereich geistiger Störungen funktioniert. Man denke an den krankhaften Zustand der Schizophrenie. In diesen Zustand erfahren Menschen ihre Welt als bizarr. Sie ist für sie voller geheimnisvoller Zweideutigkeiten, unharmonischer oder bedrohlicher Beziehungen zu anderen Menschen, voller Wahnvorstellungen und auditiver oder visueller Halluzinationen, die jedoch (gewöhnlich) nicht als Illusionen erfahren werden, sondern als echte, unheimliche Wirklichkeit. Im Griff eines schizophrenen Schubs können Menschen sich sehr exzentrisch oder gar selbstzerstörerisch verhalten und scheinen oft von ihren »normalen« Gefühlen abgeschnitten.

Man hat versucht, Schizophrenie auf die unterschiedlichsten Weisen zu erklären, angefangen bei der Betrachtung als vorwiegend biochemische Störung im Gehirn bis hin zu einer im Grunde gesunden, jedoch verzweifelten Reaktion auf Zustände in der Familie oder in der Gesellschaft, die den »Patienten« buchstäblich verrückt machen*. Gazzaniga bringt überzeugende Argumente für ein multi-

---

* Der bekannteste Vertreter dieses soziofamiliären Ansatzes war der britische Psychiater Ronald D. Laing, insbesondere in seinem Buch »Das geteilte Selbst«, Köln 1994.

dimensionales Verständnis der Schizophrenie, wobei ungewöhnliche Zustände des Gehirns ungewöhnliche Gefühle oder Handlungen hervorrufen, die dann wiederum vom Erzähler im Rahmen seiner normalen Zwänge »interpretiert« werden. Diese Zwänge bringen den Erzähler dazu, Erklärungen aufzutischen, die das Ich und die Welt sehr merkwürdig aussehen lassen, und diese Darstellungen werden dann wieder in das Selbstbild der jeweiligen Person eingefüttert, wodurch eine bizarre Wirklichkeit für sie erzeugt wird. Schauen wir uns einmal an, wie das funktionieren könnte.

Eine der plausibelsten biochemischen Theorien über die Schizophrenie besagt, alles könne mit einer spezifischen Störung der Produktion und des Stoffwechsels einer gewissen chemischen Substanz – Dopamin – im Gehirn beginnen. Aus irgendeinem unbekannten Grund gerät der Teil des Gehirns, der Dopamin produziert oder seine Freisetzung kontrolliert, aus dem Gleichgewicht, im System ist zuviel von der Substanz verfügbar, und dieser biochemische Unfall veranlaßt das Gehirn, sich ungewöhnlich zu verhalten – die Person erlebt ihren ersten psychotischen Schub.

Vielleicht läuft etwas schief mit der Art, wie die betreffende Person ihre soziale Welt erlebt. Seit frühester Kindheit haben wir starke Erwartungen bezüglich dessen aufgebaut, wie (im großen und ganzen) die Menschen auf uns reagieren und wir auf sie. Sie lächeln, wenn sie uns sehen, fragen uns, wie es uns geht, lachen oder stöhnen über unsere Witze, trösten uns, wenn wir traurig aussehen, und so weiter. Wir entdecken einen Freund auf der anderen Seite des Raumes oder der Straße und sehen der Begegnung mit freudiger Erwartung entgegen. Was aber, wenn das Gehirn diese Botschaften der Vertrautheit, der Innigkeit und Sicherheit nicht mehr aussendet? Die Überflutung gewisser Teile des Gehirns mit Dopamin mag dazu führen, daß der Mechanismus, der es uns erlaubt, Freund von Feind zu unterscheiden und vorauszusagen, wie jeder sich uns gegenüber verhalten wird, außer Kraft gesetzt wird. (Es ist bekannt, daß der Teil des Gehirns, der sich mit der gefühlsmäßigen und motivierenden »Aura« der Geschehnisse befaßt – das limbische System –, besonders starken Input von dopaminerzeugenden Zellen erhält.)

Das führt zu Problemen, nicht nur was das unmittelbare Navigieren in der sozialen Welt angeht, sondern auch für den Geschichtenerzähler. Was passiert da? Der Erzähler hat keinen freien Zugang zum Gehirn und kann daher keine auf dem *tatsächlichen* Geschehen beruhende Erklärung finden. Deshalb kann er nur annehmen, irgend etwas habe sich in der sozialen Welt selbst verändert. »Ich fühle mich verwirrt und verletzbar, weil die Menschen, die ich bisher für meine Freunde gehalten habe, auf einmal ihr wahres Gesicht gezeigt haben. Sie mögen mich nicht wirklich, und man kann ihnen nicht trauen. Bisher haben sie mich täuschen können, aber damit ist es jetzt vorbei. Ich werde künftig auf der Hut sein.« Der Erzähler erfindet für mich eine unheimliche und gefährliche Sicht der »Realität«, die eine »Erklärung« für den radikalen Wandel in meinen Reaktionen liefert, allerdings um den Preis einer radikalen Verschiebung meiner Beziehungen zur Welt.

Die ursprüngliche Panne bei der Dopamin-Produktion mag nur eine vorübergehende Unterbrechung im reibungslosen Funktionieren des Gehirns gewesen sein, so wie ein Staubpartikel im Vergaser, der einen kurzfristigen Leistungsabfall im Motor meines Autos verursacht. Hat sich der Geschichtenerzähler jedoch erst einmal an die Arbeit gemacht, dann erhält die betreffende Person eine neue Perspektive der Welt, die zu einer sich selbst erfüllenden Prophezeiung werden kann. Die Funktion des Gehirn-Geistes kehrt zur Normalität zurück, doch es bleibt der nagende Argwohn, daß die Menschen nicht so freundlich und vertrauenswürdig sind, wie sie erscheinen. Die Prozedur zur Erforschung sicherer Situationen, um darin verborgene Bedrohungen zu entdecken, wird nun auf die ganz normalen Routine-Interaktionen mit anderen Menschen angewandt. Und siehe da, wenn man nur lange und intensiv genug hinschaut, findet man sein Mißtrauen natürlich bestätigt.

Ich stehe in der Schlange vor der Kasse der Kantine und warte darauf, mein Mittagessen zu bezahlen, und aus heiterem Himmel sagt eine fröhlich aussehende junge Frau hinter der Theke: »Kann ich irgend etwas für Sie tun, mein Lieber?« Wie meint sie das? Warum diese Anbiederung? Macht sie sich lustig über mich, oder will sie mich anmachen? Haben ihre Freunde sie dazu angestiftet?

Was geht hier vor? Die Welt, die noch im Gleichgewicht war, solange ich vor mich hinträumte, gerät plötzlich ins Schwanken und droht zu kippen. Ich bin auf dünnes Eis geraten, wo jede meiner Reaktionen die Gefahr in sich birgt, unangemessen oder lächerlich zu sein. Ich lasse mein Tablett auf den Boden fallen und stürze aus der Krankenhauskantine, wobei ich in meiner Panik mir im Weg stehende Leute umrenne*.

Woher kommt diese Stimme?

Zu den weitest verbreiteten Erfahrungen im Zusammenhang mit Schizophrenie gehören akustische Halluzinationen. Gazzaniga zitiert folgenden Auszug aus der Krankengeschichte einer jungen Frau namens Georgia:

> Georgia berichtete, die Halluzinationen kämen jetzt häufiger und träten auch während der Stunden auf, in denen sie wach war. Daß sie mehrmals am Tag Stimmen hörte, führte zu unvermeidlichen und offensichtlichen Persönlichkeitsveränderungen. Diese wurden sehr tiefgreifend. Langsam zog sie sich in die Welt ihrer akustischen Halluzinationen zurück und baute um sie herum ein kompliziertes paranoides Wahnsystem auf. Sie glaubte, daß diese Stimmen in ihren Kopf eindrängen und ihren Willen beherrschten. Tatsächlich begann sie zu glauben, alle ihre Gedanken seien öffentlich bekannt und jedermann könne genau wissen, was sie gerade denke.

Im Zustand der Schizophrenie werden die nach außen strömenden Ergüsse des Geschichtenerzählers als »Einflüsse« erfahren. Man könnte sagen, daß das Erzählersystem aus irgendeinem Grund vom Rest des Ich-Systems abgekoppelt wird, so daß seine *Sotto-voce*-Kommentare nicht länger als Selbstgespräche interpretiert werden. Wenn da aber irgend jemand oder irgend etwas *tatsächlich* spricht, dann ist die einzig mögliche Erklärung dafür, daß ich die Stimmen von anderen Menschen höre, die, wie ich aus allen andern Hinweisen schließen kann (visuellen Hinweisen und den Reaktionen von Dritten), offenbar nicht anwesend sind. Und wiederum führt die

---

* Siehe: Gregory Bateson, Geist und Natur. Frankfurt 1982.

Suche des Geschichtenerzählers nach einer »vernünftigen« Erklärung dessen, was in diesem Fall paradoxerweise der Klang seiner eigenen Stimme ist, unweigerlich dazu, eine Welt zu postulieren, die sich dramatisch von der unterscheidet, die bei normaler »Gesundheit« erfahren wird.

Wenn man die Stimmen des Geschichtenerzählers als von außen kommend betrachtete, jedoch in einer Gemeinschaft lebte, die diese Interpretation teilt – was wäre dann? Wenn nun alle Leute Stimmen hörten, die Deutungen der menschlichen Geschäfte und Führung anböten, statt zu versuchen, solche Erfahrungen als einsam machend und angsterregend zu erklären? Würde in dieser Situation der Geschichtenerzähler nicht annehmen, es gebe echte, aber unsichtbare äußere Kräfte oder Anwesende, die das Geschehen in der Gemeinschaft beobachten, vielleicht sogar kontrollieren? Manchmal würden diese Stimmen durch den Mund einzelner kritische Urteile oder Verdammungen aussprechen, ein andermal voller Weisheit und Mitgefühl urteilen. Wären das nicht tatsächlich Götter? Julian Jaynes von der Princeton University hat genau diese These aufgestellt: daß vor nur dreitausend Jahren, als der Geschichtenerzähler im Geist eingerichtet wurde, jedoch noch nicht in das Ich-System eingegliedert war, seine Kommentare üblicherweise als vom Geist empfangen, nicht von ihm erzeugt aufgefaßt wurden. Und warum nicht? So könnte es doch durchaus sein.

Mit Georgia war folgendes geschehen: Sie ist vorübergehend zu dieser früheren Art von Geschichtenerzähler zurückgekehrt. Die Abkoppelung des Erzählers vom Ich stellt eine weitere entscheidende Verzerrung in ihrer selbstzerstörerischen Geschichte dar. Der Kommentar wird zunehmend wirrer und verrückter, und da der Erzähler darum ringt, den abnormalen Geschehnissen im Gehirn einen Sinn abzugewinnen, konstruiert er eine immer erschreckendere Welt. Es kommt ein Punkt, an dem der Erzähler es nicht mehr ertragen kann, die Hervorbringung dieser verrückten Welt dem Ich zuzuschreiben – sie als selbsterzeugt zu akzeptieren. Denn das käme dem Eingeständnis gleich, das Ich sei verrückt. Um sich also vor dem Etikett »verrückt« zu *schützen*, mußte Georgia zu einem verzweifelten Mittel greifen: Sie schrieb ihre Gedanken äußeren

Kräften zu, wodurch sie nach außen natürlich gerade verrückt wirkte.

Interessanterweise scheint die Schizophrenie eine moderne Krankheit zu sein, erstmals entdeckt zu Beginn des 19. Jahrhunderts. Aus der Zeit davor gibt es keine historischen Aufzeichnungen über etwas, das diesem Syndrom ähnelt, einem Syndrom, das heute in den abendländischen Kulturen nur allzu vertraut ist. Vielleicht ist die Eingliederung des Geschichtenerzählers in das Ich in unserer kulturellen Evolution (und vor allem in der abendländischen) erst in jüngster Zeit zu einer Standardfacette der kindlichen Entwicklung geworden. Und vielleicht kann der Erzähler, weil er ein relativer Neuankömmling im Nest des Ich ist, in schwierigen Zeiten leicht wieder hinausbefördert werden.

Die Gemeinschaft der Ichs

Wie wir gesehen haben, ist die Ichvorstellung eine locker verwobene Ansammlung von Merkmalen. Einige von ihnen bleiben teilweise an die besonderen Szenarios gebunden, in denen sie erlernt oder entwickelt wurden, so daß sie einigermaßen situationsspezifisch sind. Andere dieser persönliche Attribute sind stärker aus solchen Zusammenhängen »herausgelöst« und neigen dazu, uns zu folgen, wohin wir auch gehen. Man könnte sie als unsere »Kernpersönlichkeit« bezeichnen. Wir könnten uns das Ichkonzept als eine Blume vorstellen; unsere optionalen oder situationsspezifischen Züge sind die Blütenblätter, in deren Mitte als Kern die zwangsläufigen Merkmale stehen. »Wer Ich bin« ist eine fließende und sich dauernd verändernde Konstellation von Eigenschaften. Jede neue Situation rüttelt am Kaleidoskop meiner Persönlichkeit*.

Ebenso wie ein Physiker gut mit der Fiktion arbeiten kann, daß ein Körper ein Schwerkraftzentrum hat, einen einzigen Punkt, von dem man annehmen kann, daß sein ganzes Gewicht darin konzentriert ist, so kann es auch hilfreich sein – vorausgesetzt wir behalten

---

* Die Existenz von »Unterpersönlichkeiten« wird heute weithin anerkannt.

im Blick, was wir da tun –, ein »Zentrum der erzählerischen Schwerkraft« (Daniel Dennett) für sich selbst oder andere menschliche Wesen zu postulieren. Unglücklicherweise sieht der Geschichtenerzähler, der ständig eine dauerhafte zentrale Hauptperson für seine fortlaufende Geschichte erfindet, die Dinge nicht so. Er möchte die Fiktion von Kohärenz und Beständigkeit erzeugen. So versucht er, dem Satz der Kerncharakteristika, durch die ich gebunden bin, eine weiteres Gebot hinzuzufügen:»Du sollst der gleiche bleiben.« Und das bedeutet, daß ich genötigt bin, meinen »Kern« nicht als eine grobe Skizze meiner allgemeinen Natur zu verstehen, sondern als eine genaue und vollständige Darstellung meines gesamten »Ich«.

Gelegentlich, für einige Menschen, ist dieses Gebot nur schwach und erfreulich wenig zwingend. Sie sind in der Lage, auf viele verschiedene Weisen »sie selbst zu sein«, ohne sich dafür entschuldigen oder es verbergen zu müssen. Sie fühlen sich höchstens verpflichtet zu sagen:»Ich weiß nicht, was über mich gekommen ist«, oder »Ich muß nicht alle Sinne beisammen gehabt haben«, wenn sie sich selbst oder andere mit dem »Ich« überrascht haben, das da plötzlich auftauchte. Für andere jedoch ist das Bedürfnis, die fiktive Beständigkeit des Ich zu wahren, sehr viel stärker. Was tun wir, wenn von uns verlangt wird, uns selbst auf eine Weise darzustellen, die allen Tatsachen ins Gesicht schlägt? Dann sind wir genötigt, die Gemeinschaft der Unter-Ichs nacheinander, eines nach dem anderen, zu bewohnen, und müssen, wenn wir gerade eines davon sind, die Existenz der anderen ignorieren oder ein verzerrtes Bild von ihnen erzeugen, das aus der gerade eingenommenen Perspektive akzeptabel ist. Der Philosoph Jacob Needleman formuliert das folgendermaßen:

Unterhalb jenes zerbrechlichen Gefühls persönlicher Identität ist das Individuum tatsächlich ein Schwarm unzähliger und unzusammenhängender Impulse, Gedanken, Reaktionen, Meinungen und Empfindungen, welche durch Ursachen aktiviert werden, deren sich der Betreffende überhaupt nicht bewußt ist. Und dennoch identifiziert sich der einzelne in jedem Augenblick mit jedem beliebigen aus diesem Haufen von Impulsen, der zufällig aktiv ist. Dabei bestätigt er automatisch jeden als »Ich selbst« und nimmt dann entweder für oder gegen dieses

»Ich« Stellung, je nach dem besonderen Druck, den das soziale Umfeld von Kindheit an auf ihn ausgeübt hat.*

In Extremfällen mag es notwendig sein, einen noch schwierigeren Trick anzuwenden: eine Anzahl verschiedener Unter-Ichs herauszugreifen und sie in wasserdichten Abteilungen aufzubewahren, wo unter keinen Umständen eines etwas von der Existenz der anderen weiß. In solchen Fällen spricht die klinische Psychologie vom Krankheitsbild der »multiplen Persönlichkeit«, wobei diese Strategie allerdings erst als »krankhaft« erscheint, wenn sie zu Schwierigkeiten führt. In den klassischen Fällen können eine oder mehrere der Teilpersönlichkeiten sich so gewalttätig oder unverantwortlich verhalten, daß sie die ganze Gemeinschaft in Verruf bringen – unfairerweise, wie die anderen Mitglieder der Gemeinschaft zu Recht sagen würden. (In Amerika hat es einige interessante Gerichtsverhandlungen gegeben, in denen die »unschuldigen« Unterpersönlichkeiten gegen die Ungerechtigkeit protestierten, für Verbrechen ins Gefängnis geworfen zu werden, die »sie« nicht begangen hätten. Leider hat bisher noch niemand einen Weg gefunden, ein bestimmtes »Ich« ohne den damit verbundenen Körper einzusperren.)

Die Summe der Ichs

Im 1. Kapitel habe ich eines der Rätsel angesprochen, die die Mystik der Wissenschaft aufgegeben hat. Mystiker aller religiöser Traditionen (und auch solche, die keiner religiösen Tradition angehören) stimmen darin überein, daß ihre Erfahrung Ausdruck eines Ichverlustes ist. Sie sehen um vieles klarer, gütiger und weiser, weil das große Gewicht der persönlichen Ichbezogenheit von ihnen abgefallen ist. Wenn das Ich aber so dysfunktional ist, wie sie es behaupten, warum konnte es dann überhaupt entstehen? Wenn das Ich nicht Teil unserer unabdingbaren biologischen Ausstattung ist, sondern irgendwann im Verlauf der Entwicklung »erfunden«

---

* Siehe auch: Jacob Needleman, Ein guter Arzt ist die beste Medizin. München 1996.

wurde, muß es dann nicht einen Zeitpunkt in dieser Entwicklung gegeben haben, wo es so aussah, als sei dieses Ich genau das, was wir jetzt brauchten? Wir können jetzt eine Antwort auf dieses Paradoxon geben. Das Ich ist weder eine biologische Notwendigkeit noch ein erworbenes Hindernis. Es ist überhaupt kein »Ding«. Es kann nicht als ein Ganzes verstanden oder beurteilt werden, weil es kein Ganzes ist, sondern nur eine merkwürdige Ansammlung ursprünglich getrennter Teile, die zusammengewachsen sind. Das Ich ist wie ein Haufen verfilzter Vegetation, der wie ein »komplexes System« aussieht, sich jedoch als aus verschiedenen Teilen bestehend herausstellt, die man durcheinandergebracht hat.

Die Evolution ersinnt immer neue Fähigkeiten, die helfen sollen, das Überleben zu sichern, die jedoch stets ein noch nicht verwirklichtes Potential zum Guten wie zum Schlechten mit sich bringen. Mit dem Wachsen der verschiedenen Bestandteile des Ich, die wir in den letzten vier Kapiteln bis zu ihren Wurzeln zurückverfolgt haben, werden auch unbeabsichtigte Eigenschaften offenbar. Und indem diese Bestandteile *zusammenwuchsen*, so daß auch diese unbeabsichtigten Eigenschaften miteingewoben und voneinander abhängig wurden, wurde daraus das Ich-System, das den abendländischen Geist derart kolonisiert und fehlgeleitet hat.

Die »Lösung« für das Problem, vor das uns dieser monströse Hausgast stellt – ein Problem sowohl für das individuelle Wohlergehen wie für das globale Überleben –, kann nicht darin bestehen, dieses Ich-System mit Stumpf und Stiel auszurotten, weil seine ursprünglichen Bestandteile immer noch funktionelle Teile des gesamten lebenserhaltenden Systems sind. Was nötig ist, ist ein Prozeß der Entknotung, in dem wir die verschiedenen Stränge sanft voneinander ablösen und einen Teil des Schadens wiedergutmachen, den ihre Verwirrung angerichtet hat. Zum Glück stehen uns Mittel und Wege dazu zur Verfügung, worauf ich am Schluß dieses Buches zurückkommen werde. Bevor wir jedoch diese bisher ungenutzte Ressource wirklich würdigen können, müssen wir uns aber, als nächsten Schritt, erst einmal dem Problem stellen, das hinter vielen der vorangegangenen Diskussionen gelauert hat: dem Rätsel des Bewußtseins.

III. Das Entstehen des Bewußtseins

12. Warnsignale und Erkundungsgänge

*Es gibt Zweifel, ob die Verallgemeinerungen und Kategorien der volks-
tümlichen Psychologie ... wirklich die Nahtstellen der Natur erfassen ...
Zweifellos verfügt das Gehirn über eine Reihe von Mechanismen zur
Überwachung von Gehirnprozessen, und die Kategorien »Gewahrsein«
und »Bewußtsein« der volkstümlichen Psychologie werfen wahllos eine
Reihe dieser Mechanismen in einen Topf.*

Patricia Churchland

Es ist nun an der Zeit, daß wir uns mit der Geschichte des Bewußtseins befassen. Warum hat es sich entwickelt? Wozu dient es – wenn
es überhaupt zu etwas dient? Und warum enthält es dieses in den
meisten Fällen überaus buntscheckige Sortiment von Inhalten? Fast
alle Steine des Puzzles wurden inzwischen vorgestellt, doch ein wesentlicher Aspekt bleibt noch zu erkunden. Nichts – oder zumindest
fast nichts – von dem, worüber wir bisher gesprochen haben, macht
es *notwendig*, von Bewußtsein zu sprechen. Das Wuchern der Bedürfnisse, die Ausformung der Sprache, das Herausarbeiten von
Begriffen, das Zusammensetzen des Ich-Systems und selbst die
fortlaufenden verbalen Produktionen des Geschichtenerzählers:
Nichts von all dem verlangte von unseren Vorfahren noch fordert es
von uns, bewußt zu sein. So wird beispielsweise schon ein wenig
Selbstbeobachtung deutlich machen, daß wir häufig Sprache produzieren, ohne uns des Hervorbringungsprozesses oder der Inhalte
bewußt zu sein. Man kann sprechen, ohne sich selbst sprechen zu
hören. Und man kann genauso gut denken, ohne sich dessen bewußt
zu sein. Versuchen Sie einmal, den Weg von dem Gedanken, den Sie
gerade hatten, zu seinem Vorgänger und Vorvorgänger zurückzu-
verfolgen, und Sie werden in den meisten Fällen bald nicht weiter-
wissen – die Spur ist so kalt, wie wenn sie nie existiert hätte.

Und doch können wir nicht leugnen, daß wir bewußt sind. Wir wissen, daß wir es sind, und viele der Produkte mentaler Aktivität haben einen flüchtigen Auftritt in dem, was die ausgeleuchtete Bühne des Bewußtseins zu sein scheint. Woher kam dann aber ursprünglich das Bewußtsein, und warum trat es auf? Und was bestimmt, welche Aspekte der Erfahrung zu diesem privilegierten Status erhoben werden?

Es ist wichtig, innehalten zu können

Wir müssen unsere evolutionären Fußspuren bis zu der Zeit zurückverfolgen, in der Tiere – wahrscheinlich Säugetiere und wahrscheinlich solche, die zu gewissen Geschwindigkeitsänderungen fähig waren – auftraten. Sie hatten, wie wir annehmen wollen, komplizierte und differenzierte Körper entwickelt mit Subsystemen, die alle ihre spezialisierten Funktionen zur Gemeinschaft des Körpers beitrugen und die andererseits alle ihre besonderen Bedürfnisse hatten. Alle brauchten Sauerstoff und Nahrung, einige von ihnen eine spezielle Ernährung, spezielle »Wartung« und so weiter. Die Tiere insgesamt mußten fressen, trinken, Unterschlupf finden, sich so gut wie möglich verteidigen, sich ausruhen, Verletzungen heilen lassen, Paarungspartner finden, gebären und die Jungen aufziehen. Sie besaßen ein Gehirn zur Koordination der Informationen über den Stand der Dinge innerhalb und außerhalb des Körpers und zur Wahl entsprechender Handlungsabläufe. Und sie waren imstande, ihre Reaktionen in einem gewissen Umfang im Licht ihrer Erfahrungen zu modifizieren.

Sie brauchten jedoch noch ein anderes System, eines, das sie in die Lage versetzte, Notsituationen zu entdecken und darauf zu reagieren. Sie mußten imstande sein, mitten bei der Befriedigung eines bestimmten Bedürfnisses das, was sie gerade taten, zu unterbrechen, eine Bestandsaufnahme zu machen und, wenn nötig, einen ganz anderen Kurs einzuschlagen. Und sie mußten fähig sein, das schnell zu tun. Wenn du dich hingelegt hast, um in Ruhe das gerade gefressene Beutetier zu verdauen, dein Fell zu lecken und ein Auge auf die Jungen zu haben, und dabei nicht den Geruch einer sich anschleichenden Hyäne oder die Bewegung eines Mannes mit einem Speer entdecken und augenblicklich dein gesamtes inneres System von Prioritäten reorganisieren kannst, dann bist du keine sehr erfolgreiche Überlebensmaschine.

Man muß dabei etwa so vorgehen wie eine Lehrerin in einer sehr geschäftigen Klasse, in der Schüler an verschiedenen Aufgaben arbeiten. Von Zeit zu Zeit muß sie der ganzen Klasse neue Instruktionen geben oder deren Arbeit zum Zweck einer allgemeinen Diskussion unterbrechen. Zuerst einmal klopft sie mit dem Zeigestock auf das Pult. Alle Aktivitäten stoppen, die ganze Aufmerksamkeit richtet sich auf die Lehrerin, für einen Moment herrscht Stille, während alle darauf warten, was als nächstes geschehen soll. (Für den Zweck dieser Analogie setze ich eine ideale Schulklasse voraus.) *Jetzt* sind Lehrerin und Schulklasse in der Lage, in Abstimmung miteinander zu handeln. Entweder müssen alle zu einer Brandschutzübung auf den Schulhof marschieren, oder sie gibt den Schülern eine neue Idee, über die sie nachdenken sollen, oder sie erinnert die Klasse daran, daß nur noch zehn Minuten Zeit bleiben, und alle machen an ihren unterschiedlichen Aufgaben und Projekten weiter. Und genau das begann, wie ich annehme, im Gehirn-Geist eines aufgeschreckten Tieres zu geschehen. Für kurze Zeit sind alle Kanäle offen und wachsam: die Ohren gespitzt, die Augen suchen die Umgebung ab, die Nase schnuppert. Wird der Alarm des Frühwarnsystems bestätigt und eine vorläufige Diagnose der Bedrohung gegeben, dann erlebt der Körper einen Adrenalinstoß, der alle Systeme »auf Gefechtsstation« beordert, und die sensorische Aktivierung wird auf das Suchsystem fokussiert, das am wahrscheinlichsten weitere Informationen auffangen kann. (Ergibt die erste Überprüfung, daß es ein Fehlalarm war, dann ertönt Entwarnung, die dienstfreie Mannschaft kehrt in die Betten zurück, und der normale Dienst wird wieder aufgenommen.)

Dieser Mechanismus war wahrscheinlich eine Weiterentwicklung der grundlegenderen Strategie, sich bei Bedrohung totzustellen, eine im ganzen Tierreich sehr häufige Reaktion. Physische Bewegungslosigkeit auf dem Waldboden macht dich sehr viel weniger auffällig. Doch dieses Einfrieren aller sichtbaren Aktivität hätte noch den zusätzlichen Vorteil, dem sensorischen System mehr neurale Aktivität zur Verfügung zu stellen (ähnlich wie bei Menschen, die einen ihrer Sinne verloren haben und bei denen dafür die Schärfe der anderen Sinne zunimmt). Sich totzustellen, so stellte sich heraus, hatte also den unbeabsichtigten Effekt, daß sich ein detaillierteres und vollständigeres Wahrnehmungsbild der Situation erstellen ließ. Und dieses intensivierte Sammeln von Daten kann bei der Bewältigung vieler ungewöhnlicher Situationen nur von Vorteil gewesen sein.

Das alarmierte Gehirn

In neuralen Begriffen (oder vielmehr in Begriffen der einfachen Analogien, die ich verwendet habe) erfordert dieser allgemeine Alarmzustand, daß alle nichtwesentlichen Systeme vorübergehend abgeschaltet werden. Ihre Aktivierung wird rückgängig gemacht. Ein Teil der freigesetzten Energie wird dazu benutzt, vorher aktive Systeme zu hemmen, ein Teil wird den zentralen Ressourcen zugeführt, damit die Empfindlichkeit des Warn- und Aufspürsystems bis zum äußersten gesteigert werden kann. Unter diesen außergewöhnlichen Umständen kann sich die Aktivierung in den aktiven Bereichen des Netzwerks schneller aufbauen, als sie umgeleitet werden kann, so daß diese Bereiche für eine kurze Zeitspanne »übererregt« werden können. Wird die Quelle der Bedrohung identifiziert, dann erhalten die damit verbundenen Muster im Netzwerk einen gewaltigen Energieaktivierungsschub. Das führt zu einem neuen Brennpunkt der Aktivität, der nun alle anderen überstrahlt und die Aufmerksamkeit auf höchst zentrierte Weise bindet. Andere Bereiche werden erst einmal gehemmt, so daß sich ein intensiver »Hot spot« deutlich gegen die ausgeblendete Umgebung abhebt. Und dann, wenn die Gefahr eindeutig identifiziert ist, löst sich der konzentrierte Aktivierungs-»Knoten« schnell auf, und die Energie verteilt sich in die assoziierten »Aktions«-Systeme, um die beste Reaktion auf die neue Situation in Gang zu bringen.

Das plötzliche Anhalten laufender Funktionen und das Bündeln von Aktivität in einem Bereich des Netzwerks, *in den die Energie normalerweise nicht geströmt wäre* (das heißt im Zusammenhang mit den gerade laufenden Aktivitäten), waren also ein wertvoller Trick, um mit unwillkommenen Überraschungen fertigwerden zu können. Es muß möglich sein, daß der Alarm die Kontinuität der Handlung unterbrechen kann, so daß man sozusagen bei Null anfangen, der Notfall also die Weichen im gesamten Netzwerk neu stellen und die Prioritäten für die verschiedenen Subsysteme neu festlegen kann – ungeachtet des zuvor existierenden Aktivitätszustands dieser Subsysteme. Ohne die durch diesen evolutionären Schritt ermöglichte schnelle Zentralisierung und Mobilisierung der Ressourcen des Gehirns stünde weniger Aktivität zur Verfügung, man müßte länger darauf warten, daß die Aktivierung durch die üblichen Kanäle im benötigten Bereich wirksam würde. Und bis dahin könnte es schon zu spät sein.

Diese Alarmreaktion mag noch in einer weiteren Hinsicht nützlich sein. Sie erinnern sich, daß Marcel Kinsbourne die Ansicht vertrat, jede Minitheorie des Gehirns tendiere bei ihrer Aktivierung dazu, sich gegen »Einmischung« zu schützen, indem sie sich mit einem Ring von Hemmung umgebe, der verhindert, daß ihr Anteil an Aktivierung sich verflüchtigt. Durch diese Hemmung kann jeder aktive Bereich des Gehirns andere Bereiche »außer Gefecht setzen«, die mit ihm in Wettbewerb treten könnten. Doch diesen semiautonomen Subsystemen das Spiel zu verderben ist genau das, was eine wirksame Reaktion auf einen Notfall erreicht. Denn solange diese Untersysteme nicht abgeschaltet sind, so daß sie konkurrierende Bereiche nicht mehr hemmen können, könnten sie Teile des gesamten Netzwerks lahmlegen, die zur Bewältigung der neuen Situation wichtig, vielleicht sogar überlebenswichtig wären.

Einer der großen Vorteile dieses Zustandes erhöhter und doch eng umgrenzter Erregung ist, daß die Situation besonders präzise diagnostiziert wird. Werden jedoch bestimmte Bereiche des Gehirns mit Energie überflutet, während zugleich die instinktiven »Lecks« geschlossen werden, dann ist es gut möglich, daß wir *neue, kreativere* Möglichkeiten der Reaktion entdecken. (Diesen Mechanismus habe ich in den Kapiteln 3 und 4 erläutert.) Statt dem ersten Impuls zu folgen, »der uns durch den Kopf geht«, kann die angesammelte Aktivierung alternative Pfade aufdecken – so wie ein aufgestauter Fluß einen See entstehen läßt, der dann schließlich an irgendeiner Stelle überfließt und so einen neuen Flußlauf entstehen läßt. Der von einem Ring intensiver Hemmung umgebene Mechanismus starker Aktivierung ermöglicht es dem Netzwerk, auf genau diese Weise neue Kanäle zu entdecken. Kreativität wird möglich, ohne daß es einen anderen »Schöpfer« als das Netzwerk selbst geben müßte.

Die Morgendämmerung des Gewahrseins

Diese zeitweiligen »Hot spots« im Gehirn waren es, die, wie ich meine, mit dem Hochschießen bewußten Gewahrseins zusammenhingen. Bewußtes Gewahrsein hatte keine Funktion an sich. Es emergierte nicht »zu einem bestimmten Zweck«. Es ging Hand in Hand mit der Entwicklung der Fähigkeit des Gehirns, diese vorübergehenden Zustände der »Überaktivierung« zu erzeugen. Es war ein nutzloses Nebenprodukt von nicht größerer funktionaler Bedeutung als die Färbung der Leber. Im Jargon der Philosophie: Es war ein Epiphänomen.

Auch wenn das Federkleid eines Fasans zweifellos ein Signal ist, schmeckt sein Fleisch (für mich) jedoch nicht aus einem bestimmten Grund so, wie es schmeckt. Auch wenn die Milch der Kuh für das Überleben ihrer Nachkommenschaft gebraucht wird, so besteht kein Grund dafür, daß sie weiß ist. Der Evolution geht es nicht um das Überleben der »Schmackhaftesten« oder dessen, was besonders »weiß und cremig« ist. Sowohl der Fasan als auch die Milch sind aus einem Stoff gemacht, der diese Eigenschaften ohne gute Gründe und eher zufällig besitzt. Obwohl sie jedoch *ursprünglich* keinen Zweck hatten, mögen solche Eigenschaften, nachdem sie nun einmal aufgetreten sind, sehr entschiedene Rückwirkungen haben und sowohl vom Inhaber als auch von dessen Nutznießer opportunistisch ausgenutzt werden. Für die Spezies der Fasane ist es ein gemischter Segen, daß ihr Fleisch einigen menschlichen Feinschmeckergaumen so gut schmeckt. Und Kühe hätten nicht ihren heutigen Platz im Schema aller Dinge, wenn ihre Milch, bei gleichem Nährwert, grau, klumpig oder bitter wäre. Genausowenig müssen wir erklären, welche besonderen Eigenschaften des Bewußtseins zu seinem Auftreten führten. Doch können wir uns fragen, welche Konsequenzen es hat, ein Bewußtsein zu haben.

Bewußtes Gewahrsein hatte also von Anfang an etwas mit einem Zustand der Störung und Unausgewogenheit im Leben des Organismus zu tun. Lancelot Law Whyte meinte dazu: »Bewußtsein gleicht einem Fieber, das, wenn es nicht allzu hoch ist, den Heilungsprozeß beschleunigt und auf diese Weise seine Ursache beseitigt.« Wie Whyte bin auch ich der Ansicht, daß die ursprünglichen Momente der Bewußtheit stoßweise, normalerweise kurz und, wenn alles gut ging, selbsteliminierend waren. Bewußtsein hatte ursprünglich die Eigenschaft eines heftigen Niesens oder vielleicht eines Orgasmus (Ereignisse, die als solche mit intensiver Bewußtheit assoziiert sind).

Ich muß die Begriffe, die ich verwende, jetzt etwas sorgfältiger definieren. Mit *Gewahrsein* meine ich hier die Reaktionsfähigkeit des Gehirn-Geist-Systems auf einen Reiz – auf die man aus seinem Verhalten (oder dem des Tieres) schließen kann –, ohne daß damit eine bewußte Erfahrung verbunden wäre. Ich werde diesen Gedanken, die Idee unbewußten Gewahrseins, für den Moment beiseite legen; er wird uns später noch sehr nützlich werden. Mit *bewußtem Gewahrsein* meine ich, daß ein Erfahrender um seine Erfahrung »weiß«. Es ist das gewöhnliche, ganz normale Sehen, Hören, Riechen, Schmecken, Fühlen und Empfinden von inneren und äußeren Erfahrungen. Dies wurde ursprünglich durch das Auftreten der Hot spots im Gehirn ermöglicht. Und mit *Bewußtsein* meine ich das ganze komplizierte Drum und Dran von Wahrnehmung, Interpretation, inneren Selbstgesprächen, Phantasie, Erinnerung und so weiter und so fort, wobei die einzelnen Bestandteile ständig kommen und gehen, mal im Vordergrund, mal im Hintergrund sind – der bewußte Geist bei der Arbeit, wie wir ihn von innen her kennen. Diese Kategorien sind selbst auf ziemlich bedeutungsvolle Weise unpräzise, doch reichen sie aus, um die groben Unterscheidungen zu treffen, die wir für den Moment brauchen.

Die Häufigkeit der Unterbrechungen

Nachdem dieser Notmechanismus sich einmal auszuformen begonnen hat, ergibt sich für jede Spezies und für jedes Individuum das Problem, wie fein oder grob er »eingestellt« werden soll – wie das Alarmsystem eines Autos, das auf Erschütterung reagiert. Wollen Sie, daß es bei der leichtesten Berührung Alarm auslöst, oder soll die Reaktion wirklich heftigen, unverkennbaren Notfällen vorbehalten bleiben, und wir lassen es bei kleineren Überraschungen darauf ankommen? Es gibt gute Gründe dafür, die Häufigkeit der Alarmreaktionen gering zu halten. Wenn Sie ständig von jedem kleinen Geräusch unterbrochen werden, dann werden Sie mit Ihren Alltagsgeschäften niemals fertig werden. Und der Prozeß, den Körper in »Kampf-und-Flucht«-Alarmbereitschaft zu versetzen, ist aufwendig. Es erfordert Energie, die Adrenalinreserven zu produzieren und zu lagern, die bei jedem Alarm freigesetzt werden. Und das Körpergewebe wird abgenutzt, wenn man ständig auf *blinden* Alarm reagieren muß: zu sofortiger Handlungsbereitschaft hochgeputscht und dann wieder zurückgedreht, ohne daß irgendeine Aktivität die Anspannung gelöst hätte. Ein derart behandeltes Auto würde schnell abnutzen, und so ergeht es auch dem Körper.

Aber dennoch: Trotz dieser Argumente zugunsten einer »gröberen« Einstellung des Warnsystems gibt es andere, sogar noch dringlichere Gründe, warum wir darauf eingestellt sein sollten, häufiger »aufzuschrecken«. Offensichtliche evolutionäre Vorteile sprechen dafür, selbst die schwächsten Anzeichen einer Gefahr oder von etwas Unbekanntem ernst zu nehmen. Zwar kann Fehlalarm langfristig den Körper abnutzen, doch ein einziger unbemerkter Notfall kann das sofortige Ende bedeuten. Es nützt nichts, ein Alarmsystem zu haben, das nur Großbrände entdeckt, wenn es nur der Nichtbeachtung eines einzigen »möglichen« Notfalls bedarf – des einen, der sich eben nicht als falscher Alarm erweist –, um das endgültige Aus zu bescheren.

Dieser Druck, die Alarmglocke so einzustellen, daß sie beim kleinsten Anlaß läutet, ist ein Aspekt dessen, was die amerikanische Psychologin Susan Mineka »adaptiven Konservativismus« nennt.

Ein anderer Aspekt ist die eingebaute Tendenz dazu, daß die Kategorie der Ereignisse, die die Schreckreaktion auslösen, immer breiter wird. Hat man eine bestimmte Situation einmal als möglichen Notfall behandelt – vor allem, wenn sich herausgestellt hat, daß sie eine Selbstschutzreaktion erforderte –, dann wird jedes auch nur annähernd ähnliche Geschehen ebenfalls Alarm auslösen. Interessanterweise zeigt uns die experimentelle Forschung folgendes: Erweist sich bei weiterer Untersuchung der ursprüngliche Alarmauslöser dann doch als sicher, besteht dennoch die Tendenz, die furchtsame, wachsame Reaktion auf ähnliche Ereignisse aufrechtzuerhalten. Etwas als möglichen Notfall zu behandeln ist eine Reaktion, die sehr schnell generalisiert, aber nur langsam zurückgenommen wird. Ist man einmal von einem hochaufgeschossenen mageren Mann mit dünnem Oberlippenbart überfallen worden, dann neigt man dazu, diesen Typen überall zu sehen und nicht allzu pedantisch hinsichtlich der genauen Form seines Bartwuchses zu sein. Die Rezeptoren sind darauf »eingestellt«, derartige Reize zu entdecken, und es fällt schwer, sie dann wieder abzustellen. Deshalb wächst die Häufigkeit der Schreckreaktion in der Population wegen all dieser guten evolutionären Gründe.

Will man wirklich ganz sicher gehen, dann wartet man nicht einmal ab, bis man Anzeichen von etwas bemerkt, das sich als Notfall erweisen könnte. Sind wir so sehr in unser Mittagessen vertieft, daß wir erst aufschrecken, wenn die Sonne von einem bedrohlichen Schatten verdunkelt wird, können wir selbst leicht zum Mittagessen für jemand anderen werden. Die nächste Eskalation in der Häufigkeit des Alarms ergibt sich dann, wenn wir beginnen, uns selbst aufzuschrecken. Ist man ein kleiner Grasfresser, gewohnt, in offenem Gelände mit hohem Gras zu äsen, dann ist man am verwundbarsten, wenn man gerade die Nase auf dem Boden hat, um nach den zartesten Schößlingen zu suchen. Verbringt man damit zu lange Zeit, ohne sich zwischendurch auf die Hinterpfoten zu stellen, um einen guten Rundblick zu haben, und mit dem Kauen aufzuhören, um auch das kleinste Geräusch zu hören, sowie in den Wind zu schnuppern, dann riskiert man, daß sich jemand heranschleicht. Also wird das Gehirn darauf programmiert, alle paar Sekunden einen Alarm der Stufe 1 auszulösen, ohne Rücksicht darauf, ob die Rezeptoren sagen, es sei notwendig oder nicht. In einer Welt voller Feinde leben ängstliche und vorsichtige Geschöpfe länger.

Die Fähigkeit, sich selbst in Alarmzustand zu versetzen, sollte den Weg für einen ganz neuen Bereich des Lernens bahnen: nämlich mit Absicht *kontrollierte* Notfälle zu suchen oder zu schaffen. Wie wir schon an anderer Stelle gesehen haben, kann es sich bezahlt machen, einen Teil der eigenen »Freizeit« darin zu investieren, Abenteuer (die wir hoffentlich bewältigen können) zu ersinnen, so daß wir vorbereitet sind, wenn wir in ähnliche Situationen geraten. Praktisch zu üben, wie man ein schon halbtotes Kaninchen tötet, macht es möglich, einige der Fertigkeiten zu entwickeln, die man brauchen wird, wenn man einmal ein Kaninchen fängt, das sehr lebendig ist und wie wild um sich schlägt. Wer ein älteres Mitglied der Herde reizt, erhält wertvolle Informationen darüber, wie Erwachsene reagieren, wenn sie ärgerlich werden. Und jedes Abenteuer dieser Art – wenn es sich um *wirkliche* Abenteuer handelt – bringt zwangsläufig Schocks und Überraschungen mit sich, die stark genug sind, Alarm auszulösen. Tatsächlich besteht ein Teil des Zwecks solchen »Spiels mit dem Feuer« darin, nicht nur in diesem ganz bestimmten Bereich etwas zu lernen, sondern auch sich an das Alarmsystem als solches zu gewöhnen und es richtig einzustellen, und zwar unter Gegebenheiten, die hoffentlich weniger gefährlich sind als diejenigen, die völlig unerwartet eintreten.

Abenteuer bieten Möglichkeiten, länger Kontakt mit dem Unbekannten zu haben, weshalb sie gleichzeitig längere Perioden bewußten Gewahrseins schaffen. Beim Lernen werden Routinetätigkeiten vorübergehend ausgesetzt, um das umfassendere Reservoir »freier Gehirnenergie« verfügbar zu machen. Das ermöglicht uns, die Dinge um uns herum präziser zu erfahren, darauf vorbereitet zu sein, eine Begegnung sofort abzubrechen, wenn sie sich als unangenehm erweisen sollte, und, solange wir dabeibleiben, so viel nützliche Gehirn-Geist-Verbindungen herzustellen wie nur möglich. Ergibt sich im normalen Ablauf der Dinge ganz plötzlich eine gefährliche Situation, dann pflegt man so schnell wie möglich auf Flucht oder Kampf umzuschalten. Der Augenblick des Innehaltens, der erstarrten Bewegung, ist dann sehr kurz. Im Fall der Erkundung jedoch verweilt man absichtlich länger in diesem Zustand, auf dem Sprung zu fliehen, wobei man jedoch den Impuls zur Flucht bis zum letztmöglichen Augenblick bremst und mit der Gefahr flirtet. So können wir Wege finden, mit der Gefahr umzugehen und ihren Status als Bedrohung in der Zukunft zu verringern.

Wie wir im 9. und 10. Kapitel gesehen haben, ist eine der Triebkräfte der menschlichen Entwicklung die Art und Weise, in der sichere Situationen von einem großen Gehirn, das ständig nach »action« sucht, in gefährliche Situationen verwandelt werden. Das wird durch die Entwicklung von Imagination und Erkundung erreicht, so daß mehr und mehr subtile Gefahren entdeckt werden. Dazu kommt noch der Akt der »Identifizierung« mit dem Ich-System, so daß jede potentielle Infragestellung des Ich-Systems als eine Bedrohung für das System als ganzes interpretiert wird. Daher haben paradoxerweise Häufigkeit und Dauer der von der Menschheit erfahrenen Alarmzustände als Ergebnis unseres relativen Wohlstandes und der Art, wie wir darauf reagiert haben, nicht ab-, sondern zugenommen.

Im Leben des »edlen Wilden« von Rousseau gibt es wenig Bedürfnisse, und entsprechend sporadisch und wohldefiniert sind die Notfälle. Wird einem jedoch am anderen Ende des Landes, wo die Preise für Wohnungen höher sind, das Wetter kälter ist und die Schulen für unsere Kinder einen zweifelhaften Ruf haben, die langerwartete Chance zum beruflichen Aufstieg geboten, dann kann die Notsituation, in die uns dieser Konflikt stürzt, wochenlang anhalten. Und wenn unser Wohlergehen davon abhängt, den Nachbarn in Hinsicht auf die Ausstattung unseres Wohnzimmers immer um einiges voraus zu sein, dann können die Gelegenheiten für »Alarm« und »Abenteuer« praktisch zum Dauerzustand werden und ineinander überfließen wie Wasserfarben auf feuchtem Papier. Dadurch sind die Zustände im Gehirn-Geist-System, die bewußtes Gewahrsein erzeugen, immer häufiger und langlebiger geworden. Bewußtes Gewahrsein, das ursprünglich als Begleiterscheinung kurzer, sporadischer Alarmzustände entstand, entwickelt sich nun zu einem halbdauerhaften Notfall-Zustand »auf schwacher Flamme«. Kurze

Ausbrüche intensiver Erregung im Gehirn werden nun aneinandergereiht zu verlängerten Perioden unterdrückter Beweglichkeit und fokussierter Aufmerksamkeit: eine Reaktion, die zwar gut war für den Umgang mit der potentiellen Bedrohung durch ein Raubtier, die jedoch hoffnungslos ungeeignet ist für die Aufgabe, eine Midlife-Krise zu lösen. Das Repertoire potentieller Gefahren ist nun so groß und enthält so viel inhärente Konflikte und Zweideutigkeiten, daß es nur selten möglich sein mag (etwa wenn man betrunken, in einen romantischen Film versunken oder beim Liebesakt ist), einmal nicht ständig in Alarmbereitschaft zu sein. (Fühlt unser Ich sich nur dann sicher, wenn es beliebt ist, physischer Beschädigung aus dem Weg geht *und* mutig und integer handeln kann, dann wird unser Leben voller Gelegenheiten sein, mit dem unangenehmen und unlösbaren Tatsache zu ringen, daß man nicht immer alle drei zusammen haben kann.) Das Bewußtsein, das wir Menschen so hoch bewerten, erweist sich schließlich als Symptom eines *chronischen* Fiebers des Geistes.

Nebenbei wäre noch folgendes festzustellen: In dem Maße, in dem die Anzahl möglicher Notsituationen ansteigt, tendiert die *Intensität* des sie begleitenden Bewußtseins dazu abzunehmen. Das ergibt sich aus dem Grundentwurf des Gehirns. Es verfügt über einen relativ festliegenden Vorrat an mentaler Energie, die ihm zu einer bestimmten Zeit zur Verfügung steht. Und da viele unserer ichbezogenen Bedürfnisse im Gehirn nur vertreten werden können, wenn wir ein stetiges Tröpfeln von Anregung aufrechterhalten, nimmt der Anteil der Gehirnaktivität, der zum freien Fließen im Netzwerk zur Verfügung steht, deutlich ab, wenn die Zahl der Bedrohungen zunimmt. Zwar ist dann immer noch genügend Energie verfügbar, um lokal die zum Phänomen des bewußten Gewahrseins nötige Erregung hervorzubringen, aber das Gesamtniveau dieser Intensität und deshalb des Bewußtseins nimmt ab. Nur besondere Augenblicke wirklicher Gefahr können die alte Intensität der Erfahrung wiederherstellen, im Vergleich zu der das alltägliche Bewußtsein träge und langweilig aussieht.

Der Körper des Bewußtseins

Wenn die Notfälle immer häufiger werden und ineinander übergehen, dann wird nicht nur der Geist, sondern auch der Körper davon
betroffen. Wird Alarm gegeben, erstarrt der Körper zunächst und ist
dann auf ganz charakteristische Weise zum Handeln gerüstet. Der
amerikanische Psychologe und Autor Sam Keen schreibt:

Nehmen wir eine Gefahr wahr, bereitet der Körper sich sofort auf
Kampf oder Flucht vor. Drüsen und Muskeln schalten auf Notfall um.
Adrenalin ergießt sich durch unser System, der Pulsschlag steigt, und
wir nehmen die »Höchste Alarmstufe«-Haltung ein. Beim natürlichen
Ablauf der Geschehnisse entsteht eine Gefahrensituation und nimmt
dann wieder ab, der Löwe nähert sich und zieht sich wieder zurück, oder
er wird getötet. Eine im Krieg befindliche Kultur jedoch oder eine, die
sich ständig für den Krieg rüstet, konstruiert Verschwörungen, um vor
allem unter ihren männlichen Bürgern die Wahrnehmung zu schaffen,
der Feind sei stets gegenwärtig, weshalb wir niemals in unserer Wachsamkeit nachlassen dürfen. »Ewige Wachsamkeit ist der Preis der Freiheit.« So bilden Männer, die designierten Krieger, nach und nach einen
»Charakterpanzer« aus, eine Struktur aus Muskelanspannung und Ver-
festigung, die sie in einer Haltung erstarren läßt, welche nur für den
Kampf geeignet ist – Schultern zurück, Brust herausgestreckt, Bauch
eingezogen, der anale Schließmuskel zusammengekniffen, die Hoden
so weit wie möglich in den Körper eingezogen, die Augen zu Schlitzen
verengt, der Atem flach und ängstlich, der Pulsschlag beschleunigt, das
Testosteron voll im Fluß. Der Körper des Kriegers ist ständig an-
gespannt und kampfbereit.

Und wie wir alle nur zu gut wissen, sind unsere Krankenhäuser und
Kliniken voll von Menschen, deren Körpersystem schließlich zu-
sammengebrochen ist oder sich aufgelehnt hat gegen den nie nach-
lassenden Zustand der Wachsamkeit, den das Ich-System indirekt
von ihnen forderte. Die psychosomatische Medizin und ihr neuester
Sprößling mit dem eindrucksvollen Namen »Psychoneuroimmu-
nologie« haben auf nicht zu leugnende Weise die Dutzende von
Möglichkeiten dokumentiert, wie anhaltender Streß nicht nur zu
Unwohlsein, sondern auch zu Schädigungen der Gewebe führen
kann: zu dermatologischen, Atem-, Kreislauf-, Verdauungs-, uro-
genitalen und neuromuskulären Störungen aller Art.

13. Fühlen und Sehen

Einige Wahrheiten sind dem Geist so nahe und so selbstverständlich, daß der Mensch nur die Augen öffnen muß, um sie zu sehen. Eine dieser Wahrheiten ist für mich die folgende: Der gesamte Chor des Himmels und alles, was auf Erden ist – mit einem Wort all die Körper, die das gewaltige Gefüge der Welt ausmachen –, hat ohne einen Geist nicht den geringsten Bestand.

Bishop Berkeley

In einer Welt ohne Augen würde die Sonne nicht aufgehen. In einer Welt ohne empfindliche Nervenenden wäre Feuer nicht heiß. In einer Welt ohne Muskeln wären Felsblöcke nicht schwer; und in einer Welt ohne weiche Haut wären Steine nicht hart.

Alan Watts

Die Gefühle des bewußten Gewahrseins

Eines der wichtigsten Merkmale der Alarmreaktion haben wir noch nicht erwähnt: ihren engen Zusammenhang mit Empfindungen und Gefühlen. Unsere grundlegenden »negativen« Gefühle sind Reaktionen unseres gesamten Körpersystems auf verschiedene Arten von Bedrohungen, Störungen oder Verletzungen. Emotionen sind die bewußt gefühlten Aspekte der Weise, wie das System als ganzes reagiert, wenn es blockiert oder frustriert wird. Werden Pläne umgeworfen, dann ist das ein Moment, in dem »wir« uns aufregen. Unterschiedliche Grundarten der Aufregung erzeugen unterschiedliche Gemütslagen*. Und jeder dieser Gefühlszustände repräsentiert die Art, wie das Körper-Geist-System als ganzes auf die blitz-

---

* In jüngster Zeit haben viele Autoren versucht, »die« fundamentalen Emotionen zu identifizieren, aus denen komplexe Schattierungen menschlicher Gefühle zusammengesetzt sein könnten, obwohl das letztlich auf eine Frage der Definition hinausläuft.

schnelle Diagnose des vorliegenden Notfalls reagiert. Die genaue Reaktion hängt dann von der weiteren Analyse ab, welche die ursprüngliche Schnelldiagnose verfeinern oder gar umstoßen kann.

Furcht entsteht beim – im allgemeinen plötzlichen – Auftreten einer bekannten Bedrohung: ein Raubtier, eine Einschränkung der Bewegungsfreiheit, die unmittelbar bevorstehende Enthüllung einer Indiskretion von früher. Furcht ist mit der vorläufigen Einschätzung assoziiert, die der Situation angemessene Reaktion wäre es, davonzulaufen. Die Empfindung von Furcht ist mit der Mobilisierung des Körpers zur Flucht verbunden. *Wut, Ärger* ist andererseits die Art, wie der Körper »fühlt«, wenn er sich darauf vorbereitet, seine Stellung zu halten und die Sache notfalls auszukämpfen. Wut entsteht beim Auftreten einer Bedrohung, vor der man aus irgendeinem Grund nicht fliehen kann oder möchte. Dazu gehören Situationen wie der Angriff auf ein Junges, die Herausforderung zur Verteidigung des Territoriums oder zum Kampf um den Paarungspartner, man wird in die Enge getrieben oder durch »Stolz« – den Glauben, daß Wegrennen »feige« wäre – daran gehindert, das Vernünftige zu tun und in Deckung zu gehen. Wut richtet sich gewöhnlich gegen ein Tier derselben oder einer anderen Spezies, in dem man eine Gefahr für ein geschätztes Objekt oder eine Ressource sieht. Das damit verwandte Gefühl der *Frustration* entsteht, wenn eine laufende Aktivität aus Gründen blockiert wird, für die man keinen lebenden Feind oder Rivalen als Verursacher ausfindig machen kann. Frustration signalisiert die Bereitschaft des Systems, eine von zwei Arten von Strategien zur Beseitigung des Fehlers oder zur Aufhebung der Blockade anzuwenden – entweder die primitive: das Ding treten, schütteln, anschreien, oder die verfeinerte: das Ding auseinandernehmen, die Gebrauchsanweisung zu Rate ziehen, das Geschäft anrufen, in dem man es gekauft hat.

Kummer und Trauer reflektieren den Verlust eines geliebten Gegenstandes, einer Fähigkeit oder eines Gefährten. Der Verlust wird als unwiderruflich angesehen, weshalb das »Problem« darin besteht, viele Aspekte des Lebens so anzupassen, daß der nicht mehr zu füllenden Lücke Rechnung getragen wird. *Abscheu* ist ein Grundgefühl, das die Empfindung widerspiegelt, daß feindselige

Objekte, Substanzen oder Erfahrungen auf den Körper eindringen oder gleich eindringen werden. Der Körper bereitet sich auf die Abwehr dieser Invasion vor, indem er die in Frage kommenden Körperöffnungen fest verschließt oder ausscheidet, was er bereits aufgenommen hat. Und auch wenn er normalerweise nicht als Emotion eingestuft wird, ist es doch nützlich, auch den körperlichen *Schmerz* in diese Liste aufzunehmen als einen Sammelbegriff für verschiedene Arten von Körperreaktionen auf andere Arten der Invasion, der Schädigung oder Verletzung. Unterschiedliche Arten von Schmerz können signalisieren, daß es notwendig ist: schnell zu handeln (um zu verhindern, daß man noch länger von der Reißzwecke auf dem Stuhl gepiekt wird); sich eine Weile ungestörten Ausruhens zu gönnen, wodurch es zu einer natürlichen Heilung ohne das Risiko eines weiteren Traumas kommen kann; oder laut um Hilfe zu rufen (nach Hilfe zur Abwehr des Angriffs, zur Verhinderung weiteren Blutverlusts und so weiter).

Schließlich begleitet *Angst* das prototypische Alarmgefühl, das Erscheinen eines unidentifizierten Objekts auf dem Radarschirm des Gehirn-Geistes, dem gegenüber noch nicht klar ist, welche Reaktionsweise die richtige ist. Angst steht in Beziehung zu Furcht, ist aber auch mit *Erregung* verbunden, denn der Fremde mag sich, mit den Worten des bekannten Posters, als ein Freund erweisen, dem man noch nicht begegnet ist. Läuft man gleich beim ersten Anzeichen von etwas Unbekanntem davon, dann ist man zwar vielleicht sicherer, wird aber auch weniger Spaß haben und weniger lernen, als wenn man es wagt, etwas länger auszuharren. Stürmt man andererseits immer vorwärts, wo andere sich nicht vorwagen, wird man ein glückliches, aber kurzes Leben haben. Von all den Grundgefühlen ist Angst dasjenige, das für die fortgeschrittene Evolutionsstufe des Menschen charakteristisch ist. Gehörte zur Ausrüstung des Menschen nicht ein erstaunlich formbares Nervensystem, und wüßten wir deshalb nicht um den Wert des Lernens, dann würden wir den Zustand, etwas nicht zu wissen, nicht als positive Gelegenheit genauso wie als Bedrohung erfahren. Wir fänden uns nicht, manchmal für beträchtliche Zeiträume, in dem zugleich wunderbaren und schmerzhaften Zustand der Unentschlossenheit, ob wir uns einer Sache nähern oder ihr aus dem Weg gehen sollen.

Auch wenn der »Notfall« einer von der hausgemachten, in die Länge gezogenen, weniger intensiven Sorte ist, wie sie mit einer Periode abenteuerlichen Spiels verbunden ist, ist die emotionale Stimmungslage immer noch gegeben. Dazu schreibt Dennett:

> Wie üblich haben die Tiere im Verlauf der Evolution diese neuen Systeme aus der Ausrüstung zusammengeschustert, die die Vererbung ihnen bereits mitgegeben hat. Diese Geschichte hat ihre Spuren hinterlassen, besonders was die emotionale oder affektive Einfärbung des Bewußtseins angeht. Denn selbst wenn höhere Geschöpfe nun »unbeteiligte« Sammler von Informationen wurden, waren ihre Berichterstatter doch einfach nur die anders eingesetzten Warner und Anfeuerer ihrer Vorfahren, die niemals eine Mitteilung »unverschnörkelt« schickten, sondern den Informationen, die sie lieferten, immer Spuren einer negativen oder positiven Kommentierung mitgaben.

Verwirrung

Werden Bedürfnisse und Bedrohungen immer zahlreicher, undurchsichtiger und eher psychologischer Art, dann vervielfältigen sich auch die emotionalen Schattierungen, die bewußtes Gewahrsein annehmen kann. So erhält beispielsweise *Verwirrung* einen unangenehmen Beigeschmack, den sie ursprünglich nicht hatte, in Folge des zwanghaften Bedürfnisses nach einem ununterbrochenen mentalen Kommentar. Enthält das Ich-System das Gebot, die Erzählung ständig weiterzuspinnen – nämlich wenn das Ich gelernt hat, sich selbst in der Geschichte wiederzuerkennen –, dann bekommt Verwirrung etwas Unangenehmes. Es ist dann Aufgabe des Geistes, eine Erklärung – *irgendeine* Erklärung – zu erfinden, die das Bedürfnis nach einer mentalen Geschichte befriedigt. Fehlt eine solche Geschichte, dann kommt es zu einer Art intellektueller Panik, die sich nur durch eine Erklärung besänftigen läßt, und sei sie noch so fadenscheinig, mit der der Riß verkleistert werden kann.

Anfälligkeit für diese Panik macht Menschen zu einer leichten Beute für diejenigen, die eine scheinbare Sicherheit zur Schau tragen, und diese Verwundbarkeit kann zum Guten oder zum Schlechten ausgenutzt werden. Einerseits macht sie es Politikern, die selbstbewußt eine plausible Geschichte erzählen können, leichter, uns zu überzeugen. Wir neigen dazu, eher jemandem zu glauben, der eine einfache, beruhigende Geschichte zu erzählen hat, als jemandem, der uns sagt, daß die Dinge schwer zu verstehen und seiner Kontrolle weitgehend entzogen sind. Wir ziehen die Lüge und den Lügner der Wahrheit vor. Dieses Verlangen nach einer Geschichte – wenn wir selbst keine haben, dann wenigstens eine von jemandem, der eine nette Geschichte zu verkaufen hat – macht die Politik zu einem solchen Persönlichkeitenzirkus und sorgt dafür, daß wir den Gauner mit dem glaubwürdigsten Auftreten wählen.

Andererseits besteht die Chance, diesen Hunger nach einer Geschichte therapeutisch zu nutzen. Milton Erikson, der berühmte Psychotherapeut und ein Meister-Trickster in dieser Hinsicht, hat eine Methode ersonnen, die er »Eriksons Verwirr-Technik« nannte. Es gibt einen Typ von »Klienten« (im Kontext der Psychotherapie ziehe ich, nebenbei gesagt, diesen Ausdruck der Bezeichnung »Patient« oder »Kunde« vor), der auf das zu hören *scheint*, was der Therapeut zu sagen hat, der tatsächlich jedoch nichts wirklich annimmt. In gewisser Weise sabotieren diese Leute ihre eigene Heilung. Erikson machte sich das Verlangen des Geschichtenerzählers nach einer Geschichte zunutze, um dieses Hindernis zu überwinden. Zunächst pflegte er etwas zu tun oder zu sagen, was den Klienten völlig verwirrte. Fragte ihn der Klient dringlich: »Herr Doktor, ich bin völlig verzweifelt. Glauben Sie, es wird mir jemals wieder besser gehen?«, dann warf Erikson vielleicht einen Blick auf seine Uhr und sagte: »Es ist jetzt beinahe Mitternacht« – eine Zeitangabe, die offensichtlich nicht stimmte. Im Kontext der therapeutischen Beziehung gab es keine Möglichkeit, diese Antwort zu verstehen. Der Computer war machtlos. Plötzlich, aus heiterem Himmel, findet der Klient sich in einen Abgrund der Verwirrung gestürzt, was seine Angst auf einen solchen Höhepunkt treibt, daß er sich an jeden Strohhalm augenscheinlichen Sinns klammert, der als nächstes angeschwommen kommt. Und das öffnet ihn, tiefer als gewöhnlich, dafür, das an sich heranzulassen, was Erikson als nächstes sagt.

Man braucht kaum zu betonen, daß ein solcher therapeutischer Trick nur funktioniert, und zwar zum Wohl des Klienten, wenn er von einem Menschen von großer Sensibilität und beträchtlicher Weisheit, dem das Wohl des Klienten am Herzen liegt, angewendet wird. Milton Erikson war auch ein bedeutender Vertreter der therapeutischen Anwendung von Hypnose, einer anderen Technik, die geeignet ist, den Geschichtenerzähler mit seinem unersättlichen Appetit auf oberflächliches Verständnis zu umgehen. So wird das Gehirn-Geist-System in die Lage versetzt, auf einer Ebene zu »hören«, auf der ein Kontakt mit dem verknoteten Teil des Ich-Systems hergestellt werden kann, welcher das augenblickliche Leiden des Klienten verursacht.

Verlegenheit und Demütigung sind Arten von Furcht, die mit der öffentliche Enthüllung assoziiert sind, daß ich nicht bin, wofür man mich hält. Solche realen oder vorgestellten Enthüllungen bekommen für uns den Stellenwert, den das Erscheinen eines Säbelzahntigers bei unseren Vorfahren hatte. Handlungen, die nicht den von den Geboten vorgeschriebenen Standards entsprechen, sind »wilde Tiere«; wenn ich mich zum Narren mache, ist das so, als packte ich einen Tiger am Schwanz. Bin ich darauf angewiesen, in der Schule immer der Beste zu sein, dann riskiere ich ständig, von einem dummen Fehler oder einer vergessenen Antwort aus dem Hinterhalt angesprungen zu werden. Und die Verletzung ist natürlich noch schlimmer, wenn die Zuhörer von den gleichen Werten angetrieben werden.

Schuldgefühle entstehen dadurch, daß man nicht den Standards von Ehre und Großzügigkeit gerecht wird. Besagt das Gebot: »Du sollst tun, was andere von dir verlangen«, dann führt dies zu einer Beeinflussung der subtilen Berechnung des Gehirn-Geistes, ob *bei dieser Gelegenheit* Selbstsucht oder Altruismus den Vorrang haben sollte. Ich bin nicht länger frei, in jedem Fall nach dem wahren Sachverhalt zu entscheiden. Vielleicht hätte ich es diesmal wirklich gebraucht, das letzte Stück Kuchen zu nehmen; und vielleicht hätte das Tante Lisbeth gar nichts ausgemacht. Aber das Gebot wird gar nicht in diesen subtilen Entscheidungsprozeß einbezogen; es steht außerhalb und kritisiert das Ergebnis. Es trägt nicht zur zerebralen

Debatte bei, sondern wartet nur darauf, sein Veto einlegen zu können. Ein Notstand wird durch die gleichzeitigen Bedürfnisse geschaffen, das Stück Kuchen zu nehmen und *nicht* zu nehmen, und den emotionalen Beigeschmack einer solchen Sackgasse nennen wir Schuldgefühl. Das Gegenstück zur Schuld ist natürlich Groll oder Ressentiment, eine Variante der Wut, die sich hier gegen eine andere Person richtet, welche man für den Konflikt verantwortlich macht. Gewinnt Selbstsucht den Kampf, dann fühle ich mich schuldig, gewinnt das Gebot, dann empfinde ich Groll.

Das mitfühlende Gen

Die frühen Menschen waren bis zu einem ständig strittigen Punkt genetisch darauf festgelegt, gesellig zu sein. Altruismus war für unsere Vorfahren kein Luxus, keine Sache der Praxis einer höheren Tugend oder etwas, dem man sich nur bei den seltenen Gelegenheiten hingab, bei denen es einen nichts kostete. Er war ein genetischer Zug, der uns in Fleisch und Blut lag. Es war überhaupt keine Frage, *ob* man eine hilfsbereite Person sein sollte oder nicht; es ging nur darum, wann, auf welche Weise und in welchem Umfang. Angehörige einer Schimpansengemeinschaft zeigen Altruismus ebenso wie Machiavellismus. Und es ist nachgewiesen, daß menschliche Babys, bevor sie auf die konventionelle Moral »eingeschworen« sind, mitfühlendes Unbehagen angesichts des Leidens eines anderen Kindes zeigen. Mitgefühl ist erblich. Wir sind mit Samaritergenen ebenso wie mit selbstsüchtigen Genen ausgestattet.

So stellte es für unsere Vorfahren auch einen Notfall dar, wenn sie die Schreckens- oder Schmerzensrufe anderer Mitglieder ihrer Familie oder ihres Clans hörten. Ihr Gefühl der Identität – also was zu schützen »meine Sache« ist – erstreckte sich auf Familie, Freunde, andere Mitglieder der Spezies sowie auf alle lebenden und nicht lebendigen Elemente des umfassenderen ökologischen Systems, von dem sie ein Teil waren. Gelegentlich erlangte die unmittelbare Verpflichtung zum persönlichen Überleben vorübergehend Vorrang vor diesen diffuseren Aspekten des das Individuum tragenden Systems. Unter sonst einigermaßen gleichwertigen Umständen jedoch ist es in »meinem« Interesse, mich um meine Gemeinschaft und meine Umwelt zu kümmern, weil sie im Grunde nicht wirklich etwas »anderes« sind. Damit war auch das Gefühl der Sympathie füreinander (oder des Unbehagens angesichts der Vergeudung einer nützlichen Ressource) zu einer der »Emotionen des Bewußtseins« geworden*.

Je komplexer und anspruchsvoller das Ich-System jedoch wird, desto mehr wird dieses »aufgeklärte Selbstinteresse« eingeschränkt und verdreht, bis es so aussieht, als sei Mitgefühl ein untragbarer Luxus und nicht ein selbstverständlicher Teil der Pflege unseres Wohnzimmers. Untersuchungen im heutigen Amerika haben gezeigt, daß die Wahrscheinlichkeit, daß irgend jemand einem offenbar Hilfsbedürftigen auf der Straße oder in der U-Bahn zu Hilfe kommt, in Relation zur Zahl der in der Nähe befindlichen Menschen abnimmt. Das Risiko, aufzufallen oder »dumm auszusehen« (wenn sich herausstellen sollte, daß die betreffende Person nur betrunken ist), ist um so größer, je mehr Zuschauer vorhanden sind. Das »Bedürfnis«, das Ich zu schützen, verdrängt auf die Art schnell das »primitivere Bedürfnis«, jemandem zu Hilfe zu eilen. Für unsere Vorfahren hätte eine analoge Situation keinen solchen Interessenkonflikt erzeugt. Um Hilfe leisten zu können, hätte man vielleicht das Bündel Feuerholz ablegen müssen, das man gerade mühsam gesammelt hatte, und damit riskiert, daß ein Zuschauer sich damit aus dem Staub machte. Es hätte sich jedoch um eine Entscheidung über praktische Prioritäten gehandelt – zu denen die Hilfe für andere stets gehört hätte – und nicht um eine Sache des »Image«. Unsere Vorfahren hätten nicht versucht, sich zu verdrücken oder sich hinter ihrer Zeitung zu verstecken, in einer kaum wahrgenommenen Lähmung aus Ängstlichkeit und Verwirrung.

---

* Siehe James Hillman und Michael Ventura (San Francisco 1992), die die Ansicht vertreten, das häufige Auftreten von Depressionen in der westlichen Welt sei keine Frage individueller Psychopathologie, sondern ein Aufschrei der Entrüstung aus unseren ökologischen Tiefen über den Zustand der Welt.

Die positiven Gefühle

Und was ist mit den sogenannten »positiven Emotionen« – Glück, Freude, Liebe und so weiter? Diese sind entweder mit der Bereinigung einer Notsituation verbunden oder damit, daß bestimmte Formen von Überzeugungen und der Identifikation innerhalb des Ich-Systems zeitweilig aufgehoben sind. Auf letzteren Aspekt werde ich am Ende des Buches zurückkommen. Mit dem ersteren sind verschiedene flüchtige Empfindungen der *Erleichterung oder Entspannung* gemeint, die sich ergeben, wenn ein Notfall vorübergeht oder erfolgreich bewältigt wird. Die Woge ekstatischen Glücks, die Sportler erfahren, wenn sie vor ihrem Erzrivalen ins Ziel gehen oder das spielentscheidende Tor schießen, wallt ins bewußte Gewahrsein auf, weil sie das Gefühl grundlegender Erleichterung darstellt, das mit dem Erreichen eines Ziels einhergeht. Aber aus dem gleichen Grund sind die positiven Gefühle sprichwörtlich vergänglich, sind sie viel flüchtiger als die »negativen Emotionen«. Furcht, Angst und so weiter werden nämlich durch das *Existieren* eines Hot spot hervorgerufen, und der kann so lange weiterbestehen, wie die Notsituation anhält. Das Glück des Gewinnens kann dagegen nur kurzfristig bewußt bleiben, denn es ist mit der Auflösung eines Hot spot und mit dem Herunterfahren der körperlichen Aktionssysteme verbunden. Macht man dieses Gefühl zu einem Ziel, das man als Selbstzweck verfolgt – sucht man also ständig nach dem nächsten Aufwallen des Gefühls von Glück und Erfolg –, dann ist das eine Lebensstrategie, die Frustration und Enttäuschung garantiert.

Die Welt der Sinnesempfindungen

Wie wir im 3. Kapitel gesehen haben, ist eine Funktion des Gehirn-Geistes, ein dynamisches und ständig auf den neuesten Stand gebrachtes Geflecht von Erwartungen und Voraussagen zu weben, vor dessen Hintergrund alles noch nicht Dagewesene und Unerwartete sich stark abhebt. Ursprünglich, also bevor die zwanghaften Gewohnheiten von Lernen und Identifikation den menschlichen Gehirn-Geist usurpierten, begleitete bewußtes Gewahrsein nur die

Schrecksituationen und Überraschungen. Lebt man jedoch in einem Zustand chronischen Alarmiertseins, dann ist nichts mehr verläßlich, nicht einmal die stabile und handhabbare Welt, die aus vergangenen Erfahrungen gewoben ist. Wir verhalten uns wie eine mildere Version jenes Schizophrenen in der Kantine, der aufgrund einer harmlosen Bemerkung ausflippt. Und je ängstlicher wir sind, um so größer ist dieses Gefühl drohender Gefahr und um so mehr wird die gesamte Welt der Sinnesempfindungen von Bewußtheit durchdrungen. Und in der Tat ist jener Zustand, in dem man sich beobachtet fühlt und sich deshalb seiner selbst besonders bewußt ist, ein Zustand, in dem man intensive soziale Bedrohung empfindet. Dann können sich die Regionen des Gehirn-Geistes, die für den interpersonellen Bereich zuständig sind, in einem solchen Zustand der Übererregung befinden, daß nicht genügend Aktivierung für die normalen körperlichen Abläufe übrigbleibt – und dann läßt man seinen Teller fallen, verliert den Gedankenfaden und bekommt ein Magengeschwür.

Sich Sorgen machen

Das moderne abendländische Bewußtsein hat ein Grundgefühl entwickelt, das dieses Bewußtsein – verglichen mit seinem ursprünglichen Zustand – sehr verändert hat. Das wird durch nichts deutlicher als durch seine Ruhelosigkeit. Seine Inhalte – also jene Teile des Gehirn-Geistes die mit dem gerade aktuellen Hot spot assoziiert sind – verschieben sich ständig, indem wir uns einer Quelle der Besorgnis nach der anderen zuwenden, aber keine davon auflösen können. Diese dauernde Bewegung ist, wie Sie sich erinnern werden, für den Ur-Gehirn-Geist an sich charakteristisch, da jede zu einem bestimmten Zeitpunkt gerade wache neurale Gang schnell ermüdet und die Aktivierung auf eine andere übergeht. Nur in einer akuten Notsituation bleibt die Aktivierung für längere Zeit in den relevanten Regionen des Netzwerks erhalten, während Informationen gesammelt und Strategien erwogen werden. Kann dabei jedoch *kein* Aktionsplan zustande kommen, weil das von inhärenten Konflikten und Widersprüchen verhindert wird, dann kommt es dennoch zur

Ermüdung, und innerhalb einiger Sekunden fließt die Aktivierung weiter.

Kommt nichts von außerhalb des zentralen Gehirn-Geistes, um seine Tätigkeit in eine bestimmte Richtung zu lenken, dann kann der Fluß endlos um ein bekanntes Problem kreisen wie eine den Stadtkern umkreisende U-Bahn-Linie: Der Zug hält bei jeder Station für einen kurzen (aber nutzlosen) Kommentar des Erzählers an, um dann zur nächste Station weiterzurattern. Diese zwanghafte Tätigkeit des »Sichsorgens« und »Sich-Gedanken-Machens« ist im Fall jener Probleme, die immer wieder auftauchen, gänzlich unproduktiv. Ließen sich diese Probleme nämlich durch »Denken« lösen, dann wären sie längst gelöst. Der Zirkel kann nur durchbrochen werden, wenn wir auf den Zug der Aktivierung aufspringen und ihn woanders hinlenken, so daß er eine Zeitlang nicht mehr in den endlosen Escher-Wasserfall zurückfließen kann. Aus diesem Grund können Fernsehen und das »gedankenlose« Ansammeln von Trivialitäten zur Sucht werden. Sie liefern genügend Stimuli, die der Verarbeitung bedürfen, und besetzen damit den Zug des Bewußtseins; und sie haben gerade so wenig mit etwas wirklich Wichtigem in unserem eigenen Leben zu tun, daß sichergestellt ist, daß der Zug brav auf Gleisen dahinrattert, die uns nicht etwa aus Versehen zu den Stationen zurückzuführen drohen, denen wir lieber ausweichen möchten.

Die Qualität des Bewußtseins

Wir haben jetzt einen Punkt erreicht, an dem wir einige der charakteristischen Merkmale bewußter Erfahrung zusammenfassen können, um zu sehen, was sie uns über die *ursprüngliche* Natur des Bewußtseins sagen sowie über die Art und Weise, wie diese von späteren Entwicklungen adaptiert, überlagert und entstellt wurde, insbesondere durch das Ich-System. Zuerst kam bewußtes Gewahrsein in kurzen, prägnanten und sporadischen Schüben; heute ist es kontinuierlicher. Zuerst war es intensiv emotional aufgeladen; heute ist es durch eine Vielzahl anderer Eigenschaften abgestumpft und erstickt. Zuerst war es im Körper und in den Sinnesempfindungen angesiedelt; heute ist es viel häufiger verbal und begrifflich. In früherer Zeit hörte der Mensch seine »Stimmen«, als kämen sie von »außen«; heute haben wir uns entschlossen, den Kommentar des Geschichtenerzählers für die innere Stimme unseres Ich zu halten.

Unsere Erfahrung und unsere Einschätzung des Bewußtseins haben sich im Lauf der Jahrhunderte jedoch noch auf andere Weisen verändert, mit denen wir uns in den folgenden Kapiteln beschäftigen werden. Zum Schluß dieses Kapitels möchte ich nur eine dieser Veränderungen erwähnen, um die es im nächsten Kapitel gehen soll. Ursprünglich gab es einen fließenden Übergang zwischen Bewußtsein und Nichtbewußtsein. Kurze Perioden bewußten Gewahrseins tauchten auf aus einem Ruhezustand diffusen Gewahrseins und sanken wieder in diesen zurück, einen Zustand, der nur wenig mit dem Bewußtsein zu tun hatte, in dem wir heute leben. Der moderne Geist konzentriert sich nur auf das helle Zentrum des Bewußtseins und neigt dazu, die schattigen Ränder und ungewissen Ursprünge dessen zu ignorieren, was gerade im Zentrum der Bühne steht.

Doch auch heute noch ist es so, als gebe es da einen Chor potentieller Inhalte im Hintergrund oder auf den Seitenbühnen oder gar in den Kulissen, von denen jeder plötzlich ins Rampenlicht stürmen oder sich unmerklich ins Zentrum schleichen und dann wieder in den Hintergrund verschwinden kann. Einige Empfindungen können eine Weile im Off herumlungern, bevor sie auf die Bühne gelassen werden: das leise Rufen einer vollen Blase, während wir in ein spannendes Buch vertieft sind; das nagende Gefühl, irgend etwas nicht erledigt zu haben, bis uns einfällt, daß Muttern Geburtstag hat. In neuralen Begriffen ausgedrückt: Auch während ein Bereich des Netzwerks Brennpunkt für die Ansammlung von Aktivierung ist – bis hin zu jenem Punkt, wo er als Hot spot hervorsticht –, werden andere Bereiche angeregt und stimuliert. Manche davon mögen unbemerkt wieder verblassen, wie eine Welle, die kurz vor dem Brechen sanft in sich zusammensackt, während andere genügend Schwung entwickeln können, um den ursprünglichen Brennpunkt zu übertrumpfen und seinen Platz im Bewußtsein einzunehmen. Doch haben wir uns angewöhnt, wie wir im nächsten Kapitel sehen werden, die Ränder und Horizonte außer acht zu lassen – und das kommt uns teuer zu stehen.

14. Die Beschneidung des Bewußtseins

Es mag ... vielleicht falsch sein, von zwei in Wechselwirkung stehenden Sphären zu sprechen, die das Bewußte und das Unbewußte genannt werden, oder sogar von zwei gegensätzlichen mentalen Prozessen, *bewußten und unbewußten, die jeweils kausal eigenständig sind, bis der eine dem anderen Platz macht. Meines Erachtens existiert vielleicht nur ein einziger Bereich mentaler Prozesse, welcher kontinuierlich und weitgehend unbewußt ist, von dem nur gewisse zeitweilige Aspekte oder Phasen dem unmittelbaren bewußten Gewahrsein zugänglich sind.*

Lancelot Law Whyte

Aus der evolutionären Geschichte geht eindeutig hervor, daß das Bewußtsein kein Fenster zum Geist ist und auch nicht sein kann. Es ist vielmehr ein Erzeugnis des Geistes, das seinem Entwurf nach helfen soll, unser physisches Überleben zu sichern, wenn es sich in der weiteren Evolution auch eher zu einem Störfaktor entwickelte. Ursprünglich mit einem wunderbaren Mechanismus zum Aufspüren von grundlegenden Notsituationen und zum Reagieren auf sie ausgestattet, wurde es durch eine Kette von evolutionären Zufällen und Koinzidenzen hauptsächlich zu einem Mechanismus, welcher dubiose Geschichten mit dem Ziel erfindet, ein überflüssiges und völlig unzutreffendes Ich-Empfinden zu verteidigen. Die machtvollste Erfindung in der Geschichte der Evolution stand eines Tages müßig und gelangweilt herum, weil das Leben leicht geworden war. Nunmehr sieht sie sich jedoch in ein todernstes Spiel verwickelt, welches sie nicht gewinnen kann, weil die Probleme, die sie zu lösen versucht, Produkte hausgemachter Mißverständnisse sind.

203

Die integrierte Psyche

Bis vor etwa 350 Jahren bewahrte die Menschheit wenigstens ein richtiges Gespür für die Beziehung zwischen den bewußten und den unbewußten Aspekten des Geistes. Im 18. Jahrhundert hatte sich die Knappheit noch nicht endgültig von einer gelegentlichen Notlage zu einer ständigen Bedrohung gewandelt – und damit auch nicht die Entartung des Bewußtseins zu einer Erfahrung chronischer emotionaler Bedrängnis auf einem niedrigeren Energieniveau. Bewußtsein konnte immer noch als *ein* Produkt des Geistes angesehen werden, das letztlich keine größere und keine geringere Bedeutung hatte als jedes andere. Es war noch möglich, daß sich das Identitätsgefühl über den ganzen Körper, die Gemeinschaft und die Natur breitete. Für viele Menschen war »mein« Wohlergehen so eng mit der Gemeinschaft und der Ernte verbunden, daß das »Ich« sich nicht als von beiden getrennt oder ohne sie vorstellen konnte. Ich identifizierte mich ebensowenig mit meinen Gedanken wie etwa mit meinem Herzschlag, dem Knurren meines Magens oder dem feinen Beben meiner Nasenflügel beim Wahrnehmen eines schwachen Rauchgeruchs. Jede dieser Empfindungen ist eine Manifestation eines rätselhaften, vielschichtigen Systems, mit dem »Ich« assoziiert bin. Und das entweder Gesundheit oder Krankheit, Wachstum oder Verfall widerspiegeln kann. Gegen Ende des 16. Jahrhunderts konnte John Donne seinen berühmten Satz schreiben: »Kein Mensch ist eine Insel, ein Ganzes an sich; jeder Mensch ist Stück des Kontinents, ein Teil des Ganzen.« Diese Empfindung, so meine ich, artikulierte keinen besonderen Geisteszustand, sondern einfach eine zu der Zeit allgemeine Wirklichkeit.

Und wenn das Bewußtsein noch nicht als die spezielle Behausung des Ich galt, dann wurde Nichtbewußtsein, die essentielle Unkennbarkeit im Herzen der Existenz, noch nicht geleugnet oder entrechtet. Tatsächlich war das Kontinuum von Bewußtem zu Unbewußtem so nahtlos, daß es vor dem 16. Jahrhundert noch keinen Grund gab, von »dem« Unbewußten oder »Nichtbewußtsein« zu sprechen oder es nur zu denken. Wie Lancelot Law Whyte in seinem Buch »The Unconscious Before Freud« sagt:

Vor Descartes und seiner scharfen Definition des Dualismus bestand kein Grund, über die mögliche Existenz unbewußter Geistesprozesse als Teil eines separaten Bereichs des Geistes nachzudenken. Viele religiöse und spekulative Denker hatten Faktoren für selbstverständlich gehalten, die außerhalb des unmittelbaren Gewahrseins liegen, dieses jedoch beeinflussen. Bis man den (offensichtlich erfolgreichen) Versuch machte, *Gewahrsein* als das entscheidende Merkmal einer unabhängigen Form des Seins, Geist genannt, auszuwählen, bot nichts die Gelegenheit, die Idee eines unbewußten Geistes als vorläufige Korrektur dieser Wahl zu erfinden. Erst nach Descartes findet zunächst die Idee und dann der Begriff »unbewußter Geist« Eingang ins europäische Denken.

Die Oxforder Philosophin Kathleen Wilkes schreibt: »Im antiken Griechenland finden wir ein großartiges und wunderbares psychologisches Verstehen. Das muß eigentlich nicht näher belegt werden: Die Werke von Euripides und Aristophanes beweisen das zur Genüge. Dennoch gab es damals keinen Ausdruck, der auch nur *annähernd* ›Geist‹ oder ›Bewußtsein‹ entspricht.« Der Ausdruck *psyche*, von dem wir natürlich unseren Begriff »Psychologie« abgeleitet haben, bezieht sich viel umfassender auf die Eigenschaft des Lebendigseins. Und weder *psyche* noch irgendein anderer griechischer Ausdruck machen es möglich, Bewußtsein als eine besondere Facette diese »Lebendigseins« auszusondern.

In den ersten 1 500 Jahren der christlichen Ära ging man im Abendland allgemein von der Kontinuität und Einheit der bewußten Erfahrung und des unbewußten Grundes, aus dem sie hervorging, aus. Und die Ich-Empfindung war noch nicht auf die hell erleuchtete Hauptbühne des Bewußtseins beschränkt, sondern umfaßte auch deren schattige und undurchschaubare Randgebiete. Das, was »Ich« bin, umfängt auch das Unfaßbare. Wissen und Nichtwissen sind gleichermaßen Teil meiner Erfahrung. Das Hervortreten von Gedanken und Gefühlen aus dem Ungekannten war »ein Mysterium, das es zu leben galt, nicht ein Problem, das man lösen oder verdrängen mußte«.

Während dieser langen Periode der Geschichte haben viele Schriftsteller diese Kontinuität bemerkt und darüber geschrieben. Plotin, ein Philosoph des 3. Jahrhunderts, meinte: »Die Abwesenheit bewußter Wahrnehmung ist kein Beweis für die Abwesenheit von Geistestätigkeit.« Und er machte eine Beobachtung, die wir auch jedem Psychotherapeuten von heute zuschreiben könnten, nämlich daß »Gefühle präsent sein können, ohne daß man sich ihrer bewußt ist«. Augustinus schrieb im 4. Jahrhundert in einem Text (den ich schon zu Anfang des 1. Kapitels zitiert habe):»Ich kann alles, was ich bin, nicht völlig erfassen. Der Geist ist viel zu eng, um sich selbst enthalten zu können.« Und fast tausend Jahre später schrieb der heilige Thomas von Aquin:»Ich kann meine Seele nicht losgelöst von ihren Taten beobachten. Es gibt deshalb Prozesse in der Seele, derer wir nicht unmittelbar gewahr sind.« Im 16. Jahrhundert erinnert uns Montaigne daran, daß viele unserer Gefühle, ja selbst unserer Handlungen überhaupt nichts mit dem bewußten, willkürlich handelnden kartesianischen »Hauptgeschäftsführer« zu tun haben:»Wir haben viele Regungen in uns, die nicht von uns gelenkt werden. So streckt etwa ein Mensch, der hinfällt, seine Arme vor sich aus, einem natürlichen Impuls folgend, der unsere Gliedmaßen zu Diensten und Bewegungen veranlaßt, ohne daß unser Verstand das erst gebilligt hat.«

Und natürlich war Shakespeare im selben Jahrhundert völlig vertraut mit dem Gefühl des Nichtwissens im Kern der menschlichen Erfahrung. Seine Dramen sind gespickt mit Hinweisen auf die unterschiedlichen Aspekte der Undurchschaubarkeit unserer Psyche. So geht es in den folgenden drei Beispielen aus seinem Werk um die Unmöglichkeit, rationale Erklärungen für unsere Gefühle zu geben:

Meine Zuneigung ist grundlos
wie die Bucht von Portugal.
>>Wie es euch gefällt«, IV. Akt, 1. Szene

Mein Geist ist trüb wie ein gestörter Quell,
Ich selber kann ihm auf den Grund nicht schaun.
>>Troilus und Cressida«, III. Akt, 3. Szene

Für wahr, ich weiß nicht, was mich traurig macht:
Ich bin es satt; Ihr sagt, das seid Ihr auch.
Doch wie ich daran kam, wie mir's angeweht,
Von was für Stoff es ist, woraus erzeugt,

Das soll ich erst erfahren.
Und solchen Dummkopf macht aus mir die Schwermut,
Ich kenne mit genauer Not mich selbst.
»Der Kaufmann von Venedig«, I. Akt, 1. Szene

In »König Heinrich IV.«, Zweiter Teil, IV. Akt, 5. Szene, antizipiert er 300 Jahre vor Freud dessen »Entdeckung« unbewußter Motivationen sowie der Art, wie sie sich in unserem mentalen Leben zu erkennen geben:

Prinz Heinrich: »Ich dachte nicht, Euch noch einmal
              zu hören.«
König Heinrich: »Dein Wunsch war des Gedankens Vater,
              Heinrich.«

Und in einem gleichermaßen bekannten Zitat aus dem »Sommernachtstraum« umreißt er eine Theorie der Kreativität, die auch heute noch »moderne Psychologie« ist:

Des Dichters Aug', in schönem Wahnsinn rolle,
Blickt auf zum Himmel, blickt zur Erd hinab,
Und wie die schwangre Phantasie Gebilde
Von unbekannten Dingen ausgebiert,
Gestaltet sie des Dichters Kiel, benennt
Das luft'ge Nichts und gibt ihm festen Wohnsitz.
                              V. Akt, 1. Szene

(Es fällt in der Tat sehr schwer, der Versuchung zu widerstehen, diesen Darstellungen des schöpferischen Prozesses Aussagen jüngeren Datums gegenüberzustellen, die sie bestätigen. So schrieb Albert Einstein beim Nachdenken über seinen eigenen schöpferischen Prozeß folgendes: »Die Wörter oder die Sprache, in der sie geschrieben oder gesprochen werden, scheinen im Mechanismus des Denkens keine Rolle zu spielen. Die physischen Entitäten, die als Elemente des Denkens zu dienen scheinen, sind gewisse Zeichen und mehr oder weniger klare Bilder. Worte kommen erst in einem späteren Stadium ins Spiel.«)

Soweit wir sagen können, wurde bis zum 16. Jahrhundert die Tatsache, daß der menschliche Geist nicht auf seinen eigenen Grund sehen kann, daß die Dinge, die den Inhalt unseres bewußten

Gewahrseins bilden, offensichtlich und ganz natürlich aus den für uns unkennbaren Seitenbühnen auf die Bühne tanzen, weder als bemerkenswert noch als bedrohlich empfunden. Zweifellos war die Verfeinerung des Geistes bis zu dem Punkt fortgeschritten, an dem man sich sozusagen schon eine gewisse Strecke vom mysteriösen Kern des Lebens entfernt hatte. Das Bewußtsein trat immer mehr in den Vordergrund, und viel von seinen Inhalten und von der Rechenfähigkeit des Gehirns war der Erhaltung und Aufwertung der Selbstachtung und des sozialen Status gewidmet. Aber der Geist hatte noch keinen Grund, Lügen über sich zu erzählen.

Auftritt Bösewicht von links

Noch nicht – bis Descartes auf nur zwei Seiten seiner 1641 veröffentlichten »Meditationes de prima philosophia« einen verhängnisvollen Keil zwischen Bewußt und Unbewußt trieb und eine Einladung an die europäische Intelligenzija aussprach, die sie einfach nicht ausschlagen konnte: sich ausschließlich mit dem Bewußtsein zu identifizieren. Im Gegensatz zu einer weitverbreiteten Annahme bestand die Leistung Descartes', die am meisten Beachtung fand, nicht in dem Antrag auf die Scheidung von Geist und Materie oder gar von Geist und Körper. Es war vielmehr das Angebot einer Sichtweise des Geistes, die diesen als die Spitze eines Eisbergs ohne den Eisberg darunter verstand – als bewußt, selbstgenügsam, allumfassend, explizit und rational – und davon ausging, daß die einzig wahre Heimstätte der menschlichen Identität dieser bewußte Bereich sei.

> Was also bin ich? Ein Ding, das denkt. Was ist ein Ding, das denkt? Es ist ein Ding, das zweifelt, versteht, erfaßt, bestätigt, leugnet, etwas will, etwas verweigert, etwas, das auch imaginiert und fühlt.

Und wenn man darauf drängt, das Denken genauer zu definieren, dann sagt er uns:

> Denken ist ein Wort, das alles umfaßt, was in uns solcherart existiert, daß wir uns dessen unmittelbar bewußt sind. Also sind alle Operationen des Wollens, des Intellekts, der Vorstellungskraft und der Sinne Gedanken.

Und damit es in dieser Angelegenheit keinerlei Zweifel mehr geben kann, schreibt Descartes in einem Brief an Mersenne:

Was die Behauptung angeht …, daß nichts in mir sein kann, das heißt, in meinem Geist, dessen ich nicht bewußt bin, so habe ich sie in den »Meditationes« bewiesen.

Der Geist wird jetzt aus der psycho-physischen Einheit der *psyche* herausgeschnitten und einzig und allein mit dem Bewußtsein identifiziert. Dem unbewußten Körper-Gehirn-Geist wird seine Existenz abgesprochen; er wird um seine Intelligenz, seine »Einsicht«, gebracht, die von der ständig bewußten Seifenblase hinter der Stirn für sich in Anspruch genommen wird. Bei diesem ehrenwerten Versuch, in den Fakten seiner Erfahrung aus erster Hand die Grundlage seiner eigenen Identität auszumachen, unterschiebt Descartes eine kolossale und total ungerechtfertigte Annahme: daß es nämlich hinter seinen Gedanken jemanden *geben muß*, der denkt, eine *res cogitans*, eine Art denkendes »Ding«. Und dieses Ding muß es sein, was er selbst letztlich ist. Wäre er wirklich der rigoros wissenschaftliche Erforscher des inneren Raumes gewesen, für den er sich ausgab, hätte er diesen Sprung nicht tun können. Er hätte nur sagen können: »Es gibt Denken (Sehen, Vorstellen, Erinnern und so weiter)«, oder »Denken geschieht«. Alles, was darüber hinausgeht, ist eine Schlußfolgerung, für die es keinerlei unabhängige Belege gibt.

Nachdem er geleugnet hat, daß die Quelle seines bewußten Denkens in unbewußten, von Natur aus unsichtbaren Prozessen liegt, muß Descartes das Erklärungsvakuum mit einer Chiffre füllen. Der Hauptfigur in der inneren Seifenoper, dem »Ich«, werden jetzt zusätzliche magische Kräfte zugeschrieben. »Ich« ist nicht bloß eine persönliche Zeichentrickfigur, die dem Geschichtenerzähler sein Gefühl der Kontinuität verleiht. Er/sie/es erhält jetzt die Aufgabe, hinter den Kulissen herumzulaufen (nachdem der Biocomputer gefeuert wurde), als jemand der »sieht«, »denkt«, »entscheidet« und »will«. Die Identifizierung mit diesem fiktiven Darsteller ist endlich vollständig: Ich habe mich überreden lassen, mich mit einer Art ungreifbarem Männeken zu identifizieren, das an die Stelle des unaussprechlichen Mysteriums im Zentrum meines Seins tritt.

Und ich stehe zudem unter dem Bann einer damit einhergehenden Fehlinterpretation meines eigenen Bewußtseins. Dies darf nicht länger als ein spezielles und in mancher Hinsicht peripheres Produkt des umfassenderen biologischen Mysteriums gesehen werden, das ich in Wirklichkeit bin. Es muß jetzt als ein privilegiertes Fenster behandelt werden, durch das »Ich« nach *draußen* schauen kann auf die Welt, »wie sie wirklich ist«, und nach *drinnen* auf mich, »wie ich wirklich bin«. Was ich durch das Schlüsselloch des Bewußtseins sehen kann, ist real und wahr. Was ich nicht sehen kann, das existiert nicht.

Dieser philosophische Taschenspielertrick fand bald viele Liebhaber. Um das Jahr 1690 konnte John Locke sagen: »Es ist ist insgesamt ebenso vernünftig zu behaupten, ein Körper sei ausgedehnt ohne Teile, wie: irgend etwas denke, ohne dessen bewußt zu sein.« Und er bestätigte und verstärkte noch Descartes' Identifizierung des eigentlichen Wesens einer Person mit diesem bewußten Geist:

[Eine Person] ist ein denkendes, vernunftbegabtes Wesen, das über Verstand und Reflexion verfügt und sich selbst als sich selbst betrachten kann, als dasselbe denkende Ding an verschiedenen Orten und zu verschiedenen Zeiten. Es tut dies nur durch dieses Bewußtsein, welches vom Denken untrennbar und, wie mir scheint, dafür essentiell ist: Es ist nämlich unmöglich für jemanden, etwas wahrzunehmen, ohne die Wahrnehmung, daß er wahrnimmt ... Bewußtsein begleitet immer das Denken, und es ist dasjenige, welches jedermann zu dem macht, was er Ich nennt ...

Und David Hume konnte einfach behaupten, daß »die Wahrnehmungen des Geistes vollkommen bekannt sind« und das »Bewußtsein niemals täuscht«.

Die Pathologisierung des Unbewußten

Bevor die absurde Zurückweisung des Mysteriums durch Descartes sich in den »gesunden Menschenverstand« eingeschlichen hatte, war es nicht erforderlich gewesen, einen besonderen Begriff für »unbewußte« Vorgänge zu haben. Wie wir gesehen haben, galt es als selbstverständlich, daß unser Wissen um uns selbst bruchstückhaft und undurchsichtig war. Doch nach dem kartesianischen Coup mußte jeder, der in Frage stellen wollte, daß das Bewußtsein alles sei, sein eigenes Vokabular zum Argumentieren haben. Und so mußte »das Unbewußte« als ein partielles Korrektiv erfunden werden, als eine Möglichkeit, die Existenz dessen geltend zu machen, worum wir nicht wissen. Wie die Mystiker und Poeten schon immer gewußt haben, müssen wir aus der Erfahrung unvermeidlich auf unbewußte mentale Prozesse schließen. Mit einem Schwenken seines linguistischen Zauberstabes konnte Descartes sie verschwinden lassen – wie ein Zauberer trickreich ein Kaninchen im Zylinderhut verschwinden läßt –, aber das bedeutet nicht, daß sie sich tatsächlich dematerialisiert hatten.

Also mußten Wörter erfunden werden, die uns daran erinnerten, daß sie »in Wirklichkeit« immer noch da waren. 1751 tauchte das Wort »unconscious« in der englischen Sprache auf, und während der folgenden einhundert Jahre wurden – mit Hilfe von Dichtern wie Goethe und Schiller – entsprechende Wörter auch im Deutschen – und im Französischen – gebräuchlich. Das Adjektiv »unbewußt« wurde verdinglicht zu »das Unbewußte«, und so setzte sich langsam die Vorstellung von einem separaten, uneinsehbaren Lagerhaus des Geistes fest. Bei dem Versuch, den unbewußten *Aspekten* des Geist-Körper-Systems wieder Geltung zu verschaffen, stolperten diese wohlmeinenden Autoren in die unvermeidbare verbale Falle, implizit die Existenz einer separaten *Abteilung* des Geistes zu postulieren – eine Abteilung, die in einem gewissen Sinne in einer antagonistischen oder subversiven Beziehung zur bewußten Vernunft steht.

Damit war der Boden für die Übernahme »des Unbewußten« durch diejenigen bereitet, die sich für die Pathologie des Geistes interessierten. Von etwa einhundert Jahren vor Freud bis zum heutigen Tag hat man das Unbewußte vorwiegend als Hort dunkler und wilder Kräfte gesehen, die eine Bedrohung für die etablierte Ordnung und Klarheit des Verstandes darstellen. »Der Tag wurde von der Nacht herausgefordert, die aufgeklärte Vernunft durch die Stürme und Konflikte von Intuition und Instinkt, die Seele des Menschen durch einen dunklen und furchterregenden, aber ungeheuer verführerischen inneren Geist der Versuchung und der Hingabe, der bereit war, die Macht zu übernehmen ...« Statt als wesentlicher, hochgeschätzter, ja lebenswichtiger Bestandteil der *psyche* verstanden zu werden, galt das Unbewußte nun einerseits als eine strittige Hypothese, andererseits als Quelle von Zerrissenheit und Unordnung und wurde mit verrückten und heftigen Stürmen assoziiert, die die Zivilisation des Geistes und der Gesellschaft bedrohen konnten.

In diesem Klima von Skepsis und Besorgnis traten die Pioniere der Psychiatrie und Psychotherapie auf und boten sich als Führer, Löwenbändiger und Schamanen an: bereit, willig und in der Lage, mutig in Bereiche »vorzudringen«, in die andere sich nicht vorwagten. Freud, seine Vorläufer und seine Jünger füllten das Lagerhaus des Unbewußten mit verleugneten, verdrängten Aspekten der Persönlichkeit und zeigten auf, wie diese verstoßenen Kinder des Geistes zurückkehren, um uns auf bizarre und furchterregende Weise heimzusuchen. Das Unbewußte wurde gleichzeitig für existent erklärt, pathologisiert und aus dem Hauptstrom des Lebens herausgerissen. Natürlich konnte man auf Parties mit Träumen spielen und über Freudsche Versprecher lachen. Doch konnten »normale« Menschen mitleidig auf andere herabschauen, deren Unbewußtes sich hervordrängte, während sie gefahrlos ihr eigenes ignorierten. Das Unbewußte wurden ebenso pathologisiert wie marginalisiert: Es wurde zu einer Idee, mit der man spielen konnte wie ein Kind, das durch einen Spalt zwischen den vors Gesicht geschlagenen Händen auf einen Horrorfilm lugt.

Diese eingeschränkte, dämonische Version »des Unbewußten« diente dazu, das eigentliche Unbewußte noch weiter zu verschleiern: die unergründliche Quelle, die hinter *allen* Erfahrungen steht. Freud hat uns eine *Version* des Unbewußten zurückgegeben, jedoch eine, die sich ganz und gar auf die Kosten eines »taktischen Nicht-zur-Kenntnis-Nehmens« konzentrierte und ebenso vollständig das tiefe, stille, allesdurchdringende Unbewußte ignorierte, das die eigentliche Grundlage, das *Sine qua non* des bewußten Lebens ist. Indem er das Unbewußte so definierte, wie er es tat, stellte er es als Gegenspieler zu mentaler Gesundheit dar, als einen Behälter wilder

Kräfte, die nur gebändigt und in die Persönlichkeit integriert werden konnten, wenn man sie ans Licht des Bewußtseins holte. Wenn wir schließlich einmal alle Leichen aus dem Keller geholt hätten, würde es uns optimal gehen, und die Macht »des Unbewußten« würde auf Null reduziert sein. Freud hat nie die Möglichkeit gesehen, daß eine Therapie das Vorspiel für eine leidenschaftliche Liebesaffäre mit dem Mysterium sein könnte.

Die Pathologisierung des Unbewußten macht es furchterregend und bringt uns noch eher dazu, seine Existenz zu ignorieren. Wir sind wie Kinder, die nicht in ihren eigenen kuscheligen Betten schlafen wollen, weil sie Angst haben vor schwarzen Männern und Ungeheuern, die (unentdeckt) darunter lauern könnten. Die Freudsche Bilderwelt spricht von Wildnis und Gefahren. »Das Erlebnis der inneren Dunkelheit, wie Freud es beschrieben hat, ist die lebhafte Konfrontation mit der eigenen verdrängten Natur. *Das wilde Tier kommt aus seiner Höhle hervor*, wo es lange geschlafen hat, und ein Mensch hat nächtliche Alpträume, aus denen er in Schweiß gebadet erwacht ... Man begegnet von Angesicht zu Angesicht den *perversen und unmoralischen Kreaturen,* die andere Teile des Gebäudes bewohnen [meine Hervorhebungen].« Kein Wunder, daß wir keine Neigung verspüren, »in den finstern Wald zu gehen«, wenn wir mit *solch* großen Überraschungen rechnen müssen; und schließlich vergessen wir sogar die Existenz der Wälder – »Unbewußt? Ich kann nichts Unbewußtes sehen«. Natürlich sehen wir nichts, wenn wir unsere Verteidigungsmechanismen von Projektion und Rationalisierung benutzen, um die von innen kommenden Seufzer und Schreie als »draußen«, »bedeutungslos«, »Hat nichts mit mir zu tun« neu zu interpretieren.

Man muß es C. G. Jung zugute halten, daß er imstande war, die Auswirkung dieses angsteinflößenden Bildes des Unbewußten auf die allgemeine Vorstellungskraft zu erkennen. In »Gegenwart und Zukunft« enthüllt er mit heimlicher Freude, daß Freud selbst durch seine Finger lugte:

... daß die Minderbewertung der Psyche und andere Widerstände gegen psychologische Durchleuchtung in hohem Maße auf Furcht, ja panischer Angst vor den möglichen Entdeckungen im Gebiete des Unbewußten beruhen. Diese Ängste finden sich nicht nur etwa bei solchen, die vom Freudschen Gemälde des Unbewußten erschreckt wären, sondern sogar beim Urheber der »Psychoanalyse« selber ... Es ist diese Angst vor der unbewußten Psyche, welche nicht nur der Selbsterkenntnis, sondern auch dem Verständnis und der Ausbreitung psychologischer Erkenntnis die schwersten Hindernisse in den Weg legt.

Doch auch Jung scheint manchmal die populäre und allgegenwärtige Anschauung vom Unbewußten zu haben, die die moderne Wissenschaft vertritt:

Seit mehr als einem halben Jahrhundert weiß man, beziehungsweise könnte man wissen, daß es ein dem Bewußtsein gegenüberstehendes Unbewußtes gibt ... Es gibt eine unbewußte psychische Wirklichkeit, welche nachweisbar das Bewußtsein und dessen Inhalte beeinflußt. Obschon dies bekannt ist, ... denkt und handelt [man] nach wie vor so, wie wenn man nicht zweifach, sondern einfach wäre. Infolgedessen kommt man sich als harmlos, vernünftig und human vor ... Es ist in Wirklichkeit aber leichtsinnig, oberflächlich und sogar unvernünftig, weil psychisch unhygienisch, die Reaktion und Stellungnahme des Unbewußten zu übersehen.

Warum ist es »psychisch unhygienisch«, das Unbewußte nicht zu beachten? Weil es für Jung wie für Freud immer noch das Zentrum dissoziierter Verrücktheit ist, die, kann sie nicht unter die zivilisierende Oberaufsicht des Bewußtseins gebracht werden, auf schädliche, vielleicht sogar »bösartige« Weise zuschlagen kann. Das Unbewußte manifestiert sich selbst »hauptsächlich in der Form *widriger* [meine Hervorhebung] Gefühle, Phantasien, Emotionen, Impulse und Träume«. Diese zurückzuweisen bedeutet, einer verheerenden Illusion zum Opfer zu fallen:

Indem man allgemein der Meinung huldigt, der Mensch sei das, was sein Bewußtsein von sich selber weiß, hält man sich für harmlos und fügt so der Bosheit noch die entsprechende Dummheit hinzu. Man kann zwar nicht leugnen, daß furchtbare Dinge geschehen sind und noch geschehen, aber es sind jeweils die anderen, die solches tun. Und insofern solche Taten der näheren oder ferneren Vergangenheit angehören, so versinken sie rasch und wohltätig im Meere der Vergessenheit, und jene Traumverlorenheit, die man als »Normalzustand« bezeichnet, kehrt wieder ... [in] erschreckendem Gegensatz [dazu stehen das] Böse, die

Schuld, die tiefe Gewissensangst und die finstere Ahnung [...] da vor den Augen, die sie sehen wollen. Menschen haben es getan: ich bin ein Mensch, der teil hat an der menschlichen Natur, und also bin ich es, der mitschuldig ist ... nur der Dumme kann die Voraussetzungen seiner eigenen Natur auf die Dauer außer acht lassen. Diese Fahrlässigkeit bildet sogar das beste Mittel, um ihn zu einem Instrument des Bösen zu machen.

Für Jung ist also »das Unbewußte« nicht von Natur aus eine Schlangengrube, wie man das volkstümlich zu glauben pflegt. Es ist vielmehr der Zustand der Dissoziation, in dem man sich zu engstirnig mit einem bereinigten Bewußtsein identifiziert, der zu Schwierigkeiten führt und der auf Dauer unhaltbar ist. Nicht die eigene Natur – welche integral aus Bewußt und Unbewußt zusammengesetzt ist – ist fehlerhaft; fehlerhaft ist der zum Scheitern verurteilte Versuch, vermittels eines falschen Eindrucks zu leben, einer Schwarzweiß-Karikatur der Natur, mit der die eher pastellartigen Nuancen der Wirklichkeit übermalt worden sind und die diese nun unsichtbar machen.

Damit hat Jung unzweifelhaft recht. Es ist das eigentliche Anliegen der Psychotherapie, den Versuch zu machen, sich mit dem wilden Umsichschlagen des strangulierten Unbewußten zu befassen, indem sie die Leidenden überredet, die Hände von der eigenen Kehle zu nehmen und sich selbst zu gestatten, die Luft zu atmen, von der sie fürchten, sie werde sie vergiften. Und selbst hier wird das Unbewußte immer noch, wenn auch ziemlich anders, mit gestörten Emotionen und der »Widrigkeit« von Denken und Wollen identifiziert.

Allerdings war Jung Freud erheblich voraus in der Erkenntnis, daß der Mut, nahe dem Unbewußten zu leben, im wesentlichen eine religiöse Haltung ist. »... wenn der Mensch gewillt ist, die Forderung rigoroser Selbstprüfung zu erfüllen, so hat er wenigstens einen ersten Schritt getan zur Annäherung an die Grundlage seines Bewußtseins, an das Unbewußte, das die uns zunächst faßbare Quelle religiöser Erfahrung ist ... Das, was als Unbewußtes bezeichnet wird, ist das Medium, aus welchem für uns die religiöse Erfahrung zu entspringen scheint. Welches die fernere Ursache solcher Erfahrung ist, dies zu beantworten liegt jenseits der menschlichen Erkenntnismöglichkeit.« Für Jung wie für die Mystiker ist im Grunde das Starren in die Dunkelheit nicht nur ein Akt mutiger Selbstheilung – es ist eine Einladung zum Göttlichen.

Doch auch wenn Jungs Sicht der Beziehung zwischen Bewußt und Unbewußt umfassender und ausgeglichener ist als die Freuds, hat sie dennoch das Gefühl bewahrt, das Unbewußte sei etwas »Besonderes« neben den alltäglichen Realitäten des Abwaschens und Katzenfütterns. Es kann vielleicht ebenso heilig wie profan sein, und dafür, daß Jung diese Möglichkeit wieder zugelassen hat, verdient er den herzlichen Dank all der entrechteten Mystiker – der unbekannten Wordsworthe alltäglicher religiöser Erfahrung – überall auf der Welt. Doch galt das Unbewußte weiterhin als geheimnisvoll, hatte es eher etwas von der Wildheit des »Saturday Night Fever« oder der Frömmigkeit des Sonntagmorgens als vom Büroalltag. Das »kollektive Unbewußte« wurde als Hort transkultureller Weisheit eingeführt, um die individuellen Kindheitsschwierigkeiten des »individuellen Unbewußten« auszugleichen. Doch war dies nun noch eine weitere spekulative Schublade im Kopf, zumindest in der Form, wie es in der volkstümlichen Kultur aufgenommen wurde. Und immer noch hatte es die Aura des psychischen Bodensatzes, wenn auch jetzt von Mythologie und Magie angehaucht.

Das Unbewußte des Therapeuten bleibt »heiß und feucht«. Das von Descartes beiseite geschobene Unbewußte ist »kühl und trocken« – und ebendieses ist es, was wir wiedergewinnen müssen, und wir sollten keinerlei Ersatz dafür akzeptieren. Wer das Unbewußte für einen verschlossenen Kellerraum hält (wie Freud es tat), in dem wir die Geheimnisse unserer Schuld und unsere schlechten Erinnerungen verstaut haben, der schränkt das Mysterium ein und entstellt es. Wer es als Brutstätte unserer Möglichkeiten ansieht (wie Jung es tat), als brach liegendes Land, das die Keime unseres zukünftigen Charakters enthält und nährt – »der Boden oder Grund des eigenen neuen Seins, der Teil, der *in potentia* ist« –, der versäumt zu würdigen, welch wichtige Rolle der unbewußte Gehirn-Geist bei der Erschaffung jedes Augenblicks der Erfahrung hier und jetzt spielt.

Die Furcht zu verlieren, was wir nie wirklich besessen haben

Der tiefere Grund, warum wir unsere eigene Nichtbewußtheit vergessen haben, ist der, daß ihre Existenz das trügerische Bild des Ich-Systems bedroht, welches dieses von sich entworfen hat und das um Vorstellungen wie Bewußtsein, Klarheit und Kontrolle kreist. Bin »Ich« im wesentlichen mit dem Inhalt des Bewußtseins identifiziert; sehe ich das Bewußtsein als die Geschäftsführung des Geistes und als ein nichtverzerrendes Guckloch, durch das »Ich« mein eigenes Funktionieren beobachten kann; und verwechsele »Ich« fälschlicherweise die Fähigkeit des Bewußtseins, (manchmal) *vorauszusagen*, was das System als ganzes tun wird, mit der Fähigkeit, zu *bestimmen* und zu *kontrollieren*, was geschehen wird –, dann wird die Hypothese, hinter den Kulissen gebe es eine große, fette Maschine, die *in Wirklichkeit* die ganze interessante Arbeit verrichtet, nicht allzu gut ankommen. Die Täuschung und das Komplott können nur aufrechterhalten werden, wenn die Existenz einer derartigen Maschine geleugnet und dafür gesorgt wird, daß das Auge des Geistes sieht, was es sehen *soll*.

Für ein »Ich«, das soweit gekommen ist, sich selbst als Chef des Ganzen zu sehen und von dieser Sicht abhängig zu sein, kann die Idee, daß es nicht der Chef ist (und vielleicht nie gewesen ist), nur ein Schock und eine Bedrohung sein. Der Gedanke, dieses Gefühl von Kontrolle könne eine Illusion, eine Form von Selbsttäuschung sein, »rechnet sich« einfach nicht. Schließlich habe ich viele Jahre lang meine Erfahrung in den Begriffen dieses Modells erklärt, nach dem das Bewußtsein auf dem Fahrersitz sitzt. Das ist keine *Vorstellung*, das ist die *Wahrheit*. Und weil solche Meinungen meine Erfahrungen durchdringen, scheint jeder Augenblick weitere Beweise dafür zu bringen – wenn noch mehr benötigt würden –, daß die Kontrolle durch mich ein unverrückbares Faktum ist. Und sollte ich mich überreden lassen, diese andere Idee einmal ernst zu nehmen, dann kann ich mir, von meinem Standpunkt hinter den Gittern aus, nur vorstellen, daß es sich um einen tatsächlichen *Verlust* von etwas handelt, was ich bis jetzt tatsächlich besessen habe. Dieser Vorschlag ist daher entweder absurd oder furchterregend. Wenn »Ich« nicht dieses Auto lenke, was zum Teufel *tue* »Ich« dann? Und wer lenkt es *wirklich*? Werde ich gezwungen, mir vorzustellen, ich säße auf dem Rücksitz, dann kann ich einfach nichts (oder niemanden) auf dem Fahrersitz ausmachen. Wir sind in Gefahr, von der Straße abzukommen – Amok zu laufen oder verrückt zu werden.

(Das Ganze erinnert an den Cartoon von zwei Ratten in einer »Skinner box« – einem Versuchsapparat, in dem Ratten dafür belohnt werden, daß sie neue Kunststücke lernen. Da sagt die eine Ratte zu der anderen: »Hey Mann, jetzt habe ich diesen Burschen im weißen Kittel wirklich da, wo ich ihn haben wollte. Jedesmal, wenn ich auf diesen Hebel drücke, dann kommt er mit Futter rüber!« Aus der Sicht der Ratte besitzt sie die Kontrolle, aus Professor Skinners Sicht hat er sie. Wer von beiden hat recht, und wer ist auf dem Holzweg?)

Der Sprengsatz des Geistes

Hält man erst einmal die doppelte Annahme von Descartes für selbstverständlich – nämlich daß das, was ins zentrale Scheinwerferlicht des Bewußtseins rückt, *real* (oder »gültig«) ist, und daß das, was bewußt ist, »Ich« bin –, dann tritt der Geist wahrhaft auf seine eigene Mine. Denn dann wird es zum Job des Geistes, alles zu verteidigen, was bewußt ist, und das Bewußtsein so hinzubiegen, daß es zur Definition des Ich paßt. Was immer im Bewußtsein auftaucht, wird automatisch mit der zugrundeliegenden Definition meines Ich in Verbindung gebracht – mit den unhinterfragten Annahmen über meinen Charakter, meinen Wert, meine Persönlichkeit –, und wenn irgend etwas nicht zu passen scheint, dann muß es ignoriert oder wegerklärt werden. Es sind nicht länger nur meine Handlungen, die meiner Selbstdefinition entsprechen müssen. Auch meine bewußte Erfahrung muß diesem Gremium innerer Zensoren zur Genehmigung vorgelegt werden … oder die Zensoren müssen vielmehr schon im Vorgang des *Schaffens* von Bewußtsein ihr Vetorecht geltend machen, denn ist ein antagonistischer Gedanke, ein abweichender Impuls oder ein widriges Gefühl erst einmal im

Bewußtsein aufgetaucht, dann ist der Schaden bereits angerichtet, die Bedrohung für die Identität der Selbstachtung ist real. Als Ergebnis der kartesianischen Identifizierung mit dem Bewußtsein *ähnelt* die Natur des Bewußtseins dem, was hinter den Kulissen vor sich geht, *noch weniger.*

Ursprünglich trat bewußtes Gewahrsein in einem Zustand des Alarmiertseins auf, und es war unauslöschlich mit einem unangenehmen emotionalen Beigeschmack verbunden, der die dringende Notwendigkeit signalisierte, einen augenfälligen Notstand zu bereinigen – so etwa, wie physischer Schmerz als ein biologischer Ruf zu den Waffen (oder als Aufforderung zum Ausruhen) ins Bewußtsein dringt. Des lebhaften emotionalen Reizes beraubt, sind wir jedoch in Gefahr, Konflikte und Gefahren andauern zu lassen, und zwar zu unserem eigenen Nachteil, genauso wie jene Patienten, denen die Fähigkeit fehlt, Schmerzen zu *fühlen* – das heißt, sich der Schmerzen bewußt zu sein – und deshalb auf Verletzungen zu reagieren oder die geeigneten Medikamente zur Abhilfe einzunehmen. In einem berühmten Fall konnte eine »Miß C.« aus Montreal keine Schmerzen empfinden, weshalb sie nicht auf solche Warnsignale reagierte. Sie bewegte sich nie im Schlaf, verlagerte beim Stehen nie ihr Körpergewicht von einem Fuß auf den anderen und nahm verschiedene ungesunde Körperhaltungen ein. Das führte zur Erkrankung und Mißbildung ihrer Gelenke, sie zog sich verschiedene Infektionen zu, die letztlich zu ihrem Tod führten.

So hat die kartesianische Spaltung auf eine kuriose Weise dazu geführt, daß wir den Kontakt mit einer Form des Nichtbewußtseins verlieren – mit dem seinem Wesen nach geheimnisvollen Grund, aus dem Bewußtsein wie eine Quelle aufwallt –, und hat es zugleich nötig gemacht, eine zweite Form des Nichtbewußtseins zu fabrizieren – eine Art selektiver Unaufmerksamkeit für solche Aspekte der Erfahrung, die, ließe man sie bewußt werden, vom Geist als Bedrohung des Ich-Systems empfunden würden. Ist ein Macho-Ich darauf angewiesen, unter allen Umständen »cool« zu bleiben, dann müssen die Erfahrungen von Furcht, Angst oder Verwirrung – die sämtlich zum menschlichen Geburtsrecht gehören – geleugnet werden. Durch intelligentes Handeln schafft man es, das Auftreten dieser unerwünschten Gefühle auf ein Minimum zu begrenzen. Doch liegt es nicht in unserer Macht, die Umstände völlig abzuschaffen, welche sie hervorrufen. Es wird stets Überraschungen, Mißgeschicke und Enttäuschungen geben. Können wir es nicht ertragen, diese einfach zu *erleiden*, dann bleibt uns als einzige Alternative, sie zu ignorieren und zu hoffen, daß sie verschwinden werden.

15. Die Kultivierung der Ignoranz

Die Bandbreite dessen, was wir denken und tun,
ist begrenzt durch das, was zu bemerken wir versäumen.
Und weil wir versäumen zu bemerken,
daß wir versäumen zu bemerken,
können wir nicht viel tun,
das zu ändern,
bis wir bemerken,
daß das Versäumnis zu bemerken
unsere Gedanken und unsere Taten formt.

Ronald D. Laing

Die subtile Gefahr der Verdrängung liegt in der Stille, mit der sie erfolgt. Das Verschwinden des Schmerzes aus der Wahrnehmung sendet keine Warnsignale aus: Der Klang der Verdrängung ist das Verdunsten eines Gedankens.

Daniel Goleman

Im 13. Kapitel habe ich die Ansicht vertreten, Bewußtsein sei auf untilgbare Weise emotional, und das schwache Gefühl anhaltenden Unbehagens, das die Buddhisten *Dukkha* nennen, sei ein unvermeidliches Merkmal des modernen Bewußtseins. Diese düstere Anschauung kann doch wohl nicht zutreffen (könnten Sie mit einer gewissen Berechtigung sagen): Schließlich fühlen sich die meisten von uns einen großen Teil der Zeit über einigermaßen fröhlich. Ist dieses Beharren auf der Allgegenwart der Angst nicht doch eine Übertreibung? Ja, das ist sie, und zwar aus zwei möglichen Gründen: Zu bestimmten Zeiten befindet sich das Ich-System in einem Schwebezustand oder wird nicht stimuliert, so daß wir, wenn wir Glück haben, Ruhepausen haben. Je weiser wir sind, desto weniger häufig und weniger intensiv sind unsere Gefühle der Unzufriedenheit. Wie Montaigne einmal gesagt hat:»Das auffallendste Merkmal von Weisheit ist anhaltende Fröhlichkeit.« Der andere Grund für die Verringerung unerwünschter Gefühle im Bewußtsein reflektiert jedoch nicht Weisheit, sondern Selbsttäuschung. Und dieses Kapitel widmet sich den Vorgängen, die es uns erlauben, unseren eigenen Geist zu bearbeiten und zu säubern. Die ganze Zeit über unglücklich und unruhig zu sein ist psychisch schmerzlich und praktisch nicht hilfreich. Sollen wir in einer Situation weiterhin funktionieren, wo wir mit Traurigkeit oder Schuld beladen sind und die Ursache nicht beseitigen können, dann können wir vielleicht zumindest lernen, das Unbehagen zu *ignorieren*, es irgendwie aus dem Gewahrsein löschen und weitermachen. Der Preis dafür ist natürlich, daß die Aussagen des Bewußtseins über das, was vor sich geht, noch unzuverlässiger werden.

Zerstört das von uns im letzten Kapitel erörterte Herausschneiden des Bewußtseins – die Loslösung seines hellen Kerns von den umgebenden Schattenbereichen – seine Ganzheit, so macht der Vorgang der Säuberung es zudem noch löcherig. Es wird gesprenkelt mit »Kein Zutritt«-Bereichen, deren Inneres dadurch unsichtbar gemacht wird. Und die Tatsache, daß es solche Bereiche gibt, wird selbst wieder verborgen, so daß unser Bewußtsein uns ein Werk präsentiert, das nahtlos zu sein scheint und aus dem alle Hinweise auf die Schere des Zensors entfernt wurden. Was uns bleibt, ist ein Bewußtsein, das seine eigenen Ränder und seinen Ursprung nicht anerkennt und seine eigenen Löcher nicht sieht.

Wird dem Bewußtsein jedoch die bloße Existenz dieser blinden Flecke verhüllt, wie können wir dann wissen, daß sie da sind? Die bekannteste Methode, sie zu enthüllen, ist wohl Freuds klassische Technik der »freien Assoziation«, bei der man dem Geist erlaubt, umherzuschweifen, oder bei der er sanft »angestoßen« wird, bis er plötzlich gegen eine Wand zu rennen scheint. Indem man die lenkende Hand bewußter Absicht beseitigt, bereitet man die Bühne dafür vor, daß die verborgenen Bedrohungen und Anziehungskräfte ihren Einfluß ausüben können. Der bedeutsame Moment kommt nicht dann, wenn die Person eine bizarre oder faszinierende Erwiderung hervorbringt, sondern wenn überhaupt keine Assoziation kommt. Freud wußte, daß man an diesem Punkt, wo plötzlich »Mattscheibe« auftritt, wo der Zug der Gedanken plötzlich in einem dunklen Tunnel verschwindet, wohl mit Erfolg weitergraben kann. Wie im Fall des anderen großen Detektivs, Sherlock Holmes, pflegte Freud die Ohren zu spitzen, wenn er hörte, daß der Hund nachts *nicht* bellte.

Jüngere Arbeiten in klinischer Psychologie bedienen sich der Tatsache, daß eine Bedrohung unbewußt noch sehr klar registriert werden kann, auch wenn unerwünschte Gefühle aus dem Bewußtsein getilgt wurden. Eine neuere Arbeit von Andrew Matthews von der Fakultät für Angewandte Psychologie der Universität Cambridge hat auf diese fast paradoxe Koppelung der »unbewußten Faszination« von Bedrohungen mit offenkundig bewußter Verleugnung aufmerksam gemacht. Wie wir schon an anderer Stelle gesehen haben, neigen Ängste dazu, sich selbst zu verewigen: Sobald ein bestimmter Bereich vom Geist einmal als Bedrohung eingestuft wurde, werden die relevanten Wahrnehmungsschwellen dauernd angeregt oder herabgesetzt, so daß Ereignisse, die mit dieser Bedrohung in Beziehung stehen, bevorzugt entdeckt und verarbeitet werden. Doch führt eine solche Entdeckung, zumindest für manche Menschen, nicht zu irgendeiner *bewußten* Erfahrung der Bedrohung. Matthews hat herausgefunden, daß manche sehr ängstlichen Menschen zu erkennen geben, daß sie die Bedrohung registriert haben, dies jedoch nicht bewußt »wissen«. Andere, die einen gleichhohen Grad physischer Ängstlichkeit aufweisen, scheinen den »Trick« bewußter Verleugnung nicht gelernt zu haben und werden deshalb immer wieder, vielleicht sogar fortlaufend, von nur allzu bewußten Gefühlen von Angst oder Bedrohung überflutet. Gerät jemand des ersten Typs in eine Situation, in der die Intensität der Angst die Proportionen einer Flutwelle erreicht und stark genug ist, die Mauer des Schweigens zu durchbrechen, dann erlebt er möglicherweise das innere Chaos und die Destruktivität eines »Nervenzusammenbruchs«. Hat man etwa Angst vor Spinnen, dann kann eines von zwei Dingen passieren: Entweder man bemerkt, wohin man auch geht, jede einzelne kleine Spinne, jede Spinnwebe und jedes Fusselchen, das eine Spinne sein könnte. Oder man wird einfach nervös, wenn man ein irgendwie merkwürdiges Badezimmer betritt, und weiß nicht, warum. Im Alltag sehen wir oft, wie der Körper eines anderen seine zur Schau getragene Sorglosigkeit Lügen straft: Der wippende Fuß oder der Schweißfleck unter dem Arm verrät ihn. Wir schwören unbesehen, daß irgendwelche Dinge uns wirklich wichtig sind, die es tatsächlich nicht sind, oder daß Dinge, die uns wirklich Sorgen machen, keinerlei Bedeutung für uns haben. Diskrepanzen zu entdecken zwischen dem, was das Bewußtsein »laut verkündet«, und dem, was das Unbewußte »durchsickern« läßt, ist das Aktienkapital des Psychotherapeuten. Und dies ist ein Gebiet, auf dem die Wissenschaft uns helfen kann, uns selbst genauer zu sehen. Ein psychologischer Test kann Beweise dafür aufspüren, daß der *Körper* eine Bedrohung registriert, selbst wenn es dem Bewußtsein gelungen ist, eine den wahren Sachverhalt vertuschende Geschichte zusammenzubrauen. Eine Messung der elektrischen Aktivitäten im Gehirn oder der Leitfähigkeit (das heißt der Schweißabsonderung) der Haut oder die Beobachtung der Vergrößerung der Pupillen zeigt oft an, daß eine Bedrohung registriert wurde, auch wenn in den Verlautbarungen des Bewußtseins nichts davon auftaucht.

Die Zensur des Bewußtseins ist die Domäne der wohlbekannten psychischen Abwehrmechanismen. Während Verleugnung der fundamentale Abwehrmechanismus ist, würde seine alleinige Anwendung uns verwundbar für die Feststellung machen, daß es irgendwo *tatsächlich* ein Loch oder eine Blockade gibt. Das Vertuschen wird noch vollständiger, wenn wir andere Tricks hinzunehmen wie etwa Ablenkung, Projektion, Rationalisierung, Sublimierung, die Anwendung von Muskelspannung und dergleichen. Um zu erfahren, wie der ganze Prozeß der Sanierung des Bewußtseins funktioniert, wollen wir ein Beispiel betrachten.

Nehmen wir an, einer der Bereiche in meinem Ich-System, die mit Spannungen verbunden sind, habe mit Einsamkeit zu tun. Ich habe diesem System die Idee einverleibt, reife, gesunde Menschen seien heiter und entspannt, stets in der Lage, anderen Menschen in fröhlicher, freundlicher und positiver Geistesverfassung zu begegnen. Nehmen wir weiterhin an, meine Wirklichkeit sei manchmal ziemlich anders: Ich erlebe Angst, Spannung, neige dazu, den Blicken anderer auszuweichen, und möchte am liebsten davonlaufen. Diese (vollkommen natürlichen Reaktionen) werden mit Blick auf das idealisierte Bild meines Ich negativ bewertet. Sie scheinen ein Beweis für »Schwäche« oder »Unreife« zu sein und erhalten deshalb den Beigeschmack von etwas, dessen man sich schämen muß. Nun ist Scham allerdings selbst wieder ein Gefühl, das für das Bild des Ich, mit dem ich identifiziert bin, ein Anathema ist, und so kommt eine weitere Rückkopplungsschleife unangenehmer Emotionen zustande. Ich fühle mich schlecht, weil ich mich schäme. So besteht die Neigung, den ganzen Knoten von Rückkopplungen aus der bewußten Wahrnehmung auszuschließen.

Und nun nehmen wir einmal an, daß ich, der ich den Nutzen schätzen gelernt habe, für mich allein zu bleiben, von irgend jemandem (ausgerechnet auf einer der Cocktailparties, mit denen ich so meine Schwierigkeiten habe) gefragt werde, ob ich mich bei meinem Einsiedlerlebensstil nicht manchmal einsam fühle. Während ich mich sowieso schon (unbewußt) auf der Kippe fühle, lauert dort im Nebel der Konversation nun das Wörtchen »einsam« und droht damit (immer noch unbewußt), mich an dieses ganze verknotete, unangenehme Durcheinander von Gefühlen und Urteilen zu erinnern. Als Reaktion auf das Erkennen dieser Gefahrensituation schickt der Verteidigungsmechanismus des Gehirns sofort eine Welle hemmender Aktivität in diesen Komplex, die es schafft, ihn daran zu hindern, so viel Erregung zu akkumulieren, daß er bewußt wird. Dieser potentielle Weg erhält einen Dämpfer, so daß der bewußte Zug der Gedanken nicht weiter in das bedrohliche Territorium hineinfahren kann.

Es ist jedoch nicht erforderlich, den Zug der Gedanken völlig zu stoppen, man muß nur dafür sorgen, daß er nicht auf dem Gleis weiterrattert, an dem das Schild steht: »Hier wohnen die Drachen!«. Daher werden *andere* Assoziationen zu dem Wort »einsam« relativ leicht zugänglich – auch wenn sie nicht in gleichem Maße angeregt sind –, und fast ohne Bruch in der Unterhaltung werden die Weichen umgestellt, und der Zug des Denkens – des *bewußten* Denkens – rauscht davon auf ein sichereres Gleis. Ich beginne Ihnen von all den

Vorteilen eines Lebens als Einzelgänger vorzuschwärmen: Wie schön es ist, nicht auf die Gefühle anderer Leute Rücksicht nehmen zu müssen, wie man alle Dinge in seinem eigenen Tempo erledigen kann, das Licht mitten in der Nacht anknipsen und lesen kann, ohne jemanden dadurch zu stören, und so weiter. Mit der Geschicklichkeit eines geübten Zauberkünstlers lenke ich Ihre Aufmerksamkeit von der plötzlichen Bedrohung ab und ersetze sie durch eine harmlose Geschichte, die wahrscheinlich uns beide langweilt und hoffentlich uns beide beruhigt. Ich verschließe das Loch, das sich auftut, mit einer Instantfüllung. Der Job, das Bewußtsein von bedrohlichen Gefühlen zu säubern, wird um so leichter, wenn die Muskulatur dazu benutzt wird, die Gefühle der Furcht »an der Wurzel« zu dämpfen. Statt warten zu müssen, bis das Gehirn in einem Alarmzustand ist, um erst dann zu versuchen, das Bewußtsein abzuwürgen, ist es möglich, die Teile des Körpers anzuspannen, die für die Kampf-oder-Flucht-Reaktion mobilisiert werden. So lassen sich das »hohle« oder »absackende« Gefühl, das typischerweise mit Angst verbunden ist, oder die Veränderungen des Atemmusters, die mit Wut einhergehen, abmildern, indem man die Muskulatur in der Brust oder im Unterleib verspannt. Diese Form des Mißbrauchs der Muskulatur hat nicht nur den Vorteil, die Gefühle zu dämpfen, sondern auch die äußeren *Anzeichen* der Gefühlsregung zurückzuhalten, so daß sie nicht jemand anderem mitgeteilt werden, der sich über die hindurchscheinende »Schwäche« lustig machen oder sie ausnutzen könnte. Zur prototypischen Reaktion des englischen Mannes auf Furcht oder Kummer gehört die Verspannung der Gesichtsmuskeln, um sich nicht zu verraten, was zu der bekannten »steifen Oberlippe« führt.

Solche Spielchen mögen in gewissen Situationen hilfreich sein, in denen andere sehr wahrscheinlich geneigt sind, unseren Zustand offensichtlicher Bedrängnis zu mißbilligen oder auszunutzen. Eine Lehrerin, die einen schlechten Tag hat, mag besser beraten sein, »sich am Riemen zu reißen«, als vor der ganzen Klasse in Tränen auszubrechen. Für Polizisten oder Sanitäter ist es vielleicht nötig, am Ort eines schrecklichen Verkehrsunfalls ihre Gefühle der Verzweiflung zu unterdrücken, damit sie ihre Arbeit tun können. Wird jedoch die physische und mentale Spannung anschließend nicht gelöst, läßt man sie unbewußt fortdauern oder sogar noch akkumulieren – wird also eine Methode des Krisenmanagements unwillkürlich zur Gewohnheit –, dann entsteht eine Brutstätte für den gesamten Wust sogenannter »psychosomatischer« Störungen. Ungelöste Verkrampfung des Darms führt schließlich zur *Colitis ulcerosa* (chronische Dickdarmentzündung); die Hemmung des Impulses, davonzulaufen, kann zu chronischen Schmerzen im Kreuz, in den Hüften oder Beinen führen; Verspannung des Nackens, die verhindern soll, daß der Kopf ängstlich hin und her bewegt wird, während die Augen nach einem Fluchtweg suchen, erzeugt andauernde Kopfschmerzen, und so weiter. Der Geschichtenerzähler wird vom Ich-System oft dazu angeheuert, eine für den bewußten (oder öffentlichen) Gebrauch bestimmte Geschichte zu ersinnen, die ein den *Erwartungen* entsprechendes Bild meiner selbst verstärkt, wobei die unbewußte Realität dessen, was ich tatsächlich bin, geleugnet oder entstellt wird. Durch »Umkehrung« (Reversion) oder »Gefühlsverkehrung« stellt die Erzählung mich nicht nur anders, sondern wirklich als das Gegenteil von dem dar, was ich bin. Bin ich gleichermaßen unordentlich wie ungepflegt und habe gelernt, mich wegen meiner Schlampigkeit zu *hassen*, dann taucht in der bewußten Erzählung vielleicht schließlich eine Darstellung meiner selbst auf, nach der ich peinlich sauber und ordentlich bin – eine Anschauung, die vielleicht tatsächlich durch eine dünne Oberfläche zwanghafter Reinlichkeit gestützt wird. Bin ich voller Wut und Ressentiments gegenüber einem betagten Vater, der ständig verlangt, daß man sich um ihn kümmert, dann mag ich schließlich eine undurchdringliche »Show« von Ruhe und Anteilnahme »abziehen«, eine Rolle, die sich vielleicht nur durch eine unbequeme Überfürsorglichkeit oder durch eine Märtyrerleidensmiene verrät. Und wenn Sie meine darunterliegenden Motive und Gefühle in Frage stellen, dann beteure ich vielleicht ein wenig zu heftig, daß Sie auf dem völlig falschen Dampfer sind.

Reversion wählt sich oft den Abwehrmechanismus der »Projektion« zum Partner. Wenn ich häufig wütend bin, der Erzähler das jedoch leugnet, dann neige ich vielleicht zu der Annahme, diese Wut liege nicht in mir selbst, sondern in meiner Umwelt. Die Wut ist zwar da, doch wird ihre Quelle auf irgendwelche äußeren Gegebenheiten oder Verursacher verlagert. Warum nur muß ich in einer so feindseligen Welt leben, beklage ich mich vielleicht, der ich doch keiner Fliege etwas zuleide tun kann? Das ist doch so *ungerecht.* Und während der ganzen Zeit ist der Erzähler mit seinem beruhigenden, »rationalisierenden« Kommentar zur Stelle und erklärt mir, dir, und jedem, der den Fehler macht, sich das anzuhören, wie gesund, ruhig, vernünftig und reif ich doch bin, trotz gewisser (natürlich *völlig* irreführender) Anzeichen des Gegenteils.

Falls notwendig, wird der Erzähler für mich eine kleine Pantomime entwerfen, mit der ich Sie überzeugen kann. Der Arzt Jonathan Miller berichtet von einem Mann auf der Oxford Street in London, der nach einem Taxi winkte, das jedoch nicht anhielt. Er erkannte sofort, daß seine Geste »versagt« hatte, und statt seinen Arm wieder fallen zu lassen, winkelte er den Ellbogen an und kratzte sich heftig am Kopf. Diese unschuldige kleine »Übersprunghandlung« war, wie Miller meinte, eine geschickt inszenierte Schau mit dem Ziel, das Gesicht gegenüber den Passanten zu wahren, von denen vermutlich keiner (mit Ausnahme eines wachen Erforschers der menschlichen Natur) das Geschehen überhaupt zur Kenntnis genommen hatte. Seine Geste sollte besagen: »Sollte einer von euch den völlig irrigen Eindruck gehabt haben, ich hätte soeben erfolglos nach einem Taxi gewunken, so kann ich euch versichern, daß ich mich in Wirklichkeit – zugegebenermaßen etwas lebhaft und auffällig, was man mir verzeihen möge – sehr erfolgreich am Kopf gekratzt habe.« Somit konnte er sich nun der Aufgabe widmen, nach einem anderen Taxi Ausschau zu halten, (ein wenig) von der ungefühlten Angst befreit, ein Dutzend Leute, die er überhaupt nicht kannte und denen er nie wieder begegnen würde, könnten *schlecht von ihm denken.*

Kommt ein verbotener Impuls immer wieder zurück und droht ständig, den beruhigenden Kommentar mit seinem Zetern und Murren zu stören, dann besteht ein längerfristiges Manöver darin, die Energie in ein Interesse – vielleicht sogar eine Karriere – umzuleiten, das eine getarnte Version des Impulses zuläßt oder uns

Zugang zu dem tabuisierten Objekt unseres Begehrens gestattet, während wir uns die ganze Wucht oder die wahre Absicht dieses Impulses nicht eingestehen. Dies sind die Freudschen Abwehrmechanismen der »Sublimierung« und »Verschiebung«. Eine Frau kanalisiert ihre Habsucht in eine Karriere bei der Weltbank. Ein Mann mit einer »morbiden« Faszination für Blut und Verletzungen liebt seinen Job als Pfleger in einer Unfallklinik. Die Sopranistin sublimiert allabendlich ihren Drang zu Schreien. Der Mann, der sein sexuelles Interesse an Kindern leugnet, meldet sich als erster zu einem Suchtrupp für ein vermißtes kleines Mädchen.

Der Mechanismus der Ignoranz

Mit den Begriffen unseres Gehirn-Geist-Modells ist es ziemlich einfach zu erklären, wie diese Abwehrmechanismen aus den evolutionären Ressourcen unseres Körper-Gehirn-Geist-Systems herausgearbeitet wurden. Zu diesem Zweck müssen wir nur etwas tiefer in die Mechanismen eindringen, wie man mit den relativen Graden von Erregung und Hemmung jongliert.

Die Kontrolle, die man durch das Handhaben zweier antagonistischer Kräfte erzielen kann – wie etwa Bremse und Gaspedal im Auto –, ist viel feiner und funktioniert viel schneller, als ein System allein bewerkstelligen kann. Ein Auto ohne Bremse läßt sich nur langsam und sehr unsicher zum Stillstand bringen. Es kann also nicht überraschen, daß der animalische Körper den Vorteil des Gebrauchs solcher antagonistischer Kräfte entdeckt und einen Mechanismus zu seiner Nutzung entwickelt hat[*]. Eines dieser gepaarten Systeme kontrolliert die Intensität von Schmerz und ablehnenden

---

[*] Um ein gut erforschtes physiologisches Beispiel zu geben: Es gibt zwei Systeme, die die Aufnahme von Zucker aus dem Blutkreislauf regeln. Das eine fördert den Import von Zucker in die Zellen, das andere die Ausfuhr von Zucker zurück ins Blut. Gäbe es nur das Aufnahmesystem, dann könnten die Zellen zuviel Zucker aus dem Blut absorbieren, was zu einem gefährlichen Absacken des Blutzuckerspiegels und vielleicht zum Koma aufgrund unzureichenden Blutzuckers führen könnte. Besteht ein solches Risiko bei einem gesunden Menschen, schaltet sich schnell das Exportsystem ein und hebt den Blutzuckerspiegel wieder auf sicheres Niveau. Bei verschiedenen Formen der Diabetes funktioniert jedoch das eine oder andere dieser Systeme schlecht, und die heikle Kontrolle dieses Gleichgewichts geht verloren.

Gefühlen. Das Erregung erzeugende Alarmsystem neigt dazu, sie hochzuschrauben, während ein hemmendes »Betäubungssystem« sie herunterschraubt.

Der Ursprung des Betäubungssystems reicht bis in die Anfänge der Evolutionsgeschichte zurück: Eine primitive Version findet man schon bei den Mollusken. So kann eine bestimmte Klasse von Neurotransmittern freigesetzt werden. Sie setzen eine Kettenreaktion in Gang, die schmerzhafte Stimuli effektiv blockiert oder dämpft. Diese Substanzen heißen »Endorphine«. Chemisch gleichen sie stark den »Opiaten«, Drogen wie Heroin und Morphium. Wie zu erwarten, wird die Freisetzung von Endorphinen im Gehirn nicht nur durch physischen Schmerz ausgelöst, sondern auch durch die anderen evolutionären Warnsignale: Furcht, Ungewißheit, In-die-Enge-getrieben-Sein und dergleichen. Und dieses hemmende Schmerz*verringerungs*-System kann man auch gegen den anhaltenden emotionalen Kopfschmerz zu Hilfe rufen, zu dem das Bewußtsein selbst geworden ist.

Das zentrale Merkmal dieser antagonistischen Anordnung besteht darin, daß Erregung und Hemmung sich nicht zwangsläufig gegenseitig aufheben so wie Soll und Haben auf einem Bankkonto. Sie können nebeneinander existieren, und zwar auf ziemlich hohem Niveau. Auch Bremse und Gaspedal eines Autos heben einander nicht direkt auf; sie behindern nur jeweils die *Wirkungen* des anderen. Das eine neigt dazu, den Wagen zu beschleunigen, die andere, ihn zu verlangsamen. Man kann beide Pedale gleichzeitig drücken, und das Resultat hängt von der relativen Stärke der antagonistischen Kräfte ab. Daher kann es sein, daß die Erregung im Gehirn-Geist ein hohes Niveau erreicht, während jedoch eine gleich starke, doch entgegengesetzt wirkende Hemmung zu einem *Nettoeffekt* führt, der so gering ist, daß die Erregung nicht bewußt wird. Diese Hypothese besagt im Grunde, daß das Körper-Gehirn-Geist-System durch das Brutto- oder absolute Niveau der Erregung beeinflußt wird, während der Zugang zum Bewußtsein eine Funktion des Netto- oder relativen Niveaus der Erregung nach »Abzug« der Hemmung ist.

Der Schock

Die Erfahrung von Angst oder Schmerz, gefolgt von einem totalen Abschalten des Bewußtseins, wird deutlich durch das Phänomen des Schocks demonstriert. In einer überwältigend furchterregenden oder lebensbedrohlichen Situation kann jemand sich buchstäblich so fühlen, als habe man einen Schalter betätigt, der alle Gefühle abstellt, so daß nur eine unheimliche Ruhe zurückbleibt. Eine sehr lebendige Beschreibung des Schockzustands lieferte uns mehr als 20 Jahre nach dem traumatischen Geschehen selbst der schottische Missionar Dr. David Livingstone (Sie wissen schon: *»Dr. Livingstone, I presume.«*)

Ich hörte einen Ruf. Aufgeschreckt blickte ich mich um und sah den Löwen, wie er mich ansprang ... Er erwischte mich an der Schulter, und wir fielen gemeinsam zu Boden. Er brüllte schauerlich dicht an meinem Ohr und schüttelte mich, wie ein Terrier eine Ratte schüttelt. Der Schock erzeugte eine Starre ähnlich der, die bei einer Maus eintritt, wenn sie zum ersten Mal von der Katze gebeutelt wird. Das verursachte eine Art von Traumzustand, in dem ich kein Gefühl von Schmerz oder Schrecken empfand, obwohl ich mir durchaus dessen bewußt war, was vor sich ging. Es war so ähnlich wie bei Patienten unter dem partiellen Einfluß von Chloroform, die die Operation mitansehen, das Messer jedoch nicht fühlen.

Bei Dr. Livingstone blieb die sinnliche Wahrnehmung der Notsituation erhalten; er kann sehen und fühlen, was ihm geschieht, doch der Schrecken wird aus dem Bewußtsein getilgt. Es ist, als sei die Regieführung der »Action«-Szene von Steven Spielberg an Walt Disney übergegangen.

Durchbruch und Zusammenbruch

So werden also durch eine Vielfalt von komplizierten Methoden der »Schatten« und die »Persona« konstruiert. Indem einer Gefahrenzone eine gewisse Menge an Hemmung zugeführt wird, welche größer ist als die dort auftretende Erregung, kann verhindert werden, daß sie ins Bewußtsein tritt, und sie bleibt in einer Art schwebender Anregung. Hält man die Auslösungsschwelle für sichere Assoziationen niedrig, dann läßt sich der Fluß mentaler Energie in andere Kanäle ablenken. Indem die Schwelle für solche Pfade, die nicht zu Bewußtsein, sondern zu wirklicher Aktion führen, angehoben wird, läßt sich der Impuls eindämmen. Und indem andere Schwellen niedriger gehalten werden und verschiedene Muskelgruppen dazu in Anspruch genommen werden (darunter die zum Sprechen), bei der Scharade zu helfen, läßt sich eine öffentliche Fassade errichten, die das Wilde, das Selbstsüchtige, das Verletzende und das Verrückte maskiert. Die Erzeugung von Desinformation für den öffentlichen wie für den privaten Gebrauch wird nicht zu einer gelegentlich eingesetzten Taktik, sondern zu einem Eckpfeiler des Lebensstils und der Persönlichkeit. (Interessanterweise habe ich eben statt »Lebensstil« *[lifestyle]* »Lügenstil« *[liestyle]* getippt. Ich freue mich festzustellen, daß ich, selbst während ich hier am Computer sitze, ein Beispiel für meine eigene Analyse abgebe.)

Die Fähigkeit, das Bewußtsein zu redigieren, erweist sich allerdings als zweischneidiges Schwert. Da wir fähig sind, Bedrohungen zu ignorieren, besonders die von der hausgemachten Sorte, schaffen wir ein Bewußtsein, das zusammengestückelt und trügerisch ist und ein völlig unzutreffendes Bild von dem liefert, was im unbewußten Biocomputer vor sich geht. Doch schlimmer noch: Die Strategie taktischen Nichtwissens läßt die zugrundeliegenden Bedrohungen unbesehen und ungetestet weiterbestehen. Es mag sein, daß das Ignorieren eines Tatbestandes früher in unserem Leben eine notwendige Reaktion war, um damit umgehen zu können. Doch dieses Nichtbeachtete verewigt sich selbst, weil wir nie herausfinden können, daß das, was einst gefährlich war, heute sicher ist. Man muß es weiterhin bei der *Annahme* belassen, es sei immer noch eine Bedrohung, weil man nie mehr nahe genug herankommt, um das Gegenteil herauszufinden. Mark Twain schrieb einmal, eine Katze, die einmal auf einen heißen Ofen gesprungen sei, werde das niemals wieder tun; sie werde aber auch nicht mehr auf einen kalten Ofen springen.

Während der Verlust eines Sitzplatzes auf dem Ofen für die Katze nur eine unbedeutende Einschränkung sein wird (falls ihr sa-

232

distisches Herrchen nicht ihren Futternapf dort hinstellt), wird unsere Aufmerksamkeit ständig von der selben Anordnung psychischer Hot spots angezogen und wieder abgelenkt. Das Gehirn entwickelt einen Zustand chronischer Ruhelosigkeit, in dem es keinen Platz für Gleichmut und Gleichgewicht finden kann.

16. Stupidität: Die Verzögerung der Wahrnehmung

Stupidität, Mangel an mentaler Wahrnehmung oder deren Verlangsamung; die Verwahrlosung oder Abstumpfung der eigenen Fähigkeiten; das Fehlen von Auffassungsvermögen, Gefühl oder Empfindung; Abwesenheit von Bewußtsein; Unempfindlichkeit für Schmerz oder Trauer; Lähmung durch Schock, Kummer usw.

Shorter Oxford Dictionary

Sehen erfordert Zeit. Der Inhalt des Bewußtseins schießt nicht als blitzartiges Wunder hoch. Er entsteht als Ergebnis eines – wenn auch unerhört schnell ablaufenden – Prozesses, zu dem die Aktivierung und Integration Tausender von Schaltkreisen im Gehirn gehört. Da diese Mikrobewegungen des Geistes jedoch unbewußt und derart schnell erfolgen, fällt es nicht nur schwer, der Zeit gewahr zu werden, die sie benötigen, sondern der Tatsache an sich, daß sie einen Prozeß darstellen, welcher in der Zeit abläuft.

Diese Kurzsichtigkeit gegenüber unserer eigenen Wahrnehmung ist zu einem gewissen Grad unvermeidlich, ja sogar produktiv. Evolutionär ausgedrückt, muß unsere Wahrnehmung Veränderungen zur Kenntnis nehmen, die von Belang sind und mit denen wir etwas anfangen können. Wir haben Augen entwickelt, die fallende Steine und angreifende Elefanten erkennen, Ohren, die darauf eingestellt sind, die Laute schreiender Babys und knackender Zweige aufzunehmen. Wir sind nicht so angelegt, daß wir hören, was Fledermäuse hören, oder die Bewegung von Gletschern ausmachen können*. Die Geschwindigkeit normaler Sinneswahrnehmung ist wie

---

* Einer der Gründe, warum Darwins Theorie der natürlichen Zuchtwahl von seinen Kritikern unterschätzt wurde, ist der, daß es schwer fällt, das Wirken eines Prinzips zu erkennen, das in vielen Fällen so unmerklich langsam wirkt (siehe auch: Richard Dawkins, Das egoistische Gen. Berlin 1994; und: Der blinde Uhrmacher. München 1996).

der Schlag von Bienenflügeln zu hoch, um wahrgenommen zu werden. Und es wäre in der Tat ein seltsames Instrument, das dazu entworfen wäre, seine eigenen Veränderungen zu registrieren, ähnlich einer Uhr, die uns nicht die Zeit, sondern die Geschwindigkeit der Rotation seiner eigenen Zahnräder anzeigte.

Die stillschweigende Annahme, Wahrnehmung sei unmittelbar, wird noch durch die erworbene Neigung des abendländischen Geistes bestärkt, sich nur an das zu halten, was im Scheinwerferlicht des Bewußtseins geschieht, und die verschwommenere Aktivität zu vernachlässigen, die ihm vorausgeht und es umgibt. Wir merken nicht, daß Bewußtsein ein Phänomen von Entwicklungen ist, dessen Inhalte ständig auftauchen, sich entfalten, und wieder verschwinden, wie die Brecher des Ozeans. Wir brauchen schon etwas Vorstellungskraft, um unser eigenes Sehen als Höhepunkt einer virtuosen Inszenierung hinter den Kulissen zu erkennen, an der ein ganzer Haufen von Wahlmöglichkeiten und Entscheidungen beteiligt ist. Lassen Sie mich das näher erläutern.

Sehen in Zeitlupe

Stellen Sie sich einmal folgende reduzierte, künstliche Situation vor: Sie werden aufgefordert, die Augen zu schließen, Ihren Geist leer werden zu lassen, und sie dann zu öffnen und einen einzelnen Gegenstand anzusehen, den man in aller Stille vor Sie hingestellt hat. Doch auch wenn es Ihnen vielleicht gelungen ist, den vorherigen Inhalt des Bewußtseins verschwinden zu lassen (das auf Befehl zu tun ist nicht gerade leicht), dann geistert noch immer ein sich ständig verschiebendes Muster von Erregung und Hemmung durch das Netzwerk des Gehirn-Geistes. In dem Augenblick, indem Sie die Augen öffnen, beginnt ein Muster wellenförmiger Aktivierung von der Retina die neuralen Bahnen entlang zum Gehirn zu fließen, wo dieser Fluß in die schon vorhandenen Strömungen einmündet und diese modifiziert, wie ein Strom, der in den Ozean mündet. Das ursprüngliche Muster des Zustroms geht schnell verloren, und doch modifiziert es die Art und Weise, wie der Ozean als ganzes sich verhält, auf charakteristische Weise.

Während Ihre Rezeptoren die Szene vor Ihnen analysieren, beginnen deren verschiedene Attribute sich bald zu einigen Hypothesen darüber zu vereinigen, was eigentlich »da draußen« sein könnte.

In dem Maße, in dem die Anzahl der Kandidaten verringert wird, akkumulieren die zugrundeliegenden Schaltkreise (Oktopusgangs) den Löwenanteil der Aktivierung, und diese beginnt nun, *andere* Attribute anzuregen – solche, die (noch) nicht stark von außen aktiviert werden. Auf diese Weise erfordert jedes einzelne dieser anderen Merkmale, die tatsächlich präsent sind, weniger Input, um zu »zünden«, und wenn seine Anwesenheit bestätigt wird, fügt es sein Gewicht dem Erregungs-Gesamtniveau des Konzepts hinzu, das die Eigenschaften vorausgesagt hat.

Angenommen, der vor Sie hingestellte Gegenstand sei eine Glaskugel voller Wasser, in der einige längliche Möhrenscheiben durch eine elektrische Apparatur sanft hin und her bewegt werden. Die Hypothese, die schnell als Kandidat Nummer Eins emergiert, nachdem die erste Welle von Aktivität das Gehirn erreicht hat, ist, daß es sich um ein Glas mit Goldfischen handelt. Wäre es tatsächlich das, dann müßten nach dem im Gehirn gespeicherten Wissen über Fische die Kandidaten für »Fischheit« V-förmige Schwänze haben, die auf eine vertraute Weise wedeln. Diese Wissensbrocken sind natürlich nicht auf so klare Weise ausformuliert. Sie sind vielmehr eingebettet in die Weise der Verknüpfung des Netzwerks, so daß die Hypothese »Fisch«, während sie immer mehr Aktivierung akkumuliert, automatisch beginnt, Erwartungen darüber anzuregen, welche *anderen* Merkmale von Fisch, Wasser und Goldfischglas (aus früheren Erfahrungen geschlossen) wahrscheinlich anwesend sind.

Sind Sie vorsichtig und aufmerksam, dann werden Sie herausfinden (vorausgesetzt, ich habe meine Möhrenstückchen nicht zu kunstvoll geschnitten), daß diese Voraussage *nicht* bestätigt wird. Das wird Sie veranlassen, die laufenden Wetten zurückzunehmen und dem, was wirklich an Input hereinkommt, neue und weniger selektive Aufmerksamkeit zu schenken. Sind Sie jedoch faul, vielleicht auch zu müde oder zu aufgeregt, um klar sehen zu können, oder hat mein Laborgehilfe Ihnen während des Wartens auf den

Beginn dieses kleinen Experiments nebenbei erzählt, der Versuchsleiter sei ein begeisterter Fischliebhaber, dann mag es gar nicht zu dieser zusätzlichen Bearbeitung der Daten kommen, und Sie »sehen« die Hypothese, die nach Ihrem Geist die wahrscheinlichste ist.

Haben Sie es für selbstverständlich gehalten, daß das, was »wirklich« vor Ihnen steht, ein wirkliches Goldfischglas mit wirklichen Fischen ist, dann steht Ihnen eine böse Überraschung bevor, wenn ich ins Zimmer komme, lässig meine Hand in das Glas tauche, mir eines der goldfarbenen Dinger schnappe, es mir in den Mund stecke und zu kauen beginne. Sie werden ob meiner schamlosen Mißachtung des »Fisches« und Ihrer Gefühle wirklichen Ekel oder echten Zorn empfinden. Vielleicht werden Sie sogar – bewußt oder unbewußt – folgern, Psychologen seien (was Sie eigentlich schon immer geahnt hatten) gefühllose Bestien. Und zwanzig Jahre später, wenn diese Episode schon längst unter die Oberfläche bewußter Erinnerung gesunken ist, werden Sie Ihre siebzehnjährige Tochter durch die Heftigkeit Ihrer Reaktion erschrecken, wenn sie Ihnen eröffnet, sie gedenke an der Universität im Hauptfach Psychologie zu belegen.

Auf dem Versäumnis, lange genug Fakten zu sammeln, bis Ihnen der Unterschied zwischen Möhrenschnipseln und Fischen klar wird, mag sich ein ganzer Überbau von Reaktionen, Annahmen und Meinungen aufbauen, welcher Emotionen erzeugen, Vorurteile bestätigen, Beziehungen zerstören und die Zukunft vergiften kann. Wäre der Kontext ein anderer gewesen, dann wären andere Teile des Gehirns angeregt und vielleicht ganz andere Gedankengänge in Gang gesetzt worden. Hätte man mich Ihnen als Zauberkünstler und nicht als Psychologen vorgestellt, dann hätte das Gehirn vielleicht eher das Gefühl von Belustigung oder Neugier und nicht Empörung produziert, und zwanzig Jahre später hätte sich Ihre Tochter nicht gekränkt und voller Trotz auf ihr Zimmer zurückgezogen.

Im Grunde sind wir alle naive Realisten

Wären wir nicht derart in unser eigenes Bewußtsein verliebt, dann würden wir uns nicht so sehr darauf verlassen. Wir würden unsere Reaktionen und Antworten dann auf einer tieferen Ebene des Verständnisses als Produkte der sich ständig ändernden Strömungen und Gezeiten des unbewußten Gehirn-Geistes begreifen und nicht als unwiderrufliche Wahrheiten. Doch als Kinder Descartes' sind wir darauf konditioniert, uns selbst und unser Bild der »Wirklichkeit« ausschließlich mit dem zu identifizieren, was auf dem Bildschirm des Bewußtseins erscheint. Und deshalb sind wir dazu verdammt, die Genauigkeit und Verläßlichkeit dieser bewußten Bilder und Geschichten zu überschätzen. Was immer in den fetten Buchstaben des Bewußtseins ausgedruckt wird, muß als das genommen werden, was ich wirklich bin und was die Welt wirklich ist. Und sobald wir dieses Urteil gefällt und unserer bewußten Erfahrung Authentizität und den Status des »Realen« zugeschrieben haben, gibt es kein Zurück mehr.

Schließlich leugnen wir effektiv die Fehlbarkeit unserer eigenen Wahrnehmung, wenn wir etwas »real« nennen. Wir sagen damit folgendes: Wer ich bin, was ich gern mag und wovor ich mich fürchte, was ich im vorausgegangenen Moment gedacht habe, meine Narben und meine Träume – all das ist völlig irrelevant für die Welt, wie ich sie jetzt sehe, die *reale* Welt. Habe ich einmal beschlossen, daß eine meiner Wahrnehmungen »real« oder »wahr« ist, dann muß ich auch dabei bleiben. Ist sie real, dann kann ich meine Meinung über sie nicht ändern, weil mein Geist damit überhaupt nichts zu tun hatte. Alles, was auf dem Fließband der Produktion von Wahrnehmung *vor* dem Augenblick des Bewußtseins geschehen ist, wird als Widerspiegelung der objektiven Realität der Welt verstanden und nicht als Beitrag des Gehirn-Geistes selbst. Halte ich mich selbst für »wirklich« klug, dann muß schon die Andeutung meiner Fehlbarkeit heftig geleugnet werden. Ist Wittgenstein »wirklich« tiefgründig, dann müssen alle Obskuritäten seines Denkens nur weitere Beweise seines Tiefsinns sein. Ist ein Stück Möhre »wirklich« ein Fisch namens Wanda, dann ist es eine wirkliche Sünde, es/ihn zu essen.

Unser alltägliches spontanes Verhalten ist gesättigt von unbewußten Schlußfolgerungen; erst wenn sie sich wieder und wieder als falsch erweisen, werden wir ihrer gewahr. Ein Beispiel: Gehören Sie zu den Menschen, die in einer Großstadt leben und vielleicht noch das Pech haben, täglich von U-Bahn-Stationen wie Highgate oder Archway ins Londoner Zentrum zur Arbeit fahren zu müssen, dann kennen Sie sicher den »Stehende-Rolltreppe«-Effekt. Sind Sie den Umgang mit laufenden Rolltreppen gewöhnt, dann ist das Gefühl, eine Rolltreppe zu betreten oder zu verlassen, die sich gerade *nicht* bewegt, äußerst merkwürdig. Betritt man eine solche Treppe, hat man das Gefühl, plötzlich von einer unsichtbaren Kraft verlangsamt oder zurückgehalten zu werden; betritt man am anderen Ende der Rolltreppe wieder *festen Boden*, fühlt man sich sanft nach vorn getrieben. Erlebt man eine solche Störung regelmäßig, dann kann der Effekt sich zwar abnutzen, doch ist es keineswegs leicht, ihn durch Willensanstrengung oder Konzentration ganz auszuschalten.

Dabei geschieht folgendes: Während wir uns der Rolltreppe nähern, bereiten die visuellen Hinweise uns ganz unwillkürlich auf das Gefühl der Beschleunigung vor, das wir beim Betreten der Rolltreppe zu erwarten gelernt haben. Diese Vorbereitung involviert ziemlich komplizierte Neueinstellungen der Beinmuskulatur, des Gleichgewichtssystems im Innenohr und so weiter. Wir sind so sehr darauf eingestellt, die Vorwärtsbewegung zu kompensieren, daß wir, wenn sie nicht wie vorausgesagt eintritt, eine Verlangsamung *erfahren*. Relativ zu unseren (unbewußten) Erwartungen bewegt sich die Rolltreppe *rückwärts*. In ähnlicher Weise bereiten wir uns am anderen Ende der Rolltreppe behutsam auf eine Verlangsamung vor, und tritt diese nicht ein, erfahren wird das als einen Schub nach vorn. Es ist der Gehirn-Geist, der uns, dieser speziellen Situation nicht angemessen, so reagieren läßt. Dennoch haben wir das Gefühl, »draußen«, in der Welt, gehe etwas Sonderbares vor.

Es gibt also stets eine, wenn auch kurze, Verzögerung zwischen dem Auftreffen von Energie auf die Retina und dem Erscheinen eines »Goldfischglases« im Bewußtsein. Die tatsächliche Dicke dieser schmalen Scheibe Zeit (jenseits des nicht mehr reduzierbaren physiologischen Minimums), und was tatsächlich in ihr geschieht, kann variieren. Einige dieser Variationen haben mit den Erfordernissen des Augenblicks zu tun. Würde es uns teuer zu stehen kommen, eine Fehlidentifikation zu treffen, dann kann die Entscheidung verschoben werden, bis genug Beweise gesammelt sind, die sicherstellen, daß ein Fehler sehr unwahrscheinlich ist. Das geschieht automatisch durch die Weise, wie die Schwellen im Gehirn-Geist eingestellt werden. Andererseits kann die Hemmschwelle bei Dingen, derer wir im Moment besonders bedürfen, so tief angesetzt werden, daß ein solches Ding, wenn es daherkommt, bevorzugt registriert wird. Wenn ich einen Bärenhunger habe, dringt mir der schwache Duft des Schinkens auf dem Pausenbrot meines Nachbarn eher ins Bewußtsein als die Worte des Lehrers.

Wahrnehmungslethargie

Es besteht jedoch auch die Möglichkeit, daß wir verschiedene *Gewohnheiten* hinsichtlich der Art entwickeln, wie unser Gehirn reagiert, Gewohnheiten, die natürlich das zeitliche Eintreten und/oder den Inhalt des Bewußtseins verändern können. Ich möchte in der Tat behaupten, der abendländische Geist leide an einer Art mentaler Lethargie, die routinemäßig den Augenblick verzögert, in dem wir unsere Erfahrung im Bewußtsein»schmecken«, und die es deshalb gestattet, daß noch allerlei verborgene Zutaten hineingerührt werden. Lassen Sie mich erklären, wie das funktioniert.

Im letzten Kapitel haben wir darüber gesprochen, wie das Verhalten des Gehirn-Geistes von der»Spannung« zwischen dem Alarmsystem und dem Betäubungssystem oder, einfacher gesagt, zwischen Erregung und Hemmung kontrolliert wird. Nehmen wir an, daß zu der Beziehung zwischen den beiden Systemen ein weiterer Effekt hinzukommt, der darauf basiert, daß Erregung und Hemmung im Gehirn-Geist sich ursprünglich tendenziell mit unterschiedlicher Geschwindigkeit aufbauten. Es gibt Beweise dafür, daß es in einer Notsituation augenblicklich zur Intensivierung des Gewahrseins kommt, während die Wirkung des Betäubungssystems einige Sekunden oder sogar länger unmerklich bleibt. Damit würde sichergestellt, daß der Gehirn-Geist nicht in einem Alarmzustand steckenbleibt*, doch bleibt andererseits eine ungehemmte – und deshalb bewußte – Periode des Schmerzes oder der Furcht. Die Betäubung tritt schließlich ein, aber nicht sofort.

Ist man also darauf aus, das Erleben (psychischen) Schmerzes so weit wie möglich zu reduzieren, dann ist es notwendig, das Einsetzen der Hemmung zu beschleunigen – oder den Aufbau der Erregung zu verlangsamen. Legt man über das neurale Netzwerk *als ganzes* einen Schleier der Hemmung, dann braucht eine Erregung mehr Zeit, um die Bewußtheitsschwelle zu erreichen. Und wird der ganze Prozeß verlangsamt, dann steigen die Chancen, daß eine potentiell bedrohliche Richtung des Fließens antizipiert werden und eine gute Portion spezifischer Hemmung in die Gefahrenzone geschickt werden kann, um es zu unterdrücken. (Gelingt es Ihnen, das Tempo der reitenden Indianer zu verlangsamen, dann besteht eine größere Chance, sie am Eingang zur Schlucht abzuwehren.) Reduziert man also das Tempo, mit dem wir die Welt wahrnehmen, oder die Geschwindigkeit des Gedankenflusses, so erhält das von Natur aus langsamere Betäubungssystem die Möglichkeit, die Erfahrung von Schmerz oder Kummer zu hemmen, bevor sie ins Bewußtsein treten kann. Das Bewußtsein präsentiert dann ein sogar noch stärker entstelltes und noch weniger verläßliches Bild dessen, was sich hinter den Kulissen abspielt – aber wenigstens tut es nicht weh. Wir können uns selbst dumm (oder *dumpf*) machen, um zu vermeiden, daß wir uns *schlecht* fühlen.

Heutzutage benutzen wir das Wort »stupide«, um damit herabsetzend Leute zu bezeichnen, die schwer von Begriff sind, denen es an dem geheimnisvollen Rohstoff »Intelligenz« mangelt oder die nicht so denken mögen, wie Jedermann eigentlich denken sollte. Allerdings bezog sich die frühere Bedeutung von »Stupidität«, wie wir einem Lexikon entnehmen können, mehr auf die Wahrnehmung

---

* Taschendiebe nutzen oft diese »Schrecksekunde« für ihre Arbeit. Sie rempeln Sie an und erzeugen damit eine »harmlose« Ausnahmesituation, und während Sie noch dabei sind, alles wieder »auf die Reihe zu kriegen« und Ihre Aufmerksamkeit für andere Wahrnehmungen vorübergehend reduziert ist, klaut ein Komplize Ihnen Ihre Brieftasche.

als auf das Denken. Stupidität war eine langsame, zögerliche, grobe Eigenschaft des Geistes, die dazu führte, daß die Inhalte des Bewußtseins irgendwie von geringerer Qualität, unklar oder verzögert waren. Es ist jedoch nicht nur Pech, mit einem unscharfen Geist ausgestattet zu sein; Stupidität ist motiviert. Sie hat einen Zweck. Und dieser Zweck ist, wie der der »Unwissenheit«, die wir im letzten Kapitel diskutiert haben, das Bewußtsein vor dem Auftreten von Erfahrungen zu schützen, die das inflexible Empfinden eines ruhigen, rationalen, gesunden Ich bedrohen könnten.

Die Verfälschung der Erfahrung

Das Problem bei der Strategie der Stupidität ist, daß sie genug Zeit für allerlei Manipulationen am Fließband der Produktion von Bewußtsein liefert. Es braucht länger, bis ein Gedanke genügend Energie angesammelt hat, um bewußt zu werden, und so gibt es mehr Möglichkeiten, sich einzumischen, bevor er ins Bewußtsein gelangt. Das Endprodukt kann dabei verschlimmbessert oder sogar total verfälscht werden.

Es gibt da die Geschichte von einem Mann, der in seinem Haus ein neues Bild aufhängen will. Da er keinen Hammer besitzt, um den Haken einzuschlagen, beschließt er, zu seinem Nachbarn hinüberzugehen und ihn um einen Hammer zu bitten. Unterwegs fällt ihm ein, daß er noch den Schraubenzieher dieses Mannes besitzt, den zurückzugeben er versäumt hat, weshalb er sich ein wenig schuldig fühlt. Durch diese Gedankenassoziation erinnert er sich daran, daß er diesem Nachbarn einmal seinen Rasenmäher geliehen hatte und daß der ihn erst vierzehn Tage später in total verdrecktem Zustand zurückgegeben hatte. Das muß etwa zur selben Zeit gewesen sein, als der Nachbar begonnen hatte, früher vom Büro nach Hause zu kommen, um ihm den einzig freien Parkplatz in der Straße wegzunehmen. Deshalb mußte er, der Bildaufhänger, oft mehrere hundert Meter entfernt parken. Und dann war da auch noch die Party, bei der der Hammerbesitzer in allzu vertraulicher Weise mit der Ehefrau des Bildaufhängers gesprochen hatte ... Als er schließlich vor der Tür des Nachbarn angekommen ist und dieser die Tür öffnet und ihn freundlich fragt, was er für ihn tun könne, ist er dermaßen geladen, daß er ihn nur noch anblafft:»Ich werde Ihnen sagen, was Sie tun können. Sie können Ihren Scheißhammer behalten!«[*]

Je weniger wir dieser Stimmen aus dem Off gewahr sind, dieser Assoziationen, die unsere Wahrnehmung mit allen möglichen unangenehmen Gefühlen und entfernten Ahnungen von Bedrohungen und Begierden aufladen, desto stärker wird unsere Wahrnehmung verfälscht und desto komplexer und schwieriger wird unser Leben. Je mehr jemand sich einfallen läßt, um den Augenblick des »Zu-sich-Kommens« zu verzögern und der Erfahrung alle möglichen Zutaten beizumischen, desto größeren Spielraum hat das Ich-System, der Geschichtenerzähler, seine Eigenlobhudeleien und Räuberpistolen dazuzutun. Es ist ein weiterer jener paradoxen Aspekte der Evolution, denen wir im Lauf unserer Geschichte schon mehrfach begegnet sind, daß der Versuch, das Bewußtsein sicherer zu machen, Möglichkeiten eröffnet hat, es um so bizarrer und unangenehmer zu machen.

Statt aufmerksam neben der Quelle unserer bewußten Erfahrung zu sitzen und zu beobachten, wie sie aus dem verborgenen Grund unseres Körper-Gehirn-Geistes aufwallt, schleichen wir flußabwärts, sitzen dort am Ufer und beklagen halbherzig die Verschmutzung und die tückischen Gegenströmungen, die der Fluß angenommen zu haben scheint. Dabei versuchen wir erfolglos mit der rechten Hand, die Abfälle aus dem Strom zu fischen, und bemerken gar nicht, daß unsere unbeobachtete linke Hand weiter flußaufwärts und außerhalb des Horizonts der bewußten Wahrnehmung eifrig Müll in den Fluß kippt. Solange wir nicht erkennen, daß dies der Grund unserer mißlichen Lage ist, sitzen wir in der Falle: Wir sind Gefangene der Tatsache, daß die rechte Hand nicht weiß, was die linke tut; Gefangene der Annahme, daß wir selbst nichts mit der Verschmutzung des Stroms zu tun haben; gefangen wie ein verrückter Hamster in unserem Laufrad des Samsâra, das sich nur deshalb dreht, weil wir laufen.

[*] Dieses und ähnliche tragikomische Beispiele auch bei: Paul Watzlawick, Anleitung zum Unglücklichsein. München 1993.

Das unsichtbare Ich

Wie wir gesehen haben, enthält das Ich-System Meinungen darüber, wer wir sind und wie wir uns zu verhalten haben. Würden diese Meinungen im Bewußtsein auftauchen, dann hätten wir eine Chance, sie zu würdigen und, wo nötig, zu ändern. In der Regel jedoch tauchen sie nicht persönlich vor dem Auge des Geistes auf. Statt dessen ziehen sie es vor, ihr Werk flußaufwärts, im Vorfeld der Bewußtwerdung zu tun. So verzerren sie die Inhalte des Bewußtseins und befrachten sie mit Vorurteilen, ohne selbst sichtbar zu werden, wie ein Computerprogramm, das bestimmt, was auf dem Bildschirm erscheint, ohne selbst manifest zu werden.

Vor einiger Zeit beobachtete ich in der Londoner U-Bahn drei kleine Jungs im Alter von etwa acht, elf und zwölf Jahren. Die beiden älteren machten sich einen Spaß daraus, hochzuspringen und an einem der von der Decke hängenden Handgriffe zu schaukeln. Sie ermutigten den Jüngsten, es ihnen gleichzutun, doch der wollte nicht. Schließlich überredeten sie ihn, es doch zu versuchen. Er stand unter den Handgriffen, die, wie ich dachte, durchaus in seiner Reichweite waren, und machte ein paar armselige kleine Hüpfer. Dann blickte er zu den beiden anderen mit einer Art von hilflosem Trotz auf, als wolle er sagen:»Ich habe es versucht, wirklich. Ihr habt es doch gesehen, nicht wahr? Ich habe mein Bestes getan, aber es war einfach zu hoch für mich. Ich bin ja noch klein. Okay?« Seine Absicht war, den Anschein zu erwecken, als habe er es wirklich versucht, und die Bestätigung zu erhalten, daß er es versucht hatte (um nicht zu riskieren, ein Feigling genannt zu werden). Zudem wollte er sich selbst überzeugen, daß er es versucht, aber nicht geschafft hatte.»Ich kann das nicht« war bei dieser Gelegenheit in Relation zu»Ich will das tun« stromaufwärts, und deshalb stand nie in Frage, wie das Ergebnis ausfallen würde. In einem Bereich erfolgreich zu sein, bei dem er sich von vornherein festgelegt hatte, es nicht zu schaffen, hätte für ihn das Risiko einer Infragestellung seines Ich bedeutet – ein kleiner Tod.

Fliegenfallen

Wittgenstein tat einmal den bekannten Ausspruch, Zweck der Philosophie sei es, »der Fliege den Weg aus der Fliegenfalle zu zeigen«. Zur Zeit meiner Großeltern gab es spezielle Flaschen als clever ausgedachte Fliegenfallen. Der Hals der Flasche war nach innen in den Bauch der Flasche umgekehrt. So entstand eine Art Trichter, dessen weites Ende nach außen wies, während die enge Tülle in die Flasche selbst mündete. Irgendein Leckerbissen für die Fliegen, etwa ein Stückchen Fleisch, wurde in die Flasche geworfen – und der Rest war einfach. Die vom Duft angelockten Fliegen wurden in den ziemlich sicher erscheinenden Trichter gelockt und landeten beim Krabbeln durch die Tülle schließlich in der Flasche selbst. Nachdem sie gespeist hatten und wieder ihres Weges summen wollten, fanden sich die Fliegen jedoch in der Klemme. Der einzige Ausweg führte durch dieselbe enge Öffnung, durch die sie hereingekommen waren. Vom Inneren der Flasche aus gesehen, schien das Betreten dieser schmalen, dunklen Öffnung jedoch gefährlich – ganz gewiß gefährlicher als an Ort und Stelle zu bleiben und (endlos) nach einem vernünftiger aussehenden Ausgang zu suchen.

Die einzige Hoffnung der Fliege besteht darin, daß ein mitleidiger Philosoph der Wittgensteinschen Schule daherkommt und sie davon überzeugt, daß ihr Heil einzig und allein in einer großen Portion Vertrauen, Mut und einem vorübergehenden Verlust des gesunden Fliegenverstandes liege. Um ihre Freiheit wiederzuerlangen, muß die Fliege sich darauf einlassen, verrückt zu werden. »Wahrlich, ich sage euch, wer sein Leben retten will, der wird es verlieren« – ist von außen gesehen die eindeutige und offensichtliche Wahrheit. Und von innen gesehen ist das genauso eindeutig und offensichtlich ein gefährlicher und hirnrissiger Quatsch. Von da aus, wo unsere gefangene Fliege sitzt, scheint es nur vernünftig, diesem Wittgenstein zu bedeuten, er solle sich davonscheren, ihm einen Sektenbeauftragten auf den Hals zu jagen oder eine gerichtliche Verfügung zu erwirken, die ihm untersagt, den Leuten weiterhin seinen verderblichen Unsinn zu verhökern. Man kann sich dabei der Zustimmung Tausender von gutbürgerlichen Fliegen gewiß sein, die sich gegenseitig über den Haufen rennen in dem Versuch, ihr Leben zu retten. Oder etwas förmlicher formuliert:

> Kurz, ein Glaubenssystem ist ein System, in dem alle Akte der Beobachtung und des Urteilens ausschließlich von innerhalb des Systems aus erfolgen und in dem alle übrigen Erwägungen der Verteidigung des Systems selbst untergeordnet werden. Wenn ein außerhalb des Systems stehender Beobachter erkennen kann, daß ein solches System eine unrichtige Glaubensvorstellung enthält und daß sie außerdem mit den Mitteln des Systems selbst nicht als richtig bewiesen werden kann, dann kann er sagen, daß dieses System zu einer Falle geworden ist. Der äußere Beobachter wird in dieser Situation diejenigen, die sich innerhalb des Systems befinden, als Dogmatiker auffassen, während diejenigen, die sich innerhalb des Systems befinden, den Beobachter als jemanden auffassen werden, der sich weigert, zu akzeptieren, was »offenkundig der Fall ist«. Und tatsächlich werden beide Recht haben.[*]

Ein Therapeut ist jemand, der sich außerhalb der Falle befindet, in der sein Klient sich selbst als »schlecht« erlebt. Er ist jemand, der die Absurdität und zugleich die Tragödie der mißlichen Lage sehen kann und imstande ist, gleichzeitig die Wahrnehmung, den Kummer und die scheinbare Hoffnungslosigkeit der Notlage des Klienten zu erfassen. Ein Mystiker ist jemand, der sich, wenn vielleicht auch nur zeitweise, außerhalb der Falle des eigenen Ich-Systems befindet. Er ist in der Lage, die Absurdität und die Tragödie des menschlichen Zustandes zu erkennen und zur gleichen Zeit sein eigenes Gefühl der Befreiung zu empfinden, seine Liebe für die noch in der Falle sitzenden Menschen und seinen unmöglichen Wunsch, alle Wesen mögen dorthin gelangen, wo er selbst ist: nämlich stromaufwärts ihres eigenen hausgemachten Netzes von Mißverständnissen. Kein Wunder, daß so viele Darstellungen Buddhas ein mildes und zugleich trauriges Lächeln erkennen lassen.

* Gabriel Stolzenberg, in: Paul Watzlawick (Hrsg.), Die erfundene Wirklichkeit. München 1995.

17. Die Mythen, die wir leben

Seit der Renaissance hat sich fast jede Generation als »modern« bezeichnet, als das »neue Zeitalter«, als gerade an dem Augenblick der Aufklärung angekommen, an dem der kuriose Aberglaube und die Mythen der Vergangenheit endlich in die Mülltonne der Geschichte gekippt werden. Wie es in jeder Gesellschaft der Fall ist, bleiben die Mythen und Riten, die unseren Geist, unsere Emotionen und unsere Handlungen formen, weitgehend unsichtbar und unbewußt. Einer der besten Wege, den lebendigen Mythos einer Gesellschaft aufzudecken, ist, zu prüfen, was jedermann unkritisch als die Weise akzeptiert, wie die Dinge wirklich sind ... Die Konsensus-Realität ist der Mythos, der jedoch für die Mehrheit ebenso unsichtbar bleibt wie das Wasser für einen Fisch.

Sam Keen

Wie Sam Keen sagt, akzeptiert jede Gesellschaft als wahre und gültige Leitlinien für ihr Handeln einen ganzen bunten Haufen von Meinungen und Annahmen, die »von außen« gesehen höchst zweifelhaft erscheinen können. So oft können wir – in der Geschichte und in anderen Kulturen – ganz klar die Macht des Denkens erkennen, Gemeinschaften und das Leben der Menschen in ihnen zu formen. Und was wir da sehen, sieht mit der Weisheit des »Rückblicks« oft genug ziemlich absurd aus. Menschen kämpften und starben für Anlässe, die uns heute trivial oder bizarr erscheinen. Sie klammerten sich an Wirklichkeiten, die wir heute selbstbewußt als Aberglauben abtun. Wie kann jemand nur so töricht gewesen sein zu glauben, mit Tänzen könne man die Ernte retten? Wie konnten Menschen glauben, man solle besser im Kreis segeln, aus Furcht, sie könnten über den Rand der Erde abstürzen? Wie konnten sie davon ausgehen, ihr König sei ein Gott und seine kleinkarierten Launen seien göttliche Inspirationen? Welch Unsinn zu meinen, das Geschlecht eines Kindes könne von der Windrichtung im Augenblick der Empfängnis abhängen! Wie verrückt von den Angehörigen des Zande-Stammes zu meinen, sie könnten Epilepsie dadurch heilen, daß sie den verbrannten Schädel eines roten Buschaffen aßen!

Zeitgenössische Mythen von Gesundheit und Tod

Folgen wir jedoch den Spuren, die diese eigenartigen und wunderbaren Überzeugungen hinterlassen haben, dann führen sie uns beunruhigend nah an unsere eigene Hintertür heran. Heutzutage hegen Abertausende von Menschen unbewiesene Ansichten über Gesundheit und Gesundheitspflege. Die »alternative Medizin« boomt, und was den größten Teil dieser Methoden angeht, wissen die meisten Menschen das Gute vom Schlechten oder Neutralen nicht zu unterscheiden. Vor gar nicht langer Zeit noch wurden AIDS-Kranke überredet, sich auf die Brust zu hämmern (um die Thymusdrüse zu stimulieren), ihre Genitalien dem Sonnenlicht auszusetzen, Ozongas in ihren Mastdarm einzuführen, sich selbst Wasserstoffperoxyd zu spritzen – ganz zu schweigen davon, daß sie viel Geld für Medikamente wie AZT, hergestellt von den angeblich höchst ehrenwerten pharmazeutischen Großkonzernen, herausrückten, bis man bei nachfolgenden klinischen Untersuchungen herausfand, daß dieses Medikament unwirksam ist. Und Millionen von uns werden bei jeder Mahlzeit Opfer des quasi-wissenschaftlichen Hokuspokus der verschiedenen Lobbies für Diäten und Lebensmittelprodukte.

Einige unserer Gesundheitsmythen sind zentraler – und weniger sichtbar – als andere. So definiert die Weltgesundheitsorganisation WHO beispielsweise »Gesundheit« als »Zustand vollkommenen physischen, geistigen und sozialen Wohlbefindens; nicht *nur* [meine Hervorhebung] als Abwesenheit von Krankheit oder Infektion«. Nach dieser Definition sind die allermeisten von uns die allermeiste Zeit mehr oder weniger »ungesund«. So gesehen wird Alter zwangsläufig zu einem medizinischen Problem. Man kann nicht älter werden oder beginnen, körperlich abzubauen oder weniger beweglich zu werden, ohne auch »krank« zu sein. Eine derart großartige Auffassung von Gesundheit macht diese zu einer Angelegenheit permanenter »Besorgnis«, ja zu einer lebenslangen Beschäftigung mit uns selbst, die uns alle zu Hypochondern zu machen droht und unsere Energien von praktischen und sozialen Belangen ablenkt hin auf eine endlose und fruchtlose Suche nach persönlichem »Wohlbefinden«.

Innerhalb eines solchen Mythos ist kein Platz für die gute alte Seelenstärke, für den Respekt vor den eigenen Narben und das Fertigwerden mit schlechten Zeiten. Was Ivan Illich als die »Kunst des Leidens« bezeichnet, hat in dieser Mythologie keinerlei Bedeutung. Die uralte Praxis, Not und Unglück einfach zu *ertragen*, kann danach nur als Fatalismus oder Masochismus gedeutet werden. Wird jede Form von persönlichem Unbehagen in ein derart umfassendes Konzept von Krankheit einbezogen, dann bleibt kein anderer Weg, als solches Unbehagen als medizinisch-technisches Problem anzusehen, das gelöst werden muß. Haben Sie Kummer? Hier ist eine Tablette zu Ihrer Beruhigung. Sind Sie unglücklich über Ihre Figur? Hier haben Sie eine Pille, mit der Sie abmagern werden. Fühlen Sie sich alt? Tut mir leid: Das Problem haben wir noch nicht ganz geknackt – geben Sie uns noch ein paar Jahre. Je mehr agile, glückliche Jugendlichkeit als Inbegriff von Gesundheit gepriesen wird, desto mehr sind wir geneigt, körperliche Entstellung, Traurigkeit, ja sogar Exzentrizität als Leiden anzusehen. Dann enden wir bei der absurden Position von Regierungen, die »Gesundheitsfürsorge« in Begriffen wie der Anzahl kranker Menschen definieren, die jährlich »behandelt« werden.

Die meisten Kulturen entwickeln eine Mythologie von Tod und Sterben, und unsere macht da keine Ausnahme. Wird Altern als Feind angesehen, dann muß der Tod die endgültige Niederlage sein, eine persönliche Tragödie, die alles ad absurdum führt, was wir im Leben erreicht haben, und gilt als Versagen der medizinischen Technologie. Viel zitiert wird die Zeile von Dylan Thomas »*Do not go gentle into that good night; rage, rage against the dying of the light*« (»Geh nicht sanftmütig in diese gute Nacht; wüte, wüte gegen das Sterben des Lichts«). Und wenn alte Menschen (ich weigere mich bewußt, irgendeinen der geläufigen Euphemismen für »alt« zu verwenden) irgendwann einmal genug haben und zum

Sterben bereit sind, dann sind Hausärzte, die kein professionelles Kredo haben, innerhalb dessen sie den Gedanken friedlichen Sich-Ergebens begreifen können, davon peinlich berührt. »Seien Sie nicht töricht«, sagen sie fröhlich. »Ich werde Ihnen etwas geben, das Sie aufmuntert.« Tote Körper werden weggeschafft, herausgeputzt und möglichst vor den Kindern versteckt, die sonst vielleicht durch den Anblick von Omas Leiche »aus dem seelischen Gleichgewicht gebracht werden könnten«. Der Tod ist nicht mehr ein sichtbares Faktum des Lebens, ein Faktum *im* Leben. Die Kinder werden für ein paar Tage zu Bekannten geschickt, womit ihnen die Gelegenheit genommen wird, sich an die Wirklichkeit – den Anblick, die Gefühle und Rituale – des Todes zu gewöhnen. So kommt es, daß sie, wenn sie schließlich selbst an der Reihe sind, sich zwangsläufig fürchten wie vor allem Unbekannten.

Und da wir die üblichen Abweichungen nach oben und nach unten von statistischen Werten nicht beachten, geht unsere Mythologie des Todes davon aus, wir alle hätten Anspruch auf eine »durchschnittliche Lebensspanne«. Alles, was weniger ist als diese, gilt dann als »frühzeitig«, nicht nur als Trauerfall, sondern als grausame Verletzung fundamentaler menschlicher »Rechte«. Wenn Menschen also jung sterben, wie das einige wenige von uns immer noch müssen, wird die Tragödie deshalb noch durch ein bitteres Gefühl von Ungerechtigkeit verstärkt, das auch zu der zwanghaften und immer militanteren Suche nach jemandem führt, dem man daran die Schuld geben und den man bestrafen kann. Im seltenen Fall eines Vaters, dessen Tochter durch eine Terroristenbombe gemordet wurde und der sich weigert, diese Haltung einzunehmen, sondern sich dafür entscheidet, einfach nur zu trauern und keine Rache zu suchen, wird dieser Mensch von den Medien praktisch wie ein Heiliger behandelt.

In einer pluralistischen Gesellschaft prallen verschiedene Mythen aufeinander. Eine Witwe steht am Grab ihres als Soldat gefallenen Ehemannes, in ruhiger und würdiger Beherrschung. Die Hälfte der Zuschauer der Tagesschau denkt: »Wie wunderbar, wie stark, wie tapfer.« Die andere Hälfte sieht sie als einen Menschen, der seine Gefühle verdrängt und sich verschließt, der zu seinem eigenen Schaden den Drang unterdrückt, sich weinend über den Sarg ihres toten Mannes zu werfen. »Die Iren (oder die Araber, oder die Polen) verstehen es besser als wir steife Angelsachsen, mit dem Tod umzugehen«, meinen sie. Und mitleidig werden die Angehörigen beider Gruppen versuchen, den Trauernden ihre eigene Liturgie des Kummers aufzudrängen, fest von dem überzeugt, was für diese »am besten ist«.

Mythen der Reife

Der Mythos der Gesundheit ist eng verwandt mit dem Mythos der Reife, der uns ermutigt, »Erwachsenwerden« als im wesentlichen eine Angelegenheit des einer Sache »Entwachsens« anzusehen. Reife wird als »Autonomie« definiert, weshalb Abhängigkeit als Unreife gilt. Menschen, die niemals ins Ausland gereist sind oder die als Erwachsene immer noch bei ihren Eltern leben, in derselben Straße, in der sie aufgewachsen sind, gelten als rückständig. Selbständigkeit lautet die Parole, und »Bedürftigkeit« gilt als ein kindlicher Zustand, dem man so schnell wie möglich entwachsen sollte. Bildung ist das entscheidende Mittel, durch das man »sich selbst verbessert« – das heißt, dazu ermutigt wird, die Kultur der eigenen Eltern als ärmlich anzusehen. Und seinen regionalen Dialekt sollte man besser während des ersten Semesters an der Universität ablegen.

In anderen Gesellschaften ist das Identitätsgefühl eines Menschen fest in den physischen und sozialen Boden seiner Kultur eingebettet. Sich selbst als »tragbaren« Satz individueller Eigenschaften, Fähigkeiten oder vorherrschender Gefühle zu definieren – mit derart flacher Verwurzelung in der Welt der eigenen Kindheit, daß man sich selbst leicht herauslösen und mit garantiertem Erfolg in Manhattan oder Melbourne wieder eintopfen könnte –, schon allein der *Wunsch*, das zu tun, würde in solchen Kulturen bestenfalls als bizarr und in den meisten Fällen als undenkbar erscheinen.

Der englische Ökologe Edward Goldsmith berichtet über ein Gespräch mit einem italienischen Bekannten in der Toskana, der noch nie sein Dorf verlassen hatte.»Warum gönnen Sie sich nicht einmal eine Abwechslung?«spornte Goldsmith ihn an.»Reisen Sie doch mal ans Meer – fahren Sie für ein paar Tage nach Viareggio.« Der Italiener blickte ihn verdutzt an.»Aber warum denn? Dort kenne ich doch niemanden.«Und niemanden in Viareggio kennen bedeutete, daß er sich *selbst* in Viareggio nicht kennen würde. Seine Identität konnte nicht einfach in eine Koffer gepackt werden wie die von Goldsmith. Der Gedanke, daß es ein pathologischer Zustand sei, tiefe Wurzeln in einem besonderen physischen und gesellschaftlichen Milieu zu haben, eine Krankheit, die wir uns als Kinder zuziehen und die wir beim Erwachsenwerden zu heilen haben, ist ein Mythos, der gewissen Subkulturen der modernen westlichen Welt eigen ist.

Mythen über die Natur

Die Mythen, die unsere Beziehung zur Natur formen, sind in den letzten Jahren zunehmend von Anhängern der»Tiefenökologie« untersucht worden. Entdeckt eine Spezies ein an Ressourcen reiches neues Habitat, dann ist es verständlich, wenn sie anfänglich annimmt, die Ressourcen seien unerschöpflich und die Abfälle, die sie in diesem Habitat hinterläßt, fielen nicht ins Gewicht. Das sind in frühen Stadien der Ausbeutung eines Habitats vernünftige Arbeitshypothesen. Doch kommt es unweigerlich zu einer Wende: Nach und nach werden die Ressourcen knapp oder sind schwieriger auszubeuten (teilweise weil sie ausgehen, teilweise weil der frühere Überfluß zu einer Explosion der Population geführt hat), und die Abfälle schaffen langsam ein schwerwiegendes Problem der Umweltverschmutzung. Bis es jedoch so weit kommt, ist der Gedanke, man könne die Natur als eine Kombination von unerschöpflichem Supermarkt und bodenloser Latrine benutzen, schon zu einem Teil der unbewußten Mythologie der Kultur geworden. Er wird zu einer »Wahrheit«, die so sehr in die Praktiken der Kultur eingebettet und so weitgehend in der Weltsicht der Leute und ihrer Beziehung zur Welt verkörpert ist, daß er unsichtbar ist und nicht mehr hinterfragt wird.

Die »grüne Geschichte der Welt« kann man als einen Katalog ansehen – nicht so sehr von Königen, Königinnen, Kriegen und Eroberungen, sondern des immer wiederholten Versagens von Gesellschaften, ihren Mythologien des Überflusses rechtzeitig zu entkommen, um sich auf Zeiten der Knappheit einzustellen. Diejenigen, die am meisten in die Kultur der Fülle investiert haben, werden ihre Mythologie am stärksten verinnerlicht haben, und sie werden nicht wissen, wie man überhaupt noch leben kann, wenn sie nicht *nach Belieben* ausbeuten und konsumieren können. Ihre Identität ist tatsächlich und in ihrem Lebensnerv durch eine Reduzierung des Konsums oder des »Lebensstandards« bedroht. Da diese Menschen häufig in Positionen von beträchtlicher finanzieller und/oder politischer Macht sitzen, sind sie günstig plaziert, um dafür sorgen zu können, daß die Mythologie der Fülle und ihre Konsequenz, die Kultur des Konsums, bis weit über ihr Verfallsdatum hinaus erhalten bleiben. Damit setzen sie nicht nur einen besonderen Lebensstil, sondern auch die langfristige Lebensfähigkeit ihrer speziellen »Ökonische« aufs Spiel. Diese Menschen werden von den Überzeugungen, von denen sie kolonisiert wurden, geradezu dazu gezwungen sicherzustellen, daß das, was getan wird, zuwenig ist und zu spät kommt.

Neue Ökomythen sprießen, entweder um die zunehmend sichtbar werdende Orthodoxie zu untermauern oder um sie in Frage zu stellen. Eine vorwiegend von New-Age-Anhängern vorgebrachte Mißdeutung der Gaia-Hypothese von James Lovelock ist tröstlich: Wir sind alle Kinder Gaias, und wie ungezogen wir uns auch immer verhalten – was auch immer wir uns ausdenken, um unsere Kinderstube mit unserer folgenschweren Mischung aus Naivität und Gier kurz und klein zu schlagen –, unsere alles vergebende Mutter Natur wird schon alles richten. Sie ist so weise, ihre Kraft der Selbstheilung ist so enorm, daß wir nichts zu fürchten haben. Die andere, weniger tröstliche und zutreffendere Lesart der Theorie besagt, daß Gaia eine eher selbstsüchtige Mutter ist. Gewiß kann sie Aspekte ihrer eigenen Konstitution, die wir Menschen aus dem Gleichgewicht gebracht haben, wieder zurechtrücken. Sie wird sich dabei aber, wenn es nötig ist, nicht scheuen, das fehlgeschlagene Experiment *Homo sapiens* abzubrechen.

Verfolgen wir diese grünen Kontroversen zurück bis zu ihrem Ursprung, dann vermögen wir allmählich einzusehen, daß auch sie Reflexionen der von uns angenommenen Weltanschauung sind: welchen Dingen wir unsere Aufmerksamkeit schenken, welche Macht wir haben (oder zu haben glauben), als Individuen oder Gemeinschaften unsere Regierenden zu beeinflussen, was wir brauchen und was wir als notwendig *betrachten*. Es gibt in der Welt eine Epidemie der geistigen »Ökose« – ein bedenklicher Zustand, in dem die Wahrnehmung der Beziehungen eines Menschen zur physischen und ganz besonders zur natürlichen Umwelt ernsthaft eingeschränkt und entstellt ist. Hauptsymptome dieser Krankheit sind die Wahnidee, die Natur sei eine Art Filmhandlung, ein Kontext, der keine wesentliche Verbindung zu dem sich entfaltenden Drama des Lebens des Patienten hat – daß er oder sie *in* dieser Welt, aber irgendwie nicht *von* dieser Welt ist – und daß die Erfüllung alle Bedürfnisse nach materiellem Komfort lebenswichtig sein und von der Natur endlos ohne schwerwiegende Kosten oder Schäden geleistet werden könne.

Wer im Griff dieser Wahnvorstellung ist, der ist nicht fähig, die echten Kosten eines Beefburger zu errechnen oder den Zusammenhang zu sehen zwischen dem geplanten Stausee, der ein beliebtes Erholungsgebiet überfluten wird, und dem zwanghaften Reinlichkeitswahn, der für Waschmaschinen, Duschen und Toiletten ständig frisches Leitungswasser verlangt. Die an dieser Krankheit Leidenden mögen eine Art von manischer Verleugnung erkennen lassen und eine brüchige gute Laune zur Schau tragen, die jedoch angesicht der unmittelbaren Konfrontation mit dem Tod, mit unheilbarer Krankheit oder echter menschlicher (im Gegensatz zu materieller) Tragödie in Verwirrung und Depression kollabiert. Ein friedlicher und gelassener Tod ist kontraindiziert, und die Prognose für die Umwelt des Patienten wird zunehmend düsterer.

Mythen von Wohlstand und Zeit

Ein ganzes Nest von Mythen der Industriegesellschaften betrifft Wohlstand, Arbeit, Muße und Freizeit. Nur im Licht einer Gesellschaft, die an diesem ganzen Apparat von Bankkonten, Pensionsplänen, Karriereaussichten und Jahresurlaub keinen Anteil hat (oder hatte), können wir unsere eigene Mythologie sichtbar machen. Die Sprachforscherin Helena Norberg-Hodge hat eine solche Kultur wunderbar beschrieben: Ladakh im nördlichen Indien. Bis vor etwa zwanzig Jahren war die dortige Gesellschaft noch genau so, wie sie es Jahrhunderte lang gewesen war. Die einfache Volkswirtschaft kreiste vor allem um den Yak, ein robustes Tier, das Arbeit, Milch, Fleisch, Leder und Wolle im Austausch gegen den Zugang zu den hohen, kargen Weiden der Ausläufer des Himalaja lieferte. Die Menschen arbeiteten hart und hatten sehr viel Zeit für das Gemeinschaftsleben und Geschmack daran – das Geschichtenerzählen, Festefeiern und Spielen mit den Kindern. In jenen Tagen konnte eine Hochzeit vierzehn Tage lang dauern.

Einer der ersten Ansätze von Verwestlichung, der diese stabile, arme, glückliche Gesellschaft infiltrierte, war die Jerseykuh. Diese Kühe geben im Durchschnitt dreißig Liter Milch pro Tag, verglichen mit nur drei Litern des Yak. Was war also sinnvoller, als einige Jerseykühe zu importieren, deren überschüssige Milch zu Butter und Käse für den Verkauf verarbeitet werden könnte? Als diese Idee an Boden gewann, ergab sich als erstes Problem der Verlust von Weideland, und damit verbunden vermehrte Konkurrenz um solches Land. Jerseykühe können nur bis zu einer Höhe von 3000–3400 Meter grasen, Yaks dagegen bis zu 4800 Meter hoch. Als die Yaks langsam aus der Mode kamen, wurde viel von dem Land, das vorher eine Ressource gewesen war, nunmehr nutzlos. Mehr noch – die Konkurrenz um Weideland für Kühe und um Futter während der Wintermonate wurde so stark, daß das Futter für die Kühe teurer wurde als selbst Grundnahrungsmittel für Menschen.

Doch das war noch die geringere der zerstörerischen Wirkungen auf die Gesellschaft der Ladakhi. Weit davon entfernt, harmlose Quellen von ein wenig zusätzlichem Wohlstand zu sein, erwiesen diese importierten Wiederkäuer sich als trojanische Pferde, die eine westliche Ideologie nach Ladakh einschmuggelten. Als Ergebnis der Einführung dieser Kühe (zusammen mit anderen, technologisch relativ primitiven wohlstandserzeugenden und arbeitsparenden Praktiken) stellte Helena Norberg-Hodge etwas Paradoxes fest. Die Menschen hatten zunehmend weniger Zeit; weniger Zeit zum Schwatzen, sich gegenseitig zu helfen, den ständigen Kreislauf von Geburt, Heirat und Tod zur Kenntnis zu nehmen. Hochzeitsfeste schrumpften von zwei Wochen auf einen Tag oder weniger. Veränderungen, die eigentlich zum Ziel hatten, den Menschen mehr Zeit und mehr Muße zu schenken, bewirkten genau das Gegenteil.

Die Erklärung dafür lag natürlich im Wandel von *Einstellungen*, die die Kühe und Heuwender mit sich gebracht hatten. Statt sich zum Ziel zu setzen, »ausreichend« zu produzieren und dabei eine Menge Zeit zu haben, begannen die Menschen in Begriffen von »Überschußproduktion« und von »Wohlstand« zu denken, die nun als etwas galten, was sie in die Lage versetzte, »Freizeit« zu genießen. »Arbeit« galt als etwas von »Freizeit« Getrenntes, eine unangenehme Tätigkeit, deren einziger Vorzug oder Sinn darin bestand, »Wohlstand« zu produzieren. »Zeit« wurde nunmehr zur knappen Ressource. Wo man zuvor nicht zwischen Arbeit und Muße unterschieden hatte – beides ging ganz natürlich im Kreislauf des Alltags auf –, wurde beides nun getrennt und als Gegensatz empfunden. »Arbeit« wurde zum Preis, den man für »Muße« bezahlte, und jeder forderte seinen Anteil an diesem knappen Rohstoff »Zeit«. Anders ausgedrückt: Die Ladakhi wurden langsam Menschen wie wir.

Wahrscheinlich und betrüblicherweise wird es nur eine Frage der Zeit sein, bis Ladakh der voll ausgereiften Mythologie der Arbeit zum Opfer fällt, die sich in das Gewebe der abendländischen Gesellschaft eingeschlichen hat. Da kommen die Menschen dann nur noch des Geldes wegen zur Arbeit. Sie gehen in »Büros« oder »Fabriken«, die ihnen nicht gehören, und werden dafür bezahlt, Dinge herzustellen, die sie selbst nicht brauchen oder sich nicht leisten können. Frauen- und Männerarbeit wird polarisiert: Die Frauenarbeit erhält einen niedrigeren Status – weil sie nicht gleich entlohnt wird –, und die Männer verbringen weniger Zeit mit ihren Söhnen und Töchtern. Die Arbeit, mit der am meisten Geld verdient wird (und die daher als die »beste« Arbeit gilt), ist eine sitzende Tätigkeit, bei der man sich die Hände nicht schmutzig macht. Arbeit, die physisch ermüdend ist, schmutzig macht oder ins Schwitzen bringt, pflegt man zu vermeiden.

»Bildung« wird zu dem Mittel, mit dem Eltern ihre Kinder anspornen, der Welt schlecht bezahlter, schmutziger Arbeit zu entfliehen und in die Welt gut bezahlter, sauberer Büroarbeit »aufzusteigen«. Männer und Frauen, die dieser sauberen Arbeit nachgehen, müssen sich wie Leichenbestatter kleiden, um zu zeigen, wie sauber sie sind, und auch um zu zeigen, daß sie diese saubere Tätigkeit sehr ernst nehmen. Die »beste« Arbeit pflegt von ihnen zu fordern, »eine weit ausgreifende Neugier und ein Fasziniertsein von der Welt als ganzer zu opfern und rein branchenmäßig zu denken«, das heißt, sich zu spezialisieren. Und sie sehen sich selbst dann als Techniker (oder Fachleute) der Businesswelt des Geldmachens, die, solange sie ihren Anzug oder ihren Overall tragen, solange sie also ihre Arbeits-Persona darstellen, von Ethikbelangen oder sogar einfachen Verwandtschaftsangelegenheiten unangefochten bleiben.

Beziehungsmythen

In »primitiven« Kulturen wie dem einstigen Ladakh, in denen die Identität jedes einzelnen sich in die ihn umgebende Gemeinschaft auflöst, sind Freundlichkeit und Zuneigung weit verbreitet. Dagegen fordert die Mythologie der Beziehungen in unseren westlichen Gesellschaften, daß wir unsere Liebe konzentrieren und rationieren, daß wir alle unsere Eier und unsere Egos in nur eine kleine Zahl von Körben legen. Werden Beziehungen, die von ihrem evolutionären Entwurf her nur ein ganz bestimmtes emotionales Gewicht tragen können, derart zu »ganz besonderen« Beziehungen, so neigen sie dazu, wie wir nur zu gut wissen, unter der Last der Erwartungen zusammenzubrechen. Wo man auch hinschaut – überall gibt es Anschauungen und Gebote, die die natürliche Bandbreite und den Fluß von Beziehungen einschränken und das fundamentale

Bedürfnis nach Verbundenheit in ein Minenfeld von Enttäuschungen und Frustrationen verwandeln. Zum Beispiel:

»Sexuelle Anziehung ist eine zuverlässige und solide Grundlage für eine lebenslange Partnerschaft.«

»Der Zweck, in einer Beziehung zu leben, ist, meine eigene Selbstverwirklichung zu betreiben (und die Aufgabe meines Partners – also *deine* – ist es, dieses Streben stets zu unterstützen).«

»Der Zweck des Lebens in einer Beziehung ist, jemanden zu haben, der sich um mich kümmert (weil ich allein es nicht schaffe). DEINE Aufgabe ist es, jedes von mir verlangte Opfer zu bringen, wenn ich glaube, es sei notwendig, mich vor Schaden und Unglück zu schützen.«

»Wenn ich eine Beziehung eingehe, so folgt daraus, daß ich glücklich sein werde. Bin ich nicht glücklich, dann stimmt etwas nicht mit der Beziehung (und wahrscheinlich mit DIR). Um glücklich sein zu können, werde ich dich ändern müssen, oder, wenn alles andere fehlschlägt, dich austauschen.«

»Wenn du mich schlägst, zeigt das, daß du mich liebst. (Wäre ich dir egal, dann würdest du das nicht tun.)«

»Wärest du wirklich empfindsam und/oder besorgt um mich, dann würdest du wissen, was ich empfinde, ohne daß ich es aussprechen muß. Wenn du nicht reagierst, dann mußt du wohl unempfindsam und lieblos sein. (Weshalb sollte ich mich dann um dich kümmern?)«

»Jemandem nahe sein bedeutet, in der Falle sitzen, ganz und gar in Anspruch genommen oder erdrückt werden. Also muß ich selbst dir gegenüber, die/den ich liebe, Distanz wahren. Vielleicht muß ich dich sogar kränken oder verlassen, um zu vermeiden, in die Falle zu geraten.«

»Wenn ich tue, was du willst, dann wirst du mich lieben. Aber du liebst nur, was ich tue, und nicht, was ich bin. Reagierst du nicht, dann bin ich ein Versager. Tust du es doch, dann bin ich ein Betrüger. Warum ist deine Liebe nur so unbefriedigend?«

»Was immer ich auch tue, das dich aufregt, tue ich unabsichtlich. Du kannst mir deshalb nicht böse sein, ich habe es ›nicht so gemeint‹. Was immer du auch tust, das mich aufregt, geschieht mit Absicht. Warum versuchst du, mir weh zu tun?«

Mythen des Fühlens

Die moderne abendländische Mythologie gibt Gefühlen und Emotionen einen eigenartigen Status. Wir deuten unsere eigenen Gefühle als innere Geschehnisse, die von äußeren verursacht werden. »Hör auf damit; das regt mich wirklich auf.« – »Es macht mich sehr glücklich, dich so wohl anzutreffen.« – »Sie ist wirklich außer sich, weil er sie verlassen hat.« Die Umgebung zupft an den Saiten von Ärger oder Kummer oder Eifersucht, und wir geraten ins Schwingen. Diese Anschauung leugnet implizit drei Aspekte der Gefühlsbewegung (indem sie Sie aus dem Bild, das in der Umgangssprache gemalt wird, ausspart). Der erste Aspekt betrifft die Art, wie Emotionen oft nicht durch äußeres Geschehen, sondern durch andere Emotionen in Gang gebracht werden. Gefühle werden im allgemeinen gezüchtet. Auf einige von ihnen reagieren wir, als seien sie von Natur aus ärgerlich; auf andere, als seien sie angenehm. Und in dieser Reaktion ist schon der Same für ein anderes Gefühl und das Bedürfnis danach enthalten. Es fällt schwer, sich einfach zu fürchten, ohne auf diese Furcht mit einer weiteren Emotion zu reagieren. Manchmal schämen wir uns am Ende, daß wir ärgerlich waren darüber, uns schuldig zu fühlen, weil wir selbstsüchtig empfunden haben. Und wir glauben, für dieses Drunter und Drüber von Aktion und Reaktion keinerlei Verantwortung zu haben. So sind die Dinge nun einmal!

Der zweite Aspekt ist, daß jegliche Urheberschaft an der ursprünglichen Emotion geleugnet wird. Diese Frau hat sich in der Warteschlange einfach vorgedrängt: Ich wurde wütend. Der Kerl sah verschüchtert und hilflos aus: Ich fühlte mich schuldig, weil ich ihn angeschrien hatte. Sie starb: Ich trauerte. Kein Fragezeichen, keine Option, kein Gefühl der Wahl schiebt sich dazwischen. Kein Gedanke daran, daß man vielleicht etwas tun könnte hinsichtlich der Art, wie *ich* persönlich (oder wir kollektiv) jene Welt anschauen, die eine wichtige Brücke zwischen dem Ereignis und dem

Gefühl darstellt: daß es nicht das Geschehen ist, worauf es ankommt, sondern die Art, wie ich es deute. (Der Gegenmythos ist natürlich, daß ich für alles, was ich fühle, total verantwortlich bin, weshalb ich also für meine Einsamkeit oder Verwirrung keine Sympathie verdiene. »Mann, du bist wirklich selbst dein schlimmster Feind. Verstehst du, was ich meine?«)

Der dritte Aspekt ist das Ausmaß, in dem Emotionen ebenso wie Episoden der persönlichen Erfahrung zum öffentlichen Konsum zu Markte getragen werden. Ein Gefühl haben (vielleicht auch »machen«) ist ebenso gut eine Aktion wie eine Reaktion. So kann Ärger offensichtlich ein Werkzeug sein, etwas durchzusetzen und ein empfundenes Unrecht wiedergutzumachen. Und ein Zurschaustellen von Schuld kann beispielsweise ein Weg sein, den Ärger eines anderen abzulenken. Schreien Sie mich trotz meiner Selbstverdammung und Zerknirschung weiterhin an, dann sind langsam Sie es, der nicht gut aussieht. Schuldgefühle sind gewissermaßen Ihre Abfindung für Ihren Ärger. Was wäre ich auch für ein Mensch, wenn ich Ihren Wagen ohne Ihre Zustimmung benutzt und zu Schrott gefahren hätte, ohne Schuldgefühle zu haben und zu zeigen!

Der Mythos der Produzierbarkeit von Glück

Aus diesem Rattennest emotionaler Fehldeutungen entsteht der Mythos, daß – wenn unangenehme Gefühle unmittelbar durch äußere Geschehnisse verursacht werden – der Weg zum Glück darin besteht, die Welt auf die richtige Weise hinzubiegen, damit nichts mehr schief laufen und mich stören kann. Unsere Freiheit, glücklich zu sein, besteht entweder darin, daß wir unsere Gefühle ignorieren oder »managen« – oder daß wir da draußen herumwurschteln und alles niet- und nagelfest regeln: unseren Job, die Hypothek, Versicherungen, Beziehungen, Erleuchtung ... Ein unangenehmes Gefühl zu haben ist ein *Problem*, das fast immer gelöst werden kann – zumindest im Prinzip, und wenn nicht, dann wird es am besten mit Verleugnung, Zerstreuung oder Drogen abgewürgt. Das Patentrezept ist stets, irgend etwas zu *tun*. Und wenn auch das nicht funktioniert, dann kultivieren wir am besten Ignoranz und Stupidität.

Doch was läßt diese Mythologie, die für die unausgesprochene Lebensphilosophie in unserer Gesellschaft zentral ist, unbeachtet? Wie wir gesehen haben, übersieht sie die Möglichkeit, dem Leiden irgendeinen anderen Sinn zu geben als »schmerzliches Pech, das verantwortlich ist für meinen Verlust des Glücks«. Dadurch verweigert sie dem Leiden jeden Wert, jede Würde. Eine solche Weltanschauung kann Gott nur als Rächer oder als gleichgültigen Zuschauer verstehen. Heutzutage wird gern das Lichtenberg-Wort zitiert: »Lieber Gott, gib mir den Mut, das zu ändern, was ich ändern kann, die Gelassenheit, die Dinge zu akzeptieren, die ich nicht ändern kann, sowie die Weisheit, den Unterschied zu erkennen.« Unsere vorherrschende Mythologie der Gefühle hat zwar einen Platz für Mut, sogar den Mut, mit dem Kopf gegen die Wand zu rennen, weiß aber wenig zu Gelassenheit und Weisheit zu sagen.

Und diese schiefe, einseitige Philosophie läßt auch Einsicht außen vor – Meditation, Kontemplation, Reflexion, Stille. »Sitz nicht einfach nur herum, *tu* etwas!« Der Gedanke, daß »einfach sitzen« einen *Wert* haben könnte, paßt nicht in das System. Wenn mein Glück nur von äußeren Umständen abhängt, dann spricht nichts für Selbsterkenntnis. Die brächte dann nicht mehr als Meditieren, während der Abfluß überläuft oder das Haus abbrennt. Der Hinweis darauf, daß Leiden, zumindest teilweise, daraus entsteht, daß unser Herz in Flammen steht oder daß etwas Klempnerarbeit an der *psyche* eine sinnvolle oder nützliche Tätigkeit sein könnte, macht dann einfach keinen Sinn. Wer still sitzt, gehört dann einfach zu den Verlierern, den Träumern und Fatalisten. Was sonst könnte er wohl sein?

Jede Mythologie, die sich vor der Aufdeckung schützen will – vor der Enthüllung, daß sie ganz einfach nur eine von vielen möglichen Anschauungen ist, zu der es Alternativen gibt, welche alle ihr eigenes Portefeuille von Pros und Kontras haben –, sollte eine Antipathie gegen stille Selbsterforschung pflegen, denn diese Reflexion ist das einzige Forschungswerkzeug, das sich dafür eignet, Mythologien ans Tageslicht zu bringen. Weder Geschäftigkeit in der Welt noch die Kultivierung von Unbewußtheit, noch bloße Langmut werden das Problem falscher Überzeugungen an der Wurzel packen, weil sie alle mit der Wahrnehmung *flußabwärts* umgehen. Das Fatale an falschen Überzeugungen ist, daß sie ihr die Wahrnehmung unterwanderndes Werk bereits *flußaufwärts* tun, in jenen dunklen Zuströmen des Flusses, die vor der Bewußtwerdung liegen. Auf die Rolle der Reflexion als *das* Mittel, Mythen platzen zu lassen, kommen wir in Kapitel 21 zurück.

IV. Die Wiedergewinnung des Unbewußten

18. Mythen des Geistes

Wo gibt es den Menschen, dem keine Meinungen durch Erziehung ein-
gepflanzt wurden …, die nicht in Frage gestellt werden dürfen, sondern
mit Verehrung als die Normen von Recht und Unrecht, Wahrheit und
Falschheit betrachtet werden; wo diese so geheiligten Anschauungen
vielleicht nicht mehr als die Orakelsprüche unserer Kindermädchen
waren oder das der Tradition entsprechende gewichtige Gerede jener,
die während unserer Kindheit vorgeben, uns Kenntnisse zu vermitteln,
die sich doch nur von Hand zu Hand überliefert erhielten, ohne sie je zu
prüfen? Das ist das Schicksal unseres zarten Alters, das, auf diese Weise
früh zur Reife gebracht, im Laufe der Zeit zur eigentlichen Konstitution
des Geistes heranwächst, der danach nur sehr schwer noch eine andere
Färbung annimmt … Durch diese und vielleicht andere Mittel etablie-
ren und festigen sich Meinungen im Geist des Menschen, die, mögen sie
wahr oder unwahr sein, dort mit der Reputation substantieller materi-
eller Wahrheiten verbleiben und deswegen selten von denen, die sie he-
gen, in Frage gestellt oder geprüft werden. Und erweisen sie sich als
falsch, wie es der größte Teil von ihnen bei den meisten Menschen
zwangsläufig sein muß, dann bringen sie einen Menschen im gesamten
Verlauf seiner Studien weit vom Weg ab. Und obwohl er sich bei seiner
Lektüre und seinen Untersuchungen schmeichelt, sein Vorhaben sei es,
sein Verständnis der realen Erkenntnis der Wahrheit zu vertiefen, neigt
er in Wirklichkeit nur dazu, seine bereits vorhandenen Meinungen zu
bestätigen … Menschen eignen sich Vorurteile gegenüber der Wahrheit
an, ohne dessen gewahr zu sein, und anschließend nähren sie sich ge-
wöhnlich nur von jenen Dingen, die zu diesen Untugenden passen und
sie noch verstärken.

John Locke

Die im vorigen Kapitel erörterten Mythen verzerren unsere Beziehungen zu unserer Umwelt, unserer Arbeit und zu anderen Menschen. Vielleicht sind jedoch entscheidender noch die Mythen, die
unsere Beziehung zu uns selbst pervertieren. Viel von dem im II.

und III. Teil dieses Buches Dargestellten sollte aufzeigen, wie und warum die entscheidendsten dieser »Psycho-Mythen« entstanden. In diesem Kapitel möchte ich diese Erörterungen zusammenfassen und in einen allgemeineren Kontext stellen, bevor ich mich in den letzten Kapiteln mit den Wegen befasse, wie der Geist entmythologisiert werden könnte.

Metaphern für den Geist

Seitdem die Idee des Verstehens im Sinne einer *Erklärung* der Dinge in unserer sich entwickelnden Kultur vom Interesse einer Minderheit (hauptsächlich der Philosophen und Schamanen) zu einem persönlichen Bedürfnis jedes Individuums befördert wurde, hat der Geist Bilder, Metaphern und Geschichten über sich selbst angeboten, um das von seiner wesentlich unbewußten Natur geschaffene Vakuum zu füllen.

Nach dem bekannten Bild von Plato zum Beispiel wurde der Geist als ein Vogelhaus mit einer Vielfalt von Abteilungen dargestellt, von denen einige nur Vögel einer einzigen Art, andere jedoch mehrere Spezies beherbergen*. Ein einzelnes Stück Wissen im Geist wurde als einer dieser Vögel beschrieben und der Vorgang des Sicherinnerns als die Jagd nach dem richtigen Vogel. Man »vergaß«, wenn man den richtigen Vogel nicht zu fassen bekam; man erinnerte sich falsch, wenn man versehentlich den falschen Vogel griff. Das Problem mit Bildern wie diesem ist folgendes: Die ganze interessante Arbeit des Entscheidens, welcher Vogel in einer bestimmten Situation »gesucht« wird, des Auswählens der Abteilung, in der man suchen soll, und der Festlegung, ob der Vogel-in-der-Hand tatsächlich der richtige ist oder nicht – all das wird praktisch nicht berücksichtigt. Man weicht dem wahren Sachverhalt aus, indem man einen menschlichen Akteur annimmt – den Vogelliebhaber –, dessen Intelligenz und Motivation nötig sind, um das Modell funktionieren zu lassen. Da gibt es ein relativ passives Lager-

---

* In meinem Buch »Teaching to Learn« (London 1991) sind diese Modelle des Geistes detaillierter dargestellt.

haus, und dann ist da noch der »Hausverwalter«, ein ich-ähnliches Element, der/das ebenso geheimnisvoll bleibt wie das »Du« oder »Ich«, das wir zu begreifen versuchen.

Dieses grundlegend *strukturelle* Bild des Geistes herrschte von der griechischen Antike bis zur Renaissance vor, wenn es auch zu verschiedenen Zeiten und in verschiedenen Kulturen in unterschiedlichen Formen auftritt. So verglich im 4. Jahrhundert Augustinus den Geist mit dem Magen. »Das Gedächtnis ist gewissermaßen der Bauch des Geistes, und Freude und Trauer sind wie süße und bittere Nahrung, die, wenn sie ins Gedächtnis weitergeleitet wird, in den Bauch gelangt, wo sie gelagert wird, wo aber nichts geschmeckt werden kann.« Und viele Autoren bis hin zu Descartes stellten sich den Geist bildlich als einen Tempel vor, mit verschiedenen Bereichen oder »Vorhöfen«, die für verschiedene Funktionen oder Fähigkeiten bestimmt sind.

Die zweite große Metapher des Geistes, die enger mit Descartes assoziiert wird, jedoch schon mindestens drei Jahrhunderte vor ihm geläufig war, ist die der Maschine. Ramón Lull, ein berühmter spanischer Mystiker des 13. Jahrhunderts, war auch der Erfinder einfallsreicher Roboter und Puppen, die menschliche Aktivitäten sowie auch Bravourstücke von Gedächtnis und Logik nachahmten. Diese Maschinen waren die Vorläufer jener Milliarden von Dollar schweren Unterfangen, die man heute unter dem Stichwort »Künstliche Intelligenz« (KI) zusammenfaßt: das Bestreben, den menschlichen Verstand zu begreifen, indem man Maschinen baut, deren Leistung, wenn nicht ihr tatsächlicher Aufbau, immer weniger von den Leistungen eines menschlichen Wesens unterscheidbar wird. Da diese Simulationen heutzutage zumeist mit Hilfe von Computern erbracht werden, überrascht es nicht, daß der Computer selbst zur vorherrschenden »Maschinen«-Metapher des ausgehenden 20. Jahrhunderts geworden ist.

Es ist bezeichnend, daß dieses Computermodell bis vor kurzem ausschließlich entwickelt wurde, um jene Aspekte der menschlichen Intelligenz zu erklären, die bewußt, rational und hauptsächlich verbal sind. Die kartesianische Agenda, welche Logik, Sprache und Verstand zu den ausschlaggebendsten und entschieden interessantesten Attributen des Menschen erklärt, wurde fraglos übernommen. Und deshalb waren es diese Aspekte unserer Leistung, die eine Erklärung verdienten. Die Tatsache, daß der Geist *verkörpert* ist und daß das Körper-Geist-Gehirn-System als ganzes Intelligenz besitzt, wurde völlig ignoriert. Und obwohl diese Modelle sehr viel ausgeklügelter wurden als Ramóns Roboter, brauchten sie ausnahmslos immer noch einen *echten* menschlichen Geist, um sie in Gang zu bringen, zu programmieren und ihnen beizuspringen, wenn sie ins Stocken gerieten.

In beiden dieser Familien bildlicher Vorstellungen sorgte die anhaltende Trennung des Lagerhauses vom Lagerhalter, des Computers vom Programmierer dafür, daß das »Bewußtsein« seinen unhinterfragten Status als Sitz der Macht und Fenster der Beobachtung beibehielt. Bewußtsein galt nicht als eine Manifestation der Arbeitsweise eines von Natur aus aktiven und intelligenten Systems, sondern als der »Geist in der Maschine«, ohne den die Maschine nur mit langweiligen Routinetätigkeiten zurechtkam. Betrachtet man die menschliche Psyche durch eine derart verzerrende Brille, dann nimmt es nicht wunder, daß die Philosophen seit 2 000 Jahren damit beschäftigt blieben, herauszufinden, was die Beziehung zwischen Körper, Gehirn, Geist und Bewußtsein sein könnte.

Dieser Mythos, den darzustellen ich mich bemüht habe, ist nicht nur begrenzt und partiell: Er ist dermaßen *falsch*, daß er im Geist jede Menge von Fehlern sprießen läßt, die uns auf die Jagd nach Hirngespinsten schicken und unser Leben elend machen. Zudem schirmt er uns noch von der Weisheit und Gelassenheit ab, die unser eigentliches Geburtsrecht sind. Man erzählt uns, »das Unbewußte« existiere entweder nicht oder sei, wenn es doch existiert, eine Art psychischer Jauchegrube, um die man sich höchstens dann zu kümmern brauche, wenn sie beginnt, allzu übel zu stinken, die sonst aber ruhig ignoriert werden könne. Und damit werden wir vertrieben, wenn nicht aus dem Paradies, dann doch aus einer Welt, in der Geheimnisse und Glauben die Quelle irdischer Wunder sind.

Die dritte allgemeine Metapher für den Geist genießt heutzutage erneute Popularität: Wenn ich in diesem Buch vom »Gehirn-Geist«

spreche, so ist das ein Beispiel dafür. Dieses Modell sieht den Geist als ein riesiges Netzwerk von Assoziationen, wie ein verknäueltes Fischernetz, oder in mehr »selbstorganisierenden« Versionen wie die spontan aktive Oktopuskolonie, mit der ich diesen Gedanken ins 4. Kapitel eingebracht habe. Die britischen empirischen Philosophen des 18. Jahrhunderts waren die ersten, die dieses Bild entwickelt haben, und zwar durch ihre Diskussion der »Assoziation von Ideen«. Wie wir gesehen haben, hat aber erst der kanadische Neuropsychologe Donald Hebb in den vierziger Jahren dieses Jahrhunderts ein Netzwerkmodell entwickelt, das ausdrücklich darauf zielte, den mysteriösen »Geist in der Maschine« des Ich auszutreiben.

Ein Teil der enormen Anziehungskraft, den diese Modelle des »neuralen Netzwerks« heute haben, besteht darin, daß sie den »Geist« wieder in seinen natürlichen biologischen Kontext einbetten. Sie verbinden ihn wieder mit dem Rest des Körpers und dessen Bedürfnissen und Fähigkeiten und verschaffen der Tatsache, daß die wichtigsten Lernleistungen und Entwicklungen des Geistes durch *Erfahrung* und nicht durch Worte zustande kommen, wieder Anerkennung als einem zentralen Aspekt des Geistes. Der vielleicht größte Vorteil dieser biologischen Bilder, welchen ich in diesem Buch herauszustellen versucht habe, ist der, daß sie die Menschen ermutigt haben, als Teil eines ganzheitlichen Ansatzes das Bewußte wieder mit dem Unbewußten zu verknüpfen. Dieser Ansatz gestattet uns auch, den Begriff des »Unbewußten« von denen zurückzufordern, die ihm einen vorwiegend pathologischen Sinn gegeben haben. Das Freudsche Unbewußte ist, wie ich aufzuzeigen versucht habe, nur ein kleiner, taktischer und relativ junger *Teil* des Unbewußten. Die Idee des Unbewußten zu nutzen, nur um Pathologie (oder auch Kreativität) zu erklären, wäre so, als kaufte man einen Tiger, um eine Maus zu fangen. Vielleicht kann er den Job erledigen, doch ist er zu Höherem bestimmt.

Der Mythos des Ich

Wir haben uns ziemlich ausführlich mit dem Mythos der Ichheit beschäftigt: mit dem Gedanken, daß jeder von uns ein individueller

Haufen beweglichen Fleisches ist, mit einem eigenen Geist, der sich zurechtfindet in einer Umwelt, *in* der dieser Geist sich befindet, *von* der er aber nicht ist. »*I, a stranger and afraid / In a world I never made*« (»Ich, ein Fremder voller Furcht / In einer Welt, die ich selbst nicht geschaffen habe«) – etwas in dieser Richtung. Soweit dieser Mythos uns als *getrennt* von unserer Umgebung darstellt, gibt er unsere fundamental ökologische Natur falsch wieder. Insofern der Mythos uns sagt, wir seien *dauerhaft*, das heißt, wir blieben im wesentlichen dieselben, während wir uns über die Seilbrücke der Zeit von der Geburt bis zu Tod vorantasten, lädt er uns eine immer schwerer werdende Bürde vergangener Eindrücke auf, die wir respektieren und denen wir gehorchen müssen, wie unangemessen auch immer sie in bezug auf die Bedürfnisse jedes neuen, noch nie dagewesenen Augenblicks sein mögen. Soweit der Mythos jedem von uns ein Gefühl von *Urheberschaft* gibt, plaziert er in unsere Köpfe eine Art launischen Oberaufseher, einen Chauffeur des Körper-Geistes, der fahren kann, ohne irgendwelchen Einflüssen zu unterliegen: Damit wird die unbewußte Einheit von Welt-Körper-Geist geleugnet. Aus den Wurzeln dieser Trugschlüsse erwachsen viele unserer Schwierigkeiten[*].

Jedes dieser drei »Beine«, auf denen der Mythos vom Ich steht, strafen die Biologie und die Kognitionswissenschaft Lügen. In den ersten Kapiteln dieses Buches habe ich dargelegt, wie die evolutionäre Biologie und die langsam aufkommende Wissenschaft der »Systemtheorie« das Standbein der Getrenntheit abgesägt haben. Wie alle Lebensformen können wir nur existieren, weil wir *nicht* abgetrennt sind. Damit das Körper-Gehirn-Geist-System existieren kann, muß es auf vielfältige Weise gründlich und andauernd vom größeren Ökosystem durchdrungen sein, vom dem es in Wirklichkeit nur eine lokale Manifestation ist.

Auf ähnliche Weise hat die psychologische Forschung ein für allemal den Mythos vom Gedächtnis als einer potentiell zutreffenden

---

[*] Diese Formulierung von »Leiden« und seiner Ursache kommt offensichtlich der vom Buddha in der ersten und zweiten seiner »Vier Edlen Wahrheiten« gegebenen Formulierung sehr nahe.

und objektiven Aufzeichnung der Vergangenheit zu Grabe getragen. In einigen berühmten Versuchen hat der englische Psychologe Sir Frederick Bartlett 1932 gezeigt, wie Geschichten vom Gedächtnis systematisch umgeformt werden, damit sie konventionellen Erwartungen besser entsprechen. Neuere Untersuchungen von Augenzeugenaussagen zeigen, wie leicht es ist zu verändern, was scheinbar erinnert wird, indem man einfach die Art der Fragestellung ändert. Versuchspersonen, denen man einen Film von einem Autounfall gezeigt hatte, wurden aufgefordert, die Geschwindigkeit zu schätzen, die eines der Autos im Moment des Aufpralls hatte. Für diejenigen, die gefragt wurden:»Mit welcher Geschwindigkeit fuhr der Wagen, als er mit dem anderen zusammenstieß?« war die Geschwindigkeit in ihrer Erinnerung deutlich geringer als für diejenigen, die gefragt wurden:»Mit welcher Geschwindigkeit fuhr der Wagen, als er den anderen rammte?«

Tatsächlich sind Situationen, in denen wir einfach versuchen, uns so»objektiv« wie möglich zu erinnern, ziemlich selten. Normaler ist die Situation, in der wir versuchen, unser Gedächtnis zu benutzen, um jemand anderen – oder uns selbst – zu überzeugen, zu unterhalten oder zu beruhigen. Weit mehr als durch Aussagen im Zeugenstand oder psychologische Experimente werden Alltagserinnerungen durch Geschichten aus dem Anglerlatein»über den Riesenhecht, der mir entwischt ist« charakterisiert, durch die der Selbstrechtfertigung dienenden»Memoiren« eines Politikers oder die unterhaltsame Darstellung eines Zwischenfalls am Arbeitsplatz. Manchmal wird eine Situation ganz bewußt schief oder falsch dargestellt. Meist denken wir jedoch nur, wir seien genau, und sind dessen nicht gewahr, daß die Interessen des Ich-Systems als Hervorhebungen und Verzierungen eingeschleust werden. Das Gefühl der Dauerhaftigkeit, das zweite Standbein des Ich, kann nur dadurch erhalten werden, daß wir das Gedächtnis fälschlich als wirklichkeitsgetreue Aufzeichnung mißverstehen. In dem Augenblick, in dem wir zugeben, daß *Erinnern* eine gegenwärtige Aktivität ist, motiviert durch das flüchtige Zusammentreffen gegenwärtiger Belange, wird der Stuhl des»Ich« noch wackliger.

Der vielleicht entscheidendste Selbstbetrug des Ich ist die Einbildung unabhängiger Urheberschaft: es wähle aus und treffe Entscheidungen, die in gewissem Sinne »frei« sind, und es tue dies innerhalb der rationalen Arena des Bewußtseins. »Ich habe mich hingesetzt und über die Sache nachgedacht, und nach reiflicher Überlegung habe ich mich für den besten Weg des Vorgehens entschieden und mich entsprechend verhalten.« Hier besitzt das »Ich« einen guten Schuß Exekutivgewalt und hält sich darauf viel zugute. Wer oder was hat »nachgedacht«, »überlegt«, »sich entschieden« und »sich verhalten«? Natürlich »Ich«. Und wenn Sie Wert darauf legen, kann ich Ihnen auch zeigen, wie »Ich« dazu gekommen bin – das Ich bewahrt seine Schmierzettel, Erinnerungen an seine Gedankenprozesse, auf. Und so kann »Ich« Ihnen sagen (genau, wenn nicht gar erschöpfend), warum und wie »Ich« getan habe, was »Ich« tat.

Die Wissenschaft und ein wenig persönliche Reflexion werfen jedoch Zweifel auf an diesem vom »gesunden Menschenverstand« gemalten Bild. Wir haben schon an anderer Stelle gesehen, daß das, was Menschen im guten Glauben von ihrem Tun berichten, manchmal unvereinbar ist mit dem, was ein Beobachter sieht. Wir bieten plausible *Post-hoc*-Rechtfertigungen für das an, was wir getan haben, und im Gegensatz zu dem, was wir *denken*, beschreiben wir oft nicht zutreffend, wie es zu unseren Handlungen gekommen ist. Ambrose Bierce, ein amerikanischer Kolumnist und Erzähler aus dem 19. Jahrhundert, stellte den Mythos in seinem bissig-provokanten Buch »Aus dem Wörterbuch des Teufels« in Frage, und zwar mit seiner Definition des Verbs »entscheiden«, die folgendermaßen lautet: »sich dem Überwiegen eines Komplexes von Einflüssen über einen anderen unterwerfen«. Das Problem liegt darin, daß wir uns nur dann die bewußte Verantwortung für unsere Entscheidungen zuschreiben können, wenn wir beharrlich die Existenz oder auch nur die Möglichkeit *unbewußter* Einflüsse leugnen. Erst wenn wir das Bewußtsein als bruchstückhafte und unzuverlässige Bildschirmdarstellung erkennen, die von dem ihm zugrundeliegenden unsichtbaren biologischen System hervorgebracht wird, können wir dieses Verdienst nicht mehr so zuversichtlich beanspruchen.

Im nächsten Kapitel werden wir uns neuere wissenschaftliche Beweise für diese unbewußten Kräfte ansehen. Natürlich sind sie keine neue Entdeckung, sondern einfach eine Wiederanerkennung von etwas, das schon seit langem bekannt ist. So schreibt beispielsweise Thomas Hobbes:

> Ein hölzerner Kreisel, der von Knaben zu fortgesetztem Drehen angepeitscht wird und manchmal gegen die eine, manchmal gegen die andere Wand stößt, manchmal trudelt, manchmal Menschen gegen die Knöchel läuft, würde, wäre er sich der eigenen Bewegungen bewußt, glauben, das aus eigenem Willen zu tun, es sei denn, er fühlte, was ihn antreibt. Und ist etwa ein Mensch weiser, der hierhin läuft, um etwas Gutes zu tun, dorthin, um ein gutes Geschäft zu machen, und der die Welt damit belästigt, seine irrigen Ansichten aufzuschreiben und Antworten zu verlangen, weil er denkt, er tue dies aus keinem anderen Antrieb als aus seinem eigenen Willen, ohne dabei zu sehen, welche Peitschenhiebe seinen Willen verursachen?

Und der Philosoph Daniel Dennett fordert uns auf, über einen Augenblick ganz gewöhnlicher Innenschau nachzudenken:

> Erfolgen Entscheidungen willkürlich? Oder sind sie Dinge, die uns geschehen? Von gewissen flüchtigen Standpunkten aus betrachtet, scheinen sie die vorwiegend willkürliche Bewegungen in unserem Leben zu sein, die Augenblicke, in denen unsere Entscheidungs- und Handlungsfähigkeit voll zum Tragen kommt. Doch können wir auch sehen, daß diese selben Entscheidungen auf seltsame Weise außerhalb unserer Kontrolle liegen. Wir müssen warten, um zu sehen, wie wir uns in einer bestimmten Angelegenheit entscheiden, und wenn wir uns dann entscheiden, dann steigt unsere Entscheidung wie eine Luftblase, von wir wissen nicht woher, in unser Bewußtsein auf. Wir sind nicht Zeuge, wie sie *getroffen* wird, sondern nur Zeugen ihrer *Ankunft*. Das kann zu dem seltsamen Gedanken führen, daß das Zentrale Hauptquartier sich nicht dort befindet, wo wir als die bewußten Selbstbeobachter sind. Es liegt irgendwo tiefer in uns und ist uns unzugänglich. E. M. Forster tat den bekannten Ausspruch: »Wie kann ich wissen, was ich denke, bevor ich höre, was ich sage?« – die Worte eines Außenseiters, wie es scheint, der auf eine Meldung aus dem Inneren wartet.

Wenn wir jedoch darauf warten, bis eine Entscheidung sich uns präsentiert, woher kommt dann die Illusion von »Kontrolle«? Wie können wir (zumindest gelegentlich) wissen, was wir tun werden, wenn es nicht der bewußte Wissende ist, der *bestimmt*, was geschehen wird? Wiederum liefert uns Ambrose Bierce einen Hinweis mit seiner Definition des Begriffs »Absicht«:

Das Empfinden des Geistes für das Überwiegen eines Komplexes von Einflüssen über einen anderen: eine Wirkung, deren Ursache das unmittelbare oder entfernte Bevorstehen der Ausführung der beabsichtigten Handlung durch die Person ist, die der Absicht anheimfällt. (Wer diese Aussage entschlüsselt und genau versteht, wird feststellen, daß sie eine der wichtigsten und weitreichendsten Definitionen des ganzen Wörterbuchs ist.)

Der Kommentar von Bierce zu seiner eigenen Definition ist wahrlich zutreffend: Diese alternative Sicht der Absicht trifft unsere zeitgenössische Mythologie des Ich ins Herz. (Es stimmt auch, daß man eine Weile braucht, um diese Aussage zu verstehen.) Wir glauben, daß »Ich«, welches *Zeuge* der Absicht ist – der Erzähler, der sich auf das, was ins Bewußtsein aufsteigt, einen Reim macht –, auch das »Ich« ist, welches für die Formulierung der Absicht und ihre Ausführung verantwortlich ist. Doch was, wenn der Fluß von Aktivierung durch das unbewußte Gehirn-Geist-Netzwerk für die Formulierung von Plänen »verantwortlich« wäre und wenn das Netzwerk dies »ganz allein« tun könnte, ohne irgendwelche Hilfe vom Ich-System oder vom Bewußtsein? Und was, wenn in irgendeinem Zwischenstadium dieses fließenden, stillschweigenden Prozesses dem Bewußtsein eine Meldung darüber gemacht würde, wie die Dinge so laufen *und was schließlich dabei herauskommen könnte*: eine Zusammenfassung dessen, was »da unten« vor sich geht, sowie eine einstweilige *Voraussage* der generellen Stoßrichtung des Handelns, zu dem wir uns schließlich entscheiden könnten? (Aufgrund der Erfahrung mit seinen eigenen Kanälen und Mustern ist der Gehirn-Geist imstande, wohlbegründete Vermutungen darüber anzustellen, worauf der Fluß seiner Energie hinauslaufen wird. Und einige dieser Vermutungen – vor allem, wenn sie in einer noch so entfernten Beziehung zu einem Gefühl von Gefahr oder Bedürftigkeit stehen – sammeln genügend Aktivierung an, um als die Blase eines »Gedankens« oder als

Gefühl der Bereitschaft oder Vorahnung ins Bewußtsein aufsteigen zu können).

Wie kann ein Geist, dem eine Anschauung von sich selbst als im wesentlichen bewußt zu eigen ist – als Eisberg, der nur Spitze ohne die Masse unter der Wasseroberfläche ist –, sich diese Wahrnehmungen und Ahnungen erklären? Er kann sie nicht als Vorhersagen interpretieren und muß sie deshalb als *Kontrolle* verstehen, als die tatsächliche Quelle der Absicht, die dann das Handeln bestimmt, und nicht als provisorische Hypothese über das, was irgendwann in der Zukunft geschehen könnte. Unser Bewußtseinsmythos versetzt uns in die Lage einer Person, die am Ufer eines Flusses sitzt und beobachtet, welche Dinge da so vorbeitreiben. Nach einiger Zeit fällt dieser Person eine Regelmäßigkeit auf: Jedesmal wenn ein Korken vorbeitreibt, folgt ein Weilchen später eine Flasche. Um sich die Zeit zu vertreiben, erfindet unser Beobachter ein Spiel: Er tut so, als sähe er die Korken nicht und ruft dann und wann, vorgeblich aus heiterem Himmel, »Flasche!« – und siehe da, jedesmal, wenn er das tut, kommt tatsächlich eine Flasche dahergeschwommen. Nach einer Weile geht er so in seinem Spiel auf, daß er den Korken – das Signal – »sehen« kann, ohne das bewußt zu registrieren, und so »vergißt« er die Korken schließlich und wird Opfer seiner eigenen Vorspiegelung. Nun ist er von der Exekutivgewalt seines eigenen bewußten Geistes überzeugt, von seiner Autonomie und Autorität, und beginnt das, was er wirklich ist, mit diesem illusorischen Gefühl der Kontrolle zu identifizieren. »Seht her, ich kann ›Flasche‹ beschließen!«

»Entscheidungen« sind die Früchte eines Welt-Körper-Gehirn-Geist-Systems, von dem man grob gesagt so sprechen kann, als hätte es »Teile«, die »interagieren«. Doch ist es in Wirklichkeit ein Filigran von Prozessen, die so fein miteinander verwoben sind, daß man sie nicht auseinanderreißen kann, wie es die Sprache tut, wenn sie es in begriffliche Stücke zerbricht, ohne die vom System geschaffene Form zu verändern oder zu zerstören. Über der Erdoberfläche scheint ein Baum allein zu stehen, unterhalb der Oberfläche läßt sich die Unterscheidung zwischen Wurzeln und Erde, zwischen dem, wo »Baum« aufhört und »Untergrund« beginnt, nur schwer aufrechterhalten. Ein Gefühl für das eigene Unbewußte, für die Kraftquelle im Untergrund, ist auch ein Gefühl für diese Ungebrochenheit.

Dennoch besteht unsere Mythologie der Personen darauf, daß dieses nahtlose System von Wechselwirkungen zerbrochen werden *kann.* Und daher fordert sie eine Antwort auf die Frage:»Wer hat es getan?«–»Wer hat hier das Sagen?« Entweder ist es das »Ich«, an dem ich meine Identität (und deshalb mein Wohl und Wehe) festgemacht habe, oder es ist das »Nicht-Ich«, das Außen, die »Umwelt«. In dem einen Fall bin »Ich« frei, im anderen determiniert. Nachdem ich diesen falschen metaphysischen Schachzug getan habe, bin ich gezwungen, meine Wahrnehmungen und meine Prioritäten so hinzubiegen, daß ich ihn verteidigen kann. Die Handlungen und Einflüsse, über die »Ich« auch bei großzügigstem Einsatz meiner Einbildungskraft keine Kontrolle beanspruchen kann, behandle ich als unwichtig. Das Wachsenlassen von Fingernägeln ist weniger interessant als das Pflanzen von Narzissen. Im letzteren Fall kann das »Ich« so tun, als treffe es eine Entscheidung (darüber, wie ich die Narzissen anordne, welche Sorten ich kaufe). Der erstere ist zu regelmäßig und zu voraussagbar, als daß ich das Spiel »Ich hab das gemacht!« überhaupt spielen könnte. Und im Bereich meines sogenannten »Wollens« wähle ich schamlos alle Belege aus und putze sie heraus (natürlich unbewußt), die meine erfolgreiche Voraussage als freie Wahl und meine Fehlschläge als »Änderung meiner Meinung« erscheinen lassen.

Die Flucht vor dem reinen Verstand

In unserer Mythologie des Geistes werden Rationalität und skeptisches Denken zu »höheren« und verläßlicheren Fähigkeiten erklärt als Intuition und Vertrauen. Sie müssen es sein, weil sie zwangsläufig explizit, artikuliert und bewußt sind, während Ahnungen und Akte des Glaubens wie Blasen aus den dunklen Wassern des Nichtbewußten aufsteigen. Dennoch sollte die Tatsache, daß der Anspruch des Verstandes auf Vorrang sich häufig als trügerisch erweist, uns nicht veranlassen, aus dem Regen scheinbarer Rationalität in die Traufe der Launenhaftigkeit und Impulsivität des New-Age-Denkens zu hüpfen. Mit seinem Zelebrieren unschuldiger Formen der Erfahrung und des Vergnügens liefert das New Age ein willkommenes Gegenmittel gegen das pokergesichtige Image des Erwachsenseins, zu dem unsere Verehrung des in gedecktem Grau daherkommenden Verstandes geführt hat. Daß man solche einfachen Freuden wie Umarmungen, Ringelreihen und Geschichtenerzählen, die man zu Unrecht in das Reich der »Kindheit« verbannt hatte, aus der Verbannung zurückholt, kann nur gesund sein. Und verspürt man denselben Schauer von Furcht und Erregung, den Kinder beim Versteckenspielen erleben, wenn man sich am Wochenende auf das »Abenteuer« einer Encounter-Gruppe einläßt, dann ist das ebenfalls noch ein vergleichsweise harmloser Spaß – vorausgesetzt, man verfällt nicht der schon um die nächste Ecke lauernden Illusion, dies alles sei Teil eines großen Projekts der Selbstverbesserung. Betrachten wir eine Encounter-Gruppe als eine Art psychologische Achterbahn, auf der die Gelangweilten und Abenteuerhungrigen ihre Nervenstärke unter Beweis stellen können, dann wird so etwas wahrscheinlich keinen Schaden anrichten.

Die Probleme mit dem New Age entstehen, wenn es das Müsli mit der Plastikverpackung ausschüttet und die Notwendigkeit *guten* Denkens, *genauen* Denkens leugnet, wo dieses angebracht ist; wo es die reale Komplexität sozialer und moralischer Dilemmas leugnet und sich statt dessen für eine unkritische Akzeptanz alles Magischen ausspricht. Statt zu begreifen, daß spielerische Leichtigkeit das Gegenmittel gegen die gravitätische Überheblichkeit des Verstandes ist, setzen sich die Anhänger des New Age mit tierischem Ernst für *schlechtes* Denken, *verschwommenes* Denken ein, für das hartnäckige Mißverstehen wunderbarer Symbole und Legenden als buchstäbliche Wahrheit. Und so verteidigen sie den Wert von allem möglichen Hokuspokus, betrachten Horoskope und Tarotkarten als das Evangelium (und nicht als symbolische Erinnerungen an das Geheimnisvolle und Subtile).

Das führt zu einer hoffnungslosen Verwirrung der unterschiedlichsten Stränge des Diskurses, die man tunlichst getrennt halten sollte. Exakte Wissenschaft wie die Gaia-Hypothese von James

Lovelock wird mit der Geschichte und Symbolik der griechischen Göttin Gaia vermengt. Und unterhaltsame Allegorien und Mutmaßungen werden von denen, die davon angesprochen sind, sofort als profunde Wahrheiten verehrt, wenn sie nur den Anschein – aber auch nur den – von »Wissenschaftlichkeit« haben*. Die Frage, die *wir* nun bei den Hörnern packen müssen, ist: Was ist »das Unbewußte« – Faktum oder Fabel, Wissenschaft oder Hirngespinst?

---

* Der Spaß und die Herausforderung bestehen natürlich darin, herauszufinden, wo die Grenze zwischen dem einen und dem anderen liegt. Ein Zweifelsfall ist Rupert Sheldrakes »Mythos« (oder »Theorie«) der »morphischen Resonanz«. Nach Sheldrake ist unser Planet nicht nur ein Organismus im Sinn der Gaia-Hypothese, der imstande ist, Aspekte seines eigenen »Körpers« zu regulieren. Er sei vielmehr auch fähig zu »lernen«, so daß das, was wir für »Naturgesetze« halten, in Wirklichkeit »Gewohnheiten« sind, die die Natur im Laufe der kosmologischen Evolution angenommen hat. Siehe dazu: Rupert Sheldrake, Das schöpferische Universum. München 1993; und: Das Gedächtnis der Natur. München 1996.

19. Nichtbewußtheit – das eigentliche Mysterium

Hunderte von Hinweisen lassen uns folgern, daß es in uns in jedem einzelnen Augenblick eine unendliche Anzahl von Wahrnehmungen gibt, die nicht von Bewußtsein oder Reflexion begleitet sind ... Die Wahl, die wir treffen, entsteht aus diesen unbewußten Reizen, die, vermischt mit den Handlungen von Objekten und unserem körperlichen Inneren, uns eine Richtung der Bewegung angenehmer erscheinen lassen als eine andere.

Gottfried Wilhelm Leibniz

Ein seiner selbst bewußter Mensch kann nicht den bewußten Verstand benutzen, um seine eigene Ungeduld zu überwinden. *Zu diesem Zweck muß er sein Überzeugtsein von der überragenden Bedeutung seiner eigenen Bewußtheit und von der Reife seiner Verstandestätigkeit aufgeben; nur wenn er das tun kann, bleibt ihm Demütigung erspart... Die pathologische Überbetonung des Selbstbewußtseins hat während der letzten drei Jahrhunderte die gesamte abendländische Gemeinschaft zunehmend beeinflußt und ist tief in gesellschaftlichen und individuellen Gewohnheiten verankert.*

Lancelot Law Whyte

Die Vernachlässigung des Geheimnisvollen

Unsere zeitgenössische Mythologie des Geistes bringt uns dazu, dem »Bewußtsein« zuviel Gewicht und Macht zu verleihen und unsere unbewußte Seite zu unterschätzen und zu vernachlässigen. *Per definitionem* können wir das, dessen wir nicht bewußt sind, nicht wissen. Doch sind wir uns nicht mehr der wesentlichen Tatsache bewußt, daß viel von dem, was wir sind, unbewußt *ist*. Der kartesianische Zauberbann macht uns blind für unsere eigene Unergründlichkeit. Doch ob wir es wollen oder nicht: Wir müssen mit der Ahnung leben, daß unser bewußtes Leben von einem Mysterium umgeben ist und von diesem getragen wird, daß die Wahrnehmungen, derer wir bewußt werden, wie Blitze an einem dunklen Himmel sind. Im 15. und 16. Kapitel haben wir über zwei Arten »optionaler« Nichtbewußtheit gesprochen: einmal die »Ignoranz«, zu der die Anwendung verschiedener Arten taktischer Unaufmerksamkeit gehört, welche verhindert, daß bestimmte emotionale Hot spots des Gehirn-Geistes ins Bewußtsein treten; zum anderen die »Stupidität«, die eine allgemeinere Vergröberung und Verlangsamung der Wahrnehmung beinhaltet, was es möglich macht, unsere Erfahrungen weißzuwaschen und zu appretieren, bevor sie dem Bewußtsein vorgeführt werden. All diesen Erörterungen lag jedoch die Annahme einer dritten Form des Nichtbewußtseins zugrunde – des »Geheimnisses« in Zentrum der menschlichen Existenz, das wir niemals durchdringen können, das wir jedoch wertschätzen und für das wir empfänglich sein können. Drängten wir nur die Grenzen von »Ignoranz« und »Stupidität« zurück (wozu wir – sollten wir es wollen – durchaus fähig wären, wie ich im folgenden Kapitel darlegen werde), dann fänden wir paradoxerweise *sowohl* erhöhte Klarheit und Präzision des Geistes *als auch* ein wachsendes Gefühl für das unaufhebbare, undurchdringliche Mysterium direkt im Zentrum unserer Welt. Wir können der Quelle nahe genug kommen, um zu sehen, daß unsere Erfahrung aus einer unterirdischen Quelle hervorsprudelt, deren Herkunft zu erkennen uns nicht gegeben ist.

Die Entwirrung des Geistes

Wie kann ein derart verhexter und verwirrter Geist wieder mit seinen Grundlagen vertraut gemacht werden? Dafür gibt es zwei grundlegende Methoden: Die eine bedient sich unmittelbarer Erfahrung, und die andere verschiedener Arten der Beweisführung und Demonstration. Der erste Ansatz kann zu einer radikalen und sogar unumkehrbaren Veränderung der Wahrnehmung führen, der letztere kann solch einen Wandel nicht direkt herbeiführen. Doch der Weg des Verstandes ist nichtsdestoweniger nützlich, wenn nicht gar unerläßlich. Kann man den rationalen Geist mit der Idee anfreunden, daß er auf einem Fundament von Geheimnis beruht, dann mag er beginnen, sich für die Möglichkeit zu interessieren, diese »Hypothese« direkt zu erforschen, statt sich davor zu fürchten. Der zweite Weg kann eine Zufahrt zum Königsweg des ersten Ansatzes sein. In diesem Kapitel begeben wir uns auf den wissenschaftlichen Weg; wir werden uns darin einen Teil des wachsenden Beweismaterials für die »Weisheit« des Unbewußten ansehen. Im nächsten Kapitel werde ich zur Frage der direkten und persönlichen Erforschung auf dem Weg der Erfahrung zurückkehren.

Bevor wir in den empirischen Teich der Kognitionswissenschaft eintauchen, lohnt es immerhin, daran zu denken, daß unser Alltagsleben mit informellen Spuren – den Fußspuren des Unbewußten – übersät ist, die wir nur zu bemerken brauchen. So zeigen uns zum Beispiel *Versprecher* sehr deutlich, wie der Zensor manchmal seine Pflicht versäumt und in unserer Rede und unserem Tun Dinge zuläßt, die uns diskreditieren. (Ich erinnere mich daran, wie ich vor Jahren einmal einen ausgesprochen langweiligen Besucher durch meine Universitätsfakultät führen mußte. Nachdem ich zweieinhalb Stunden seinen weitschweifigen Monologen zugehört hatte, verabschiedete er sich und dankte mir, daß ich ihm meine Zeit geopfert hatte. »Oh«, sagte ich munter, »kein Vergnügen!« Das war eine Kreuzung von »Es war mir ein Vergnügen« und »Kein Problem«, die meine wahren Gefühle preisgab. Auf ähnliche Weise enthüllt unsere *Geistesabwesenheit*, wie wir manchmal die Kontrolle über unsere Handlungen an einen unbewußten »Autopiloten« delegieren, auch wenn das unangebracht ist. (Siehe die bekannte Geschichte von William James, der nach oben in sein Zimmer ging, um sich zum Abendessen umzuziehen. Er zog *alle* Kleider aus, streifte sich den Schlafanzug über und stieg ins Bett.)

Genauso kennen wir alle die Momente, in denen wir »zu uns kommen« und plötzlich bemerken, daß wir einen komplizierten Handlungsablauf bewältigt und alle möglichen Umwelthinweise registriert und berücksichtigt haben, ohne uns dessen bewußt zu sein oder auch nur eine Erinnerung an das zu haben, was wir getan haben. Und häufig scheint die ständige Verlagerung unserer emotionalen *Stimmungen* unerklärlich und unkontrollierbar. (Der Geschichtenerzähler läßt sich gewöhnlich noch eine Erklärung dafür einfallen, warum wir wütend sind; aber zu »erklären«, warum wir plötzliche Ausbrüche kreativer Energie oder einen Anfall von Schwermut haben, damit tut er sich meist schwer.) Im allgemeinen neigen wir dazu, die ungeheure Vielfalt von Hinweisen darauf, daß die »Kommandozentrale Bewußtsein« eben nicht das Kommando hat und oft genug nicht einmal weiß, was vor sich geht, zu ignorieren, beiseite zu wischen oder umzudeuten.

Wissenschaft als Mythenzerstörer

In jüngster Zeit hat die wissenschaftliche Erforschung des Geistes unsere Aufmerksamkeit auf eine Reihe zwingender Beweise für die Existenz, die Macht und die Tragweite unbewußter Prozesse gelenkt. Auch wenn Wissenschaftler fehlbar sind, oft kein Gespür für ihre eigene Mythologie haben und anfällig sind für unwillkürliche und manchmal sogar ganz bewußte Vorurteile in ihrer Arbeit, ist ihr Unterfangen jedoch der ehrenwerte Versuch, die Welt auf eine Art und Weise zu beobachten, die *relativ* frei von persönlichen Hoffnungen und Befürchtungen ist (denn mehr als das kann es niemals sein). In unserem alltäglichen Denken manipulieren wir die Fakten und leugnen, dies getan zu haben. Befürchten wir, daß die Welt einen Rand hat, dann *meinen* wir vielleicht, geradeaus zu segeln, während wir unmerklich, unwillkürlich, einen großen Bogen steuern. Navigieren wir auf diese Weise, dann mögen wir uns einbilden, die Theorie vom Rand der Welt einer ernsthaften Prüfung unterzogen zu haben, während wir uns in Wirklichkeit nur davor gehütet haben, abzustürzen.

Bei all ihrem Lavieren und ihren Kursänderungen mag die Naturwissenschaft schließlich wirklich einmal ihr Versprechen erfüllen, uns von diesen tiefverwurzelten Formen der Selbsttäuschung zu befreien. Da sie grundsätzlich geradeaus segeln will, korrigiert sie unseren »gesunden Menschenverstand« ständig. Und während jede neue Generation von wissenschaftlichen »Durchbrüchen« beginnt, auf die Kultur abzufärben, und dort zu einem neuen Mythos wird, arbeiten die Wissenschaftler schon wieder daran, diesen *ebenfalls* abzubauen und durch einen anderen zu ersetzen. Wenn ein Geist eine unangenehme Frage stellen kann, dann kann ein *wissenschaftlicher* Geist ohne Rücksicht auf menschliche Bedürfnisse oder Überzeugungen einen Weg ersinnen herauszufinden, ob nicht ein Körnchen Wahrheit darin steckt. (Darin liegt sowohl der Wert als auch die Gefahr der Naturwissenschaft. Sie ermöglicht uns, wie das Raumschiff Enterprise, »wagemutig in unbekannte Regionen vorzudringen«. Aber genau deshalb nimmt aufgrund ihrer Befreiung von der – von Mythen heimgesuchten – Welt der menschlichen Erfahrung auch ihr Sinn für Verantwortung und Ethik ab. Wie wir nur allzu gut wissen, kann ihre Kreativität prinzipienlos und ungezügelt werden und so Monstren gebären.)

So sind also die Naturwissenschaftler, zusammen mit den Dichtern, den Philosophen und den Mystikern Teil einer unheiligen Verschwörung: die Gesellschaft stets auf Trab zu halten, die Leute an das zu erinnern, von dem sie vergessen haben, daß sie es glauben. Sie daran zu erinnern, daß ihre für selbstverständlich gehaltenen Ansichten über das, was gesund, normal, offensichtlich, natürlich, richtig und real ist, nur menschliche Konstruktionen sind, zu denen es daher Alternativen gibt, und keine zeitlosen und absoluten Wahrheiten. In gelegentlichen Anfällen von Größenwahn (in denen sie einem der am weitesten verbreiteten Mythen der Naturwissenschaft selbst zum Opfer fallen) tun diese Leute so, als seien ihre Untersuchungen und ihre Theorien *tatsächlich* die »Realität«. Sie lassen sich vom Sirenengesang der »Letzten Wahrheit« und der »Weltformel« hypnotisieren und vergessen, daß sie bestenfalls eine Anschauung anbieten können, die ein wenig besser funktioniert und die vielleicht einen Teil des unergründlichen Ganzen wieder in den Blick bekommt, den der zuvor dominierende Mythos ausgeschlossen hatte. (Aus diesem Grund scheint die Naturwissenschaft stets gegen den Wind zu kreuzen; erzielt sie ihre langsamen Fortschritte doch nur durch eine endlose Serie von »trial and error«.)

Die Kognitionswissenschaft

Das von der wissenschaftlichen Psychologie unserer Tage dokumentierte Unbewußte unterscheidet sich stark von dem, was

Sigmund Freud und seine Psychoanalytiker-Kollegen im Wien des Fin de siècle sich darunter vorstellten. Ihr Unbewußtes war heiß und feucht; es brodelte von Lust und Haß; es war voller Halluzinationen, primitiv und irrational. Das Unbewußte der zeitgenössischen Psychologie ist freundlicher und sanfter, realitätsbezogener und rationaler, auch wenn es nicht gänzlich kalt und trocken ist.

Man könnte sagen, die besondere Verantwortung des Kognitionswissenschaftlers sei es, Psychomythologien aufzudecken und nachzuweisen und zu überprüfen (im Sinne von »testen«) und interessante Alternativen dazu zu konstruieren. Die Kognitionswissenschaftler konnten in jüngster Zeit demonstrieren, in welch großem Ausmaß unbewußte Prozesse eine wesentliche Rolle in jedem noch so belanglosen Augenblick unseres Lebens spielen. Einige ihrer Untersuchungsergebnisse betreffen das Funktionieren eines Geistes und eines Gehirns, die wir als »normal« bezeichnen würden, andere haben sich auf einige erstaunliche Phänomene konzentriert, die auftreten, wenn das Gehirn-Geist-System gestört ist.

Neurologische und klinische Beweise

In jüngster Zeit wurden bei einer Reihe von Patienten neuropsychologische Störungen klinisch untersucht, die, auch wenn sie für die Patienten selbst beängstigend oder behindernd waren, doch sehr interessante Fragen über das Unbewußte aufwarfen. Besonders bekannt sind heute jene Patienten, die am sogenannten »Blindsichtigkeits-Syndrom« leiden. Diese Patienten haben eine dauernde Gehirnschädigung, durch die sie zumindest in einem Teil ihres Gesichtsfeldes völlig erblindet sind. Das heißt, sie berichten, sie hätten keinerlei Erfahrung eines visuellen Geschehens, das sich innerhalb des »blinden Bereichs« abspielt. Um zur Rehabilitation dieser Patienten beizutragen, versuchen die Neurologen im allgemeinen zuerst einmal genau das Ausmaß und die Grenzen des blinden Bereichs zu lokalisieren. Das geschieht auf folgende Weise: Man setzt den Patienten vor eine große hohle Halbkugel, welche innen schwarz ausgemalt und mit kleinen Glühbirnchen bestückt ist, die einzeln nacheinander eingeschaltet werden können. Der Patient fixiert einen Punkt gerade vor sich, und der Neurologe fordert ihn auf, jeden Lichtfleck, den er entdeckt, zu melden. Blindsichtige Patienten verhalten sich genauso wie jede andere blinde Person in dieser Situation. Sie reagieren nicht, wenn ein Licht innerhalb des blinden Bereichs aufflammt, und melden jedes Licht, das außerhalb des blinden Bereichs liegt, und bestimmen seine Position richtig. Eines Tages jedoch, nachdem eine Neurologin ein Licht innerhalb der blinden Region hatte aufleuchten lassen (und wie vorhersagbar keine Reaktion erhalten hatte), stellte sie einem der Patienten eine absurde Frage. »Ich weiß, daß, soweit es Sie angeht, kein Licht zu sehen war«, sagte sie. »Aber, tun Sie mir doch den Gefallen, und sagen Sie mir … wenn dort ein Licht *gewesen wäre*, wo könnte das gewesen sein?« Der offenbar gutgelaunte Patient ging auf dieses Spiel ein – und wies mit großer Genauigkeit auf die Position des Lichtflecks, den er nicht »gesehen« hatte. Nachfolgende Tests bestätigten dieses außergewöhnliche Ergebnis. Das jeweilige »Erraten« der Positionen der (für die Patienten) imaginären Lichter war mehr oder weniger zielgenau. Und ihre Fähigkeit ist nicht nur auf die Lokalisierung einfacher Reize wie nackter Glühbirnchen beschränkt. Tony Marcel von der Universität Cambridge hat Patienten gefilmt, wie sie auf die Bitte des Versuchsleiters hin nach Objekten griffen, die sie nicht »sehen« konnten. Es zeigte sich, daß sie beim Ausgreifen die Stellung ihrer Hand automatisch der Größe und Form des »unsichtbaren« Objekts anpaßten.

Bei einer anderen Störung mit dem schwerfälligen Namen *Prosopagnosie* verlieren Menschen ihre Fähigkeit, selbst vertraute Gesichter wie die von Familienangehörigen und Freunden sowie von prominenten Persönlichkeiten zu erkennen. Wenn sie diesen Menschen begegnen oder wenn man ihnen Fotos von ihnen zeigt, zeigen sie kein offenkundiges Anzeichen des Erkennens. Zeichnet man jedoch ihre nichtverbalen Reaktionen auf, wie etwa die Größe ihrer Pupillen oder die Leitfähigkeit der Haut, dann stellt sich heraus, daß diese Patienten unbewußt *tatsächlich* zwischen Menschen unterscheiden, die sie kennen und die sie nicht kennen. Ihr »Körper« weiß, wer ihnen vertraut ist und wer nicht; der bewußte Geist weiß es nicht.

Auch bei Gedächtnisverlust, Amnesie genannt, gibt es Hinweise auf unbewußte Kognition. Gibt man einem Amnesiepatienten eine Liste von Wörtern zu lesen und zu memorieren und fordert ihn einige Minuten später auf, sich an die Wörter zu erinnern, dann wird seine erstaunte Antwort sein: »Wörter? Was für Wörter?« Nennt man ihm dann aber die ersten zwei oder drei Buchstaben von Wörtern, die auf der Liste standen, und fordert ihn auf, nicht sich zu erinnern, sondern einfach an ein Wort zu denken, das mit diesem Buchstaben beginnt, dann wird er das Wort nennen, das auf der Liste stand, und nicht irgendein anderes viel geläufigeres Wort, das nicht darauf gestanden hat. Das Sehen der Wörter auf der Liste hat offenbar eine gewisse Anregung im Gehirn hinterlassen, die die Richtung der Aktivierung beeinflußt, wenn der nachfolgende »Assoziationstest« durchgeführt wird, auch wenn keine Spuren zurückgeblieben sind, die dem Bewußtsein zugänglich wären.

Bei der halbseitigen Lähmung mit Agnosie verliert eine Person die Fähigkeit, die Aktionen einer Körperseite zu kontrollieren, und scheint doch auf gewisse Weise ziemlich ahnungslos zu sein, was mit ihr geschehen ist. Tony Marcel hat solche Patienten aufgefordert, ihre Fähigkeit zur Durchführung einer Reihe von Handlungen (zum Beispiel einen Strandball zu fangen, wozu die koordinierte Benutzung beider Hände wichtig ist) auf einer Skala von 1 bis 10 zu bewerten. Es war typisch, daß sie ihre Fähigkeiten weit überschätzten und sich die Noten 8 oder 9 gaben. Ihr bewußter Bericht über ihre eigene Geschicklichkeit scheint von der traurigen Tatsache ihrer Behinderung seltsam unberührt zu bleiben. Stellt man diesen Patienten jedoch eine indirektere Frage, dann kann man ein Niveau der Selbstkenntnis anzapfen, das zutreffender ist. Anstatt einen Patienten direkt zu bitten, die eigene Fähigkeit zu benoten, könnte man sagen: »Wenn ich im selben Zustand wäre wie Sie, wie gut wäre ich dann imstande, den Ball zu fangen?« Er würde Ihnen dann nur eine 1 oder 2 geben. Auf die Frage, warum er meine Fähigkeit so niedrig einschätze, würde er fröhlich erläutern: »Weil man dazu beide Hände braucht.« Oder würden Sie, um es spannend zu machen, statt der gewöhnlichen doktorhaften Art mit geheimnisvoller Miene und mit fast kindlicher Stimme fragen: »Ist dein Arm manchmal ungezogen?«, dann wird der Patient das Spiel mitspielen und Ihnen anvertrauen, daß der Arm tatsächlich häufig sehr ungezogen ist.

Eine der seltsamsten klinischen Wirkungen tritt bei Patienten auf, die vor allem zur Verhinderung der Ausweitung von epileptischen Anfällen einem chirurgischen Eingriff unterzogen werden, bei dem die Verbindung zwischen den beiden Hälften (oder Hemisphären) des Gehirns unterbrochen wird. Umfassendes Forschungsmaterial über solche Patienten mit »gespaltenem Gehirn« liegt vor, und die frühen Berichte waren Grundlage für die in Mode gekommene (und erheblich übertriebene) Assoziierung der linken Gehirnhälfte mit allem, was »schlecht« ist an rationaler, logischer Intelligenz, und der rechten Gehirnhälfte mit all den wundervollen Fähigkeiten wie Kreativität, Intuition, Imagination und so weiter. Wenn die New-Age-Anhänger etwas mögen, dann können Sie jede Wette darauf eingehen, daß sie es in der rechten Hemisphäre geortet haben.

Die »Split-brain«-Patienten zeigen einige bemerkenswerte Reaktionen, ausgelöst durch den Zusammenbruch der Kommunikation zwischen den beiden Gehirnhälften. Es trifft zu, daß bei rechtshändigen Patienten das Sprachvermögen in der linken Hemisphäre flüssiger und abstrakter ist als in der rechten. Fordert man einen rechtshändigen Patienten mit »gespaltenem Gehirn« auf, einen Punkt in der Mitte eines Bildschirms zu fixieren, und läßt ein zusammengesetztes Bild auf dem Schirm nur so kurz aufleuchten, daß die Augen sich nicht bewegen und das Bild abtasten können, dann wird die linke Hälfte des Bildes nur von der rechten Hemisphäre »gesehen« und umgekehrt. Zeigt also die linke Hälfte des Bildes einen schneebedeckten Vorgarten, und die rechte Hälfte eine Vogelkralle, dann nimmt die »linguistische« Gehirnhemisphäre nur den Vogel zur Kenntnis und die »nicht-linguistische« nur den Schnee. Fordert man die Versuchsperson nun auf, aus einer Reihe von Bildern die auszuwählen, die zu dem zuvor vorgeführten Bild passen, dann greift die linke Hand (die von der rechten Hemisphäre kontrolliert wird) nach dem Bild einer Schaufel, während die rechte Hand (die von der linken Hemisphäre kontrolliert wird) das Bild eines Huhns auswählt.

Die linke, sprachliche Hemisphäre sieht also die Vogelkralle, und sie sieht auch, wie die beiden Hände verschiedene Bilder auswählen. Aber sie weiß nichts von der Schnee-Szene, die zur Auswahl der Schaufel durch die linke Hand geführt hat. Fordert man die Versuchsperson nun auf, ihre Auswahl der Bilder zu erklären, dann wird sie etwas in diesem Sinne sagen:»Oh, das ist einfach. Sehen Sie, die Hühnerkralle paßt zu dem Huhn, *und man braucht eine Schaufel, um den Hühnerstall auszumisten.*« Der Geschichtenerzähler in der linken Hemisphäre macht sich an die Arbeit und braut zuversichtlich eine Geschichte zusammen, die eine *plausible* Erklärung dessen liefert, was geschehen ist. Sie basiert auf den Informationen, zu denen er Zugang hatte, ist aber keine *zutreffende* Erklärung, eben deswegen, weil der Erzähler keinen Zugang zu allen relevanten Fakten hat und nicht in Betracht zieht, daß er nicht alle Information haben könnte. Was in *ihrem* Bewußtsein ankommt, so nimmt die linke Gehirnhälfte an, muß auch schon alles sein, was es gibt, und so hält sie die von ihr aus dem Stegreif zusammenfabulierte Geschichte für die buchstäbliche Wahrheit. Dieses Verhalten des gespaltenen Gehirns macht sichtbar und dramatisiert, was auch im intakten Gehirn ständig geschieht. Es handelt sich dabei nicht nur um eine klinische Kuriosität, sondern um eine Parabel, welche das Verhältnis zwischen der bewußten Spitze und der unbewußten Masse des zerebralen Eisbergs offenbart.

Normale Sinneswahrnehmung

In der breiten Bevölkerung – unter Menschen ohne (klinisch diagnostizierten) Gehirnschaden – untersucht man die unbewußte Wahrnehmung unter zwei Aspekten. Den einen haben wir bereits erwähnt: die von Helmholtz im vorigen Jahrhundert aufgestellte These, die normale Sinneswahrnehmung stelle ganz allgemein»die Schlußfolgerung aus unbewußten Annahmen« dar. Wer noch explizite Belege dafür braucht, für den hat die Psychologie einen ganzen Haufen in Form von »optischen Täuschungen« auf Lager. Der »Trick« bei diesen optischen Täuschungen ist, daß die unbewußten Prozesse des Gehirn-Geistes dazu verleitet werden, »Schlußfolge-

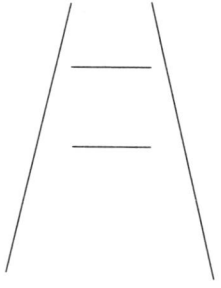

Die Ponzo-Täuschung

rungen« zu ziehen, die zwar vernünftig sind, sich in diesem speziellen Fall aber als falsch erweisen.

Ein Beispiel: Das Gehirn sieht auf einem Blatt Papier zwei gerade Linien, die nach oben hin konvergieren, und interpretiert sie unbewußt als zwei parallele Linien, die sich in die Ferne erstrecken – eine Schlußfolgerung, die im täglichen Leben in der Tat oft zutreffend ist. In Hinsicht auf diese Annahme werden dann *andere* Aspekte der Zeichnung interpretiert oder sogar so weit verzerrt, daß sie dieser »Theorie« entsprechen. Setzt man also zwei gleichlange horizontale Striche zwischen die Linien, einen weiter oben als den anderen, dann wird der höherstehende als »weiter entfernt« als der niedrigere interpretiert. Er wird deshalb vom Gehirn automatisch ein wenig länger gemacht (bevor die endgültige Schlußfolgerung dem Bewußtsein präsentiert wird), um die »Tatsache« zu »kompensieren«, daß er weiter entfernt ist als der andere. Das ist eine nützliche Kompensation, auf die wir uns ständig verlassen: Geht ein Mensch, den wir getroffen haben, weg, so schrumpft seine Größe in unserer »Wahrnehmung« längst nicht so schnell wie die Größe seiner Abbildung auf der Retina. Wir »wissen«, daß die Person nicht kleiner wird, und dieses Wissen macht sich in unserer bewußten Wahrnehmung als »Größenkorrektur« bemerkbar.

Sind wir unserer alltäglichen Fehler und Unsicherheiten der Wahrnehmung gewahr, dann brauchen wir keine extra dafür entwickelten Experimente, um uns diesen Punkt klar zu machen. In einem von Stimmengewirr erfüllten Raum höre ich, wie jemand meinen Namen ruft – nur um dann herauszufinden, daß da jemand »bye!« und nicht »Guy« gerufen hat. Ich nehme nebenbei einen Schluck aus einer Tasse »Tee«, die meine Frau mir freundlicherweise an meinen Arbeitsplatz gebracht hat, und er schmeckt ziemlich komisch, bis mir aufgeht, daß es sich tatsächlich um Kaffee handelt – und habe ich meine »Einstellung« entsprechend korrigiert, dann schmeckt er auf einmal köstlich wie immer. Ich sitze im stehenden Zug und sehe, daß der Bahnsteig sich in Bewegung setzt. Ich bin ärgerlich auf dich, weil du mir keine Beachtung schenkst – bis ich höre, daß du gerade eine schlechte Nachricht erhalten hast, und der Ärger verwandelt sich plötzlich in Fürsorge. Die Beweise für die Tatsache, daß ich in einer aus den »Schlußfolgerungen aus meinen unbewußten Annahmen« gewebten Welt lebe, sind, wenn ich sie nur bemerke, überwältigend.

Der andere Strang der Erforschung unbewußten Sehens ist umstrittener – die »unterschwellige Wahrnehmung«. Hier ist der »Seher« nicht nur seiner eigenen unbewußten Annahmen nicht gewahr, sondern läuft auch noch Gefahr, in seinen Bedürfnissen und Handlungen durch Ereignisse manipuliert zu werden, die außerhalb des Horizonts der bewußten Wahrnehmung stattfinden und die sich so – wie wir meinen – am Checkpoint des Bewußtseins vorbeischleichen.

Wir fürchten, den (gelegentlichen) Einflüssen besonders ausgeliefert zu sein, die wir nicht bewußt einschätzen und denen wir uns deshalb nicht entziehen können. Ende der fünfziger Jahre behauptete ein Werbestratege in New Jersey, er könne den Verkauf von Popcorn oder Coca-Cola in einem Kino drastisch steigern, indem er auf der Leinwand entsprechende Kaufaufforderungen aufblitzen lasse, zu kurz, als daß sie bewußt wahrnehmbar seien. Die Öffentlichkeit war empört und entsetzt, weil sie dies für den Beginn einer Technologie hielt, die »in die tiefsten und privatesten Teile des menschlichen Geistes eindringen würde, um dort alle möglichen Kratzspuren zu hinterlassen«. Die gute und die schlechte Nachricht, die sich jedoch aus wohldokumentierter Forschungsarbeit zu dieser Thematik ergibt, ist, daß Versuche, Menschen durch unterschwellige Einflüsse dazu zu bringen, sich auf eine Weise zu verhalten, wie sie es sonst nicht getan hätten, bemerkenswert wenig Erfolg zeitigen. Dies ist deshalb nicht nur eine gute, sondern auch eine schlechte Nachricht, weil sie offenbar ebenfalls auf die mit unterschwelligen Botschaften arbeitenden Selbsthilfe-Audiokassetten zutrifft, die angeblich mühelose Wege zur Verbesserung des Gedächtnisses, der Selbstachtung oder zum Lernen einer Fremdsprache im Schlaf anbieten.

Das implizite Gedächtnis

Es gibt heute viele Beweise für die Existenz des Phänomens des »Gedächtnisses ohne Bewußtsein« auch bei »normalen Menschen«, das ich oben im Zusammenhang mit der Amnesie beschrieben habe. Verhalten oder Gefühle lassen erkennen, daß Erinnerung vorhanden ist, während diese jedoch nicht in die bewußte Erfahrung tritt. Ein Alltagsbeispiel für dieses sogenannte »implizite Gedächtnis« zeigt sich beim Anschauen alter Filme im Fernsehen. Wenn der Film beginnt, hat man manchmal den Eindruck, diesen besonderen Film noch nicht zu kennen. Nach einer Weile jedoch fängt man an – immer noch ohne sich daran zu »erinnern«, den Film bereits gesehen zu haben –, die nächste Wendung des Handlungsablaufs oder sogar bestimmte Dialogpassagen mit erstaunlicher Genauigkeit voraussagen zu können. Erst ein Weilchen später verdichtet sich zuerst der Verdacht und schließlich die Erkenntnis, daß man diesen Film tatsächlich schon einmal gesehen hat. Die Erfahrung manifestiert sich zuerst in der Art und Weise, wie das Gehirn sich *verhält*, und erst in einem späteren Stadium als tatsächliche Erinnerung. Dieses Phänomen liefert, nebenbei gesagt, auch eine einfache Erklärung für die Déjà-vu-Erfahrung: Eine Person, die einen Film (oder einen anderen Handlungsablauf) tatsächlich zum ersten Mal sieht und (aus unerklärlichen Gründen) vom Handlungsablauf nicht überrascht ist, hat vielleicht auf der unbewußten Ebene nur ein paar zufällig zutreffende Vorhersagen über den wahrscheinlichen Ablauf gemacht. Sie kann ihre Fähigkeit, etwas vorauszusehen, dann für tatsächliche »Vertrautheit« mit dem Geschehen halten und deshalb »das Gefühl haben«, daß die

Geschehnisse, deren Zeuge sie ist, früher schon einmal stattgefunden haben.

Hypnose

Ernest Hilgard, der über viele Jahre das seltsame Phänomen der Hypnose erforscht hat, berichtet von einem erstaunlichen hypnotischen Effekt, den er den »verborgenen Beobachter« nennt. Hilgard erzählt von einer Hypnosedemonstration im Hörsaal, während der man einer hypnotisierten Versuchsperson suggerierte, sie sei vorübergehend taub. Während sie »taub« war, zuckte die Versuchsperson nicht zusammen, wenn man hinter ihrem Rücken eine Pistole abfeuerte oder Holzklötze laut zusammenschlug. Einer der Studenten fragte den Professor, ob die Versuchsperson der Geräusche nicht vielleicht doch irgendwie gewahr sein könnte, da ihre Ohren doch wohl weiterhin funktionierten. Daraufhin flüsterte der Professor der Versuchsperson leise ins Ohr:

Wie Sie wissen, führen bestimmte Teile des Nervensystems Funktionen aus, die außerhalb der bewußten Wahrnehmung liegen, wie zum Beispiel die Steuerung des Blutkreislaufs … Es könnte also auch intellektuelle Prozesse geben, derer wir nicht gewahr sind, ähnlich wie die, die in unseren Träumen Ausdruck finden. Obwohl Sie aufgrund der Hypnose taub sind, gibt es vielleicht einen Teil von Ihnen, der meine Stimme hört und diese Informationen verarbeitet. Sollte das der Fall sein, dann heben Sie bitte als Zeichen der Bestätigung den Zeigefinger der rechten Hand.

Zur Bestürzung des Hypnotiseurs hob sich der Zeigefinger. Unmittelbar danach sagte die hypnotisierte Person spontan, sie fühle, daß ihr Zeigefinger sich gehoben habe, *habe aber keine Ahnung, warum er das getan hätte*. Der Hypnotiseur hob daraufin die hypnotische Suggestion der Taubheit auf und fragte die Versuchsperson, was ihrer Ansicht nach geschehen sei. »Ich erinnere mich, daß Sie mir sagten, ich würde taub sein, wenn Sie bis drei gezählt haben, und ich würde wieder hören, wenn Sie mir die Hand auf die Schulter legten. Dann war eine Weile alles ganz still. Es war langweilig, einfach dazusitzen, weshalb ich mich mit einem statistischen Problem beschäftigte, an dem ich gerade arbeite. Ich war noch dabei, als ich plötzlich meinen Finger nach oben gehen fühlte.«

Hilgard hat die Existenz dieses »verborgenen Beobachters« durch viele Untersuchungen bestätigt. Ein weiteres Phänomen, das relativ zuverlässig induziert werden kann, ist die »hypnotische Analgesie«, die Blockierung der Schmerzempfindung durch hypnotische Suggestion. Bei einem Experiment konnte eine junge Frau in diesem Zustand eine Hand in einen Kübel mit Eiswasser halten, ohne irgendein Unbehagen zu verspüren. Sie bekundete verbal, keinen Schmerz zu verspüren, und sah dabei auch ganz entspannt und ruhig aus. Doch als man ihre andere Hand »aufforderte«, auf einem Fragebogen den Schmerz einzuschätzen, meldete »sie« (die andere Hand) ein erhöhtes und im wesentlichen »normales« Niveau von Unbehagen. Der Schmerz *wird* also auf irgendeiner Ebene registriert, doch die Präsentation dieses »Schmerzes« als bewußte (und unangenehme) Erfahrung ist blockiert. Irgendwie kann der Gehirn-Geist hypnotisch beeinflußbarer Menschen eine Decke von hemmender Aktivität über den Bereich legen, der von dem schmerzhaften Reiz angeregt wird, und diese Decke ist dick genug, um zu verhindern, daß die Aktivierung sich bis zu dem Ausmaß aufbauen kann, das für die bewußte Wahrnehmung nötig ist.

Anästhesie

Es gibt verblüffende Berichte darüber, daß Menschen in der Lage sind, auf Informationen zu reagieren, die sie während tiefer Narkose aufnehmen. Im allgemeinen geht man im Operationssaal davon aus, daß der Patient völlig »weggetreten« ist, was das Operationsteam manchmal dazu verleitet, ordinäre Bemerkungen oder Witze über den Patienten zu machen. Aber es scheint, als könne da irgend jemand irgendwo hellwach sein und beobachten, was vor sich geht. Eine Studie wurde mit Patienten durchgeführt, die sich einer Operation unterziehen mußten, welche als postoperative Komplikation oft Schwierigkeiten beim Wasserlassen nach sich zieht. Einer der Chirurgen sprach die Patienten, während sie noch unter Narkose standen, beim Namen an und sagte:

Die Operation ist gut verlaufen und wird bald beendet sein. Während der nächsten Tage werden Sie flach auf dem Rücken liegen müssen. Während sie so warten, bis sie wieder aufstehen können, wäre es eine gute Idee, wenn Sie die Muskeln im Beckenbereich entspannten. Das wird Ihnen helfen, Wasser zu lassen, so daß Sie keinen Katheter benötigen.

Die Resultate waren erstaunlich. Nicht ein einziger der Patienten, denen man in Narkose diese Suggestion gegeben hatte, brauchte während der Rekonvaleszenz einen Katheter, während man bei einer Kontrollgruppe, die diese Suggestion nicht erhalten hatte, in mehr als der Hälfte der Fälle einen Katheter legen mußte.

In einem anderen Versuch spielte eine Gruppe von Ärzten den narkotisierten Patienten ein Tonband vor, auf dem ihnen der Rat gegeben wurde:»Wenn nach der Operation jemand zu Ihnen kommt, um Sie nach Ihrem Befinden zu befragen, ist es sehr wichtig, daß Sie sich am Ohrläppchen ziehen, damit ich weiß, daß Sie dies gehört haben.« Während des postoperativen Gesprächs (in dem das Tonband und die Botschaft nicht erwähnt wurden) zogen sich mehr als 80 Prozent der Patienten, denen man die Botschaft vorgespielt hatte, am Ohrläppchen – die meisten von ihnen mehrfach.

Lernen

Neuere Experimente von Pawel Lewicki und seinen Kollegen an der amerikanischen Tulsa University liefern ein paar der bemerkenswertesten Belege für die Komplexität unbewußter Vorgänge beim Lernen. Wie wir schon an anderer Stelle in diesem Buch gesehen haben, ist der Gehirn-Geist so konstruiert, daß er aus der Masse der empfangenen Reize wiederkehrende Muster aufgreift und sich an diese »erinnert« – nicht als verbale Regeln oder Verallgemeinerungen, sondern als funktionelle Änderungen in der Arbeitsweise des Netzwerks. Die große Mehrheit dieser Muster passiert bei ihrer Ankunft nicht die Pforte des Bewußtseins, so daß, was immer man da gelernt hat, in der Regel nicht explizit zum Ausdruck kommt. Man kann zum Beispiel nachweisen, daß Menschen alle möglichen körperlichen Merkmale anderer benutzen, um zu intuitiven Urteilen über deren Charakter zu gelangen. Rotes Haar verweist auf einen aufbrausenden Charakter, ein runder Rücken auf einen Mangel an Selbstvertrauen, und so weiter. Dabei sind sich die so Urteilenden oft nicht bewußt, daß sie diese zweifelhaften Schlußfolgerungen getroffen haben, und wissen oft nicht einmal, daß sie an solche Korrelationen »glauben«.

Bei Labortests zeigte Lewicki seinen Versuchspersonen ein Gitternetz von Zahlen, und sie mußten so schnell wie möglich sagen, ob dieses Gitter eine ganz bestimmte Zahl enthielt, die an jeder beliebigen Position in dem Gitter auftauchen konnte. Die Versuchsperson wußte nicht, daß die ihr vorgestellten Schaubilder einige subtile Korrelationen zwischen der Position der Zielnummer und den Zahlen enthielt, mit denen man den Rest des Gitters ausgefüllt hatte. Standen beispielsweise eine 4 und eine 7 nebeneinander, dann konnte man die Zielnummer in der Mitte der obersten Reihe finden. War eine solche Korrelation gegeben, dann vermochten die Versuchspersonen das Ziel nach und nach schneller zu entdecken, obwohl sie bei späterer Befragung absolut kein bewußtes Wissen von dem Muster hatten, das sie als Hilfestellung benutzt hatten. Selbst wenn die Versuchspersonen mit den Tricks von Psychologen vertraut sind (wenn sie beispielsweise Kollegen an der Fakultät für Psychologie sind) und selbst wenn sie ausdrücklich aufgefordert werden, das Hintergrundmuster zu entdecken, sind sie dazu nicht in der Lage. Ja, sie leugnen sogar mit Nachdruck, daß es ein solches Muster überhaupt gibt – weil sie es nicht bewußt erfassen können.

Noch erstaunlicher ist, daß unbewußtes Lernen den Inhalt des Bewußtseins unverändert zu lassen scheint. In einer anderen Untersuchung befragten Lewicki und seine Mitarbeiter ihre Versuchspersonen nach deren Vorstellungen über den Zusammenhang zwischen Merkmalen des Gesichts (beispielsweise ein Bart) und persönlichen Eigenschaften (etwa unkonventionell, willensschwach und dergleichen). Daraufhin zeigte man ihnen eine Reihe von Fotos, die Korrelationen zwischen Persönlichkeit und Physiognomie enthielten, welche sich von denen unterschieden, die die Versuchspersonen genannt hatten, oder die in keiner Beziehung zu deren Aussagen standen. Man konnte nachweisen, daß die

Versuchspersonen diese Korrelationen zwar auf einer unbewußten Ebenen aufnahmen und davon Gebrauch machten, daß dieses Lernen jedoch keinerlei Einfluß auf die Anschauungen und Vorurteile hatte, die sie *bewußt* vertraten. Der unbewußte Gehirn-Geist geht weiterhin seiner Tätigkeit des Aufspürens von Mustern nach, ohne Rücksicht auf bestimmte Muster, die sich zuvor schon im Bewußtsein festgesetzt haben. Und das Bewußtsein hält an seinen Meinungen fest, auch wenn unbewußt gegenteilige Informationen aufgenommen und wirksam genutzt werden.

Nach Schilderung seiner langen Versuchsreihen zieht Lewicki folgende Schlußfolgerung (wobei ich ein wenig Psychologenjargon zu entschuldigen bitte):

> Der Großteil der »realen Arbeit«, sowohl bei der Aneignung kognitiver Verfahren und Fertigkeiten als auch bei der Durchführung solch kognitiver Handlungen wie der Verschlüsselung und Interpretation von Stimuli, erfolgt auf einer Ebene, zu der unser Bewußtsein keinen Zugang hat. Selbst wenn ein Zugang zu dieser Ebene existierte, könnte er in keiner Weise genutzt werden, weil die ... Komplexität auf dieser Ebene und ihre notwendige Verarbeitungsgeschwindigkeit erheblich über dem liegen, was unser bewußtes kontrolliertes Denken erfassen kann. Die »Verantwortlichkeiten« dieser unzugänglichen Ebene unserer Kognition sind nicht auf »alltägliche« Operationen beschränkt ..., sondern unmittelbar in (all) die ... auf hohem Niveau stattfindenden kognitiven Operationen eingebunden, die üblicherweise mit bewußtem kontrolliertem Denken assoziiert werden.

Gehirnaktivitäten

Der letzte Weg zur Untersuchung der unbewußten Arbeitsweise des Gehirns besteht in der direkten Messung seiner elektrischen Aktivität. Befestigt man Elektroden an der Kopfhaut, kann man die Variationen der Muster, die Lokalisierung und den Grad der Aktivierung messen, welche verschiedene Weisen der Verarbeitung begleiten. Benjamin Libet und seine Kollegen haben Menschen auf diese Weise verkabelt und sie dann aufgefordert, eine ganz einfache willkürliche Tätigkeit auszuführen, etwa die Finger einer Hand zu krümmen. Sie wurden auch gebeten, die Position eines sich bewegenden Farbflecks in genau jenem Moment zu notieren, in dem sie ihrer Absicht, die Finger zu krümmen, gewahr wurden – oder auch kurz vor dieser Bewegung. Libet war auf der Grundlage der elektrischen Gehirnwellen in der Lage vorauszusagen, wann diese Handlung stattfinden würde, und zwar eine halbe Sekunde bevor die betreffende Person selbst ihrer Absicht gewahr wurde. Hier haben wir die physiologische Bestätigung von Ambrose Bierces Definition von »Absicht« als Erfassen des unmittelbaren Bevorstehens einer Handlung. Hinter den Kulissen bestimmt der Gehirn-Geist, welche Handlung stattfinden soll und wann sie eingeleitet werden muß. Und ebenso wie er den Muskeln Botschaften schickt, sich zu bewegen, initiiert er auch Vorgänge, die vielleicht als eine bewußte *Voraussage* der Handlung enden, die bereits in Gang gesetzt ist. Das Bewußtsein jedoch, das nicht um seine eigenen Grundlagen weiß, nimmt diese Voraussage und deutet sie als Kontrolle.

Es gibt noch sehr viel mehr wissenschaftliche und alltägliche Beweise, die uns zeigen, daß das Bewußtsein für unsere Psyche viel marginaler ist und viel später in Erscheinung tritt, als es das aufgeblähte Bild, das es von sich selbst hat, uns glauben machen möchte. Das Bewußtsein tut viel weniger, als es behauptet, und rechnet sich dementsprechend viel mehr als Verdienst an, als gerechtfertigt ist. Indem es leugnet, was Henry James »den tiefen Brunnen unbewußter Gehirntätigkeit« genannt hat, ist das Bewußtsein dazu verdammt, wie der Kröterich von Krötinhall aus »Der Wind in den Weiden« mitten auf der Straße zu sitzen, »Tuut! Tuut!« zu rufen und heftig ein Lenkrad hin und her zu drehen, das mit – nichts verbunden ist.

20. Die Wiederheiligung des Unbewußten

Höre, Shariputra, Form ist Leere, und Leere ist Form, Form ist nicht verschieden von Leere, und Leere ist nicht verschieden von Form ... Alle Dinge – alle Formen – sind durch Leere gekennzeichnet. Sie werden weder geschaffen noch vernichtet.

Herz-Sûtra

Form ist die Welle, und Leere ist das Wasser. Daher ist »Form ist Leere, Leere ist Form« dasselbe wie »Welle ist Wasser, Wasser ist Welle« ... Eine Welle auf dem Ozean hat einen Anfang und ein Ende, eine Geburt und einen Tod. Doch sagt Avalokiteshvara, daß die Welle leer ist. Die Welle ist voller Wasser, doch leer eines unabhängigen Selbst. Eine Welle ist eine Form, die durch die Existenz von Wind und Wasser möglich wurde. Sieht eine Welle nur ihre Form, mit deren Anfang und Ende, dann wird sie Geburt und Tod fürchten. Sieht eine Welle jedoch, daß sie Wasser ist, und identifiziert sie sich mit dem Wasser, dann wird sie von Geburt und Tod befreit sein. Jede einzelne Welle wird geboren und wird sterben, das Wasser jedoch ist frei von Geburt und Tod.

Thich Nhat Hanh

Jeder Augenblick der Erfahrung entsteht, und wenn wir einzig und allein des Bewußtseins selbst gewahr sind, kann dieser Augenblick keine Grundlage, keine Geschichte, außer dem vorhergegangenen bewußten Moment haben. Wir müssen dann jede Welle als Produkt der vorausgegangenen Welle sehen und nicht als augenblicklichen Schnittpunkt vieler unsichtbarer Strömungen und Dünungen, von denen jede Teil eines unbeschreiblichen ozeanischen Systems ist und die alle ihre eigene Entstehungsgeschichte und ihr Bewegungsmoment haben. Unsere Empfindung jeder einzelnen brechenden Welle ist ganz anders, je nachdem, ob wir sie als für sich selbst existierend oder als Manifestation dieses unglaublichen Filigrans darunterliegender Kräfte ansehen – dessen, was David Bohm die »implizite Ordnung« genannt hat. Sehen wir nur Wellen, die geboren werden, interagieren, zusammenarbeiten, kämpfen, brechen und sterben, dann leben wir in einer Kosmologie. Sehen wir jedoch das Meer als ein Ganzes und die Wellen als vergängliche Formen, die das Ganze annimmt, die jedoch nicht vom Ganzen getrennt sind – und nie sein können –, dann leben wir in einer ganz anderen Welt. Um in dieser zweiten Welt zu leben, müssen wir nicht zwangsläufig den Ozean verstehen. Man muß kein Experte in Flüssigkeitsmechanik, Ozeanographie oder Meeresbiologie sein. Es ist nicht erforderlich, eine Theorie darüber zu haben, wie das Meer »funktioniert«. Man muß nur zutiefst wissen, was das Meer *ist*, muß ein Gespür für die unsichtbare, unpersönliche, uralte Kraft unter der Oberfläche der Wellen haben. Das genügt.

Im vorigen Kapitel habe ich ein paar der Beweise für die Allgegenwart unbewußter mentaler Prozesse und Kräfte angeführt. Diesem alt-neuen Verständnis des Geistes *zuzustimmen* führt jedoch an sich noch nicht zu einem unmittelbaren Wahrnehmungssalto in eine qualitativ andere Weltanschauung – ebensowenig wie das Verstehen von »Müßiggang ist aller Laster Anfang« automatisch dazu führt, daß wir nicht mehr faulenzen. Etwas *über* die Bedeutung des Nichtbewußten zu wissen kann unser Interesse daran wecken, es unmittelbarer kennenzulernen, und uns für eine neue existentielle Frage öffnen. Intellektuelles Wissen ist jedoch nur der Reiseprospekt, nicht der Ferienaufenthalt selbst. Wenn naturwissenschaftliche Beobachtung das Bewußtsein auch an die dunklen Wasser erinnern kann, auf denen es schwimmt, so braucht es doch einen Augenblick mystischer Einsicht, um uns eine unmittelbare ehrfurchtgebietende Erfahrung des unergründlichen Abgrunds zu vermitteln, über dem das Bewußtsein schwebt. Die Identifizierung der Person mit dem Bewußtsein ist eine der Annahmen, die im Zentrum des Ich-Systems sitzen. Ist die Wahrnehmung flußabwärts von dieser Annahme, dann kann der Geist nicht anders, als seine dunklen Wurzeln zu ignorieren. Wäre es jedoch, wenn auch nur für einen Augenblick, möglich, einen Sprung an einen Ort stromaufwärts von diesem besonderen Dualismus zu tun, dann würden wir unser biologisches Geburtsrecht am Mysterium und auch an unserer Zugehörigkeit zu ihm wiedergewinnen.

Die Qualität mystischer Erfahrung

Religiöse oder mystische Erfahrung entsteht aus einer subtilen, jedoch bedeutungsvollen Verschiebung in der Funktionsweise des Gehirns. Wird das Ich-System aus dem Gesamtkreislauf herausgenommen, kehrt der Gehirn-Geist automatisch zu einer Weise des Funktionierens zurück, in der die bewußte Erfahrung, die er hervorbringt, mystische Erfahrung *ist*. Um zu zeigen, wie dies geschieht, müssen wir uns daran erinnern, welche Eigenschaften diese Erfahrungen gemeinsam haben. Obwohl die Berichte von solchen Erfahrungen oft tastend sind – Unaussprechlichkeit ist in der Tat eines der Merkmale religiöser Erfahrung – und obgleich die gewählte Sprache erheblich vom kulturellen und weltanschaulichen Bezugsrahmen des Schreibenden abhängt, gibt es dennoch einige gemeinsame Merkmale, die durch alle diese Versuche, das Wesen dessen, was da geschehen ist, zu begreifen und auszudrücken, hindurchscheinen. Ich will mit einigen relativ modernen Berichten beginnen, da deren Sprache für uns transparenter ist.

Betrachten wir zunächst dieses kleine Juwel eines Gedichts von W. B. Yeats, entnommen seiner längeren Serie von Versen mit dem Titel »Vacillation«, die er etwa 1933 verfaßt hat.

My fiftieth year had come and gone,
I sat, a solitary man,
In a crowded London shop,
An open book and empty cup
On the marble table-top.

While on the shop and street I gazed
My body of a sudden blazed*;*
And twenty minutes more or less

It seemed, so great my happiness,
*That I was blessed and could bless.**

Erstens kommt die mystische Erfahrung oft wie ein Blitz aus heiterem Himmel – man sitzt vielleicht in einem Lokal oder, wie wir gleich sehen werden, in einem Nahverkehrszug. Für eine Erfahrung von so unerhörter Bedeutung scheint es keine bewußte Vorbereitung zu geben. Zweitens sind solche Erfahrungen oft zeitlich begrenzt: Sie dauern gewöhnlich von etwa einer Minute bis zu einer Stunde oder zwei. Drittens taucht eine grundlose Freude, Ekstase, Seligkeit auf wie ein unverdienter Segen, die doch alles durchflutet, was wir sehen und was geschieht. Viertens ist da gleichzeitig das Gefühl, mit einer Art von Heiligkeit und Weisheit begnadet zu sein. Yeats war nicht nur gesegnet, er »konnte segnen«. Und schließlich ist da die Empfindung einer ungewöhnlichen körperlichen Energie und Intensität der Wahrnehmung, die oft, wie hier, mit einer Feuermetapher oder mit einer des Lichts zum Ausdruck gebracht wird.

Der nächste Bericht ist um so eindrucksvoller angesichts des total gewöhnlichen Rahmens eines überfüllten Vorortzuges an einem trüben Abend. Auch hier berichtet der anonyme Autor von der Freude und Energie, aber er stellt ins Zentrum seiner Erinnerung ein anderes Schlüsselmerkmal der mystischen Erfahrung: eine inbrünstige, selbstlose und alles einschließende Liebe und eine Empfindung der Verwandtschaft mit den Mitmenschen.

Der Bahnhof Vauxhall an einem trüben Samstagabend im November ist nicht gerade der Rahmen, den man sich für eine Offenbarung Gottes aussuchen würde!... Das Abteil dritter Klasse war voll besetzt. Ich kann mich nicht an irgendeinen bestimmten Gedankengang erinnern, der zu dem großen Augenblick geführt haben könnte ... Nur für wenige Sekunden (nehme ich an) war das ganze Abteil von Licht erfüllt... Ich war völlig hingenommen von dem wunderbaren Gefühl, in einem liebevollen, triumphierenden, strahlenden Sinn aufgehoben zu sein. Niemals

---

* Mein fünfzigstes Jahr, es kam und verrann, / Da saß ich für mich, ein einsamer Mann, / In einem vollen Londoner Lokal, / Ein offenes Buch und ein leerer Pokal / Vor mir auf der marmornen Tischplatte. // Auf Lokal und Straße ruhte mein Blick, / Da *loderte* mein Körper in einem Augenblick; / Und etwa zwanzig Minuten lang / Schien mir, so groß war der Seligkeit Überschwang, / Daß ich gesegnet war und segnen konnte.

habe ich mich demütiger gefühlt, niemals verzückter. Ich war ergriffen von einer überaus eigenartigen, überwältigenden Empfindung, die mich mit Ekstase erfüllte. Ich fühlte, daß alles gut war mit der Menschheit ... Alle Menschen waren strahlende, wundervolle Wesen, die am Ende in unglaubliche Freude eintreten würden ... Das geschah vor nunmehr mehr als fünfzig Jahren, doch selbst heute noch kann ich mich in der Ecke dieses schäbigen Abteils dritter Klasse sitzen sehen, das schwache Licht der Gas-Glühstrumpflampen an der Decke und den Bahnsteig Vauxhall draußen, auf dem Milchkannen standen. In wenigen Augenblicken war die Glückseligkeit vergangen – bis auf ein sonderbares nachklingendes Gefühl. Ich liebte alle Menschen in diesem Abteil. Es klingt heute verrückt, und ich erröte in der Tat, während ich das niederschreibe, aber ich glaube, in diesem Augenblick hätte ich für jeden der Menschen in diesem Abteil sterben können. Ich fühlte ihrer aller goldenen Wert.

Die Psychologie der mystischen Erfahrung

Es ist bezeichnend für zeitgenössische Berichte von mystischen Erfahrungen, daß sie oft versuchen, diese in psychologischen Begriffen darzustellen. Viele der traditionellen Beschreibungen bedienen sich statt dessen eines religiösen Vokabulars, das eine transzendente »Wirklichkeit« oder die Gnade Gottes beschwört. Die Erfahrung wurde als eine Offenbarung der absoluten Wahrheit, ein Einblick in das »wahre Wesen« der Dinge interpretiert, so als sei ein Vorhang zur Seite gezogen worden. Auch wenn diese Sprache ebenso gültig ist wie eine stärker innerliche, psychologische, und oft an Anklängen reicher und poetischer ist als die psychologische, so ist sie doch weniger hilfreich, wenn es darum geht, die mystische Erfahrung als ein Phänomen des Geistes zu verstehen. So bedient sich beispielsweise der folgende Bericht sowohl der Sprache göttlicher Offenbarung als auch der Bilder innerer Zustände in dem Bemühen, etwas von dieser Erfahrung wiederzugeben. Alles überragend ist jedoch das Gefühl, zu wissen, und nicht zu wissen, was es ist, das man weiß, einen flüchtigen Einblick in etwas zu haben, das zugleich tiefgründig und auf unauslöschliche Weise geheimnisvoll ist.

Es war, als sei plötzlich eine Tür in meinem Geist geöffnet worden ...
Ich erhielt einen flüchtigen Einblick in etwas, das ich nur als das Königreich Gottes bezeichnen kann. Für einen Augenblick schien alle Zeit
still zu stehen. Es war, als blickte ich abwärts in eine große Halle, doch
anders als eine irdische Halle entzieht sie sich aller Beschreibung. Es
war wie eine Intuition der Unendlichkeit ... da lagen die Antworten auf
die Geheimnisse des menschlichen Lebens und der Existenz des Universums. Und wenn ich diese Geheimnisse schon nicht verstehen
konnte, so konnte ich doch wenigstens wissen, daß es etwas jenseits des
Alltäglichen gibt ... Dann wurde die Tür leise wieder geschlossen, und
die Vision schwand dahin wie ein Traum.

Auch William James griff auf die Sprache der Religion und die der
Psychologie gleichzeitig zurück in dem Versuch, seine eigene mystische Erfahrung zu begreifen. Und er bringt uns einen Schritt weiter mit der entscheidenden Annahme, daß das, was Zugang zu dieser Erfahrung verschafft, nicht das plötzliche Ergreifen (oder das
Ergriffen*werden* von) einer höheren Macht ist, sondern die Tatsache, daß die normalen, alltäglichen Gewohnheiten der Wahrnehmung und des Erkennens aufgehoben sind.

Bei einer Anzahl von Gelegenheiten habe ich gefühlt, daß ich eine Periode intimer Gemeinschaft mit dem Göttlichen genossen hatte. Diese
Treffen kamen ungefragt und unerwartet und schienen bloß im zeitweiligen Vergessen alles Konventionellen zu bestehen, das mein Leben
gewöhnlich umgibt und bedeckt.. Was ich bei diesen Gelegenheiten
fühlte, war ein zeitweiliger Verlust meiner eigenen Identität.

Die mystische Erfahrung ist also nicht eine Sache der »Addition«
sondern der »Subtraktion«, insbesondere der Subtraktion des Ich-
Empfindens vom Wahrnehmungsprozeß. Wo das Ich-System zuvor
gewohnheitsmäßig die Erfahrung durch seine eigenen Wünsche
und Ängste verfälscht hat, geschieht dies plötzlich nicht mehr.
In »Die Vielfalt religiöser Erfahrung« zitiert James die Reflexion eines J. A. Symonds, die uns auf dem psychologischen Pfad
einen weiteren Schritt voranbringt. Er wird nicht der Alles-oder-
Nichts-Aufhebung der normalen Regeln gewahr, sondern eines un-
willkürlichen, in der Zeit ablaufenden Prozesses, in dem sich verschiedene *Schichten* des Ich-Systems schrittweise auflösen, bis der
gesamte »Inhalt«, die Eigenschaften und Charakteristika des Ich,

verschwunden sind und nur noch die Grundform übrigbleibt. Und auch diese ist auf der Kippe zum Verschwinden.

Plötzlich,... glaube ich, wenn meine Muskeln in Ruhe waren, fühlte ich die Stimmung nahen ... Sie bestand in einem gradweisen, aber langsam zunehmenden Vergessen von Raum, Zeit, Gefühl und den vielfältigen Faktoren der Erfahrung, die dasjenige zu qualifizieren scheinen, was wir gerne unser Selbst nennen. In dem Maße, in dem diese Bedingungen des normalen Bewußtseins abgezogen wurden, nahm das Gefühl für ein darunterliegendes oder wesentliches Bewußtsein an Intensität zu. Schließlich blieb nichts zurück als ein reines, absolutes, abstraktes Selbst. Das Universum wurde formlos und entleerte sich jeden Inhalts. Aber das Selbst blieb bestehen, ungeheuer in seiner lebendigen Schärfe, mit dem Gefühl des schmerzhaftesten Zweifels hinsichtlich der Realität, wie es schien, bereit, die Wirklichkeit wie eine Seifenblase um sich herum zerplatzt zu finden. Und was dann? Die Wahrnehmung einer bevorstehenden Auflösung, die wütende Überzeugung, daß dieser Zustand der letzte Zustand des bewußten Selbst war, das Gefühl, daß ich dem letzten Faden des Seins bis zum Scheitel der Tiefe gefolgt war.

Die Aufhebung des Ich

Die Vorstellung, daß diese »veränderten Bewußtseinszustände« sich aus einer Verschiebung der inneren Perspektive ergeben, läßt sich natürlich mit der Ansicht vom Geist in Übereinstimmung bringen, die ich in diesem Buch entwickelt habe. Das Ich-System ist weder biologisch vorgegeben, noch ist es eine einzige, »monolithische« Entität. Es ist eine Ansammlung von erworbenen Anschauungen, die, obwohl sie nicht wirklich »wahr« sind – das heißt, daß sie auf nichts »Wirkliches« verweisen –, nichtsdestoweniger die Fähigkeit haben, die Funktionsweise ihres Wirts, des Gehirn-Geist-Systems, zu verändern, besonders die Art und Weise, in der es Erfahrung erzeugt. Werden Teile dieses Ich-Systems also kurzgeschlossen, aus irgendeinem Grund vom Rest des aktiven Netzwerks isoliert, so ist es daher absolut möglich, daß ihr Einfluß aufhört und die Qualität der Erfahrung sich automatisch ändert. Die Art dieser qualitativen Verschiebung würde ganz davon abhängen, welche Teile des Ich-Systems abgeschaltet wurden.

Ist es der Geschichtenerzähler, der unermüdliche Kommentator und Kritiker, der aus dem Kreislauf ausgeschaltet wird, dann hört sein unaufhörliches Geschwätz auf, und der Geist fühlt sich frischer, ruhiger, unmittelbarer. Statt in einer bewußten Welt zu leben, die zerpflückt wird von halbgehörten Schlußfolgerungen und Urteilen, wird man eines Friedens und einer großen Einfachheit gewahr. Wird dann zusätzlich noch der Nervenknoten der ichbezogenen Bedürfnisse abgeschaltet, wird der Geist nicht nur weniger unruhig, weniger aufgewühlt. Dann können andere, tiefer gründende Dünungen des Geistes mit großer Klarheit an die Oberfläche treten. In den Untergrund abgedrängte Prioritäten treten wieder an die Oberfläche – man erinnert sich an Werte wie Liebe, Vertrautheit und Zugehörigkeit –, und die Bewegungen des Gehirn-Geistes reflektieren unmittelbar diese wiederaufsteigenden Motivationen. Die Welt sieht anders aus, und man verhält sich anders.

Hilfsbereitschaft und Großzügigkeit gehören zu unserem Bestand an grundlegenden Prioritäten, und der Gehirn-Geist ist dafür konstruiert, die entsprechenden subtilen Berechnungen anzustellen. Freundlichkeit ist keine Option; es liegt in unserer Natur, freundlich zu sein, weil die anderen Mitglieder unserer Spezies unsere Verwandten sind. Das heißt nicht, daß Großzügigkeit bei dem innerlichen Feilschen, welches der Gehirn-Geist so gut beherrscht, immer »gewinnt«. Es bedeutet, daß sie immer im Raum steht, wenn ein Handlungsablauf diskutiert wird. Ist jedoch das Ich-System eingeschaltet, dann mag die Stimme des Mitgefühls im Lärm der persönlichen Bedürfnisse untergehen. Die Wiedererkennung klarer, selbstloser, nichts fordernder Liebe ist deshalb *zwangsläufig* ein Aspekt der mystischen Erfahrung, in der uns das Gequengele der Ichbezogenheit einmal erspart bleibt.

Ohne die Abwehrmechanismen und das *un*aufgeklärte Eigeninteresse des Ich-Systems steht es dem Gehirn-Geist frei, jene »Bedrohungen« des Gleichgewichts des Organismus zu registrieren, die sich aus dem Leiden und der Mühsal anderer ergeben. Das Leiden der Welt muß nicht mehr durch Mittel, die das Ich schützen sollen, weggedrängt werden.

My joy is like spring, so warm it makes
Flowers bloom in all walks of life.
My pain is like a river of tears, so full it
Fills up the four oceans.
Please call me by my true names,
So I can hear all my cries and my laughs at once,
So I can see that my joy and pain are one.
Please call me by my true names,
So I can wake up,
And so the door of my heart can be left open …[*]

Eines der Grundmerkmale des gesamten menschlichen Körper-Gehirn-Geist-Systems ist, wie Sie sich erinnern werden, daß es ein *System* ist. Wir sind fundamental ökologisch, können nur existieren, weil wir ständig für unsere Umwelt offen sind. Würden wir nicht bis ins Innerste von Luft, Energie und Vegetation durchdrungen, dann würden wir nicht *sein*. Und doch ist eine der Grundannahmen des Ich-Systems, daß es getrennt und (zumindest teilweise) autonom ist. Während das Ich eingeschaltet ist, haben wir von uns selbst den Eindruck, unabhängiger zu sein, als wir das biologisch tatsächlich sind. Sobald das Ich aus der Gleichung herausgenommen wird, sind wir natürlich wieder imstande, unsere wechselseitige Abhängigkeit, unsere Ökologie zu spüren. Die mystische Erfahrung ist demnach eine Erfahrung, in der das nagende Gefühl der *Sehnsucht* durch das unerschütterliche Gefühl der *Zugehörigkeit* abgelöst wird. »Die Welt ist unsere Mutter«, eine Aussage, die bei den amerikanischen Indianern immer wieder auftaucht, ist dann nicht länger ein poetisches Bild; wir wissen ohne den Schatten eines Zweifels, daß dies die buchstäbliche, wissenschaftliche Wahrheit ist.

---

[*] Meine Freude ist wie der Frühling, so warm, / Daß sie Blumen erblühen / läßt auf allen Lebenswegen. / Mein Schmerz ist wie ein Strom von Tränen, so voll, / Daß er die vier Weltmeere füllt. / Bitte, nenn mich bei meinen wahren Namen, / Auf daß ich alle meine Schreie, / All mein Lachen auf einmal hören kann, / Auf daß ich meine Freude, meinen Schmerz / Als eines sehen kann. / Bitte, nenn mich bei meinen wahren Namen, / Auf daß ich erwachen kann / Und das Tor meines Herzens offen stehen lassen kann. (Auszug aus dem Gedicht »Please call me by my true names« des vietnamesischen buddhistischen Meisters Thich Nhat Hanh.

Wie man seine Hemmungen verliert

Alle diese Facetten mystischer Erfahrung ergeben sich mühelos aus dem von mir bisher entwickelten Modell des Gehirn-Geistes. Wie jedoch steht es mit der Erfahrung des Mystikers von *Intensität*, von Freisetzung von »Energie«, die sich im physischen wie im mentalen Bereich als ein plötzliches Aufwallen von Kraft und Präsenz manifestiert? Warum »lodert« der Körper und glüht die Wahrnehmung von einem von innen ausstrahlenden Licht? Die Antwort liegt in der Art und Weise, wie das Ich-System sich auf den Rest des Gehirn-Geistes auswirkt. Seine »Bedürfnisse« und »Bedrohungen« sind nicht biologischer Natur. Wie Sie sich erinnern werden, tendieren sie dazu, sich als chronische Anregung der relevanten Teile des Netzwerks darzustellen. Damit das System darauf eingestellt bleibt zu entdecken, was für diese Bedürfnisse von Bedeutung ist, muß man einen ständig tröpfelnden Strom von Anregung aus dem begrenzten Ladungspotential des Gehirns in die betreffenden Teile senden. Und je mehr solcher Bereiche es gibt, desto größer ist der Anteil des Gesamtreservoirs, der dadurch gebunden wird. Je mehr Möglichkeiten des »Gesichtsverlustes« man sich zugelegt hat, desto weniger »freie Energie« steht dem Gehirn zur Verfügung, um das zu bemerken und darzustellen, was tatsächlich vor sich geht.

Denken Sie auch daran, daß das Ich-System sich vom Auftreten gewisser verbotener Erfahrungen *im Bewußtsein* bedroht fühlt – von irrationaler Wut, Schuldgefühlen, Einsamkeit, bestimmten wilden Gedanken und Impulsen und von Furcht selbst. Weil das *bewußte* Gewahrsein dieser Zustände so gefährlich ist, läßt sich die Gefahr durch die Hemmung der relevanten Bereiche mindern. Ihre Bewußtseinsschwelle wird so weit angehoben, daß es erst gar nicht zu dem Unfall ihrer Bewußtwerdung kommt. Doch ist die »Hemmung« eine andere Form derselben Energie, desselben zerebralen Stroms, der der Erregung dient, und dadurch wird demselben Reservoir noch weitere Kraft entzogen. Das Bedürfnis nach langfristiger Zensur des Bewußtseins stellt also zusätzliche Anforderungen an die zentralen Ressourcen des Gehirn-Geistes. Wo einer der

Hot spots sowohl Aufmerksamkeit verlangt als auch Bewußtsein abwehrt, können Erregung und Hemmung in einer Spirale der Rückkopplung festsitzen, die die zentrale Batterie eine erhebliche Menge ihrer Energie kostet.

Daher besteht der Nettoeffekt all dieser Bemühungen zur Reinigung des Bewußtseins von *spezifischen* Bedrohungen darin, daß vielleicht nicht mehr viel Aktivität zur Unterstützung effektiven Handelns und Wahrnehmens übrig bleibt. Wir sind so eifrig mit dem Versuch beschäftigt, die Dinge nicht wahrzunehmen, die uns Angst machen, daß wir buchstäblich den heranrasenden Wagen nicht sehen, wenn wir vom Bordstein auf die Straße treten, daß wir die Spannung in der Stimme unseres Kindes nicht hören, daß wir die Tischkante nicht beachten, wenn wir die Kristallvase abstellen. Die Wahrnehmung wird abgestumpft, und unser Handeln wird ungeschickt, weil ihnen die notwendigen Ressourcen vorenthalten werden.

Man schalte das Ich-System aus, und diese ganze Ladung, die vielleicht schon seit Jahren gebunden war, wird plötzlich wieder frei. Was geschieht dann? Genau das, was am VE Day, dem 13. Mai 1945, in ganz Großbritannien geschah, als die Kapitulation Deutschlands bekannt gegeben wurde und der Zweite Weltkrieg in Europa zuende war: eine riesige Feier. Man tanzte im Springbrunnen auf dem Trafalgar Square, liebte sich im Hyde Park, jubelte überall. Ist das Ich-System abgeschaltet und seine wichtigtuerische Überwachung nicht mehr nötig, dann macht der Organismus sich einen schönen Tag. Vielleicht fließen Freudentränen, oder man wird von einem Gelächter kosmischen Ausmaßes durch und durch geschüttelt. Vielleicht bekundet der Organismus seine Befreiung auch dadurch, daß er in den Straßen tanzt oder völlig Fremde umarmt.

Eine spielerische Heiterkeit und ein freundlicher, nichtaggressiver Sinn für Humor gehen oft mit der mystischen Erfahrung einher, und das sollte uns nicht verwundern. »Ernst genommen« werden einzig Dinge, die das Überleben dessen bedrohen, womit wir uns identifiziert haben. Je mehr solcher potentieller Bedrohungen wie Landminen in unsere Erfahrung eingebettet sind, desto vorsichtiger und »ernster« müssen wir uns verhalten. Und andererseits: Je mehr von uns »stromaufwärts« von unseren Annahmen und Überzeugungen ist, desto besser können wir sie als das sehen, was sie sind – desto leichter können wir sie elegant umschiffen oder uns sanft über sie lustig machen, wenn sie den wilden Mann markieren. Es ist nicht so, daß das Ich in einem mystischen Zustand verschwunden ist. Man weiß schon noch, wer man ist und was man gerne mag. Doch ist dem Getue des Ich der Stachel gezogen. Es kann immer noch munter umhergaloppieren, doch ohne daß es uns in Verlegenheit bringt, kontrolliert oder verletzt. Der Mystiker kann seine eigenen und anderer Leute Anmaßungen und Ausflüchte als das sehen, was sie sind. Und dennoch – während er sie sieht, sieht er auch die Schönheit der Menschen, die sich »stromab« von ihren Überzeugungen befinden und die gezwungen sind, sich selbst auf seltsame, manchmal selbstzerstörerische Weise zu entstellen, weil sie noch *in* ihren Fallen sitzen und diese nicht als Fallen erkennen, weil sie für die Möglichkeit der Freiheit noch nicht empfänglich sind.

Mit der Heiterkeit geht ein Fließen einher: ein Gefühl, daß das Leben sich mit noch nie dagewesener Leichtigkeit und Stimmigkeit entfaltet. Da er zu einem ausgeglichenen Zustand zurückgekehrt ist, kann der Gehirn-Geist sich endlich wieder den Dingen widmen, für die er konstruiert wurde und die er weiterhin ausgezeichnet beherrscht: Optionen abzuwägen und zu entscheiden, was am besten als nächstes zu tun ist. Manchmal geschieht dies blitzschnell, manchmal gibt es längere Pausen, während derer die unsichtbare Maschinerie surrt. Manchmal kommt es zu Irrtümern, manchmal tauchen brillante Lösungen quasi aus dem Nichts auf. Wie auch immer: Ist der Gehirn-Geist von den ständigen Einmischungen, von den Entstellungen und der Erschöpfung der Ressourcen durch das Ich-System befreit, dann arbeitet er glatt und anmutig – mal packt er plötzlich zu, mal ruht es, mal ist er offen und empfänglich, dann wieder fokussiert und zielgerichtet*.

* Eine Diskussion der Beziehung zwischen Ich und Fließen findet sich in: Mihaly Csikszentmihalyi, Das *Flow*-Erlebnis. Stuttgart 1985.

Und wo bleibt Gott?

Das Gefühl des *Willens/Wollens*, der inneren Kontrolle durch den Geschäftsführer hinter der Stirn, ist eines der zentralen Merkmale, die wir dem Ich zuschreiben. Wird das Ich-System abgeschaltet, dann muß sich die Erfahrung zwangsläufig passiv anfühlen, außer Kontrolle, so als würden die eigenen Gedanken und Gefühle nicht vom Oberkommando des Bewußtseins »dirigiert«, sondern von ganz anderswo her. William James bezeichnet dies als einen der kardinalen Aspekte der mystischen Erfahrung: »... hat doch der Mystiker, wenn die charakteristische Art von Bewußtsein eingetreten ist, das Gefühl, als wenn sein eigener Wille außer Kraft gesetzt wäre, und manchmal in der Tat, als wenn er ergriffen und gehalten würde von einer höheren Macht.«

»The first cut is the deepest« (»Der erste Schnitt ist der tiefste«) heißt es in einem Lied, und der erste tiefe Einschnitt des Dualismus ist der, der das »Ich« vom »Anderen« trennt. Angenommen, dieser Schnitt bleibt erhalten, wirkt weiterhin im Gehirn-Geist, während zur gleichen Zeit das Gefühl der inneren, bewußten Lenkung verschwindet. Die Quelle des Handelns und der Erfahrung ist nun nicht mehr das Ich, für das ich mich immer gehalten habe. Und wenn sie nicht vom »Ich« herkommt, dann muß sie eben vom »Anderen« kommen. Für den Schizophrenen kann das »Andere« eine fremde Macht sein, die seine Gedanken kontrolliert. Für einen religiös gläubigen Menschen kann dieses unpersönliche »Andere« nur Gott sein. »Nicht mein Wille geschehe, sondern Dein Wille, o Herr.« Der säkulare Mystiker kann sich vielleicht nur innerhalb eines psychologischen Rahmens einen Reim auf diese außerordentliche Verschiebung der Macht machen. Er mag das, was geschieht, als ein Aufwallen der Erfahrung aus einem reinen Geheimnis erfahren, welches nicht transzendent, sondern innerlich ist: aus dem eigenen innersten und unergründlichen Kern. Das einzige Konzept, das da noch umfassend und tief genug ist, um diese Transformation zu erfassen, ist Gott, und das UNBEWUSSTE, das nun, auch wenn es ein profaner Begriff ist, in Großbuchstaben geschrieben werden muß.

Ob die Intuition nun Gott oder das Mysterium intuitiv hinter dem Verlust personalisierter Identität erkennt – man kann nur staunen über die Art und Weise, wie alles weiter seinen Lauf nimmt ohne den Beitrag der Individualität, die wir für so wesentlich gehalten hatten. Man könnte sich einen Jongleur vorstellen, der Teller auf der Spitze von Stöcken kreiseln läßt und der hin und herläuft und neue Teller in Schwung bringt und zu jenen zurückkehrt, die bereits zu schwanken beginnen, um ihnen einen neuen Anstoß zu versetzen. Er steigert sich so in sein Tun hinein, bis er erschöpft zusammenbricht – nur um zu seiner Verblüffung festzustellen, daß die ganze Show weitergeht, *ohne* seine hektischen Bemühungen.

Mystik als Begegnung mit dem Unbewußten

Ganz gleich, wie tief ich in mich selbst hineingehe, mein Gott bleibt dunkel und wie ein Gespinst aus hundert Wurzeln, die in tiefer Stille trinken.[*]

Rainer Maria Rilke

Viele Autoren haben über Mystik in Begriffen des Mysteriums und des Unbewußten geschrieben. William James spricht von »Einsichten in Tiefen der Wahrheit, die dem diskursiven Intellekt unzugänglich bleiben«. Sein Bruder, der Schriftsteller Henry James, spricht in einer eleganteren Formulierung vom »tiefen Brunnen unbewußter Gehirntätigkeit«. Und C. G. Jung spricht eindringlich von der Beziehung zwischen Mystik und dem UNBEWUSSTEN, das er beschreibt als »einfach das Medium, aus dem religiöse Erfahrung zu fließen scheint. Was immer die weitere Ursache einer solchen Erfahrung sein mag, die Antwort darauf liegt jenseits der Reichweite menschlichen Wissens.« Doch die ergiebigste Quelle von Schriften, die die religiöse Erfahrung ausdrücklich mit dem Unbewußten und dem »Nichtwissen« in Verbindung bringen, ist die apophantische Tradition innerhalb der christlichen Mystik. Lassen Sie mich einige wenige Beispiele aus dieser Tradition anführen, die oft auf

---

[*] Übersetzt aus dem Englischen, Textstelle war im Original nicht ermittelbar.

wunderbare Weise das Sprechen von Gott und das Sprechen vom Geheimnis verknüpft.

Der unumstrittene Vater der Apophantik war ein legendärer Syrer aus dem 6. Jahrhundert, der unter dem Namen Dionysius der Areopagit schrieb (manchmal auch »Pseudo-Dionysius« genannt). Zu seinen bekannten Aussprüchen gehört: »Das göttlichste Wissen von Gott ist jenes, das durch Nichtwissen gewußt wird.« Für ihn ist derjenige ein Mystiker, »der völlig im Unaussprechlichen und Unsichtbaren verharrt, der vollständig dem gehört, der über allen Dingen steht, denn er gehört niemandem mehr, weder sich selbst noch einem anderen. Er hat vielmehr alles Wissen abgetan und ist auf bessere Weise mit dem Unwißbaren vereint, und da er nichts weiß, weiß er mit einem Wissen, das den Intellekt übersteigt.« Und Gott ist »die blendende Dunkelheit, die mit der Intensität ihrer Schwärze allen Glanz überstrahlt«[*].

Einer der bekanntesten Repräsentanten dieser Tradition ist Meister Eckhart, der deutsche Mystiker und Philosoph aus dem 14. Jahrhundert. Er trifft eine bedeutsame Unterscheidung zwischen Gott und »der Gottheit«. Er setzt Gott gleich mit den manifesten, sichtbaren und fühlbaren Formen des Universums, und die Gottheit mit der nicht manifesten, ungekannten *Quelle*, aus der »alle Werke Gottes« entspringen.

Als ich noch in dem Grunde und Boden, in dem Bach und Quell der Gottheit weilte, da fragte mich niemand, wohin ich wollte oder was ich täte. Da war ja niemand, der mich fragte. Als ich aber ausfloß, da sprachen alle Kreaturen ... Gott! Alles, was in der Gottheit ist, das ist Eines, und davon kann man nicht reden. Gott wirkt; aber die Gottheit wirkt nicht, sie hat auch nichts zu wirken, in ihr ist kein Werk, und sie lugt niemals nach irgendeinem Werke aus. Gott und Gottheit sind unterschieden als Wirken und Nichtwirken ... Die Gottheit ist arm, nackt und leer, als würde sie nicht sein; sie hat nichts, will nichts, braucht nichts, bekommt nichts.

Es gibt etwas, was die erschaffene Natur der Seele durchdringt, was den Kreaturen nicht zugänglich ist, nicht so existiert, wie wir Existenz begreifen. Kein Engel besitzt es, besitzt er doch eine klare Natur, und

---

[*] Das paradoxe Bild der »Dunkelheit, die Licht ist«, taucht in dieser Tradition immer wieder auf.

klare und erkennbare Dinge haben hiermit nichts zu tun ... Es ist Eines, eher unbenannt, denn benannt, eher unbekannt, denn bekannt. Könntest du dich in einem Augenblick wertlos machen, in weniger als einem Augenblick, würde ich sagen, daß alles, was in sich selbst besteht, dir gehören würde ... Während du jedoch überhaupt nichts von dir hältst, weißt du nicht mehr von Gott als mein Mund etwas über Farbe und mein Auge etwas über Geschmack weiß.

So ist also nicht nur die Essenz, die letzte Quelle aller Dinge, hinter oder jenseits der Welt der Gedanken, Handlungen und Wahrnehmungen zu finden. Die vorwiegende Beschäftigung mit dieser Welt ist auch ein Hindernis auf dem Weg zu einer Begegnung mit der Gottheit. Jede auch noch so subtile Form des Wissens verfehlt es.

Der anonyme Autor des mystischen Textes »The Cloud of Unknowing« (»Die Wolke des Nichtwissens«) aus dem 14. Jahrhundert, dessen Titel wunderbar den Geist der Mystik einfängt, verwendet »Gott« in einem anderen Sinn. Aber auch er (oder sie) sagt uns, daß wir in die Dunkelheit hineingehen müssen, um des Mysteriums der Mysterien ansichtig zu werden.

Mit »Dunkelheit« meine ich »einen Mangel an Wissen« – so wie man von allem, was man nicht weiß oder vielleicht vergessen hat, sagen kann, es liege für uns »im Dunkeln«, da man es nicht mit seinem inneren Auge sehen kann. Aus diesem Grunde nennt man es eine »Wolke«, natürlich nicht eine Wolke am Himmel, sondern des »Nichtwissens«, eine Wolke des Nichtwissens zwischen dir und deinem Gott ... Wir neigen zu der Ansicht, wir seien von Gott sehr weit entfernt wegen dieser Wolke des Nichtwissens zwischen uns und ihm, doch wäre es gewiß richtiger zu sagen, daß wir noch viel weiter von ihm entfernt sind, wenn es keine Wolke gibt.

In seinem mystischen Werk »Die Zierde der geistlichen Hochzeit« spricht Johannes van Ruysbroek in ähnlicher Bildersprache über seine Erfahrung.

Gelegentlich vollzieht der nach innen gewandte Mensch seine Innenschau ganz einfach,... und hier begegnet er Gott ohne Vermittler. Und aus der Göttlichen Einheit scheint ein einfaches Licht in ihn hinein. Und dieses Licht zeigt ihm Dunkelheit und Nacktheit und Nichtsein.

Um eine unmittelbare Erfahrung von Gott zu haben, muß eine Person, wie er sagt,

> sich in eine Weglosigkeit und Dunkelheit verloren haben, in der alle kontemplativen Menschen voller Entzücken wandern und in der sie sich niemals wieder auf kreatürliche Weise finden können ... Wir vergehen in die ewige Namenlosigkeit, in der wir verloren sind.

Johannes Tauler, auch ein Mönch aus dem 14. Jahrhundert, versucht in seinen »Predigten« zu erklären, was mit »das Königreich Gottes ist in dir« gemeint ist. Wo genau ist das?

> Dieses Königreich befindet sich genau in den innersten Tiefen des Geistes. Werden die Kräfte der Sinne und die Kräfte der Vernunft ins eigentliche Zentrum des Seins des Menschen versammelt – in die unsichtbaren Tiefen seines Geistes, worin das Bild Gottes liegt –, so stürzt er sich damit in den göttlichen Abgrund ...

Und drei Jahrhunderte später finden wir ebenfalls in Deutschland den bedeutenden christlichen Mystiker Jakob Böhme mit seinem Ausspruch: »Der verborgene Mensch ist Gottes eigenes Sein.« So deutlich wie kaum jemand sonst beschreibt er den Kern mystischer Erfahrung als ein Aufwallen aus einer ungreifbaren Quelle im Inneren:

> In meinem inneren Menschen sah ich es emporquellen wie in einer großen Tiefe. Denn ich sah ganz hindurch wie in ein Chaos, wo alles eingefaltet lag, doch konnte ich es nicht entfalten. Und doch öffnete es sich von Zeit zu Zeit von selbst in mir wie eine wachsende Pflanze.

Der Buddhismus

Einen Widerhall dieser Entdeckung des göttlichen Unbewußten finden wir in jeder mystischen Überlieferung. Lassen Sie mich dieses Kapitel mit einigen Zitaten aus dem Bereich des Buddhismus abschließen. Einer der bekanntesten Meister des Zen-Buddhismus war D. T. Suzuki, der im Jahre 1949 ein schmales Buch über das Leben und die Lehre des Huineng veröffentlichte, des sechsten chinesischen Patriarchen des Zen, der im 7. Jahrhundert lebte. Sein »Sûtra des sechsten Patriarchen« hat die Entwicklung des Zen in China und später auch in Japan stark beeinflußt. Suzuki interpretiert diese Schrift ausdrücklich in Begriffen des UNBEWUSSTEN (Nichtbewußtseins). »Nach Huineng ist das Konzept des UNBE-WUSSTEN die Grundlage des Zen-Buddhismus.«

> O Freunde, wenn sich unter euch noch einige um das Erlernen von Dingen bemühen, sollen sie ihr Verlangen nach Erleuchtung (auf die Quelle des Bewußtseins) richten, sooft Gedanken in ihrem Geist wach werden. Wenn der aufgerührte Geist erloschen ist, verschwindet das bewußte Erkennen von selbst – dies ist das UNBEWUSSTE.

Und in einer wohlbedachten Anspielung auf die christliche Gebetsformel schreibt Suzuki:

> Das UNBEWUSSTE zu leben bedeutet, zuzulassen, daß »Dein Wille geschehe«, und nicht auf dem eigenen zu bestehen. Alle Dinge und Ereignisse, einschließlich der Gedanken und Gefühle, die ich hege und die mich betreffen, sind der göttliche Wille …

Und Huinengs Antwort auf die Frage nach der Beziehung des Nicht-Bewußten zu den bewußteren, willentlichen Fähigkeiten des Geistes, klingt, als zitiere er Meister Eckhart:

> Wenn man sowohl das Gedächtnis als auch den Verstand vergißt, ist man in Übereinstimmung mit ihm [dem Absoluten].

Für Huineng ist das UNBEWUSSTE »stromauf« von allen Überzeugungen, allem Dualismus, jeder Identität. Es ist der Ort, wo es laut seiner bekanntesten Formulierung »von Anbeginn kein einziges Ding« gibt. Überlassen wir es Huangbo, einem anderen berühmten Zen-Meister, zu erklären, warum die Suche nach der Quelle der Erfahrung, dem UNBEWUSSTEN – der »Leere« –, noch gefährlicher zu sein scheint als eine Expedition, um die Nilquellen zu finden:

> Die Menschen fürchten sich, ihren Geist zu vergessen, da sie Angst haben, in die Leere abzustürzen und sich an nichts mehr festhalten zu können. Sie wissen nicht, daß die Leere nicht wirklich leer ist, sondern das Reich des wahren Dharma [der wahren Wirklichkeit].

315

An anderer Stelle findet man bei Suzuki seine Übersetzung eines
Verses des chinesischen Weisen Chao-pien; diese Dichtung erfaßt
beides: die plötzliche Erhabenheit und die weltliche Wirklichkeit
seiner Begegnung mit dem Unbewußten:

Leer von Gedanken saß ich ruhig an meinem Arbeitstisch,
mein Quell-Geist ruhte, so beruhigt wie Wasser –
ein Donnergrollen, die Türen des Geistes flogen auf,
und siehe, da sitzt der alte Mann in all seiner Schlichtheit.

Und die alte chinesische Lehre des Daoismus, dessen Vermählung
mit dem aus Indien kommendenden Meditationsbuddhismus zur
Entstehung des Chan (Zen) führte, trägt seine eigene Sicht des Dao
als der geheimnisvollen Quelle bei:

Das Dao ist wie ein leeres Gefäß,
aus dem man doch ewig schöpfen kann,
ohne daß es jemals gefüllt werden müßte.
Es ist grenzenlos, der Urahn aller Dinge in der Welt ...
Es ist wie ein tiefer Brunnen,
der niemals austrocknet.

Daodejing

21. Die Wiederherstellung der geistigen Gesundheit

Sekito fragte seinen Schüler Yakusan: »*Was tust du hier?*« – »*Ich tue gar nichts*«, *antwortete dieser.* »*Wenn dem so ist, dann vertändelst du deine Zeit.*« – »*Heißt es nicht seine Zeit vertändeln, wenn man irgend etwas tut?*« *war Yakusans Antwort. Sekito drang weiter in ihn.* »*Du sagst, daß du gar nichts tust. Wer ist dann der, der gar nichts tut?*« *Yakusan antwortete:* »*Selbst die Weisesten wissen es nicht.*«

D. T. Suzuki

Ob in meinem Alltagsleben oder auf der Suche nach seinem verborgenen Sinn: Ich bin höchst lebendig, ganz nahe der Quelle und dem Sinn meiner Existenz, wenn ich mich meiner unmittelbaren Erfahrung öffne, empfänglich bin für das, was sie mich lehren kann, und verletzlich gegenüber ihrer Macht, mein Sein zu verändern. In jenem Augenblick, wo ich keiner Sache sicher bin, vertraue ich jedoch zutiefst auf die Möglichkeit des Verstehens. Meine Handlungen entspringen ganz wahrhaftig aus mir selbst, und doch habe ich im vorhinein keine Ahnung, was ich kundtun werde. Wie Wasser, das aus einem Quellgrund aufwallt, bin ich jeden Augenblick neu, tauche ich auf wundersame Weise aus einer tief im Grunde meines Wesens verborgenen Quelle auf.

Robin Skynner

Die Mystiker berichten uns von einem Zustand der Gnade, in dem gewisse zur Gewohnheit gewordene Annahmen aus unserer Wahrnehmung ausgeschaltet sind und in dem der Gehirn-Geist zu einem natürlicheren *Modus operandi* zurückkehrt, in dem grundlegende Prioritäten klarer intuitiv erkannt werden und »rechtes Handeln« leichter zu berechnen ist. Einer der Dualismen, der in diesem Zustand aufgegeben werden kann, ist der, der das Bewußtsein von seinem unbewußten Fundament abtrennt und uns dazu verleitet, jenen Hinweisen ein ungesundes Übergewicht zu verleihen, die zufällig ins Bewußtsein treten. Wie die Kognitionswissenschaft uns zeigt, ist das Gespür des Mystikers für ein Unwißbares, das das Bewußtsein umgibt, eine den Tatsachen entsprechende Ahnung der grundlegenden Funktionsweise des Gehirn-Geistes. Mysterium, Klarheit, Weisheit und Mitgefühl sind fundamentale Charakteristika des biologischen Systems, aus dem wir Menschen nun einmal bestehen. Es sind Eigenschaften, die von der gewohnheitsmäßigen Aktivität des Ich-Systems überdeckt und verdunkelt werden.

Daraus ergibt sich die dringende Frage: Wie können wir dieses natürliche Geburtsrecht wieder einfordern? Ist es überhaupt vorstellbar, daß ein so gründlich von einem Schwarm von konditionierten Bedürfnissen und Ängsten kolonisierter Gehirn-Geist einen Ausweg aus dieser mißlichen Lage findet? Daß es *möglich* ist, dieses Geburtsrecht wiederzuerlangen, davon künden uns alle spirituellen Traditionen der Welt. Aber bleibt uns nichts anderes übrig, als geduldig darauf zu warten, daß die »Gnade« Gottes uns berührt und der Heilige Geist in unser Herz hinabsteigt? Oder gibt es etwas, das wir *tun* können, damit dies geschieht, und wenn ja, was?

Psychotherapie

Einer der neuen Mythen der abendländischen Welt würde uns an dieser Stelle raten, uns einen kompetenten Psychotherapeuten zu suchen. Doch sollten wir uns hüten, diese Ansicht so einfach zu übernehmen. Eine Therapie kann eine unschätzbare Hilfe sein, wo es darum geht, gewisse uns schwächende Wunden des Geistes zu heilen. Doch um es mit dem Ich-System *als Ganzem* aufzunehmen, hat sie vielleicht nicht den besten und schon gar nicht den einzigen Weg zu bieten.

Nach dieser modernen Mythologie des Heilens wird »optimales Wohlbefinden« als das gesehen, was wir erreichen, wenn eine lange Liste von strukturellen Reparaturen an der Seele endlich gänzlich ausgeführt worden ist. Wer an ein Kontinuum glaubt, das von der Therapie zur Spiritualität, vom Heilen zum Nirvâna führt, neigt dazu, »Erleuchtung« für den goldenen Topf am Ende des therapeutischen Regenbogens zu halten. Wenn man nur seine Schüchternheit überwindet, die Geschichte mit der eigenen Mutter durcharbeitet, sich mit der Angst vor dem Tod auseinandersetzt und lange genug über die Insubstantialität des Selbst meditiert – wenn alle unsere kleinen und großen Neurosen gelöst oder aufgelöst sind –, *dann* wird immerwährende Glückseligkeit unsere gerechte Belohnung sein. In diesem Rahmen reden alle von »persönlichem«, und später, wenn die Irrtümer und Verletzungen, »an denen man arbeitet«, tiefer werden, von »spirituellem« *Wachstum*. Wird dieser Mythos von der menschlichen Lebensreise als Weg progressiver Heilung als der einzig gültige oder mögliche akzeptiert, dann sieht es schließlich so aus, als liege die Befreiung allein in der schrittweisen Demontage des Ich-Systems. In diesem Bild wird das »Ich«, das »Ego«, als der Schurke im Stück gemalt, als der archetypische Kobold, und erst wenn dieser endlich davongejagt ist, kann der »Friede Gottes, der höher ist als alle Vernunft«, erlangt werden.

Doch ist dieser Mythos der Läuterung und Reparatur mit psychologischen Mitteln nicht die einzige verfügbare Option. Aus evolutionärer und biologischer Sicht gesehen, hat die Ansammlung von Fähigkeiten, die zu unserem Ich-System zusammengewachsen sind, durchaus einmal eine ehrenwerte Rolle im Schauspiel der menschlichen Evolution gespielt – und spielt sie noch. Jede dieser Fähigkeiten entstand aus guten Gründen und hat immer noch ihren positiven Platz im umfassenden Plan der Dinge. Nicht das Ich als solches ist das Problem, sondern der *Status*, den es im Gesamtschema des Gehirngeistes erhalten hat. Es ist ein lebenswichtiger Diener der Evolution, der – aus einsichtigen Gründen – größenwahnsinnig geworden ist und das Funktionieren des Gehirn-Geistes als ganzen usurpiert hat. Um die Situation wieder in Ordnung zu bringen, ist es daher nicht notwendig (oder gar »gesund«), den Thronräuber ganz vom Hof des Gehirns zu verbannen; er muß nur auf den ihm gebührenden Platz verwiesen werden.

Die Fähigkeit zu besitzen, von sich selbst in der »dritten Person« als einem dauerhaften Objekt mit Identität und Lokalisierung zu denken, sich sehen zu können, wie andere uns sehen, das ist ein durchaus nützliches Hilfsmittel – vorausgesetzt, wir gehen nicht in die Falle zu denken, dieses innere Objekt sei der oder das, was wir *wirklich sind.* In der Lage zu sein, laufend über die eigenen allgemeineren Präferenzen und Anlagen eine Art Inventur seiner selbst zur Verfügung zu haben, die es uns leichter macht, ein Gespräch zu führen, mit anderen zusammenzuarbeiten und, gelegentlich, auch andere zu täuschen, ist ebenfalls von Nutzen. Nur wenn diese provisorische Inventur fälschlich als zwingend betrachtet wird, geraten die Dinge aus dem Gleichgewicht. Die fortlaufende Geschichte des Geschichtenerzählers liefert uns ein nützliches »Schwerkraftzentrum«, solange man nicht glaubt, daß sie sich auf eine darunterliegende Realität bezieht. Der schmale Lichtstrahl des Bewußtseins reflektiert eine Form des Geistes, die ihren evolutionären Sinn hat. Erst wenn die anderen Formen vergessen werden, schafft dies hausgemachte Probleme und Einschränkungen. Alle Fähigkeiten des Ich-Systems sind Ressourcen, ohne die wir nur schwer zurechtkommen könnten. Aber nur dann, wenn sie sich zu einem verhärteten, energieschluckenden Ganzen zusammenfügen, zu einem uns innewohnenden Diktator, der nicht zum energetischen Funktionieren des Gehirn-Geist-Systems *beiträgt,* sondern der versucht, es mit Beschlag zu belegen und sich seiner zu bemächtigen, fangen die Dinge an, schiefzugehen.

Was wir also brauchen, ist nicht irgendein magischer Trick, um das Ich verschwinden zu lassen, sondern ein Verständnis dessen, wie – um den Freudschen Begriff noch einmal zu verwenden – seine »Besetzung« aufgehoben werden kann: wie man ihm die Ladung entziehen kann, die den Treibstoff für seine Primadonna-Allüren und -ansprüche liefert, um es wieder zu einem Team von eng zusammenarbeitenden Spielern zu machen. Das Ich ist weder unser Messias noch unsere Nemesis, sondern ein Haufen von Angestellten unserer »Firma«, die gemeinsam unter Größenwahn leiden. Es steht uns nicht frei, sie einfach zu feuern, dazu brauchen wir ihre Talente zu sehr. Und da das Ich-System keine einheitliche Entität ist, sondern ein lockerer Zusammenhang von Hunderten ineinandergreifender Gewohnheiten und Überzeugungen, wird es uns *niemals*

»Erleuchtung« bescheren, wenn wir versuchen, uns mit einem dieser Bestandteile nach dem anderen zu befassen. Das Ich ist eine Hydra, eine vielköpfige Bestie, deren Häupter ebenso schnell nachwachsen, wie sie abgeschlagen werden. Der Herkulesmythos erinnert uns daran, daß unsere Arbeit erst getan ist, wenn wir einen anderen Weg zur Entmachtung dieses mythischen Ungeheuers gefunden haben.

Der zeitweilige Verlust des Ich-Bewußtseins

Eine alternative Befreiungsstrategie besteht darin, absichtlich Umstände zu schaffen, unter denen das Ich-System vorübergehend außer Betrieb gesetzt wird. Fast jeder von uns hat Augenblicke oder Perioden der Gnade erlebt, in denen das Leben voller Leichtigkeit, Natürlichkeit und Fluß zu sein schien – bis wir, manchmal mit einem schmerzlichen Ruck, wieder »in die Wirklichkeit zurückgeholt werden« und das Leben dann erneut als mühsam und bedrohlich empfinden. Zu solchen Momenten der Gnade kann es in Zuständen gesteigerter Erregung, der Krise oder der Absorption kommen. Zu Zeiten intensiver Beanspruchung oder Konzentration mag es sein, daß der aktive Teil des Gehirn-Geist-Netzwerks einen so großen Anteil der gesamten zur Verfügung stehenden »Energie« verbraucht, daß einfach nicht genügend übrigbleibt, um die Aktivitäten des Ich weiterhin zu tragen. (Wird die innere Party wild genug, dann geben selbst die Wächter und die Leute auf dem Ausguck ihre Posten auf, um sich ins Vergnügen zu stürzen.) Das ist vielleicht einer der Gründe, warum die ich-bewußte Jugend unserer Tage Entspannung beim Drachenfliegen, S-Bahn-Surfen und in Bandenkriegen findet. Eine Zeitlang erreichen die Anforderungen an das gesamte System ein solches Maß von Intensität, daß jedes nicht absolut notwendige Subsystem abgeschaltet werden muß, woraus dann eine Freisetzung von Wohlgefühl, »Flow« und sogar Freude resultiert.

Das »High« des Sex oder des Kampfes kann (wie das High von Heroin, das auf direkterem, chemischem Weg eine ähnliche Wirkung erzielt) süchtig machen, als ein fast gesegnetes Zwischenspiel in einem generell von Unbehagen geprägten Leben empfunden werden. Doch eben weil in einem solchen Zustand das Ich-System einfach außer Kraft gesetzt ist, kann da nichts geschehen, was seine normale Funktionsweise verändert. Sobald die Agonie oder die Ekstase vorüber ist, läßt die Intensität der physischen oder mentalen Beanspruchung nach, und es gibt nichts, was das Ich-System daran hindern kann, sich wieder breitzumachen. Marcel Kinsbourne sagt in diesem Zusammenhang:

> Von allen mentalen Zuständen ist intensive Konzentration vielleicht am wenigsten geeignet, das Ich-Bewußtsein ... zu erhellen. Nicht nur ist das sich konzentrierende Subjekt aufgrund seiner Konzentration auf ganz bestimmte Reize fast aller anderen äußeren Stimuli, außer den allerintensivsten, nicht gewahr, es kann sogar seiner selbst als des sich konzentrierenden Agenten nicht gewahr sein. Der Brennpunkt der Aufmerksamkeit ist so eingeengt, daß das Ich-Bewußtsein selbst zu den ausgeschlossenen Facetten der Erfahrung gehört. Das Ich ist bloß ein Konstrukt. Es wird nur zu solchen Zeiten in die Erfahrung einbezogen, wo die Fokussierung der Aufmerksamkeit das zuläßt.

Deshalb bieten diese Zustände künstlich herbeigeführter Absorption willkommene, aber zwangsläufig kurzfristige »Ferien vom Ich«. Und je angenehmer sie sind, desto größer ist die Versuchung, sie wieder und wieder herbeizuführen. Doch je mehr man sich auf diese Weise an sie gewöhnt, desto mehr verlieren sie natürlich langsam die Kraft, uns so völlig zu absorbieren, daß wir »uns selbst darin vergessen können«, und desto gefährlicher, bizarrer oder intensiver müssen die Situationen werden, in denen das noch geschehen kann. Die »Sensationslust« und das Suchen nach »Kicks« als Weg, das Ich-System durch Streß außer Kraft zu setzen, werden so zwangsläufig immer perverser, gewalttätiger oder selbstzerstörerischer.

In einem ganz anderen Kontext läßt sich die Wahrscheinlichkeit, daß es zu semi-mystischen oder »Gipfelerfahrungen« kommt, dadurch erhöhen, daß wir das Gesamtsystem dem Streß der Deprivation aussetzen, statt es mit Erregung zu überfluten. Religiöse Institutionen und Mönchsorden wissen seit Tausenden von Jahren, daß eine »Begegnung mit Gott« durch Mittel wie physische

Entbehrung, Schlafentzug und Fasten gefördert werden kann sowie dadurch, daß man sich frommen Ritualen von großer physischer Härte unterwirft. Man wirft sich zum Beispiel immer wieder zu Boden oder liegt stundenlang betend auf den Knien. Auch hier nimmt der Druck auf das gesamte Körper-Gehirn-Geist-System zu, so daß seine Ressourcen erschöpft werden, bis zu einem unvorhersagbaren Zeitpunkt der Gehirngeist aufgrund seiner inhärenten Fähigkeit, Prioritäten festzulegen, beschließt, daß er es sich nicht mehr leisten kann, das Ich-System weiter mit Energie zu füttern, und diese wertvolle Energie deshalb von ihm abzieht. Es ist eine Situation wie bei einem Streik der Kohlebergleute während eines langen kalten Winters: Die Stromversorgung wird bis an ihre Grenzen ausgeschöpft, und früher oder später müssen die Lichtreklamen und Schaufensterbeleuchtungen in der Fußgängerzone abgeschaltet werden. Sie sind zu einem Luxus geworden, den sich das System-als-ganzes nicht mehr leisten kann.

Solche Notstandsmaßnahmen seitens der internen Volkswirtschaft versetzen Menschen in die Lage, einmal zu erfahren, wie sich das Leben ohne ein Ich anfühlt. Sie sind ein Vorgeschmack, ein flüchtiger Einblick, ein Hauch von Erleuchtung. Und im Kontext einer spirituellen Praxis können sie sich sehr wohl dahingehend auswirken, daß die Entschlossenheit und Hingabe eines Yogi oder einer Nonne dadurch gestärkt werden. Doch können sie uns genauso wenig im Stande des unmittelbaren, unerschütterlichen Wissens, daß »das Königreich Gottes in uns ist«, *etablieren* – können sie diesen Zustand genauso wenig stabilisieren – wie eine Dosis Kokain oder ein Waldlauf, bei dem wir »über unsere Grenzen gehen«. Wollen wir nicht nur den kurzen Werbe-Trailer, sondern den ungekürzten Film der Erleuchtung in voller Länge sehen, dann müssen wir einen anderen Weg wählen.

Schocks für das System

Zwischen diesen Extremen der Reizüberflutung und der anhaltenden Deprivation des Systems könnte man die künstlichen Krisen, Schocks und Sackgassen-Situationen ansiedeln, für deren geschickte Anwendung die Zen-Meister berüchtigt sind. In ihren paradoxen Äußerungen und unerhörten Handlungen können wir immer wieder den Versuch erkennen, den Gehirn-Geist des Schülers aus seinen eingefahrenen Gleisen zu stoßen, wie einen Flipperautomaten, der mit der Anzeige »Tilt!« zum Stehen kommt. Dadurch, daß er solche psychischen Notstände herbeiführt, hofft der Meister, sich denselben uralten Alarmmechanismus zunutze zu machen, den wir Menschen immer noch mit dem Känguruh gemeinsam haben, das nervös ist, weil es im hohen Gras äsen muß. Irgendwo stimmt etwas nicht im normalen Rechenprozeß des Gehirn-Geistes. Die Dinge haben plötzlich einen Verlauf genommen, der nicht zum Repertoire der erwarteten künftigen Entwicklungen gehört. Richtiges Handeln wird verlangt, doch die Welt ist aus den Fugen. »Dreißig Hiebe mit meinem Stab, wenn du ihn einen ›Stab‹ nennst. Dreißig Hiebe, wenn du sagst, er sein *kein* ›Stab‹. Schnell – sprich, sprich!«

Werden Sie im Wirbeln der Geistströme des Ich-Systems steckenbleiben und verzweifelt versuchen sich zurechtzulegen, was der Zen-Meister von Ihnen *erwartet*? Oder sind Sie vorbereitet genug, haben Sie den »Notstand« genügend geprobt, um aus dem Moment des Stillstands fließend zu einer Reaktion übergehen zu können – einer symbolischen, gewitzten, elliptischen, unmittelbaren Antwort –, ohne (wenn auch nur für einen Augenblick) das Ich-System zu reaktivieren? Der Zen-Meister versucht nicht, Ihnen irgend etwas *mitzuteilen*, denn sein Warenlager besteht nicht aus einer Form von Wahrheit, die sich auf Flaschen ziehen und verkaufen läßt. Er/sie versucht, Sie auszutricksen, Ihnen einen Tritt zu versetzen, Sie in einen veränderten Bewußtseinszustand hineinzulocken – in einen ichlosen Geisteszustand.

Wann immer jemand dem Zen-Meister Gutei eine Frage über Zen stellte, hob dieser bloß einen Finger. Der Knabe, der ihm aufwartete, begann, ihn darin nachzuahmen. Fragte jemand den Knaben, worin denn die Lehre seines Meisters bestünde, hob er nur einen Finger. Gutei hörte von dem Treiben des Knaben. Er ergriff seinen Finger und schnitt ihn ab. Der Knabe lief schreien davon. Meister Gutei rief ihn an. Als der Knabe den Kopf wendete, hob

Gutei nur einen Finger. In diesem Augenblick erfuhr der Knabe Erleuchtung*.

Achtsamkeit

In einer Notsituation kann das Ich-System abgeschaltet werden; doch wir können nicht *in extremis* leben. Was wir brauchen, ist ein Weg, das Ich auszuschalten, *ohne* daß wir uns in einen Zustand begeben müssen, in dem normale Funktionen zeitweilig ausgesetzt werden müssen – einen Zustand, in dem unsere Aufmerksamkeit so ausschließlich auf irgendeinen Notstand gerichtet ist, daß *andere* Anforderungen einfach nicht beachtet werden können. Denn dies ist natürlich ein Zustand, in dem die Ressourcen des Körper-Gehirn-Geistes auf so radikale Weise in Anspruch genommen werden, daß uns das schließlich teuer zu stehen kommen kann. Eine Krise kann den Gehirn-Geist veranlassen, das Ich-System zu »parken«, während die Notsituation abgecheckt und bereinigt wird. Aber in diesem Zustand intensiver Reorganisation wird alles Gewahrsein auf den Teil des Netzwerks konzentriert, der direkt mit dem Problem befaßt ist.

Ist es möglich, eine Art der *Aufmerksamkeit* zu kultivieren, eine Art, die Aktivität des Gehirn-Geistes einzusetzen, bei der das Ich-System seiner Macht, zu kontrollieren und die Ressourcen zu beanspruchen, beraubt ist, während unser Gewahrsein gleichzeitig locker, offen und entspannt ist? Oder, um es anders auszudrücken: Ist es möglich, einen Zustand des »ichlosen Selbstgewahrseins« zu kultivieren, ohne in den gewohnten Zustand zurückzufallen, den wir hier »Ich-Bewußtsein« genannt haben? Ist es möglich, den Nebel eigensüchtiger, das Ich verteidigender »Stupidität« zu zerstreuen, so daß die Wahrnehmung wieder licht und klar werden kann? Wobei wir gleichzeitig nicht unter all den unerwünschten Ängsten und Frustrationen leiden, vor deren bewußter Wahrnehmung uns der Nebel ja ursprünglich schützen sollte? Die Antwort ist, natürlich: ja und nein.

* Drittes Beispiel der klassischen Zen-Kôan-Sammlung »Wumenguan« (japanisch »Mumonkan«: »Die Schranke ohne Tor«).

In einem Zustand des Selbstgewahrseins ohne Ich-Bewußtsein ist es, als sitze man bei Nacht am Bug eines sich seinen Weg in die dunkle See pflügenden Ozeanriesen. Schaut man hinab in die brodelnde Bugwelle, ist man der intensiven Aktivität an jenem Punkt gewahr, wo der Bug sich seinen Weg in die Zukunft schneidet; und man ist auch seiner selbst als des Beobachters gewahr, als Zuschauer in diesem fortlaufenden Prozeß von Geburt, Entfaltung und Dahinschwinden. Schauen wir auf und voraus in die Nacht, dann können wir nur sehr ungewiß ausmachen, was als nächstes kommen wird. Wir können Voraussagen machen, doch immer in einem Kontext, der für Überraschungen offen ist: die den normalen Rhythmus der Dünung durchbrechende Welle, das Treibgut, plötzliche Spiegelungen des Mondes auf dem Wasser und dann und wann ein fliegender Fisch, wie sie alle plötzlich und unangekündigt aus dem »Unbewußten« der Nacht auftauchen.

Wenden wir uns um und blicken zurück, dann haben wir hinter uns die beruhigend sichtbaren und bekannten Strukturen und Klänge des Oceanliners, und das Kielwasser, das sich zurück in die Vergangenheit erstreckt: das gewohnte Muster des Kielwassers, die vertrauten Signallampen, die Tanzmusikklänge und Küchengerüche der Persönlichkeit und des Gedächtnisses. Und oben auf der Brücke, umgeben von elektronischen Anzeigegeräten und Sturmwarnungen, mit Verantwortungen und Fahrplänen, die es einzuhalten gilt, steht der Kapitän, voller Absichten und mit schon vorgeprägter und zielgerichteter Aufmerksamkeit. Ihm wird sehr wahrscheinlich der Silberstreifen auf dem Rücken des Delphins entgehen. Seine Welt ist voller Informationen, doch ohne jeden Zauber. Er kann erleichtert, doch nicht entzückt sein.

Wenn wir die Rolle des verantwortlichen Steuermanns gegen die eines ehrfürchtigen Beobachters eintauschen, dann können wir, am Bug, mit weit offenem Geist so viel mehr bemerken, uns daran ergötzen und über die See und die Dunkelheit lernen. Während wir hinabblicken in die Gischt und in die Nacht, sehen, hören, riechen, schmecken und fühlen wir – und wir können, in der Unmittelbarkeit der Wahrnehmung, dieses Sehens, Hörens, Riechens, Schmeckens und Fühlens gewahr sein. Dieser Dreh des Gewahrseins, das zugleich intensiv, offen und reflexiv ist, ist oft als sehr heilsam erkannt worden, und man hat ihm in den verschiedenen »Schulen« spiritueller Erziehung eine Vielfalt verschiedener Namen gegeben. In einigen Traditionen wird es »Zeuge sein« genannt. Georg Iwanowitsch Gurdjieff nannte es »Selbst-Erinnern«. Jiddu Krishnamurti bezeichnete es als »Nicht wählendes Gewahrsein«. Die buddhistische Überlieferung, die die »Technologie des Gewahrseins« vielleicht am detailliertesten erforscht hat, hat ihm einen Namen gegeben, der gewöhnlich mit »Achtsamkeit« übersetzt wird.

Am Bug eines Schiffes auf hoher See ergreift uns die Intensität der Erfahrung und zieht uns in die Gegenwart. Doch Achtsamkeit läßt sich auch durch eine sanfte Disziplin kultivieren, so daß dasselbe messerscharfe Gewahrsein in jede Situation eingebracht werden kann. Um von der Romantik des Ozeans zurückzukommen zur irdischen Großstadtwirklichkeit einer Fahrt zur Arbeit: Stellen Sie sich vor, Sie stünden auf dem Bahnsteig eines U-Bahnhofs, in Gedanken an ein gutes Mittagessen oder das Paradies versunken. Warten Sie, bis der einfahrende Zug auf Sie zurauscht, bevor Sie ihn zur Kenntnis nehmen, dann haben Sie wahrscheinlich nicht einmal genug Zeit, die vorne am ersten Wagen angebrachte Anzeige des Zielbahnhofs zu erkennen. Stimmen Sie sich jedoch schon etwas früher auf die Ankunft des Zuges ein, könnten Sie überrascht sein, wieviel Sie erfahren können. »Achtsam sein« bedeutet empfänglich sein für die winzigsten Nuancen von Wind, Gerüchen, Klängen und Licht, die von der Ankunft des Zuges künden. Achtsamkeit steht am Ausgang des schwarzen Tunnels Ihres eigenen Unbewußten – wachen Sinnes für die ersten schwachen Andeutungen der nächsten Erfahrung, des einlaufenden Zuges der Gedanken.

Die Schulung des Geistes

Alle großen Religionen haben Wege entdeckt und gelehrt, wie man die Klinge der Wahrnehmung schärfen kann. Vom Wirbeln der Derwische zum Gesang der Mönche, von der Vipassanâ-(Einsichts-) Meditation bis zum Herzensgebet gibt es eine Fülle esoterischer Praktiken, die die latenten reflexiven Kräfte des Geistes wecken und schärfen. Bei der Übung des Vipassanâ zum Beispiel geht es darum, die Aufmerksamkeit nicht auf irgend etwas zu fixieren. Nachdem man die Menge äußerer Reize auf ein Minimum reduziert hat, läßt man den Gehirn-Geist vielmehr wandern, wohin er will – ohne jedoch jene *Gegenwart* des Geistes zu verlieren, die unmittelbar und präzise um das weiß, was geschieht, während es geschieht. Das ist etwas ganz anderes als der übliche Mischmasch aus Geplapper und redigierten und aufgeputzten Highlights, die wir normalerweise als Bewußtsein akzeptieren. Achtsamkeit oder Zeugenbewußtsein ist offen, nichtselektiv und nichtdefensiv. Es ist passiv und empfänglich, mehr an dem interessiert, was als nächstes an die Oberfläche treten mag, denn zweckgerichtet.

Jede Kultur besitzt ebenso ihre exoterischen Überlieferungen: die volkstümlichen Bestrebungen, die auf ihre Weise den Gehirn-Geist stimulieren und erfrischen, so daß er, in den Worten des christlichen Gebets, »Dich klarer sehen, Dir besser nachfolgen, und Dich inniglicher lieben kann, Tag für Tag« (»... *see Thee more clearly, follow Thee more nearly, and love Thee more dearly, day by day.«*) Sei es nun Angeln oder Stricken, ein Waldspaziergang oder ins Kaminfeuer schauen, Golf spielen oder einem der späten Beethoven-Quartette lauschen – es besteht kein Mangel an Gelegenheiten, die innere Stille zu kultivieren.

Den Griff der Überzeugungen lockern

In diesem Zustand wacher Empfänglichkeit kann es zu etlichen heilsamen Veränderungen der Funktionsweise des Geistes kommen. Zuerst einmal ist es möglich, Erfahrung schon in einem immer früheren, »roheren« Stadium »abzufangen« – noch bevor ihr einige der ewigen Kommentare und Annahmen des Ich beigemischt werden. Sind wir zeitweilig absichtslos, dann können die subtileren Nuancen und Bewegungen des Gehirn-Geistes ins bewußte Gewahrsein vordringen. Und wenn der Gehirn-Geist in dieser anderen Stimmung ist – spielerisch, interessiert, wach, doch ohne von den üblichen Gegenströmungen von Hoffnungen, Ängsten und Erwartungen aufgewühlt zu sein –, dann beginnt er seine eigenen bleibenden Belange und Annahmen zu offenbaren. Das Bewußtsein verschiebt sich hin zu einem Blickpunkt, der stromauf von solchen Annahmen liegt; sie werden damit nicht nur *sichtbar*, sondern können auch *in Frage gestellt* werden. Befindet sich eine Überzeugung stromauf vom Bewußtsein, dann wird das Bewußtsein in seinem Entstehen von ihr infiltriert. Passen die Tatsachen nicht zu den Überzeugungen – Pech für die Tatsachen [».. und so schließt er messerscharf / daß nicht sein kann, was nicht sein darf«; Anm. d. Übers.]. Doch wird der Blickpunkt des Bewußtseins vor die Aktivierung der Überzeugung verlegt, dann ist es die Überzeugung, die auf den Prüfstand kommt. Üben wir uns in der Kunst, die Erfahrung früh abzufangen, dann werden die hinter den Kulissen wirkenden Überzeugungen ins Rampenlicht gebracht. Und dort, auf offener Bühne, sind sie es, die die nun offensichtliche Tatsache ihres falschen Spiels rechtfertigen müssen.

Jede Überzeugung, die stromab, also »unterhalb« der Wahrnehmung auftaucht, ist weniger eng und weniger fraglos mit meiner Identität verknüpft. Eine Untersuchung ihrer Gültigkeit wird deshalb vom Ich-System weniger wahrscheinlich als ein persönlicher Angriff aufgefaßt. In einem Zustand der Achtsamkeit werden Überzeugungen nicht mehr automatisch in die Weise, wie wir denken und sehen, »eingebaut«: Man kann sie »einnehmen«. Und auch wenn wir noch daran hängen mögen, so ist eine »bloß« eingenommene Überzeugung der Veränderbarkeit unterworfen, da sie nun nicht mehr unsichtbar ist.

So schärft Achtsamkeit nicht nur die Wahrnehmung, wenn wir nach außen blicken. Sie ist aktiver Bestandteil der Arbeit innerer Reflexion, und sie schafft Bedingungen, unter denen es zur plötzlichen mystischen Erfahrung der Befreiung und Erleuchtung kommen kann. Befreiung steht für die Rehabilitierung eines graduellen Lernprozesses oder, genauer gesagt, Ent-lernprozesses, ähnlich dem, was in einer Therapie geschieht, doch jetzt weniger als eine Frage dringender Problemlösung, sondern eher als eine im Alltag präsente Geisteshaltung. Erleuchtung ist ein plötzlicher Sprung der Einsicht, ein großer oder kleiner, einer, der die Erde beben oder uns in Gelächter über die Komik unserer »Ernsthaftigkeit« ausbrechen läßt – eine Einsicht, die Startpunkt oder Leitlinie eines weiteren Prozesses der Selbsterforschung sein kann.

Die Wiedergewinnung der Gelassenheit

In dem Maße, in dem der Nebel der Stupidität langsam und nichtselektiv aufgelöst wird, werden auch die Hot spots des Geistes – die zu verbergen der Zweck der Erzeugung des Nebels war – allmählich aufgedeckt. Und das ist ein schmerzhafter Prozeß. Leute, die glauben, Achtsamkeit werde sie mit einem sanften Schwung in einen Zustand von »Friede, Freude, Eierkuchen« versetzen, werden eine Überraschung erleben. Gibt man erst einmal das absichtliche Bemühen auf, den Geist dahin zu lenken, wo man (das heißt das Ich-System) ihn haben will, dann führt die natürliche Anziehungskraft der Gefahrenzonen, die nun nicht mehr so wirksam durch Hemmung abgeschirmt sind, dazu, daß sie wieder Zutritt zum Bewußtsein erlangen. Die Bedrohungen, die sie repräsentieren, werden nun wieder dazu ermächtigt, einen bewußten Notfall auszulösen. Achtsamkeit setzt die ursprüngliche Fähigkeit des Bewußtseins zu *fühlen* wieder in Kraft – ungefiltert zu fühlen, was als Bedrohung oder als Bedürfnis gelten kann. Wenn wir die Bremse der Hemmung lösen, steht es dem Zug der Gedanken nun wieder frei, auch in die Bereiche des Dunklen und Despektierlichen zu reisen.

So muß gleichzeitig mit der Entwicklung von Achtsamkeit auch die Fähigkeit entwickelt werden, still dazusitzen und diese mentalen Energien und Notsituationen, während sie geschehen, zu beobachten – sie weder für bare Münze zu nehmen, noch gegen sie anzukämpfen und zu versuchen, sie wieder ins Unbewußte abzudrängen. Es kommt darauf an, sich um sie herum Raum zu schaffen, der Versuchung zu widerstehen, sich zu verkrampfen und sie zu verdrängen, es kommt darauf an, den Beobachtungspunkt stromauf von dem zu halten, was unangenehm oder angsteinflößend ist, so daß klare Beobachtung wirksam werden kann. Im Zen nennt man dies manchmal »lernen, im Sattel zu bleiben, während das Pferd wilde Sprünge macht«. So ist eine der wohltuenden Nebenwirkungen der Übung von Achtsamkeit, daß unsere Kraft, elastisch zu reagieren und geduldig zu ertragen, die ziemlich verkümmert sein mag, gestärkt wird und wieder zum Zuge kommt. Wenn wir zum Beispiel 40 Minuten lang mit überkreuzten Beinen still dasitzen, gibt uns das die Möglichkeit zu üben, wie man Empfindungen in den Knien einfach *als* Empfindungen beobachten kann, und herauszufinden, in welchem Ausmaß es die *Beurteilung* einer Empfindung als »schmerzhaft« ist, die all unsere Gefühle der Aversion und Impulse der Vermeidung (den »Notfall«) auslöst. Und in welchem Ausmaß dieses Abgleiten in die Notfallstimmung an sich für einen guten Teil des wahrgenommenen »Schmerzes« verantwortlich ist.

Im Zustand der Achtsamkeit offenbart der Gehirn-Geist nicht nur seine erworbenen Annahmen, seine untergründige pragmatische Lebensphilosophie. Er deckt allmählich auch jene Werte und Einsichten auf, die in die tieferen evolutionären Schichten der Konstitution des Körper-Gehirns eingebettet sind, doch deren Anwesenheit von den Scheinwerfern und lauten Alarmsignalen des Ich-Systems überdeckt wurden. Güte und Weisheit sind keine Eigenschaften, die ein vom Ich-System beherrschter Geist anstreben kann. Sie werden ganz natürlich in einem Geist aufgedeckt, der Schritt für Schritt seine Identifizierung mit diesem System auflöst.

Achtsamkeit fördert auch Kreativität. Sie macht das Funktionieren des Gehirn-Geist-Netzwerks flexibler und weniger vorhersagbar. Statt einfach weiterzufließen, wird der Strom des Bewußtseins vorübergehend eingedämmt. Dabei können sich Aktivitätspools bilden und vertiefen, bis sie einen anderen Abfluß finden und Strukturen offenlegen, die bisher nur latent waren, und es können Optionen aktiviert werden, die eine Alternative zu bisherigen »Voreinstellungen« und »Vorurteilen« sind. Wird die Aufmerksamkeit auf diese Weise gesammelt und intensiviert, dann wird sie wahrscheinlich, wenn sie sich schließlich in Bewegung setzt, in eine andere Richtung fließen und nicht in den erstbesten Kanal, in den sie gewohnheitsmäßig geflossen wäre. Daher die Möglichkeit von Einsicht und Kreativität. Statt aufgrund der offensichtlichsten Gewohnheiten und Überlegungen auf »impulsive« Weise eine bestimmte Richtung einzuschlagen, kann der Fluß die Konsequenzen und Möglichkeiten *anderer* Wege erforschen. Was man dann *tut*, wird mit größerer Wahrscheinlichkeit den Eingebungen der leisen Stimme der uns innewohnenden Tugend folgen und nicht so sehr den brüsken und herrischen Anweisungen des Ich. Durch die Entwicklung von Achtsamkeit wird das Gehirn so in die Lage versetzt, die Kraft und Gewohnheit der *Besinnlichkeit* zu entwickeln. Das ist eine Verfassung, die, in zunehmendem Maße von äußeren Umständen unabhängig, das Gehirn dafür rüstet, Entscheidungen zu treffen und Gedankengänge und Aktivitäten zu verfolgen, die auf besseren Informationen beruhen und mit größerer Wahrscheinlichkeit eine Vielfalt von Bedürfnissen – deine sowohl wie meine – gleichzeitig befriedigen können.

Damit ist nicht gesagt, daß Achtsamkeit es einer bewußten Intelligenz erlaubt, in den Gehirn-Geist einzugreifen und dort die Weichen umzustellen. Es gibt, das müßte inzwischen deutlich geworden sein, keinen solchen Kommandanten. Die absichtliche Kultivierung von Achtsamkeit ist ein Hilfsmittel, ein Kunstgriff, der den Gehirn-Geist in die Lage versetzt, sich selbst zu korrigieren – so wie die Naturheilkunde nicht den Körper »kuriert«, sondern den Körper dazu ermutigt oder anregt, sich selbst zu heilen. Körperliches Training baut keine Muskeln auf: Es beansprucht den Körper auf eine Weise, daß »Muskelbildung« seine natürliche Reaktion auf diese Beanspruchung ist. Auf die gleiche Weise erzeugt die Absicht, achtsam zu sein, einen besonderen »Streß« im Geist, und seine ihm innewohnende Reaktion darauf ist, Teile des Ich-Systems oder das gesamte Ich-System zu umschiffen und/oder neue Kanäle des Denkens zu entdecken.

Das große Paradox der Achtsamkeit ist, daß sie zugleich Unbewußtheit aufhebt und das UNBEWUSSTE offenbart. Achtsamkeit behebt einige der Schäden, die strategische Stupidität und taktische Ignoranz unserer Lebensqualität zugefügt haben. Sie macht das Leben klarer und präziser. Sie läßt uns Leiden, sowohl das selbstgemachte wie das zum Leben gehörende, unmittelbarer erfahren und fordert uns heraus, die weiseste Methode zum Umgang mit beiden Formen des Leidens zu finden. Sie versetzt uns in die Lage, unsere Eingebundenheit in die biologische und soziale Welt neu zu erfahren. Und während sie den Nebel auflöst und die Selbsttäuschung durchlöchert, bringt sie uns doch gleichzeitig dem *essentiellen* Mysterium immer näher, der Tatsache, daß ein großer Teil dessen, was wir sind, dem Bewußtsein immer unzugänglich bleiben wird. Wir tauschen eine ärmliche, das Ich aufrechterhaltende Unbewußtheit gegen das unendliche vitale Mysterium des Lebens ein. Für das Ich-System kann sich diese Aussage nur pervers, verantwortungslos, ja, verrückt anhören. Für das Welt-Körper-Gehirn-Geist-System als Ganzes ist dieser Tauschhandel nichts anderes als die Gelegenheit, seine wissenschaftliche und spirituelle Wahrheit wiederzufinden.

Weiterführende Literatur

Bartlett, Sir Frederick: Remembering. Cambridge 1932

Bateson, Gregory: Geist und Natur. Eine notwendige Einheit. Übers. v. H. G. Holl. Frankfurt a. M. 1987

Bierce, Ambrose: Aus dem Wörterbuch des Teufels. Ausgew., übers. u. mit einem Nachwort versehen v. D. E. Zimmer. Frankfurt a. M. 1979

Blakemore, Colin / Greenfield, Susan (Hrsg.): Mindwaves. Thoughts on Intelligence, Identity and Consciousness. Oxford 1987

Bohm, David: Die Implizite Ordnung. München 1985

Bono, Edward de: The Mechanisms of Mind. Harmondsworth 1971

Cairns-Smith, A. G.: Seven Clues to the Origin of Life. Cambridge 1985

Capra, Fritjof: Das Tao der Physik. Die Konvergenz von westlicher Wissenschaft und östlicher Weisheit. Übers. v. F. Lahmann. München 1984

Capra, Fritjof: Wendezeit. Bausteine für ein neues Weltbild. München 1992

Churchland, Patricia: Neurophilosophy. Cambridge, Mass., 1986

Churchland, Paul: Matter and Consciousness. Cambridge, Mass., 1984

Claxton, Guy: Teaching to Learn. London 1991

Csikszentmihalyi, Mihaly: Das Flow-Erlebnis. Jenseits von Angst und Langeweile: Im Tun aufgehen. Übers. v. U. Aeschbacher. Stuttgart 1985

Dawkins, Richard: Das egoistische Gen. Übers. v. K. de Sousa Ferreira. Berlin 1994

Dawkins, Richard: Der blinde Uhrmacher. Ein neues Plädoyer für den Darwinismus. München 1996

Dennett, Daniel C.: Ellenbogenfreiheit. Die erstrebenswerten Formen freien Willens. Übers. v. U. Müller-Koch. Weinheim 1994

Dennett, Daniel C.: Die Philosophie des menschlichen Bewußtseins. Übers. v. F. Wuketits. Hamburg 1994

Freeling, Nicholas: A City Solitary. London 1985

Gazzaniga, Michael: The Social Brain. New York 1985

Gazzaniga, Michael: Mind Matters. Boston 1988

Goleman, Daniel: Emotionale Intelligenz. Übers. v. F. Griese. München 1996

Gould, Stephen J.: Der Daumen des Panda. Betrachtungen zur Naturgeschichte. Übers. v. K. Laermann u. E. M. Schmidt. Frankfurt a. M. 1989

Hanh, Thich Nhat: Being Peace. Berkeley, Cal., 1987

Hanh, Thich Nhat: The Heart of Understanding. Berkeley, Cal. 1988
Harding, Douglas E.: Die Religionen dieser Welt. Übers. v. H. v. d. Osten. Freiburg i. Br. 1977
Hebb, Donald: The Organisation of Behaviour. New York 1949
Hillman, James: Die Suche nach Innen. Die Begegnung mit sich selbst: Psychologie und Religion. Übers. v. M. v. Eckhardt-Jaffé. Einsiedeln 1994
Huang-po: Der Geist des Zen. Übers. v. J. Blofeld. Bern u.a. 1983
Humphrey, Nicholas: Die Naturgeschichte des Ich. Übers. v. U. Enderwitz. Hamburg 1995
Illich, Ivan: Die Nemesis der Medizin. Übers. v. T. Lindquist u. J. Schwab. München 41995
James, William: Die Vielfalt religiöser Erfahrung. Übers. v. E. Herms. Vorwort v. P. Sloeterdijk. Frankfurt a. M. 1996
Jaynes, Julian: Der Ursprung des Bewußtseins. Reinbek 1993
Jung, Carl Gustav: Gesammelte Werke. Olten/Zürich 1992ff., bes. Bd. X
Keen, Sam: Feuer im Bauch. Über das Mann-Sein. Übers. v. A. Dittmar-Kolb. Bergisch Gladbach 1993
Lacan, Jacques: Schriften. Ausgewählt u. hrsg. v. N. Haas. Berlin 31991ff.
Laing, Ronald D.: Das geteilte Selbst. Eine existentielle Studie über geistige Gesundheit und Wahnsinn. Übers. v. C. Zimmermann-Tansella. Köln 1994
Lovelock, James: Das Gaia-Prinzip. Die Biographie unseres Planeten. Übers. v. P. Gillhofer u. B. Müller. Frankfurt a. M. 1993
Lovelock, James: Gaia. Die Erde ist ein Lebewesen. Anatomie und Physiologie des Organismus Erde. München 1996
Maturana, Humberto: Was ist Erkennen? Übers. v. H. G. Holl. München 1994
Minsky, Marvin: Mentopolis. Übers. v. M. Heim. Stuttgart 1994
Nitschke, August: Die Zukunft in der Vergangenheit. Systeme in der historischen und biologischen Evolution. München 1994
Norberg-Hodge, Helena: Leben in Ladakh. Vorwort v. Dalai Lama. Übers. v. G. Becht-Naudascher. Freiburg i. Br. 1994
Piaget, Jean: Der Aufbau der Wirklichkeit beim Kinde. Übers. v. J. U. Sandberger, C. Thirion u. H. L. Wunberg. Stuttgart 1974
Sahlins, Marshall: Der Tod des Kapitän Cook. Geschichte als Metapher und Mythos als Wirklichkeit in der Frühgeschichte des Königreichs Hawaii. Übers. v. H. Medick u. M. Schmidt. Berlin 1986
Sahlins, Marshall: Kultur und praktische Vernunft. Übers. v. B. Luchesi. Frankfurt a. M. 1994
Selye, Hans: Stress of Life. New York 1956

Sheldrake, Rupert: Das schöpferische Universum. Die Theorie des morphogenetischen Feldes. Übers. v. W. Landmann u. K. Wessel. München 1993

Sheldrake, Rupert: Das Gedächtnis der Natur. Das Geheimnis der Entstehung der Formen in der Natur. Übers. v. J. Eggert. München/Bern 1996

Sherrington, Sir Charles: Man on His Nature. Cambridge 1963

Stern, Daniel N.: Die Lebenserfahrung des Säuglings. Übers. v. W. Krege. Stuttgart 1994

Suzuki, Daisetz Teitaro: Mushin – Die Zen-Lehre vom Nicht-Bewußtsein. Das Wesen des Zen nach den Worten des Sechsten Patriarchen. Übers. v. E. v. Pelet. Bearb. Neuausgabe München 1987

Varela, Francisco / Thompson, Eva / Rosch, Eleanor: Der Mittlere Weg. Übers. v. H. Holl. Bern 1992

Vonnegut, Kurt: Galapagos. London 1985

Vygotskij, Lev S.: Geschichte der höheren psychischen Funktionen. Vorwort u. hrsg. v. A. Métraux. Übers. v. R. Kämper. Münster 1992

Vygotskij, Lev S.: Die Lehre von den Emotionen. Eine psychologiehistorische Untersuchung. Einführung u. wissenschaftlich bearbeitet v. A. Métraux. Übers. v. G. Richter. Münster 1996

Watzlawick, Paul: Wie wirklich ist die Wirklichkeit? Wahn – Täuschung – Verstehen. München 1976

Watzlawick, Paul (Hrsg.): Die erfundene Wirklichkeit. Wie wissen wir, was wir zu wissen glauben? Übers. v. I. Frese, W. Frese, F. Griese u. H. H. Henschen. München 1981

Welwood, John: Dem Herzen folgen. Übers. v. M. Heim. München 1996

Whyte, Lancelot Law: The Next Development in Man. Chicago 1944

Whyte, Lancelot Law: The Unconscious before Freud. New York 1960

Wilber, Ken: Die drei Augen der Erkenntnis. Auf dem Weg zu einem neuen Weltbild. München 1988

Wilber, Ken: Das Spektrum des Bewußtseins. Eine Synthese östlicher und westlicher Psychologie. Reinbek 1991

Wilber, Ken: Wege zum Selbst. Östliche und westliche Ansätze zu persönlichem Wachstum. München 1993